쉽고 빠르게 배우는

네이버 클라우드 플랫폼 인프라 엔지니어링

쉽고 빠르게 배우는
네이버 클라우드 플랫폼 인프라 엔지니어링

1판 1쇄 발행 2026년 3월 5일

지은이 정낙수, 강지나
펴낸이 장성두
펴낸곳 주식회사 제이펍

출판신고 2009년 11월 10일 제406-2009-000087호
주소 경기도 파주시 회동길 159 3층 / **전화** 070-8201-9010 / **팩스** 02-6280-0405
홈페이지 www.jpub.kr / **투고** submit@jpub.kr / **독자문의** help@jpub.kr / **교재문의** textbook@jpub.kr

소통기획부 이상복, 안수정, 박재인, 박새미, 송영화, 김은미, 나준섭, 권유라
소통지원부 민지환, 이승환, 김정미, 박예은 / **디자인부** 이민숙, 최병찬

진행 권유라 / **교정 · 교열** 이정화 / **내지 디자인** 이민숙 / **내지 편집** 북아이 / **표지 디자인** nu:n
용지 타라유통 / **인쇄** 해외정판사 / **제본** 일진제책사

ISBN 979-11-24205-23-5 (93000)
책값은 뒤표지에 있습니다.

쉽고 빠르게 배우는 네이버 클라우드 플랫폼 인프라 엔지니어링

네이버 클라우드
정낙수, 강지나 지음

※ 드리는 말씀

- 이 책에 기재된 내용을 기반으로 한 운용 결과에 대해 지은이, 소프트웨어 개발자 및 제공자, 제이펍 출판사는 일체의 책임을 지지 않으므로 양해 바랍니다.
- 이 책에 등장하는 회사명, 제품명은 일반적으로 각 회사의 등록상표 또는 상표입니다. 본문 중에는 ™, ©, ® 등의 기호를 생략했습니다.
- 이 책에서 소개한 URL 등은 시간이 지나면 변경될 수 있습니다.

차 례

베타리더 후기

김동우(스타트업 개발 PM)

클라우드 서비스에 대해 막연한 두려움을 가지고 있다면 이 책으로 클라우드의 세계에 입문하세요. 다양한 클라우드 서비스 중에서 국내 클라우드 서비스인 네이버 클라우드 플랫폼을 소개하는 책입니다. 단순히 네이버 클라우드 플랫폼을 소개하는 것뿐만 아니라, 클라우드 서비스의 특징과 개요를 설명하고, 그에 맞는 네이버 클라우드 플랫폼의 사용 방법을 알려줍니다. 복잡한 클라우드 서비스를 정말 쉽게 설명하며, 단계별 캡처 이미지가 있어 마치 저자분들이 곁에서 직접 알려주는 듯한 느낌이 들었습니다. 클라우드 입문자에게 최적의 책입니다.

김진영

개발자로 일하다 보면 기본적인 인프라 지식이 필요한 순간을 자주 마주하게 됩니다. 최근 인프라 관련 이슈를 직접 겪으며 학습의 필요성을 절실히 느끼던 중 이 책의 베타리딩에 참여하게 되었습니다. 네이버 클라우드 플랫폼 초창기 서비스를 사용해본 경험이 있어 책을 읽는 내내 격세지감을 느꼈고, 지금은 이렇게까지 다양한 기능을 제공하고 있다는 점이 인상 깊었습니다. 인프라 지식이 많지 않은 독자에게는 낯선 용어가 등장하기도 하지만, 전반적으로 설명이 친절해 이해하는 데 큰 부담은 없었습니다. 특히 네이버와 연관된 기능을 활용해야 하는 서비스를 기획하고 있다면 네이버 클라우드 플랫폼을 충분히 검토해볼 만하다는 생각이 들었고, 그런 판단을 내리는 데 이 책이 좋은 길잡이가 되어줄 것이라 느꼈습니다.

박경호(엘에스일렉트릭)

가장 쉽게 접할 수 있는 클라우드 플랫폼인 네이버 클라우드 플랫폼은 익숙함에 비해 그 내부 구조와 구성 방식을 체계적으로 설명한 서적을 찾기 어려웠습니다. 그런 점에서 이 책은 네이버 클라우드 플랫폼의 실체와 전반적인 구성을 알기 쉽게 풀어낸 책이라는 점에서 의미가 큽니다. 네이버 클라우드 플랫폼을 이해하고자 하는 분들께 일독을 권해드리고 싶습니다.

신진규(KSA)

네이버 클라우드 플랫폼에서 제공하는 다양한 서비스를 폭넓게 소개하고 기본적인 사용법을 차근차근 설명하고 있어 처음 클라우드 서비스를 접하는 분들에게도 부담이 크지 않습니다. AWS 등 다른 클라우드 서비스를 사용해본 경험이 있다면 전체 구조와 개념을 더욱 수월하게 이해할 수 있을 것입니다. 또한 네이버 클라우드 플랫폼은 토종 CSPcloud service provider로서 국내 컴플라이언스 대응이 잘 갖춰져 있어 소규모 기업이 클라우드 전환을 검토할 때 충분히 고려해볼 만한 선택지라 생각합니다.

윤명식(엔터프라이즈디비)

네이버 클라우드 플랫폼을 처음 접했을 때의 설렘과 클라우드는 어렵지 않다는 저자들의 메시지가 마음에 오래 남았습니다. 이 책은 기술 설명에만 머무르지 않고 비전공자나 초보자도 충분히 도전할 수 있다는 용기를 주며, 나아갈 방향을 함께 제시합니다. 네이버 클라우드 플랫폼의 성장 과정과 철학을 따라가다 보면 독자가 자연스럽게 클라우드의 가치를 이해하게 되는데, 그 안내 과정이 다정하면서도 든든하게 느껴졌습니다. 베타리딩을 하는 내내 이 책이 꼭 필요한 시점에 나왔다는 생각이 들었고, 네이버 클라우드 플랫폼을 처음 접하는 엔지니어들이 클라우드를 막연히 어려운 기술이 아니라 직접 써볼 수 있는 실무 도구로 받아들이도록 돕는 배려가 페이지마다 담겨 있다고 느꼈습니다. 클라우드의 자연스러운 진화 과정부터 LLM 시대의 GPU 활용까지 이론과 실무의 균형이 잘 잡혀 있어 초보 엔지니어도 불안 없이 따라갈 수 있으며, 비전공자나 타 부서 동료들 역시 서버와 DB를 직접 다뤄보며 자신감을 얻을 수 있으리라 생각합니다. 개인적으로는 엔지니어로서 초창기 온프레미스 환경에서 일하던 시절이 떠올라 지금의 네이버 클라우드 플랫폼 환경이 더욱 감사하게 느껴졌습니다. 이 책은 단순한 기술서가 아니라 많은 이들의 첫 클라우드 경험을 든든하게 받쳐줄 길잡이가 될 것이라 믿습니다.

 **윤지태**(금융결제원)

네이버 클라우드 플랫폼 서비스를 네트워크부터 DB, 보안, 컨테이너, AI까지 폭넓게 다루면서 실습과 이론을 적절히 배치해 체계적으로 익힐 수 있다는 점이 인상적이었습니다. 네이버 클라우드 플랫폼 사용을 고민하고 계신 분들에게 자신 있게 추천드릴 수 있는 도서입니다.

 **이성희**(순천향대학교)

VM$_{\text{virtual machine}}$과 온프레미스, 클라우드의 개념을 서로 비교하며 설명해주어 인프라 구조를 빠르게 이해할 수 있었습니다. 특히 네이버 클라우드 플랫폼을 실제로 생성해나가는 과정을 단계별로 다뤄, 클라우드를 사용하는 전체 흐름을 구체적으로 그려볼 수 있었던 점이 인상 깊었습니다. 전반적으로 설명이 매우 쉽고 자세해 좋았습니다.

 **이장훈**

네이버 클라우드 플랫폼이 공식 론칭한 지 상당한 시간이 지났음에도 이를 다루는 책이 거의 없어 아쉬움이 컸는데, 새로운 책이 나온다는 소식에 무척 반가웠습니다. 더불어 edwith에서 제공되던 강의가 사라지고 교육 포털을 통해서만 수강할 수 있게 된 상황에서, 책을 통해 네이버 클라우드를 더 빠르고 쉽게 접할 수 있도록 꼼꼼하게 구성해주신 점이 특히 좋았습니다. 이 책을 통해 클라우드 전반에 대한 지식은 물론 네이버 클라우드 플랫폼의 특징과 활용 방식까지 차분히 익혀갈 수 있어 의미 있는 시간이었습니다.

 **임승민**(씨에스리)

클라우드 IT 인프라 환경은 개발자에게 기존의 물리적 제약을 넘어 새로운 서비스 구성과 운영 방식을 가능하게 합니다. 네이버 클라우드 플랫폼과 서비스를 주제로 한 이 책은 클라우드의 기본 개념에서 출발해 네이버 클라우드 플랫폼의 다양한 서비스 사례를 통해 플랫폼 전반에 대한 이해를 차분히 도와줍니다. 네이버 클라우드의 기술적 기반과 실제 서비스 활용 방식을 함께 살펴보고 싶은 모든 분께 추천드리고 싶은 책입니다.

정태일(삼성SDS)

네이버 클라우드 플랫폼에 대한 전반적인 정보를 빠르게 훑어보고 이해할 수 있도록 핵심이 일목요연하게 잘 정리되어 있습니다. 네이버 클라우드 플랫폼 기반의 서비스를 처음 구축해야 하는 분들께 실질적인 가이드가 되어줄 수 있겠다는 인상을 받았습니다. 또한 네이버 클라우드 플랫폼 자체에 대한 설명뿐 아니라 클라우드 기반 서비스를 구축하고 운영하는 데 필요한 기본 정보까지 함께 담고 있어 흐름을 잡기에 좋았습니다. 전반적으로 읽는 데 부담이 없고 자연스럽게 읽혀 초보자도 어렵지 않게 이해할 수 있는 점이 큰 장점으로 느껴졌습니다.

 **정현준**

네이버 클라우드 플랫폼을 처음 접하는 입문자에게 가장 먼저 추천하고 싶은 책입니다. 17개 장을 따라가며 그림과 코드, 자세한 설명을 기반으로 직접 실습하면서 핵심 개념을 익힐 수 있고, 콘솔 사용부터 기본적인 서비스 구성까지 혼자서도 진행할 수 있도록 안내해주는 점이 인상적이었습니다. 네이버 클라우드가 국내에서 갖는 위상에 비해 참고할 만한 자료가 부족하다고 느껴왔는데, 이 책이 그 아쉬움을 잘 채워준다고 생각합니다. 특히 공공기관이나 의료 분야처럼 국내 환경과 규제를 고려해야 하는 시스템을 구축하시는 분들께 큰 도움이 될 수 있을 것이라 보입니다. 개인적으로도 공식 홈페이지를 중심으로 네이버 클라우드 플랫폼을 살펴보며 궁금했던 지점들이 많이 해소되었습니다. 꾸준히 참고하게 될 든든한 입문서로 추천드립니다.

 **주환석**(클라우드가드)

네이버 클라우드 플랫폼의 전체적인 서비스 구성과 특징을 개괄적으로 이해하는 데 큰 도움이 되었습니다. 주요 서비스마다 실습 예제가 포함되어 있어 단순한 이론 학습에 그치지 않고 실제 환경에 바로 적용해볼 수 있었던 점이 특히 인상적이었습니다. 전반적으로 네이버 클라우드 플랫폼의 다양한 서비스를 폭넓게 다루고 있어 유익했으며, 다른 클라우드 플랫폼을 주로 사용해오던 입장에서도 네이버 클라우드 플랫폼의 서비스 구성을 체계적으로 파악할 수 있어 좋았습니다.

제이펍은 책에 대한 애정과 기술에 대한 열정이 뜨거운 베타리더의 도움으로
출간되는 모든 IT 전문서에 사전 검증을 시행하고 있습니다.

시작하며

네이버 클라우드가 클라우드 서비스를 선보인 지 벌써 10년이 넘었습니다. 초창기 클라우드가 이와 같이 성장할 것이라고는 예상하지 못했는데, 코로나를 거치고 모바일 환경도 발전하면서 IT 환경 역시 탄력적이며, 확장 가능하고, 빠르게 서비스를 만들 수 있는 클라우드로 변화했습니다.

네이버 클라우드 역시 처음 클라우드를 선보였던 2012년에는 네이버 비즈니스 플랫폼이라는 회사명을 가지고 있었으나, 2020년 본격적인 클라우드 사업 전개를 위해 네이버 클라우드로 사명을 변경하고 클라우드 서비스, AI 서비스, 협업 도구 등 B2B 사업을 전개하고 있습니다.

혁신이라는 것이 스마트폰처럼 우리 삶에 큰 변화를 만들어내기도 하지만 내비게이션처럼 기존 환경에서 조금씩 조금씩 서서히 변화를 불러오기도 합니다. 인프라는 기존 환경을 한 번에 바꾸기에는 너무 많은 변화가 필요한 만큼 서서히 변화가 이루어졌고, 지금은 클라우드가 IT 환경을 구축하면서 기본 환경으로 자리 잡았습니다.

초기 클라우드가 인프라에 대한 선택지 중 하나였고 그러다 보니 시스템 엔지니어의 영역이었다면, 지금은 시스템 엔지니어뿐만 아니라 다양한 플랫폼을 제공하고 개발 툴을 제공하면서 시스템 엔지니어의 영역에 더해 개발자의 영역으로 확장했습니다.

우리는 클라우드가 어렵지 않다고 설명하지만, 시스템 엔지니어링 지식이 많고 적음에 따라 그 '쉬움'의 이유는 다를 수 있습니다. 상당한 수준의 시스템 엔지니어링 지식이 있어 온프레미스에서 인프라를 간단하고 빠르게 구축할 수 있어서 쉽다고 느끼거나, 시스템 엔지니어링 지식이 많지 않더라도 클라우드에서 제공하는 쉬운 사용법 때문에 쉽다고 느낄 수 있습니다.

강연을 준비할 때 가장 먼저 고려하는 것이 대상과 시간입니다. 어느 정도 기술 수준을 가지고 있는지, 어떤 목적인지, 주어진 시간은 어느 정도인지 먼저 확인하고 그것에 맞게 준비하곤 하는데, 이번에 책을 집필하면서 어떤 책을 만들어야 할까에 대한 고민이 많았습니다. 결과적으로 이 책은 네이버 클라우드 플랫폼을 처음 접하는 엔지니어가 보다 쉽게 네이버 클라우드 플랫폼을 활용할 수 있고, 언제든지 필요한 부분은 쉽게 찾아 문제를 해결할 수 있는 이론 중심, 사용자 중심의 도서를 만들어보고자 노력했습니다.

더불어 도서를 출간하는 게 생각보다 많이 힘든 작업이라는 것을 몇 번의 출간 작업을 통해 깨달았습니다. 쉬운 결정이 아님에도 도서 출간에 많은 도움을 주시고 응원해주신 관계자 분들께 다시 한번 감사를 전합니다.

정낙수

지금 서점에서 혹은 책을 이미 구매해서 첫 장을 펼쳐보고 계시는 분들을 상상하니 감사한 마음과 책임감이 동시에 느껴집니다. 아마 이 책을 고르신 이유는 클라우드 기술에 대한 이해도를 높이거나, 국내 최대 클라우드 서비스인 네이버 클라우드 플랫폼 기술을 익히고 활용하기 위함이 아닐지 짐작해봅니다. 이 책이 여러분들의 길잡이가 되길 간절히 바랍니다.

본격적인 내용을 시작하기에 앞서 '클라우드'라는 기술이 가져온 변화에 대한 이야기를 들려드리고자 합니다. 클라우드 기술의 등장은 기업에게는 인프라의 효율적인 운영과 빠른 인프라 환경 구현을 가능하게 했으며, 개인에게는 누구나 손쉽게 인프라를 생성하고 활용할 수 있는 환경을 마련해주었습니다. 특히 클라우드 기술의 등장은 인프라에 대한 막대한 금액의 투자가 없어도 누구나 혁신적인 서비스들을 만들 수 있는 환경을 제공했습니다. 클라우드 기술과 함께 넷플릭스, 우버와 같은 전 세계적으로 사랑받는 서비스들이 출시되기도 했죠. 이는 누구나 전 세계에서 열광하는 서비스를 기획하고 출시할 수 있는 세상이 되었음을 의미합니다.

이처럼 클라우드 기술로 누구나 IT 인프라를 손쉽게 생성하고 활용할 기회가 마련된 것이 가장 큰 변화이자 혁신이라고 생각합니다. 특히 요즘은 LLM의 등장으로 인해 개발자가 아니어도 누구나 코드를 작성할 수 있는 시대가 되었습니다. 사실 이러한 LLM이 등장할 수 있었던 배경에도 GPU 리소스를 빠르게 생성하고 관리할 수 있는 클라우드 기술이 뒷받침되었기에 가능했습니다. 이렇게 돌이켜보니 클라우드 기술은 생각했던 것보다 더 강력하게 우리의 삶에 영향을 주고 있네요. 이젠 누구나 IT 인프라를 생성하고, 테스트하고, 자신의 아이디어를 애플리케이션, 웹서비스 등으로 구현할 수 있는 시대가 왔습니다.

저 또한 클라우드 기술 덕분에 IT 기술을 익히고, IT 산업에 종사하며 많은 분에게 클라우드 기술을 알리는 에반젤리스트 역할을 수행하고 있습니다. 이렇게 클라우드 기술 서적을 집필하며 많은 분에게 클라우드 기술을 알리고자 하는 엄청난 포부를 가지고 있습니다. IT 기술이라고 하면 진입 장벽이 높다고 생각하는 경우가 많은 것 같습니다. 특히 컴퓨터공학을 전공하지 않은 비전공자라면 더욱 그럴 것입니다. 저도 예전에 그렇게 생각했습니다. 하지만 이 책을 통해 클라우드를 사용해보면 누구나 서버, 데이터베이스 등 인프라를 생성할 수 있을 뿐만 아니라 클라우드 근간 기술들을 익히며 IT 인프라에 대한 지식까지 넓힐 수 있을 것입니다. 클라우드를 처음 시작하거나 아니면 클라우드 혹은 IT 기술을 익히고자 하는 분들에게 저의 이야기가 클라우드를 시작하는 첫걸음을 당당히 뗄 수 있는 계기가 되었으면 합니다.

우리의 일상에서 클라우드 기술뿐만 아니라 나아가 AI 기술은 이제 따로 생각하기 힘들 만큼 많은 부분에서 활용되고 있습니다. 디자인 업무를 하는 친구는 요즘 웬만한 디자인 작업은 AI가 알아서 수행한다며 앞으로 자기가 해야 할 업무를 AI가 모두 대신해야 할 시대가 오지 않겠냐며 걱정하기도 하더군요. 생활뿐만 아니라 업무까지 이제 IT 기술을 떼어서 생각하기 힘든 시대가 왔습니다. IT 기술은 이제 누구나 익혀야 할 과제가 된 것 같습니다.

이 책은 클라우드를 처음 접하는 분들을 위해 기초적인 내용도 함께 다루고 있습니다. 이 책을 통해 IT 전공자가 아니더라도, IT 부서에 속하지 않은 회사원이더라도 클라우드를 통해 IT 기술을 익히고 활용해볼 수 있는 계기가 되기를 바랍니다. 그리고 그 기술이 여러분의 생활과 업무에서 가치가 빛나길 간절히 기원해봅니다. 다시 한번 더 이 책을 선택하신 여러분에게 진심으로 감사의 말씀을 드립니다.

강지나

대상 독자

클라우드는 이제 더 이상 낯선 기술이 아니라, 보편적인 인프라스트럭처 선택지로 자리 잡았습니다. 이 책은 클라우드를 선택하기에 앞서 필요한 기본 개념을 정리하고, 네이버 클라우드 플랫폼을 사용하고자 하는 독자가 플랫폼의 특징과 기본적인 사용 방법 그리고 실제 활용법을 익힐 수 있도록 구성했습니다.

이를 위해서 이론 설명에 그치지 않고, 직접 인프라를 구축해볼 수 있도록 각 장마다 실습을 포함했습니다. 인프라부터 다양한 애플리케이션까지 서비스에 적용하는 것을 목표로, 한 대의 서버에서 확장을 거듭하여 네이티브 클라우드 환경으로 최대한 발전시켜나가는 과정을 담고 있습니다.

이를 통해 네이버 클라우드 플랫폼에 대한 이해뿐만 아니라, 클라우드 환경 전반에 자연스럽게 익숙해질 수 있도록 안내합니다. 또한 원하는 형태의 서비스를 클라우드에서 구현할 수 있도록 세부적인 부분까지 설명합니다. 이 책은 네이버 클라우드에서 집필한 첫 번째 도서로, 네이버 클라우드 플랫폼을 처음 접하는 분들을 주요 대상으로 내용을 구성했습니다.

이 책을 통해 클라우드에 대한 이해의 폭을 넓히고, 네이버 클라우드 플랫폼에 대한 막연한 두려움을 이겨낼 수 있을 것입니다. 이 책이 독자 여러분의 클라우드 여정에 든든한 초석이 되기를 희망합니다.

책의 구성

이 책은 총 17개의 장으로 이루어져 있으며, 주요 내용은 다음과 같습니다.

1장 클라우드 서비스 클라우드의 핵심 기술과 작동 원리 그리고 클라우드 컴퓨팅의 도입 이유와 이점에 대해 자세히 설명하며, 클라우드 기술에 대한 독자의 전반적인 이해를 돕습니다.

2장 네이버 클라우드 플랫폼 소개 네이버 클라우드 플랫폼의 특징과 주요 기능을 소개하며, 클라우드 인프라를 구축 및 운영함에 있어 꼭 알아야 할 '리전'과 '존'에 관한 개념을 익힙니다.

3장 네이버 클라우드 플랫폼 VPC 개념 익히기 네이버 클라우드 플랫폼에서 인프라를 구성하기 전에 필수적으로 구성해야 하는 네트워크 환경인 VPCvirtual private cloud의 개념과 구성 요소에 대해 살펴봅니다.

4장 네이버 클라우드 플랫폼 서버 네이버 클라우드 플랫폼에서 서버 생성 시 선택할 수 있는 서버의 스펙과 서버의 편리한 구성을 위한 기능(init script, 내 서버 이미지 등)을 알아봅니다. 이를 통해 네이버 클라우드 플랫폼에서 서버를 구성하기 위한 적합한 서버 스펙 선택과 운영 방법을 이해할 수 있습니다.

5장 네이버 클라우드 플랫폼 Auto Scaling 클라우드의 장점 중 하나는 인프라를 유연하게 관리할 수 있다는 것입니다. 유연한 인프라 관리를 위한 Auto Scaling을 소개하고 필수로 설정해야 하는 옵션에 대해 소개합니다.

6장 네이버 클라우드 플랫폼 네트워크 VPC 외에 네이버 클라우드 플랫폼에서 제공하는 네트워크 상품을 소개합니다. 부하 분산을 위한 Load Balancer부터 콘텐츠의 안정적인 전송을 위한 CDN content delivery network 서비스까지, 광범위하게 제공하고 있는 네트워크 서비스의 특장점을 알아봅니다.

7장 네이버 클라우드 플랫폼 스토리지 데이터가 어떤 식으로 저장되고 관리되느냐에 따라 적합한 스토리지를 선택하고 활용할 수 있도록 네이버 클라우드 플랫폼의 스토리지 서비스의 특장점을 살펴봅니다.

8장 네이버 클라우드 플랫폼 데이터베이스 일반적으로 데이터베이스는 높은 가용성과 안정성을 요구합니다. 가용성과 안정성을 모두 겸비한 네이버 클라우드 플랫폼의 완전 관리형 데이터베이스를 소개합니다.

9장 네이버 클라우드 플랫폼 관리 도구 클라우드 인프라의 안정적인 운영을 위해서는 관리 도구를 적절히 활용하여 이상 징후를 빠르게 감지하고, 이에 대한 조치를 빠르게 취하는 것이 중요합니다. 네이버 클라우드 플랫폼에서는 인프라가 안정적으로 운영될 수 있도록 도움을 주는 다양한 관리 도구를 제공하고 있습니다. 각 관리 도구가 어떤 기능을 제공하는지 살펴봅니다.

10장 네이버 클라우드 플랫폼 보안 서비스 보안이 중요한 시대가 되었습니다. 네이버 클라우드 플랫폼에서는 위협 탐지 대응, 사용자 인증, 접근 통제, 데이터 보호, 감사 추적, 취약점 관리, 컴플라이언스, 전송 구간 암호화와 같은 다양한 영역의 보안 서비스를 제공하고 있습니다. 네이버 클라우드 플랫폼의 보안 서비스를 살펴봅니다.

11장 네이버 클라우드 플랫폼 미디어 서비스 실시간 영상 송출, 이미지의 변환, VOD 형태의 영상 제공 등 이미지 및 동영상과 관련된 미디어 서비스를 소개합니다.

12장 네이버 클라우드 플랫폼 데이터 서비스 네이버 클라우드 플랫폼에서는 대용량 데이터 분석, 웹 기반의 대화형 데이터 쿼리 서비스 등 데이터 분석을 위한 서비스를 제공하고 있습니다. 분석하고자 하는 데이터의 특성과 환경에 따라 적합한 분석 서비스를 선택할 수 있도록 돕습니다.

13장 네이버 클라우드 플랫폼 컨테이너 서비스 많은 기업이 운영 환경에서 컨테이너 기반의 서비스를 사용하고 있습니다. 컨테이너 기반 환경을 운영하기 위한 이미지 저장소뿐만 아니라, 완전 관리형 쿠버네티스 서비스에 대해 살펴보며 네이버 클라우드 플랫폼에서 활용할 수 있는 컨테이너 관련 서비스를 알아봅니다.

14장 네이버 클라우드 플랫폼 애플리케이션 서비스, 15장 네이버 클라우드 플랫폼 AI API 서비스 서비스에 필요한 모든 서비스를 직접 개발하고 운영하는 것은 때때로 많은 시간과 비용이 발생합니다. 필요한 기능을 API 형태로 호출해서 바로 사용하면 많은 시간과 비용을 절약할 수 있습니다. 이처럼 필요한 기능을 빠르게 구현할 수 있도록 돕는 애플리케이션 서비스와 AI 서비스를 살펴봅니다.

16장 네이버 클라우드 플랫폼 AI 서비스 네이버 클라우드 플랫폼에서는 API로 활용할 수 있는 서비스 외에도 챗봇, OCR, 번역 서비스, 네이버의 대규모 LLM 모델인 HyperCLOVA X를 기반으로 AI 애플리케이션을 개발할 수 있는 CLOVA Studio 서비스를 제공합니다. 목적에 따른 AI 서비스를 선택할 수 있도록 AI 서비스를 소개합니다.

17장 네이버 클라우드 플랫폼 구성 방식 네이버 클라우드 플랫폼의 인프라는 콘솔, API, CLI를 통해서도 생성 및 운영이 가능하며, 코드 기반의 인프라 정의 및 구성이 가능한 테라폼도 지원하고 있습니다. 마지막 장에서는 테라폼이 무엇인지 알아보고, 테라폼으로 네이버 클라우드 플랫폼 인프라를 구성하는 방법을 소개합니다.

CHAPTER 1

클라우드 서비스

클라우드 서비스란 무엇일까요? 머릿속으로는 클라우드라는 것이 무엇인지 알 것 같지만 막상 정의를 하려고 하면 막막한 것도 사실입니다. 클라우드 서비스라는 것을 살펴보기에 앞서 IT 인프라스트럭처라는 것은 무엇인지, 그리고 이를 구성하는 방식으로서 클라우드를 살펴보며 하나하나 개념을 잡아가보도록 하겠습니다.

1.1 IT 인프라스트럭처

IT의 많은 용어는 건축 분야에서 온 것들입니다. 그중 하나가 인프라스트럭처infrastructure입니다. IT 분야에서 인프라스트럭처는 IT 서비스를 제공하기 위해 구축된 물리적인 하드웨어와 논리적인 소프트웨어로 구성된 것을 뜻합니다. 마치 도시의 기반 시설로 상하수도와 병원, 경찰을 비롯하여 주민이 살아가는 데 필요한 다양한 구성 요소를 갖추는 것과 동일합니다.

그림 1.1 기반 시설을 구축하는 건설 현장

도시의 기능을 수행하기 위해 다양한 제반 시설들을 구성하는 것처럼 IT 인프라스트럭처도 사내 시스템, 웹서비스 등의 기능을 제공하기 위한 기반이 필요합니다. 그리고 그러한 기반이 되는 시스템들을 IT 인프라스트럭처라고 지칭합니다.

이러한 IT 인프라스트럭처를 구성하는 방식으로는 크게 온프레미스on-premise 방식과 클라우드cloud 구성 방식으로 나누어 생각해볼 수 있습니다. 각 구성 방식의 장단점과 어떤 구성 방식이 적합한지 살펴보도록 하겠습니다.

1.2 온프레미스

전통적으로 IT 인프라는 전산실 혹은 데이터 센터에 구성된 물리적인 네트워크와 서버라는 구성 요소 위에 소프트웨어를 구성하고 사용자가 사용하는 방식이었습니다. 이러한 전통적인 구성 방식을 온프레미스 환경이라고 부릅니다.

온프레미스 환경 구성 방식은 기업이 서버와 같은 IT 장비들을 직접 구매하고 관리하고 운영하기 때문에, IT 장비에 대한 소유권을 오롯이 가지게 됩니다. 온프레미스 방식은 기업에서 원하는 장비 스펙을 선택하고 운영할 수 있다는 장점을 가지고 있습니다. 다만, 인프라 장비들도 노후화가 진행되다 보니 기업에서 노후화된 장비에 대한 교체 비용이 지속적으로 발생할 뿐만 아니라, IT 장비 운영을 위한 비용도 발생하기 때문에 초기 IT 인프라 장비에 대한 투자 비용, 운영 비용, 교체 비용 등을 고려해야 합니다.

1.3 클라우드

클라우드 환경은 기업이 인프라를 소유하는 형태가 아닌, 클라우드 서비스 제공자cloud service provider, CSP가 제공하는 서버, 네트워크 등 IT 서비스들을 대여하여 사용하는 형태입니다. IT 인프라를 직접 구매하고 운영할 필요 없이 클라우드 서비스 제공자가 구성한 가상화된 환경을 바로 사용할 수 있다는 장점을 가지고 있습니다. 특히 가상화된 환경으로 제공되다 보니 서버, 네트워크 등 IT 인프라가 단 몇 분이면 만들어진다는 특징을 가지고 있습니다.

클라우드 서비스의 근간을 이루는 핵심 기술이 바로 가상화인데, '가상화' 기술이 무엇인지 먼저 살펴본 후 클라우드 서비스의 특장점, 서비스 제공 방식 등에 대해서 살펴보겠습니다.

1.3.1 서버 가상화

서버 가상화 기술은 IT 역사에서 꽤나 오래된 기술 중 하나입니다. 클라우드 역시 서버 가상화를 기반으로 가상화 기술을 클라우드까지 확장한 기술입니다. 서버 가상화를 사용하게 된 이유는 서버를 좀 더 효율적으로 사용하기 위해 하나의 물리적인 서버를 논리적이면서 독립적인 서버 여러 대로 구성하여 물리적인 서버 한 대로 여러 대를 운영하는 효과를 얻기 위해서입니다. 이렇게 하면 물리적인 서버의 경우 서버 1대에 한 종류의 OS만 운영 가능하지만, 서버 가상화를 이용하면 여러 종류의 OS를 각각의 가상 서버에서 동시에 운영 가능하도록 할 수 있습니다. 여러 대의 서버를 한 대의 물리적인 서버의 가상 서버로 옮겨 비용도 줄일 수 있으므로, 예전부터 서버 가상화 기술은 활발하게 사용되어 왔습니다.

서버 가상화란 하나의 물리 서버의 리소스를 논리적으로 여러 대의 가상 머신virtual machine, VM으로 구성할 수 있는 기술입니다. 각각의 가상 머신은 독립적으로 운영됩니다.

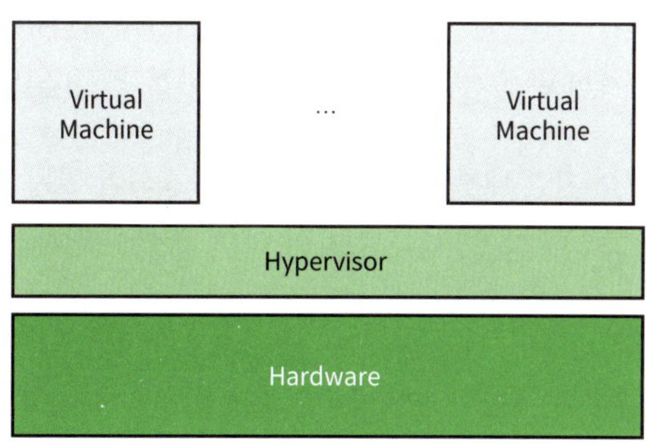

그림 1.2 서버 가상화의 구조(전가상화)

이러한 서버 가상화는 크게 보면 전가상화full virtualization 방식과 반가상화para-virtualization 방식으로 구분할 수 있습니다. 전가상화 방식은 물리 서버의 메모리, CPU와 직접 커뮤니케이션을 수행하는 하이퍼바이저라는 소프트웨어를 기반으로 작동합니다. 하이퍼바이저는 물리 하드웨어와 가상 머신 사이에서 물리 서버의 리소스들을 모니터링하며, 각각의 가상 머신들이 독립적으로 구동될 수 있도록 지원합니다. 다만 하이퍼바이저가 물리적인 하드웨어와 가상 머신 리소스 간에 지속적인 중재를 해야 하는 방식은 성능 저하를 일으킬 수 있다는 단점이 존재합니다.

반가상화 방식은 영어로 Para-virtualization이라고 하는데, 여기서의 Para는 Partial, 즉 부분적인이라는 뜻을 가지고 있습니다. 전가상화에서 하이퍼바이저가 모든 중재를 수행하면서 발생하는 성능 저하를 해결하기 위해 게스트 OS의 커널을 수정하여 하이퍼콜이라는 API를 통해 게스트 OS에서 하드웨어 자원이 필요할 때 하이퍼바이저로 해당 작업을 진행할 수 있도록 구성하는 방식입니다. 이때 각각의 게스트 OS는 하이퍼콜이라는 명령을 사용해 하드웨어에 직접적인 접근이 가능합니다. 반가상화 방식은 하이퍼바이저의 부하를 줄여주었지만, 커널 단의 수정이 필요합니다.

지금까지 서버 가상화란 무엇인지, 그리고 서버 가상화를 구현하기 위한 방식(전가상화, 반가상화)을 살펴보았습니다. 서버 가상화를 통해 물리적인 1대의 서버가 여러 대의 가상 머신으로 구성될 수 있게 되었고, 이러한 가상화 기술을 바탕으로 누구에게나 빠르게 가상화된 환경을 제공할 수 있는 클라우드 환경이 가능하게 되었습니다.

1.3.2 클라우드 서비스 구성 방식

클라우드 서비스는 어떤 방식으로 구성될 수 있을까요? 클라우드 서비스는 퍼블릭 클라우드public cloud, 프라이빗 클라우드private Cloud, 하이브리드 클라우드hybrid cloud, 멀티 클라우드multi cloud 형태로 구성할 수 있습니다. 퍼블릭 클라우드는 네이버 클라우드 플랫폼처럼 누구나 사용할 수 있도록 공개되어 있는 클라우드 서비스입니다. 기업이든 개인이든 네이버 클라우드 플랫폼에 회원 가입을 진행하고 결제수단을 등록하면 바로 클라우드 서비스를 활용할 수 있습니다.

반면에 프라이빗 클라우드는 기업 내부의 데이터 센터에 구축되어 있는 클라우드 환경으로, 해당 기업만 접근할 수 있는 클라우드 환경입니다. 회사의 내부 정책에 의해서 퍼블릭 클라우드 환경에 저장하기 어려운 데이터나 시스템들은 프라이빗 클라우드에서 운영하면 됩니다.

앞서 살펴본 퍼블릭 클라우드와 프라이빗 클라우드 환경을 모두 사용하는 것을 하이브리드 클라우드 환경이라고 합니다. 요즘은 많은 기업이 퍼블릭 클라우드 환경이 가지고 있는 빠른 프로비저

닝과 프라이빗 클라우드 환경을 결합한 하이브리드 클라우드를 도입하고 있습니다.

마지막으로 멀티 클라우드 환경은 1개가 아닌 여러 퍼블릭 클라우드를 사용하는 환경입니다. 각 퍼블릭 클라우드 서비스 제공자마다 가지고 있는 장점이 다르므로 각 퍼블릭 클라우드 서비스 제공자가 가지고 있는 장점 서비스들만을 결합해서 사용하기도 하고, 특정 퍼블릭 클라우드 서비스에만 종속되는 것을 피하기 위해 멀티 클라우드를 선택하기도 합니다.

이와 같이 클라우드를 구성하는 방식은 다양합니다. 여러 방식이 있는 만큼 각 기업의 상황에 맞춰 가장 적합한 구성 방식을 선택하길 바랍니다.

1.3.3 클라우드 서비스 제공 방식

그럼 가장 빠르게 클라우드 환경을 사용해볼 수 있는 퍼블릭 클라우드 환경에 대해서 좀 더 상세히 알아보도록 하겠습니다. 퍼블릭 클라우드 환경은 서비스 제공 방식에 따라 크게 세 가지로 구분할 수 있습니다. 바로 IaaS infra as a service, PaaS platform as a service, SaaS software as a service입니다. 하나씩 살펴보겠습니다.

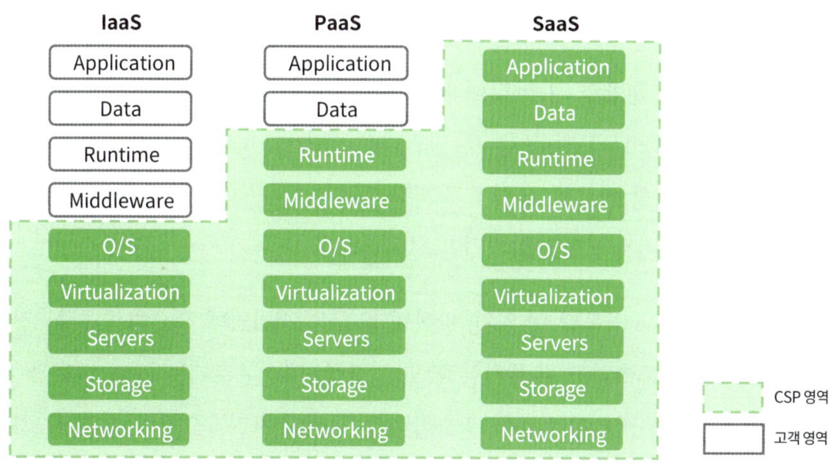

그림 1.3 클라우드 서비스 제공 방식(IaaS, PaaS, SaaS)

먼저 IaaS는 인프라infra를 클라우드 서비스 형태로 제공하는 것을 의미합니다. 대표적인 클라우드 인프라로는 가상 서버(가상 머신), 스토리지, 네트워크와 관련된 장비들이 해당됩니다. 각 클라우드 인프라를 제공하기 위한 하드웨어 단의 관리는 클라우드 서비스 제공자가 담당하기 때문에 여러분은 클라우드 인프라 관리에만 집중하면 됩니다.

반면 PaaS는 플랫폼 레벨의 서비스를 클라우드 형태로 제공하는 서비스 제공 방식입니다. PaaS 서비스를 사용하면 애플리케이션 구축을 위한 기본 환경이 세팅되어 제공되기 때문에 애플리케이션 구축을 위한 환경을 빠르게 구현할 수 있습니다.

마지막으로 SaaS는 소프트웨어software를 클라우드 서비스로 제공하는 형태입니다. 좀 더 쉽게 표현하면, 완제품을 클라우드 형태로 제공하는 서비스입니다. 예를 들어 여러분이 스타트업을 설립하여 스타트업에서 사용할 사내 업무 협업 시스템이 필요하다고 가정해보겠습니다. 이때 사내 협업 시스템을 SaaS 형태로 제공하는 서비스를 사용한다면 회원 가입과 사용자 등록만으로 즉시 사내 협업 시스템을 사용할 수 있습니다. 사용자는 그 근간의 인프라 구성이나 관리에는 신경 쓸 필요가 없고 빠르게 원하는 기능을 사용할 수 있다는 장점을 가지고 있습니다.

이렇듯 클라우드는 하드웨어, 소프트웨어 생산자와 서비스 공급자 사이에 클라우드 서비스를 만들고 공급하는 중간 레이어가 추가되어 서비스 공급자가 더욱 쉽게 인프라 구성 요소를 사용할 수 있도록 도와줍니다.

1.3.4 클라우드를 사용해야 하는 이유

클라우드를 사용해야 하는 가장 큰 이유는 합리적인 비용 때문입니다. 애자일, 마이크로서비스 아키텍처가 최근 소프트웨어 개발의 큰 바탕이 된 요즘, 애자일과 마이크로서비스 아키텍처를 구성하기에 적합한 플랫폼은 클라우드라고 할 수 있습니다. 애자일, 마이크로서비스 아키텍처 측면에서 보면 클라우드는 인프라를 빠르고 손쉽게 전개할 수 있어 시간과 노력을 줄이고 작은 서버들을 탄력적으로 운영함으로써 비용적으로 합리적인 선택입니다.

온프레미스 환경에서 서버나 라우터, 스위치, 방화벽과 같은 서비스에 필요한 다양한 장비가 필요하며 이러한 장비를 직접 구축하고 운용하는 것도 필요합니다. 구축에는 장비 선정과 초기 투자, 그리고 장비 운용에 필요한 비용과 인력이 필요합니다. 그런데 클라우드를 사용하게 되면 무료 혹은 저렴한 비용으로 빠르고 쉽게 이러한 인프라를 구성할 수 있고, 서비스에 필요한 다양한 개발 요소와 관련해서도 클라우드에서 제공되는 다양한 플랫폼을 사용하여 개발 시간, 개발 인력 리소스를 줄일 수 있습니다.

궁극적으로는 기존 온프레미스와 비교하여 일반적인 경우, 합리적이고 효과적인 서비스 운영 비용을 보여주기 때문에 클라우드를 통해 초기 투자 비용이나 운영 비용을 절감할 수 있습니다.

1.4 클라우드를 잘 사용하는 방법

수천에서 수만 대의 네이버 서버를 운영하면서 얻은 다양한 경험을 바탕으로 클라우드를 운영할 때 어떻게 사용하는 것이 잘 사용하는 것인지 클라우드를 개발하는 관점에서 몇 가지만 짚어보겠습니다.

1.4.1 자동화를 통한 운영 리소스 절감

예전에는 서버 몇 대로 작은 서비스를 큰 무리 없이 운영할 수 있었습니다. 서버 몇 대로 운영이 가능한 이유는 물리적인 서버는 성능이 좋기도 하고 바로바로 서버 수를 늘리기 힘든 구조를 가지고 있기 때문에 서버 관리에 대한 부담이 크지 않았습니다.

서버 수가 많지 않으므로 서버를 관리하기 위한 자동화된 툴이나 보안규칙 없이 서버에 직접 들어가서 작업을 하고 설정을 했었는데, 현재는 환경이 바뀌었습니다. 클라우드는 하루에 수십 번 서버를 생성하거나 삭제하고, 컨테이너 환경에서는 훨씬 많은 서버에 복잡성은 예전에 비해 몇 배 이상 증가했습니다.

따라서 여러 가지 측면에서 자동화는 필수가 되었고 자동화를 하지 않으면 클라우드에서 서버를 운영하는 것은 매우 힘든 일이 되었습니다. 또한 개별적인 서버 설정은 되도록 하지 말아야 합니다.

형상 관리를 위한 클라우드 자동화 도구로는 Init Script, 서버 이미지 등을 들 수 있습니다. Init Script와 서버 이미지를 이용하여 서버들이 동일한 상태를 유지할 수 있도록 할 수 있으며, 더욱 잘 운영하기 위해서는 Init Script와 서버 이미지의 버전도 늘 관리해주어야 합니다.

또한 서버를 서비스 트래픽에 맞추어 적절하게 유지시켜주는 Auto Scaling과 NKS_{Ncloud Kubernetes Service}, Cloud Functions와 같은 서비스를 이용하여 서버 수를 유지할 수 있습니다.

또한 API나 테라폼, 3rd Party 툴을 이용하여 상당 부분 자동화를 구축할 수 있습니다. 이렇게 자동화를 통해 얻고자 하는 것은 서비스 서버들에 대해 관리자의 개입을 최소화하고 비용을 최적화하기 위해서이며, 추가적으로 서버에 SSH나 리모트 데스크톱으로 접속하는 것은 트러블 슈팅 정도로 최소화해야 합니다. 그래야 운영 리소스를 줄일 수 있습니다.

1.4.2 Scale Out 전략을 통한 비용 효율화

클라우드의 특징 중 하나는 사용한 만큼 비용을 지불하는 종량제와 서버를 자유롭고 빠르게 늘리고 줄일 수 있고, 서버의 스펙도 자유롭게 변경할 수 있다는 점입니다. 따라서 비용을 효율적으로 사용할 수 있도록 구성을 하는 것이 중요한데, 그러기 위해서 필요한 전략이 Scale Out입니다.

Scale Up/Down은 서비스 트래픽 혹은 부하에 맞추어 서버의 성능을 높이거나 낮추는 것을 말하며, Scale In/Out은 서비스 트래픽 혹은 부하에 맞추어 서버의 대수를 늘리거나 줄이는 것을 말합니다.

Scale Up/Down은 주로 물리 서버 중 데이터베이스 서버와 같이 특수한 용도로 사용하는 서버에 한하여 사용하며, 일반적인 서버의 경우 메모리 정도만 업그레이드하는 정도로 Scale Up을 하게 됩니다. 여담이지만 개인적으로 사용하는 PC의 경우 메모리, HDD뿐만 아니라 간혹 CPU도 업그레이드하곤 했지만 네이버에서 근무하는 동안 x86 서버의 경우 서버를 뜯고 CPU를 업그레이드 했던 경험은 전무합니다. 서버를 늘리는 방식을 사용하면 사용했지 서버를 업그레이드하는 방식은 거의 사용하지 않습니다.

클라우드에서는 Scale Up/Down은 매우 쉬운 작업이긴 합니다. 하지만 클라우드에서도 서버의 스펙을 변경하려면 서버를 셧다운시킨 상태에서 변경이 가능한 만큼 권장할 만한 방법은 아닙니다.

그리고 Scale Up의 경우 CPU 성능과 메모리 용량은 높일 수 있을지라도 같은 서버 스펙의 사양만 업그레이드했다면 네트워크는 그대로입니다. 따라서 데이터베이스 서버와 같이 CPU와 메모리가 중요한 서버의 경우에는 Scale Up이 해결책이 될 수 있지만, 일반적인 서버의 경우 Scale Up은 좋은 해결책이 될 수 없을 뿐만 아니라 비용적으로도 효율적이지 못합니다.

그렇기 때문에 클라우드에서는 Scale Up보다는 서버를 늘려서 서비스 트래픽에 대응하는 Scale Out 전략을 사용해야 합니다. Scale Out은 서비스 트래픽에 비례하여 적절한 서버를 유지할 수 있으므로 비용적으로도 효율적입니다. 다만 Scale Out 전략을 사용하기 위해서는 서버 애플리케이션도 Scale Out이 가능해야 한다는 전제조건과 자동으로 서버를 늘리거나 줄일 수 있어야 하는 조건이 필요합니다.

Scale Out을 가능하게 하는 클라우드 서비스는 대표적으로 Auto Scaling과 NKS가 있습니다. 정해진 룰을 기반으로 특정 조건이 되면 서버나 콘테이너를 늘리거나 줄여서 적절한 서버 용량을 유지할 수 있도록 합니다.

1.4.3 아무리 강조해도 지나치지 않는 보안

나날이 보안 위협은 증가하고 있고 혹시라도 보안 사고가 발생하게 되면 서비스 신뢰도에 큰 타격을 입게 됩니다. 그러므로 보안은 늘 강조해도 모자란데 그만큼 보안은 기본 중에서도 기본으로 가장 먼저 고려해야 하는 사항입니다.

기존 온프레미스 환경에서의 보안은 방화벽을 비롯하여 다양한 보안 장비를 갖추고 보안 관제를 통해 외부 위협을 모니터링합니다. 클라우드 역시 다양한 보안 서비스를 제공하고 있지만 사용자가 직접 설정을 하고 모니터링도 직접 해야 합니다. 보안의 중요성을 생각한다면 보안 설정이나 보안 관제에 많은 리소스를 투입해야 하지만 클라우드에서는 좀 더 간편하게 설정하고 모니터링도 할 수 있습니다.

네이버 클라우드 플랫폼에서도 다양한 보안상품이 있지만 우선적으로 고려해야 하는 몇 가지 설정이 있습니다. 먼저 안전하다고 판단이 되는 서비스 포트, 예를 들어 HTTPS 같은 서비스 포트를 제외하고 서비스에 불필요한 나머지 포트는 모두 막는 게 중요합니다. 특히나 SSH, RDP를 비롯한 데이터베이스 포트는 취약하기 때문에 서버의 방화벽 역할을 하는 ACG_{access cotnrol group}나 Subnet 단위의 방화벽 역할을 하는 NACL_{network access control list}에서 차단하는 게 좋습니다. 또한 메일, DNS나 기타 클라우드에서 제공하는 서비스가 있다면 클라우드 서비스를 이용하는 것이 좋습니다. 메일이나 DNS와 같은 서비스 역시 직접 구성하게 되면 취약점이 생길 수 있고 다른 서버들과 같은 VPC, Subnet에 위치시키면 이 또한 보안에 취약할 수 있습니다.

그리고 만약 서버에 접속이 필요하거나 데이터베이스_{database, DB}에 접속이 필요하다면 SSL_{secure sockets layer} VPN을 이용하여 안전하게 접속해야 합니다. 이와 같이 서버에 접속할 수 있는 방법을 원천적으로 차단하게 되면 외부 위협으로부터 서비스를 상당히 안전하게 지켜낼 수 있습니다.

네이버 클라우드 플랫폼에 여러 보안 상품이 있지만 그중에서 방화벽 역할을 하는 ACG와 NACL, 그리고 안전하게 접속할 수 있는 수단을 제공하는 SSL VPN을 반드시 이용하여 서비스를 안전하게 지켜야 합니다.

1.4.4 다양한 개발 플랫폼 상품 활용을 통한 개발비 절감

클라우드 서비스에서는 인프라만 제공하지 않습니다. 문자 전송을 비롯하여 DNS, 메일, 그룹웨어, AI 등 수많은 플랫폼 서비스를 제공하고 있습니다. 특히 네이버 클라우드 서비스에서는 게임을 비롯한 특화된 플랫폼 서비스를 제공하고 있어 개발 비용과 운영 비용을 절감할 수 있습니다.

만약에 게임을 개발한다고 하면 게임 이외에 문자 인증, 회원 관리, 결제와 같은 부가적인 서비스도 개발을 해야 합니다. 더군다나 개발도 개발이지만 지속적으로 운영 관리와 업그레이드도 필요하죠. 하지만 플랫폼으로 제공되는 서비스를 이용하게 되면 개발비뿐만 아니라 업그레이드, 운영도 클라우드에서 해주기 때문에 플랫폼을 이용하지 않을 이유가 없습니다.

클라우드에서는 이미 수많은 개발 관련 플랫폼을 제공하고 있습니다. 플랫폼의 완성도도 높고 기능의 업데이트도 지속적으로 하고 있는 데다가 보안 관점에서도 클라우드에서 제공되는 플랫폼의 경우 보안상 다양한 방식으로 안전하게 서비스를 제공하고 있는 만큼 플랫폼을 이용하는 것이 더 안전합니다.

네이버 클라우드 플랫폼에서는 메시지, 메일, DNS, AI 등 개발을 위한 플랫폼 서비스를 다양하게 제공하고 있으므로, 해당 플랫폼을 이용하여 개발비와 운영비도 절감하고 보안을 더욱 강화할 수 있습니다.

기술자격시험 기출문제

다음 중 클라우드의 특징에 대해 잘못 설명한 것은 무엇인가요?

① 동일한 네트워크 사용량을 기준으로 보면 Legacy 인프라보다 클라우드가 무조건 저렴하다.

② Scale-In/Out이 Legacy 인프라보다 자유롭다.

③ 요금은 사용량에 따른 종량제를 기본으로 하지만 상품에 따라 정액제 요금도 존재한다.

④ 사용할 수 있는 서버 OS가 제한적이다.

정답: ①

해설: 클라우드는 온프레미스 환경(=레거시 환경) 대비 인프라를 유연하게 운영하여 비용효율적으로 운영할 수 있으나, 온프레미스 환경 대비 무조건 저렴하다고는 할 수 없습니다.

CHAPTER 2

네이버 클라우드 플랫폼 소개

네이버 클라우드 플랫폼 서비스는 어떻게 시작되었는지, 서비스 구성이 어떻게 되어 있는지 살펴보겠습니다.

2.1 네이버 클라우드 플랫폼 서비스 등장

네이버 클라우드 플랫폼 서비스는 2017년 4월에 시작되었습니다. 타 클라우드 서비스보다는 늦은 감이 있지만, 네이버 일부 계열사들과 네이버가 투자하고 있는 스타트업들을 대상으로 프라이빗 클라우드 환경을 2010년부터 제공하고 있었습니다. 이러한 경험을 바탕으로 대외적인 클라우드 서비스를 시작한 게 2017년이라고 생각하면 됩니다. 2017년 서비스가 출시되고 다양한 서비스를 제공하기 위해 내부적으로 많은 노력을 해왔으며, 2026년 1월 기준으로 IaaS, PaaS, SaaS, 하이브리드 클라우드 서비스를 포함하여 약 200여 개 서비스로 확장했습니다.

2.2 네이버 클라우드 플랫폼에서 꼭 알아야 할 핵심 개념

시작하기에 앞서 꼭 알아두어야 할 핵심 개념인 리전, 존, 멀티존, 가용성에 대해 살펴보겠습니다.

2.2.1 리전과 존

네이버 클라우드 플랫폼 서비스를 잘 활용하기 위해서 네이버 클라우드 플랫폼에서 알아야 할 리전과 존에 대한 개념을 살펴보겠습니다. 리전region은 클라우드 서비스가 제공되는 지리적 위치를 의미합니다. 네이버 클라우드 플랫폼에서는 한국 리전 외에 해외 리전들을 보유하고 있으며 일본, 독일, 미국, 싱가포르 리전이 제공되고 있습니다(2026년 1월 기준). 해외향 서비스를 준비 중이거나 기획 중이라면 네이버 클라우드 플랫폼 서비스를 사용하여 빠르게 해외 인프라를 구축할 수 있습니다.

반면에 존zone은 한 국가에 설치되어 있는 '데이터 센터'라고 생각하면 됩니다. 2026년 1월 기준, 한국 리전에는 KR-1존과 KR-2존이 운영되고 있으며, 일본은 JPN-4와 JPN-5, 싱가포르 리전은 SGN-4와 SGN-5 리전이 운영되고 있습니다.

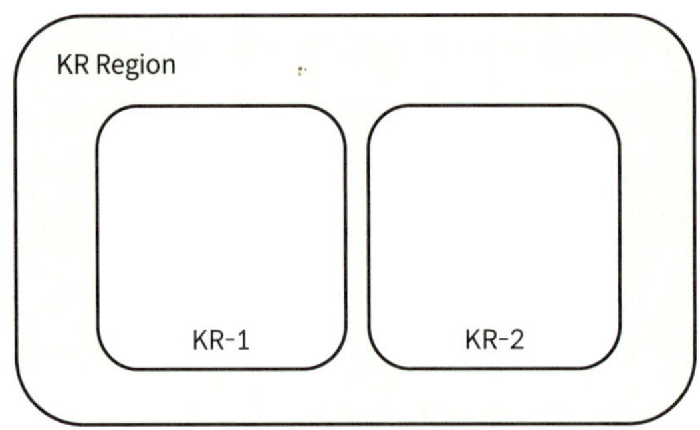

그림 2.1 리전과 존의 개념(한국 리전 기준)

2.2.2 멀티존과 가용성

그렇다면 왜 하나의 존이 아닌 2개 이상의 존, 즉 멀티존multi zone을 제공하는 걸까요? 바로 존 간의 이중화를 위해서입니다. IT 인프라를 구성할 시에 고려해야 할 사항으로 '가용성availability'이라는 것이 있습니다. 가용성이란, 서비스가 중단 없이 지속적으로 제공되는 것을 의미합니다. 서비스의 중단은 많은 리스크를 주게 됩니다. 예를 들어 여러분이 쇼핑몰을 운영하는데, 쇼핑몰이 인프라의 이슈로 1시간 정도 중단되었다고 가정해봅시다. 1시간 동안 판매될 수 있었던 판매 금액, 쇼핑몰 서비스에 대한 신뢰성 등을 생각한다면 서비스 중단이 굉장히 많은 피해를 일으킨다는 것을 짐작할 수 있습니다. 그러므로 인프라 구성 시에는 가용성이 확보되었는지 충분히 검토하고 고려하는 과정이 필요합니다.

이러한 가용성 확보를 위해 가장 많이 활용하는 방법은 IT 인프라를 이중화하는 것입니다. 이중화란 서버, 스토리지 등 IT 인프라를 2개 이상 구성하는 방식입니다. 웹서버를 1대만 운영한다면 해당 서버가 다운되면 서비스 전체가 다운되겠죠? 따라서 1대의 서버가 다운되더라도 다른 1대의 서버에서 서비스를 할 수 있도록 2대 이상을 구성하여 가용성을 확보하는 방식을 많이 사용합니다. 이러한 가용성에 대한 개념은 존에도 해당됩니다. 자연재해 등으로 하나의 존이 무너지더라도 다른 존에서도 서비스를 제공할 수 있도록 존도 이중화가 필요합니다. 이를 위해 네이버 클라우드 플랫폼에서는 한국, 싱가포르, 일본 리전에 멀티존을 제공하고 있습니다.

2.3 네이버 클라우드 플랫폼 사용해보기

네이버 클라우드 플랫폼은 회원 가입을 통해 손쉽게 클라우드 환경에 접근할 수 있습니다. 또한 신규 가입 시 결제 수단까지 등록하면 네이버 클라우드 플랫폼 서비스를 활용해볼 수 있도록 모든 서비스에 적용 가능한 10만 원 크레디트를 제공하고 있습니다. 해당 크레디트는 부여받은 후 3개월간 사용이 가능합니다. 또한 결제 수단까지 등록한 대상자들에게는 1년간 무료로 사용 가능한 체험용 서버인 마이크로서버를 제공합니다. 회원 가입 절차는 다음과 같습니다.

1. 웹브라우저를 이용하여 네이버 클라우드 플랫폼 포털(https://www.ncloud.com/)에 접속합니다.
2. 우측 상단의 **[회원 가입]** 버튼을 클릭합니다.

그림 2.2 네이버 클라우드 플랫폼 포털 ➡ 회원 가입 화면

3. 사용할 아이디(이메일 주소)를 기입합니다.

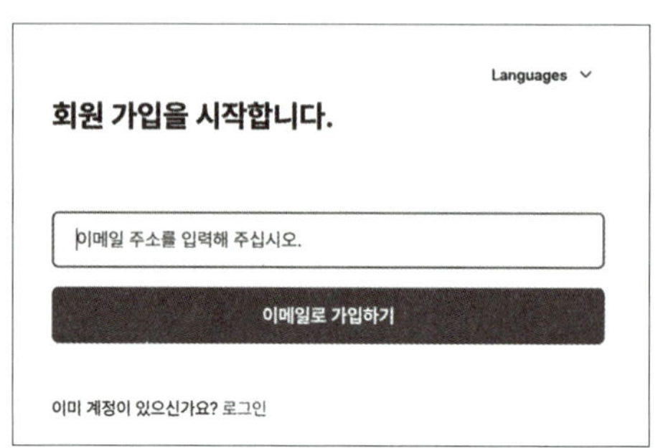

그림 2.3 회원 가입 화면

4. 거주 국가, 회원 유형(사업자 회원, 개인 회원), 사용 언어를 선택합니다.

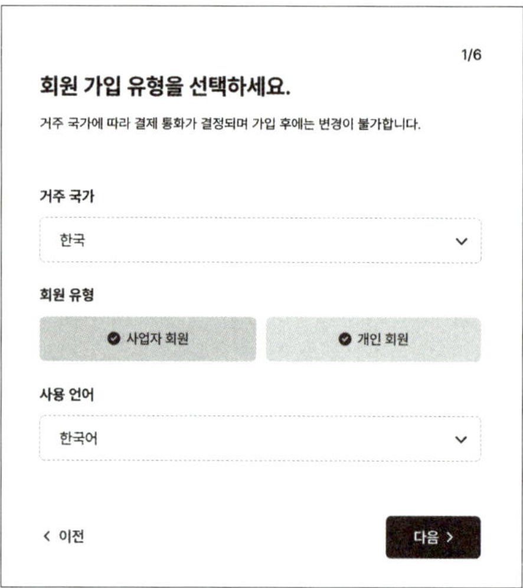

그림 2.4 회원 가입 유형 선택

5. 약관 및 개인정보 수집 및 이용 안내 등에 대한 동의를 진행합니다.

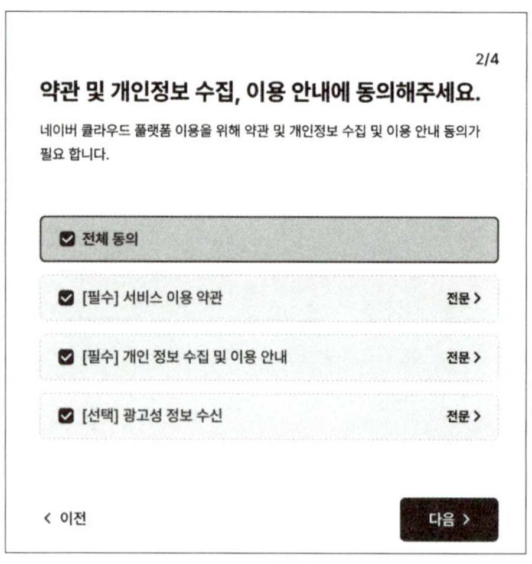

그림 2.5 회원 가입 ➡ 약관 동의

6. 이메일 인증과 로그인에 사용할 비밀번호를 설정합니다.

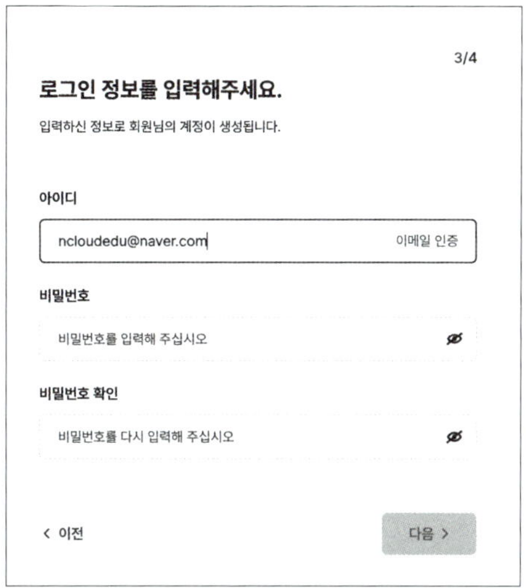

그림 2.6 회원 가입 ➡ 로그인 정보 입력

7. 계정 소유자 정보(회사명, 휴대 전화번호, 주소 등)를 기입하면 가입이 끝납니다.

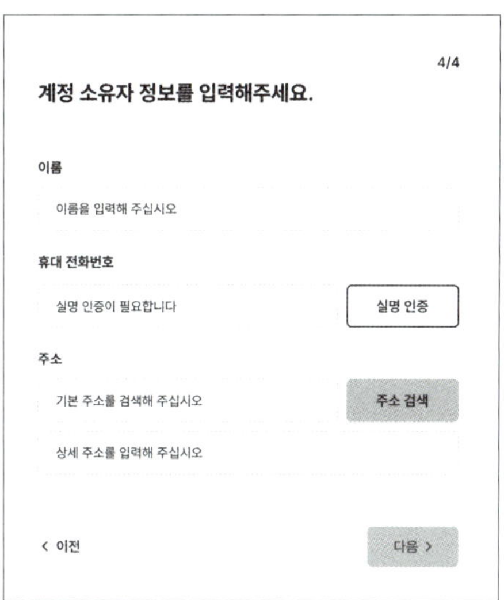

그림 2.7 회원 가입 ➡ 계정 소유자 관련 정보 기입
(사업자 계정은 사업자 등록증을 업로드하고, 개인 계정은 사업자 등록증이 필요하지 않습니다.)

네이버 클라우드 플랫폼 사용 시 참고할 자료

- 네이버 클라우드 플랫폼 홈페이지: https://www.ncloud.com/
- 사용 가이드: https://guide.ncloud-docs.com/docs/ko/home
- API 가이드: https://api.ncloud-docs.com/docs/ko/home
- CLI 가이드: https://cli.ncloud-docs.com/docs/ko/home
- 블로그: https://blog.naver.com/n_cloudplatform
- 네이버 TV: https://tv.naver.com/ncloud
- 네이버 비즈니스 스쿨 – 네이버 클라우드 플랫폼: https://bizschool.naver.com/online/courses/76

기술자격시험 기출문제

다음 중 네이버 클라우드 플랫폼 글로벌 리전이 존재하지 않는 지역은 어디인가요?

① 싱가포르

② 독일

③ 터키

④ 미국

정답: ③

해설: 네이버 클라우드 플랫폼의 글로벌 리전은 한국을 포함한 일본, 미국 서부, 싱가포르, 독일에 제공합니다.

CHAPTER 3

네이버 클라우드 플랫폼 VPC 개념 익히기

이번 장에서는 네이버 클라우드 플랫폼에서 핵심 서비스 중 하나인 VPC와 VPC 관련 서비스들에 대해 살펴보겠습니다. 네이버 클라우드 플랫폼에서 VPC는 논리적인 네트워크를 정의하고 설계하는 과정이므로 인프라 사용 시 필수로 구성해야 할 요소입니다. VPC와 VPC 관련 서비스를 이해함으로써 인프라 구성을 위한 사전 준비 과정을 익혀보겠습니다.

3.1 VPC란?

VPC는 Virtual Private Cloud의 약자로, 네이버 클라우드 플랫폼상에 나만의 논리적인 네트워크를 구성할 수 있도록 하는 서비스입니다. 네이버 클라우드 플랫폼상에 자신이 사용할 IP 대역을 정하고, 그 대역 내에서 용도/목적별로 서브넷subnet을 나누어 구성할 수 있습니다.

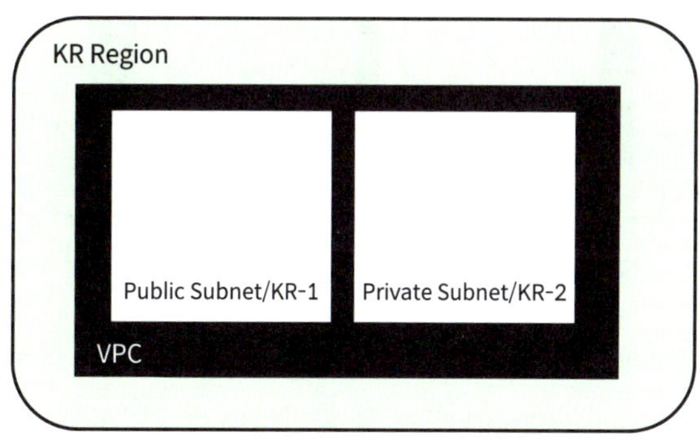

그림 3.1 VPC와 서브넷의 개념(한국 리전 기준)

네이버 클라우드 플랫폼에서는 리전당 최대 3개의 VPC를 구성할 수 있으며, VPC는 /28 넷마스크(IP 주소 16개)~최대 /16 넷마스크(IP 주소 65,536개)의 네트워크 주소 공간을 제공합니다. 또 RFC1918에 명시된 사설 IP 주소 대역을 이용할 수 있습니다.

- 10.0.0.0 – 10.255.255.255(10/8 접두사)
- 172.16.0.0 – 172.31.255.255(172.16/12 접두사)
- 192.168.0.0 – 192.168.255.255(192.168/16 접두사)

3.2 서브넷이란?

VPC를 구성할 때는 가장 먼저 앞에서 설명한 대역 중 사용할 대역을 고른 후, 그 대역 안에서 서브넷을 구성하게 됩니다. 서브넷은 외부 인터넷 통신이 가능한 1) 퍼블릭 서브넷public subnet과 외부 인터넷 통신이 불가능한 2) 프라이빗 서브넷private subnet으로 구분됩니다. 현재 한국 리전의 경우, 1개의 VPC당 200개의 서브넷을 사용할 수 있습니다.

퍼블릭 서브넷은 외부 통신이 가능한 구조이므로 그림 3.2처럼 Internet Gateway와 연동되어 제공됩니다. 반면에 프라이빗 서브넷은 기본적으로 외부 통신이 불가능하며, 외부 통신을 해야할 경우에는 NATnetwork address translation Gateway를 생성하고 Route Table 설정을 통해 외부로 향하는 통신은 NAT Gateway를 향하도록 수정해야 합니다.

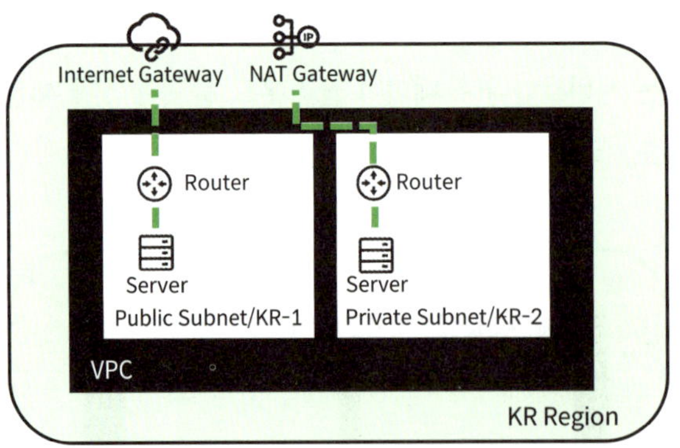

그림 3.2 **퍼블릭 서브넷과 프라이빗 서브넷(한국 리전)**

예를 들어 표 3.1과 같이 Route Table이 구성될 수 있습니다. 보시는 것처럼 외부 트래픽은 lab-nat를 향하도록 Route Table이 구성되어 있는 걸 확인해볼 수 있습니다.

표 3.1 프라이빗 서브넷에 적용되는 Route Table 예시

Destination	Target Type	Target Name
0.0.0.0/0	NATGW	lab-nat
10.0.0.0/16	LOCAL	LOCAL

서브넷을 구성할 때는 Network ACL도 함께 설정해야 합니다. Network ACL은 무엇일까요? Network ACL은 서브넷에서 방화벽 역할을 수행하며, Inbound(인바운드)와 Outbound(아웃바운드) 트래픽에 대한 허용이나 차단 정책을 설정할 수 있도록 지원합니다.

즉, Network ACL을 이용해 서브넷에 대한 접근 제어를 설정하게 됩니다. 그림 3.3과 같이 외부의 트래픽이 가장 먼저 만나는 방화벽은 Network ACL이며 Network ACL은 사용자 지정한 Inbound/Outbound 트래픽에 따라 트래픽을 허용할지, 차단할지 판단하게 됩니다. Network ACL처럼 서버 단의 방화벽 역할을 수행하는 것으로는 ACG가 있습니다. ACG는 서버에 대해서 다룰 때 좀 더 상세히 살펴보도록 하겠습니다.

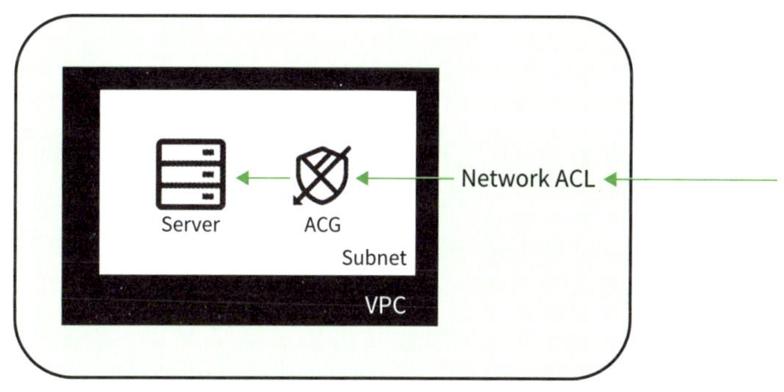

그림 3.3 외부 트래픽이 서버로 들어오기 위해 거치는 보안 요소

Network ACL은 Inbound/Outbound 룰에 대한 우선순위를 지정할 수 있습니다. 우선순위는 0~199까지 지정이 가능합니다. 프로토콜에서는 Inbound/Outbound에서 허용이나 차단할 프로토콜을 지정하게 됩니다. 프로토콜은 TCP, UDP, ICMP 프로토콜을 지정할 수 있습니다.

접근 소스는 IP 대역을 넣거나 허용 혹은 차단할 IP가 대량이면 Deny-Allow Group을 생성하여 여러 IP들을 한꺼번에 편리하게 등록할 수 있습니다. 그다음에는 포트, 허용 여부(허용 혹은 차단)를 선택하여 Network ACL에 대한 룰 설정을 편리하게 할 수 있습니다.

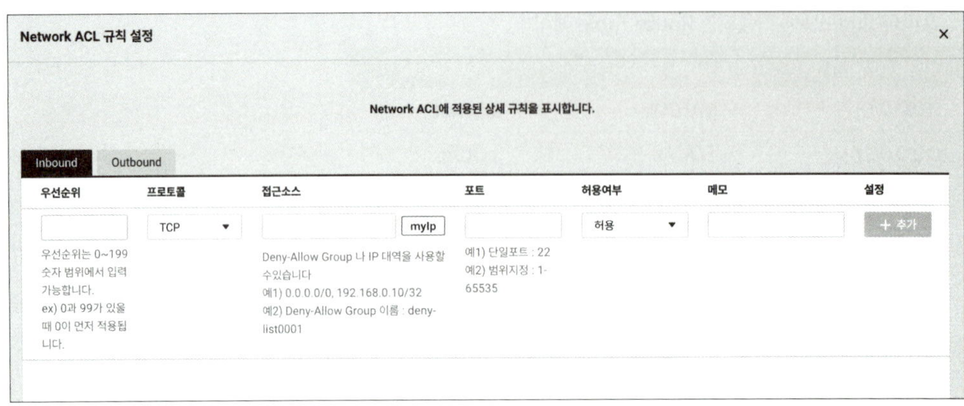

그림 3.4 네이버 클라우드 플랫폼 Network ACL 설정 화면

NOTE 서브넷 마스크와 CIDR(classless inter-domain routing) 표기

IP 주소를 보면 a.b.c.d/24와 같이 표기하는데 /24가 어떤 의미인지를 알아두면 IP 대역을 설정할 때 어느 정도 크기로 설정을 해야 할지 판단하게 됩니다. 특히 IP 대역을 표시할 때 /24와 같은 CIDR 표기법으로 대역을 표시하는 만큼 이것이 어떤 의미인지 알아두면 네트워크 대역을 잘 관리할 수 있습니다.

기본적으로 IPv4 주소는 32비트로 구성되며 aaa.bbb.ccc.ddd 형태로 표현됩니다. aaa는 8비트이며 따라서 최댓값은 255가 됩니다. 그리고 해당 IP 주소가 속한 네트워크의 범위를 나타내기 위해 IP 주소 외에 서브넷 마스크를 표현하게 되는데 255.255.255.0와 같이 표현합니다.

만약 192.168.1.100이라는 IP 주소에 서브넷 마스크가 255.255.255.0이라고 한다면 192.168.1.100은 192.168.1.0 네트워크 안에 있는 장치 중 하나라는 의미입니다. 또한 서브넷 마스크를 10진수로 길게 쓰는데 그것이 아닌 32비트 중 1의 개수로 표현하면 CIDR이 됩니다.

즉, 192.168.1.100 IP에 서브넷 마스크가 255.255.255.0이라고 하면 192.168.1.100/24라고 표현이 가능합니다. 그리고 /24로 설정을 하게 되면 해당 네트워크 대역에는 250개 정도의 IP를 할당할 수 있게 됩니다.

만약 192.168.1.100/27이라고 하면 서브넷 마스크가 255.255.255.224가 되며 IP는 30개 정도를 할당할 수 있게 됩니다. IP 주소는 192.168.1.96부터 192.168.1.127까지가 네트워크 주소 대역이 됩니다.

3.3 VPC와 서브넷 생성

▶ 실습

CAUTION 실습 과정을 통해 생성한 리소스들은 사용한 만큼 과금됩니다.

1. 웹브라우저를 이용하여 네이버 클라우드 플랫폼 포털(https://www.ncloud.com/)에 접속합니다.
2. 로그인 후 [Menu] ➡ [Services] ➡ [Networking] ➡ [VPC] ➡ [VPC Management]를 클릭합니다.

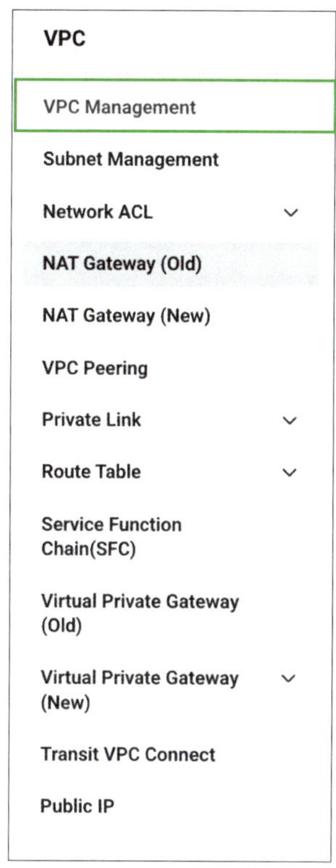

그림 3.5 VPC 관리 메뉴

3. [+ VPC 생성]을 클릭합니다.

그림 3.6 네이버 클라우드 플랫폼 VPC 화면

4. • VPC 이름: lab1-vpc
   • IP 주소 범위: 10.0.0.0/16
   • 유형: Normal을 선택합니다.

TIP 네이버 클라우드 플랫폼에서 VPC에 대한 IP 주소 범위는 10.0.0.0/8,172.16.0.0/12,192.168.0.0/16 내에서 /16~/28 범위에서 설정 가능합니다.

유형은 TRANSIT과 NORMAL 중 선택이 가능하며, Transit VPC를 구성하는 게 아니라면 NORMAL을 선택하면 됩니다.

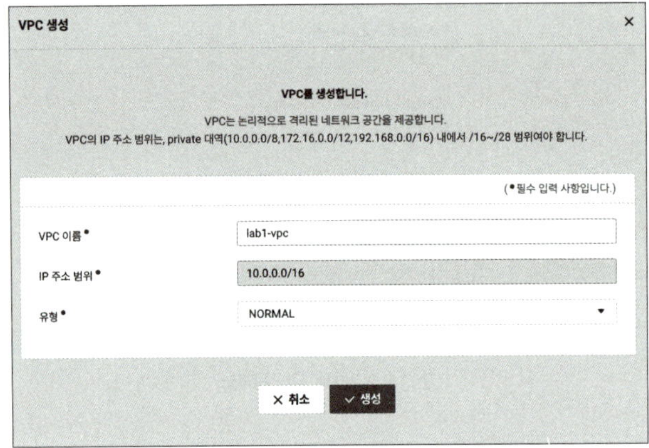

그림 3.7 **네이버 클라우드 플랫폼 VPC 생성 화면**

5. VPC 생성 후 '운영 중' 상태로 변하면 VPC 생성이 완료된 것입니다. 서브넷에 적용할 Network ACL을 생성해보겠습니다.
   • [Menu] ➡ [Services] ➡ [Networking] ➡ [VPC] ➡ [Network ACL] ➡ [ACL Rule]을 클릭합니다. 상단의 **[+ Network ACL 생성]**을 클릭합니다.
   • Network ACL 이름: lab1-vpc-web-nacl
   • VPC: lab1-vpc 선택 후 하단의 **[생성]** 버튼을 클릭합니다.
6. 생성 완료 후 방금 만든 lab1-vpc-web-nacl을 선택 후 상단의 **[Rule 설정]**을 클릭합니다.

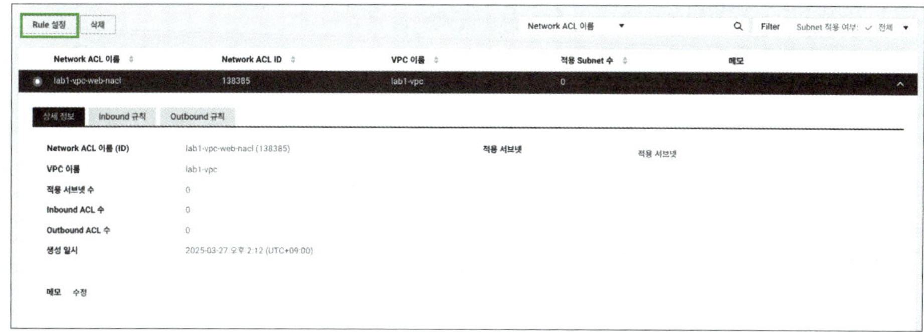

그림 3.8 네이버 클라우드 플랫폼 Network ACL 생성 화면

다음과 같이 규칙을 기입 후 하단의 **[적용]** 버튼을 클릭합니다(규칙을 하나씩 기입한 후 우측의 **[추가]** 버튼을 클릭하면 규칙이 한 개씩 추가됩니다).

[Inbound]

우선순위	프로토콜	접근 소스	포트	허용 여부	메모
0	TCP	0.0.0.0	80	허용	
1	TCP	[myIP 클릭]	22	허용	
2	ICMP	0.0.0.0		허용	
3	TCP	0.0.0.0	22	차단	

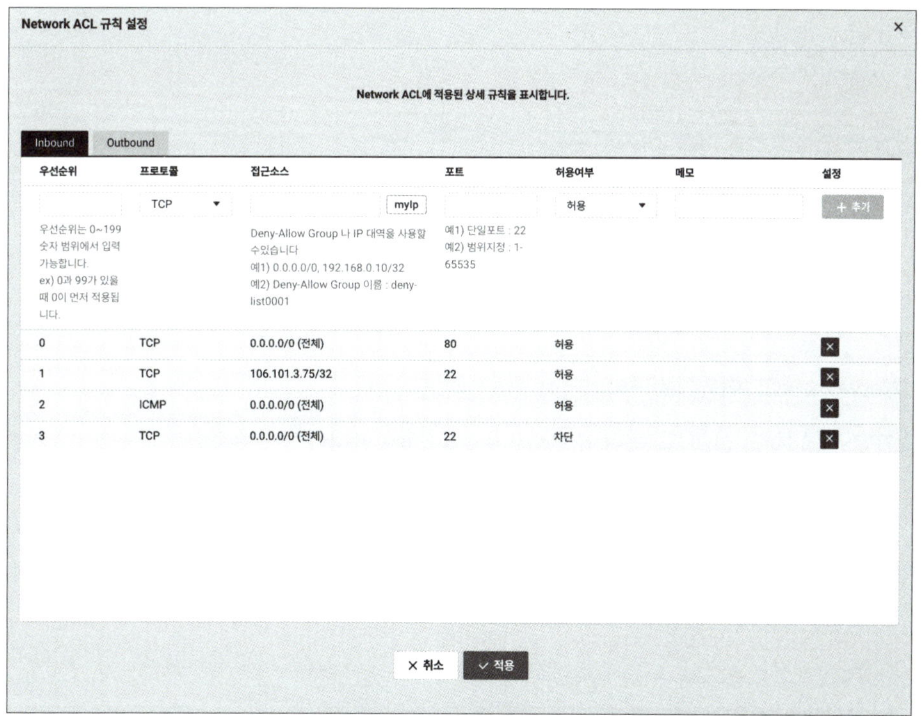

그림 3.9 네이버 클라우드 플랫폼 Network ACL 생성 화면

다음과 같이 Rule을 기입 후 하단의 **[적용]** 버튼을 클릭합니다.

[Outbound]

우선순위	프로토콜	접근 소스	포트	허용 여부	메모
0	ICMP	0.0.0.0		허용	
1	TCP	0.0.0.0	1-65535	허용	
2	UDP	0.0.0.0	1-65535	허용	

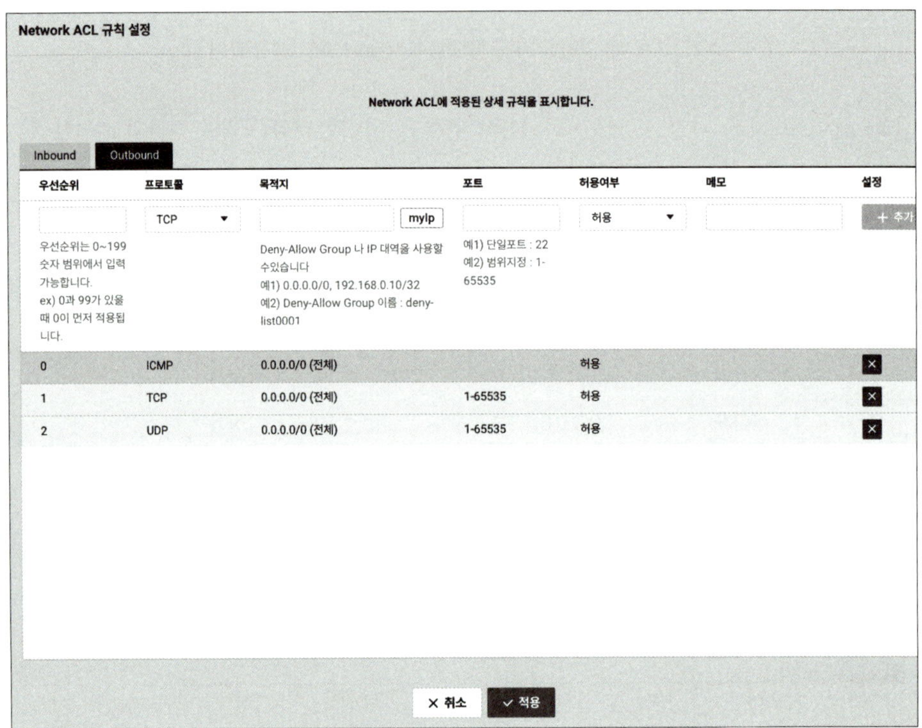

그림 3.10 네이버 클라우드 플랫폼 Network ACL 생성 화면

앞과 동일하게 프라이빗 서브넷용 Network ACL을 생성해보겠습니다.

- Network ACL 이름: labl-vpc-private-nacl
- VPC: labl-vpc 선택 후 하단의 **[생성]** 버튼을 클릭합니다.

생성 완료 후 방금 만든 labl-vpc-private-nacl을 선택 후 상단의 **[Rule 설정]**을 클릭합니다.

다음과 같이 각각 Inbound, Outbound 규칙을 입력 후 하단의 **[적용]** 버튼을 클릭합니다.

[Inbound]

우선순위	프로토콜	접근 소스	포트	허용 여부	메모
0	TCP	myip	22	허용	

[Outbound]

우선순위	프로토콜	접근 소스	포트	허용 여부	메모
0	ICMP	0.0.0.0		허용	
1	TCP	0.0.0.0	1-65535	허용	
2	UDP	0.0.0.0	1-65535	허용	

여기서 잠깐!

- Network ACL은 Inbound/Outbound 트래픽의 허용 규칙, 차단 규칙 모두 설정이 가능하며 따로 규칙을 지정하지 않으면 모든 트래픽에 대해 허용 규칙이 적용됩니다.
- Stateless 방식으로 작동하여 트래픽 상태를 저장하지 않아 Inbound 규칙과 Outbound 규칙에 대한 별도 설정이 필요합니다.

트래픽에 대한 허용/거부 정책은 우선순위에 따라 결정됩니다.

7. 서브넷에 적용할 Network ACL을 생성했으니, 서브넷 생성을 진행해보겠습니다. **[Menu] ➡ [Services] ➡ [Networking] ➡ [VPC] ➡ [Subnet Management]**로 이동합니다. 상단의 **[+ Subnet 생성]**을 클릭합니다. 퍼블릭 서브넷과 프라이빗 서브넷을 생성해보고자 합니다.

   퍼블릭 서브넷과 프라이빗 서브넷 생성을 위해 다음과 같이 관련 정보를 기입합니다.

   [퍼블릭 서브넷]

   - Subnet 이름: lab1-vpc-web-subnet
   - VPC: lab1-vpc
   - IP 주소 범위: 10.0.1.0/24
   - 가용 Zone: KR-2
   - Network ACL: lab1-vpc-web-nacl
   - Internet Gateway 여부: Y
   - 용도: 일반

   [프라이빗 서브넷]

   - Subnet 이름: lab1-vpc-private-subnet
   - VPC: lab1-vpc

- IP 주소 범위: 10.0.2.0/24
- 가용 Zone: KR-2
- Network ACL: lab1-vpc-private-nacl
- Internet Gateway 여부: N
- 용도: 일반

이와 같이 기입 후 하단의 [생성] 버튼을 클릭합니다.

서브넷의 상태가 '준비 중'으로 바뀌고 곧 '운영 중' 상태로 변경되게 됩니다.

그림 3.11 네이버 클라우드 플랫폼 서브넷 생성 화면

3.4 VPC Peering

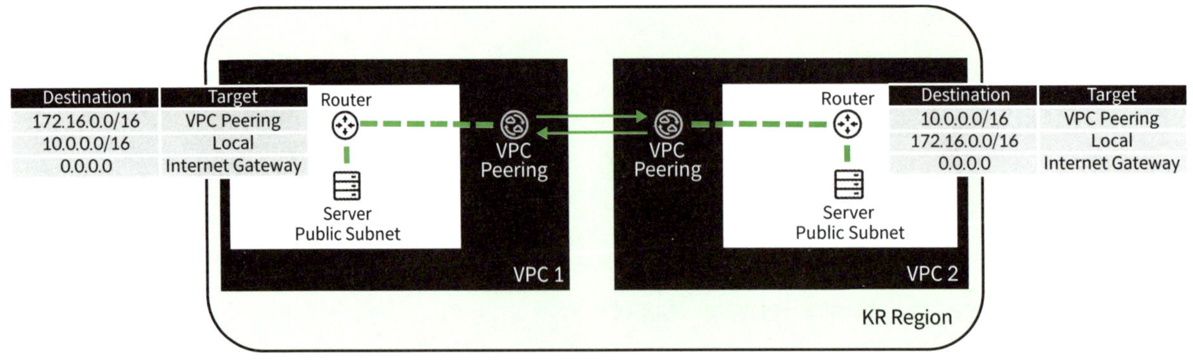

그림 3.12 네이버 클라우드 플랫폼 VPC Peering

지금까지 VPC와 VPC를 용도별로 나누어서 구성하는 서브넷에 대해서 살펴보았습니다. 다음으로는 VPC Peering에 대해 살펴보겠습니다. VPC Peering은 서로 다른 VPC 간의 사설 통신이 가능하도록 지원하는 기능입니다. VPC는 서로 격리되어 있는 네트워크 환경이기 때문에 사설 통신이 불가능하지만 VPC Peering을 설정하면 서로 다른 VPC라도 인터넷 통신을 거치지 않고 사설 IP를 통한 통신이 가능합니다.

VPC Peering은 동일한 리전 내의 VPC끼리만 설정이 가능합니다. VPC Peering은 자신의 계정 내에서 서로 다른 VPC 간의 연결도 가능하며, 네이버 클라우드 플랫폼의 다른 계정에서 운영하고 있는 VPC와도 Peering을 맺을 수 있습니다. 서로 다른 계정에서 운영하고 있는 VPC 간의 Peering을 맺을 때는 어떤 프로세스로 진행하는지 살펴보겠습니다.

▶ 실습

CAUTION 실습 과정을 통해 생성한 리소스들은 사용한 만큼 과금됩니다.

1. 웹브라우저를 이용하여 네이버 클라우드 플랫폼 포털(https://www.ncloud.com/)에 접속합니다.
2. 로그인 후 [Menu] ➡ [Services] ➡[Networking]➡ [VPC] ➡[VPC Peering]을 클릭합니다.

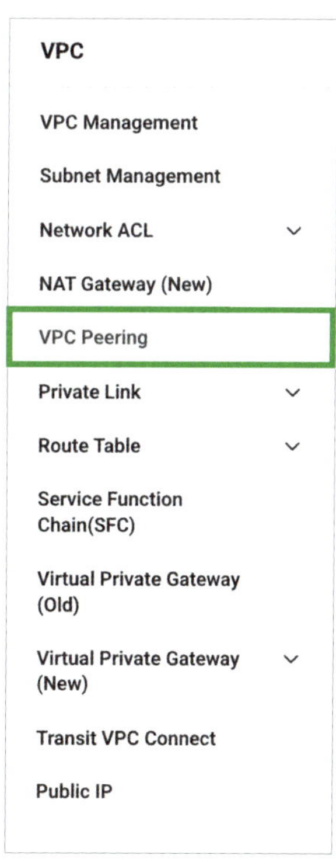

그림 3.13 VPC Peering 메뉴

3. 상단의 **[+ VPC Peering 생성]**을 클릭합니다.

그림 3.14 VPC Peering 생성 버튼

4. VPC Peering을 맺기 위한 관련 정보를 기입합니다(본 실습 과정에서는 다른 계정과 VPC Peering을 맺는 법에 대해서 소개하겠습니다).
   - VPC Peering 이름: VPC Peering 이름을 입력합니다.
   - 요청 VPC: 자신이 운영하고 있는 VPC 중에 VPC Peering을 맺을 VPC를 선택합니다.
   - 수락 VPC Region: 요청한 VPC Region과 동일한 Region을 선택합니다.
   - 수락 VPC: 상대편의 로그인 ID, VPC ID, VPC 이름을 입력 후 하단의 **[생성]** 버튼을 클릭합니다.

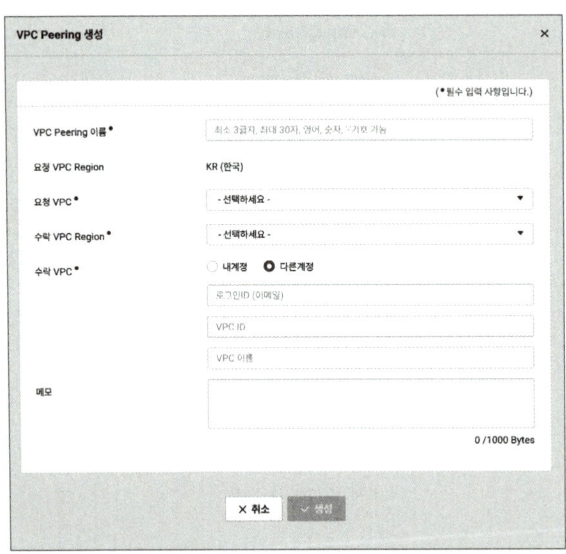

그림 3.15 네이버 클라우드 플랫폼 VPC Peering 설정 화면(다른 계정과 수립 시) (1)

5. 최종 설정 내용을 확인 후 하단의 **[확인]** 버튼을 클릭합니다.

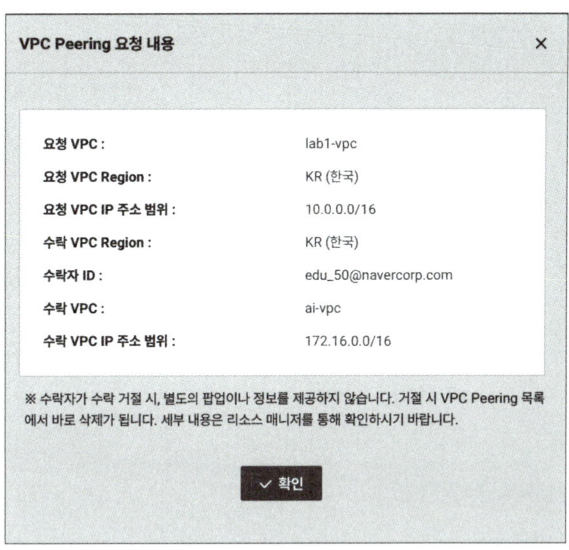

그림 3.16 네이버 클라우드 플랫폼 VPC Peering 설정 화면(다른 계정과 수립 시) (2)

6. VPC Peering의 상태를 확인해보면 준비 중으로 표기됩니다.

   상대편 VPC Peering에서 '수락'을 해줘야만 VPC Peering이 정상적으로 맺어지게 됩니다.

   또한 VPC Peering은 단방향으로 작동하기 때문에 상대편에서도 VPC Peering을 맺어주도록 하겠습니다.

7. 상대편의 VPC Peering 메뉴에 가보면 요청한 VPC Peering이 보이고 내용을 살펴보고 '수락' 혹은 '거절'을 할 수 있습니다.

그림 3.17 네이버 클라우드 플랫폼 VPC Peering 설정 화면(다른 계정과 수립 시) (3)

8. **[수락]** 버튼을 클릭해보겠습니다. 실제 '수락'할 것인지 안내하는 안내창을 확인 후 수락을 모두 완료하면 그림 3.18과 같이 반대편 VPC를 바라보는 VPC Peering 생성 화면이 뜹니다. 수정해야 할 사항이 없으면 VPC Peering 이름 및 리전을 선택한 후 하단의 **[생성]** 버튼을 클릭합니다.

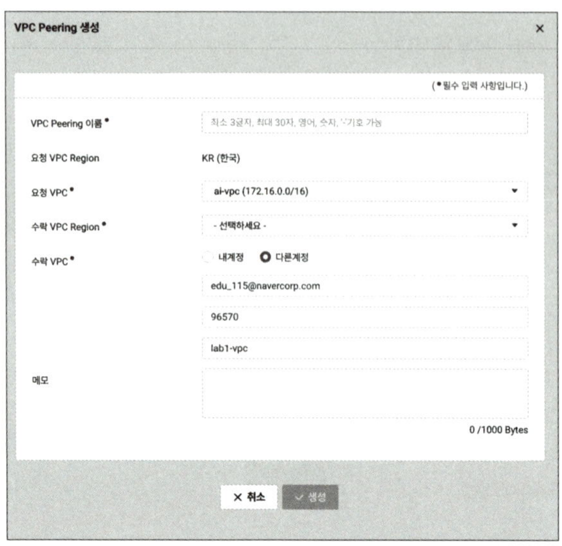

그림 3.18 네이버 클라우드 플랫폼 VPC Peering 설정 화면(다른 계정과 수립 시) (4)

9. 상대편에서도 이전 과정과 동일하게 VPC Peering에 대한 '수락'을 진행하면 VPC Peering 생성이 완료됩니다.

10. VPC Peering 생성 후 각 VPC 대역으로 통신할 시에는 VPC Peering을 향하도록 Route Table 수정이 필요합니다. 각 VPC의 Route Table을 수정하도록 하겠습니다. Route table은 [VPC] ➡ [Route Table] ➡ [Route Table] 메뉴에서 수정이 가능합니다.

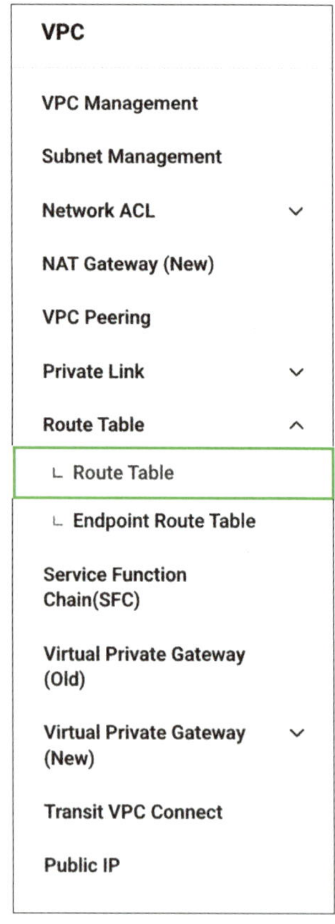

그림 3.19 네이버 클라우드 플랫폼 Route Table 메뉴 화면

11. Route Table로 이동하면 퍼블릭 서브넷을 위한 Route Table과 프라이빗 서브넷을 위한 Route Table이 있습니다. 그중 (VPC 이름)-default-public-table이라고 되어 있는 Route Table을 수정해주면 됩니다. (VPC 이름)-default-public-table을 선택 후 상단의 **[Routes 설정]**을 클릭합니다.

다음과 같이 상대편 VPC 대역으로 통신할 시에는 VPC Peering을 바라보도록 수정하겠습니다. 현재 10.0.0.0/16을 사용하는 VPC 사용자가 172.16.0.0/16을 사용하는 사용자와 VPC Peering을 맺는다면 다음과 같이 Route Table에 Rule을 하나 더 추가합니다.

- Destination: 172.16.0.0/16
- Target Type: VPC Peering
- Target Name: VPC Peering 이름 선택 후 우측의 **[생성]** 버튼 클릭 후 하단의 **[확인]** 버튼을 클릭합니다.

그림 3.20 **네이버 클라우드 플랫폼 Route Table 설정 화면 (1)**

12. 반대편 Route Table도 수정하겠습니다. 동일하게 [Menu] ➡ [Services] ➡ [Networking] ➡ [VPC] ➡ [Route Table] ➡ [Route Table]로 이동합니다.

(VPC 이름)-default-public-table을 클릭한 후 상단의 **[Routes 설정]**을 클릭합니다. 현재 172.16.0.0/16 대역을 사용하는 사용자가 반대편 VPC 대역인 10.0.0.0/16과 VPC Peering을 맺으려면 다음과 같이 Route Table을 수정하면 됩니다.

- Destination: 10.0.0.0/16
- Target Type: VPC Peering
- Target Name: VPC Peering 이름 선택 후 우측의 **[생성]** 버튼 클릭 후 하단의 **[확인]** 버튼을 클릭합니다.

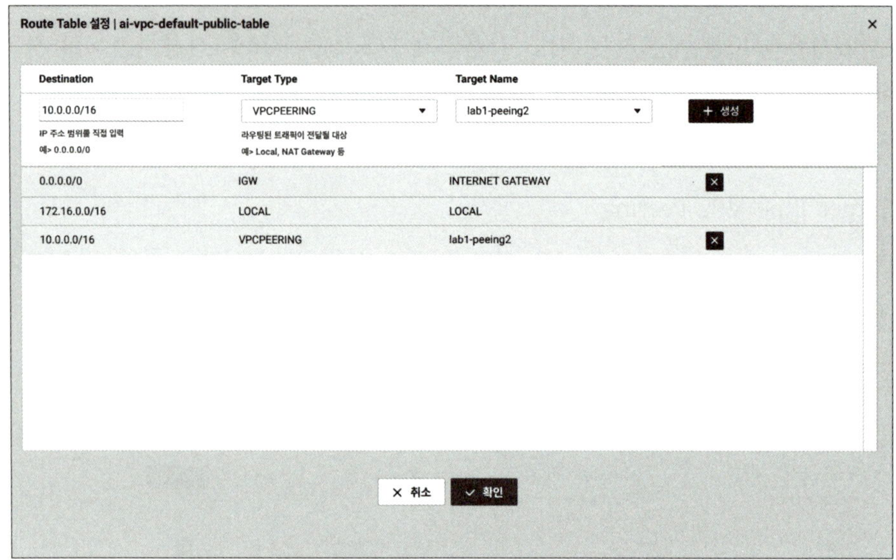

그림 3.21 네이버 클라우드 플랫폼 Route Table 설정 화면 (2)

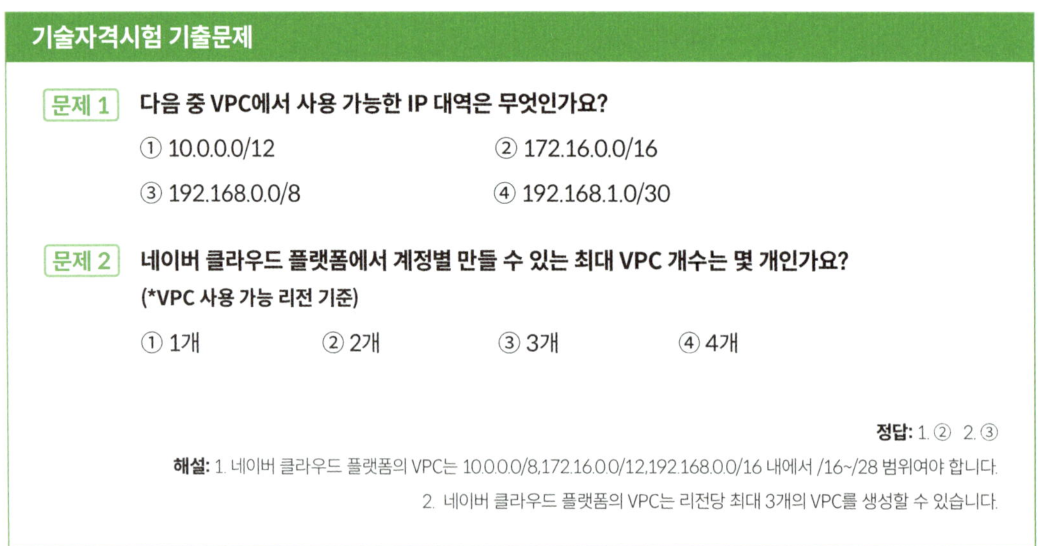

기술자격시험 기출문제

문제 1 **다음 중 VPC에서 사용 가능한 IP 대역은 무엇인가요?**

① 10.0.0.0/12 ② 172.16.0.0/16

③ 192.168.0.0/8 ④ 192.168.1.0/30

문제 2 **네이버 클라우드 플랫폼에서 계정별 만들 수 있는 최대 VPC 개수는 몇 개인가요? (*VPC 사용 가능 리전 기준)**

① 1개 ② 2개 ③ 3개 ④ 4개

정답: 1. ② 2. ③

해설: 1. 네이버 클라우드 플랫폼의 VPC는 10.0.0.0/8,172.16.0.0/12,192.168.0.0/16 내에서 /16~/28 범위여야 합니다.

2. 네이버 클라우드 플랫폼의 VPC는 리전당 최대 3개의 VPC를 생성할 수 있습니다.

CHAPTER 4

네이버 클라우드 플랫폼 서버

네이버 클라우드 플랫폼에서 네트워크 구성을 VPC를 통해서 완료했다면, 서브넷 안에 서버를 배치시켜보겠습니다. 하지만 그 전에 네이버 클라우드 플랫폼에서 어떤 서버 스펙을 제공하는지, 서버를 운영하기 위해 편리한 기능(init script, 내 서버 이미지 등)에는 어떤 것들이 제공되는지 미리 살펴볼 예정입니다. 이러한 이해를 바탕으로 네이버 클라우드 플랫폼에서 서버를 빠르게 프로비저닝하고 원하는 서버 환경을 빠르게 구현할 수 있습니다.

4.1 서버 상품군

네이버 클라우드 플랫폼의 서버 상품군은 크게 보면 일반 서버 상품들과 GPU, Bare-metal과 같은 고사양 서버도 구분할 수 있습니다. 일반 서버 상품의 스펙은 Standard, High-CPU, High-Memory로 구분됩니다. Standard, High-CPU, High-Memory 간의 차이는 vCPU와 메모리 간의 비율입니다. Standard는 vCPU와 메모리의 비율이 1 : 4, High-CPU는 1 : 2, High-Memory는 1 : 8입니다. 일반 서버에 대한 OS는 로키 리눅스Rocky Linux, 우분투Ubuntu, 윈도우Windows를 제공하고 있습니다.

Standard 서버는 가장 범용적으로 사용하는 서버로서 개인 홈페이지 운영에 적합하며, High-CPU는 CPU 성능을 집약시킨 서버로서 과학적 모델링에 적합합니다. 반면에 High-memory 서버는 메모리 사양이 대용량 데이터 처리 등과 같은 메모리 집약적 워크로드에 적합합니다. 이렇듯 서버 용도에 따른 다양한 스펙이 제공되고 있으므로, 서버의 사용 목적에 따라 적합한 서버 스펙을 선택하여 활용하면 됩니다.

서버를 생성한 이후라도 서버 스펙은 변경이 가능합니다.

표 4.1 네이버 클라우드 플랫폼 주요 서버 스펙

서버 스펙	vCPU와 메모리 비율	사용 용도
Standard	1:4	데이터베이스 서버 개인 홈페이지 운영
High-CPU	1:2	과학적 모델링 게임 서버
High-Memory	1:8	고성능 데이터베이스 서버 대규모 게임 서비스

네이버 클라우드 플랫폼에서는 서버 생성 시 하이퍼바이저를 선택할 수 있습니다. 하이퍼바이저는 KVM과 XEN을 제공하고 있으며 최신 서버 세대들을 사용하길 원한다면 KVM을 선택하면 됩니다. XEN 하이퍼바이저 기반 1/2세대 서버와 KVM 하이퍼바이저 기반의 3세대 서버를 제공하며, 3세대 서버가 가장 최신 서버 세대입니다. 현재 3세대 서버는 한국, 싱가포르, 일본 리전의 VPC 환경에서만 지원됩니다.

다음으로 GPU, Bare-metal 서버에 대해 살펴보겠습니다.

❶ GPU 서버

GPU 서버는 대규모 연산 작업을 빠르게 처리할 수 있는 서버로서 과학 연산, 데이터 분석, 머신러닝 추론, 비디오 트랜스 코딩과 같이 단위 시간당 처리량이 많이 필요한 작업에 적합한 서버 타입니다. GPU 서버는 가상 머신virtual machine, VM 형태로 생성하거나 베어 메탈bare-metal, BM 서버 두 가지 유형으로 생성할 수 있습니다.

네이버 클라우드 플랫폼의 GPU 서버는 L40S, L4, A100, V100, T4 등 다양한 GPU 사양을 제공하고 있으므로 필요한 워크로드에 맞게 GPU 서버 모델을 선택하고 활용하면 됩니다.

특히 네이버 클라우드 플랫폼의 GPU 서버는 Pass-through 방식으로 GPU 자원을 할당합니다. 이는 물리적인 GPU 카드 하나를 가상 머신 하나에 통째로 직접 할당하는 1:1 매핑 방식이므로, 하이퍼바이저(가상화 관리 소프트웨어)는 GPU를 중개하지 않고 VM이 GPU 하드웨어를 직접 제어할 수 있습니다. 또 VM이 물리 GPU의 모든 성능을 독점적으로 사용하므로, 가상화로 인한 성능 저하가 거의 없다는 장점이 있습니다.

GPU 서버는 계정당 최대 5대까지 생성 가능합니다.

2 Bare-metal 서버

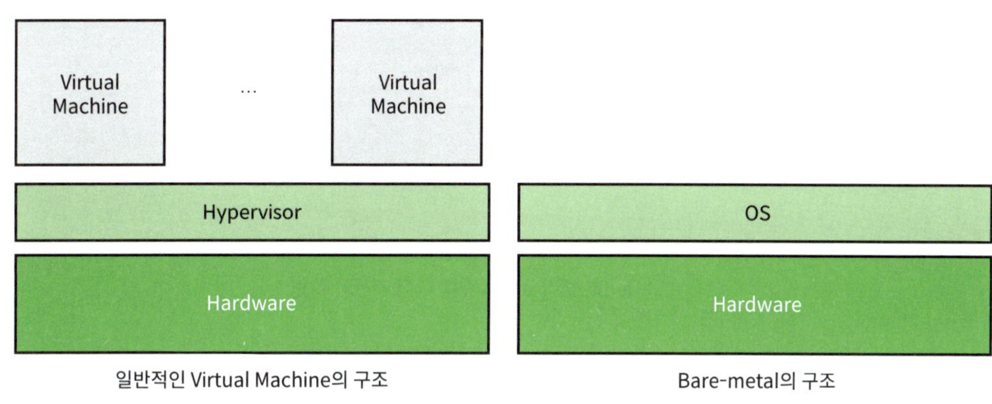

그림 4.1 **일반적인 VM과 Bare-metal 구조**

Bare-metal 서버는 가상화를 위한 하이퍼바이저 없이 바로 OS가 설치되는 형태입니다. Bare-metal 서버는 여러 대의 가상 머신이 하드웨어 리소스를 공유하는 구조가 아니라 단독으로 사용하는 형태이기에 성능에 민감한 서비스도 안정적으로 운영이 가능합니다.

네이버 클라우드 플랫폼 서버들 중 Bare-metal 서버만 유일하게 RAID 구성을 선택할 수 있습니다. RAID 구성은 RAID1+0와 RAID5 중 선택이 가능합니다. 운영 체제는 CentOS, Oracle 리눅스 Linux, 윈도우 2012 R2, 윈도우 2016 등 다양한 스펙을 제공합니다.

다만 Bare-metal 서버는 가상화된 자원이 아니기 때문에 내 서버 이미지, 스냅샷, 추가 스토리지 기능은 연동할 수 없습니다. 내 서버 이미지, 스냅샷, 추가 스토리지 기능은 뒤에서 좀 더 상세히 설명하겠습니다.

서버에 대한 사용요금은 월 요금제와 일 요금제로 구분됩니다. 서버의 스펙, OS, 스토리지 용량 등에 따라 서버 요금이 상이하므로 네이버 클라우드 플랫폼의 요금계산기 기능을 사용하면 서버 사용에 따른 요금을 좀 더 상세하게 확인할 수 있습니다. 요금계산기에서는 서버 외에 네이버 클라우드 플랫폼에서 제공하는 다양한 서비스에 대한 요금 확인이 가능하므로, 요금이 궁금하면 네이버 클라우드 플랫폼 **[포털]** ➡ **[요금]** ➡ **[요금 계산기]** 기능을 활용하면 됩니다.

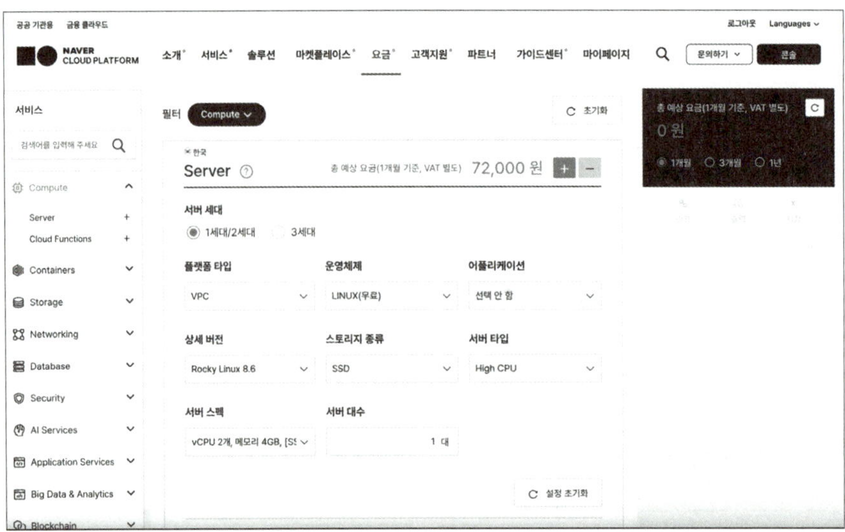

그림 4.2 네이버 클라우드 플랫폼 요금 계산기 화면

NOTE **개인회원이 GPU와 Bare-metal 서버를 사용할 경우** - GPU 서버와 Bare-metal 서버와 같은 고사양 서버을 개인회원이 사용할 경우에는 사용 전 '고가용(고비용) 서버 사용 신청서'와 선불 코인 결제가 필요합니다. 로그인 후 포털 내 자료실 **[네이버클라우드 플랫폼 포털] ➡ [고객지원] ➡ [자료]**에서 '고가용(고비용) 서버 사용 신청서'를 다운로드하여 작성한 후 해당 신청서를 **[고객지원] ➡ [문의하기]**로 전달하면 됩니다. 전달 후에 네이버 클라우드 플랫폼 담당자로부터 해당 신청서 확인 및 선결제(코인 충전) 금액 안내가 진행됩니다.

4.2 서버 오퍼레이션

다음으로 서버와 관련된 다양한 오퍼레이션 기능을 살펴보겠습니다.

1 Init Script

Init Script는 사용자가 미리 작성해둔 스크립트를 서버가 생성될 때 자동으로 실행하는 기능입니다. 스크립트는 리눅스에서는 파이썬Python, 펄Perl, 셸 스크립트shell script로 작성하면 되고, 윈도우는 비주얼 베이직 스크립트Visual Basic Script로 작성하면 됩니다. 여러 대의 서버에 동일한 패키지나 설정이 필요할 경우 Init Script로 스크립트를 한 번만 작성해두면 서버가 생성될 때 해당 스크립트가 작동하도록 선택만 하면 됩니다.

표 4.2 운영체제별 지원 스크립트 언어(Init Script)

운영체제	스크립트 언어
리눅스	Python, Perl, shell script
윈도우	Visual Basic Script

예를 들어 레드햇Red Hat 계열 중 yum을 이용할 수 있는 리눅스에 Apache를 펄 스크립트 형태로 작성한다면 다음과 같이 작성할 수 있습니다.

리눅스 기반 Init Script 예시

```
#!/usr/bin/perl -w

$result = 'yum update-to httpd';

if ($result =~ /but not installed/) {
  print "http available\n";
  if ($result =~ /httpd available/) {
    print "http not installed\n";
    $iresult = 'yum -y install httpd';
    if ($iresult =~ /Complete/) {
      print "http installed\n";
      open (WP, ">/var/www/html/index.html") || die "cannot open index.html\n";
      print WP 'ifconfig eth0 | grep "inet addr" | awk \'{print \$2}\'';
      close(WP);
      'chkconfig --level 345 httpd on';
      'service httpd restart';
    }
  }
  else {
    print "http NOT available\n";
  }
}
else {
  print "http already installed\n";
}
```

위와 같이 서버에 설정되어야 할 설정사항들을 스크립트로 작성해두면 같은 용도의 서버 여러 대를 일괄 생성하거나, 같은 환경의 서버를 주기적으로 생성하거나, 용도별로 서버 초기 환경 관리가 필요한 경우 등 여러 경우에 활용할 수 있습니다.

2 공인 IP 할당

퍼블릭 서브넷에 생성된 서버는 퍼블릭 IP, 즉 공인 IP를 할당할 수 있습니다. 공인 IP는 서버에 종속적이지 않습니다. 서버를 생성한 후 공인 IP를 할당해도 되며, 서버가 없더라도 공인 IP를 신청할 수도 있습니다.

공인 IP는 고정된 IP 주소로 고객이 할당할 서버를 지정할 수 있으며, 필요에 따라 고객이 보유한 다른 서버로 변경하여 할당할 수도 있습니다. 서버가 생성될 시 공인 IP를 자동으로 할당하도록 하는 설정도 가능합니다.

서버 생성 시 공인 IP 설정란에 '새로운 공인 IP 할당' 옵션을 선택하면, 서버 생성 후 자동으로 공인 IP가 할당됩니다.

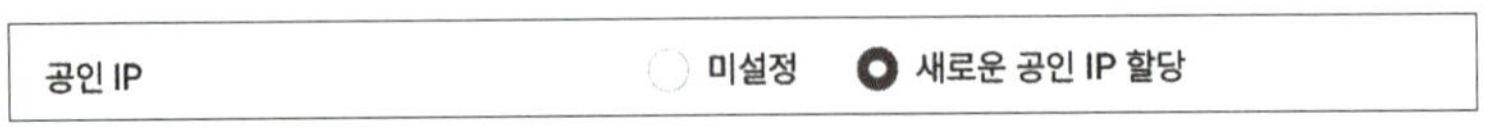

그림 4.3 서버 생성 시 자동으로 공인 IP를 할당할 수 있는 옵션

신청된 공인 IP는 서버에 할당되지 않더라도 보유하고 있는 동안 요금이 부과되므로 서버에 할당하지 않은 상태로 유지 시 불필요한 요금이 발생할 수 있습니다. 공인 IP를 더 이상 사용하지 않는다면 반납 처리가 가능합니다.

다만 서버에 할당된 공인 IP는 반납할 수 없기 때문에 반납하려는 공인 IP가 서버에 할당된 경우, 먼저 공인 IP를 할당 해제한 후 반납 처리를 해주면 됩니다.

❸ 내 서버 이미지

내 서버 이미지는 현재 운영하고 있는 서버의 현재 상태와 정보를 저장한 이미지입니다. 내 서버 이미지를 통해 동일한 데이터를 가진 서버를 쉽게 생성할 수 있을 뿐만 아니라, 서버 복구 용도로도 사용이 가능합니다. 문제가 생긴 서버의 내 서버 이미지를 생성하고 해당 서버 이미지를 바탕으로 새로운 서버 생성이 가능합니다.

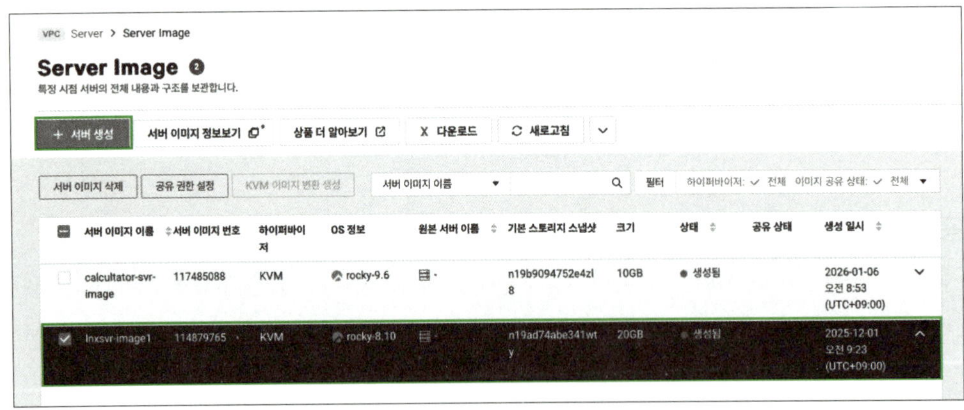

그림 4.4 내 서버 이미지를 바탕으로 서버를 생성하는 화면

내 서버 이미지는 네이버 클라우드 플랫폼의 다른 계정과 공유도 가능하므로, 내가 가지고 있는 동일한 데이터의 서버를 다른 계정에서 생성해야 할 필요가 있을 시에도 유용하게 사용할 수 있습니다.

❹ 기본 스토리지 및 추가 Block Storage

네이버 클라우드 플랫폼의 서버 스토리지는 기본 스토리지와 추가 Block Storage(블록 스토리지)로 구분할 수 있습니다. 기본 스토리지는 서버의 OS 영역으로서 서버가 생성될 때 기본적으로 탑재되는 스토리지입니다.

반면 추가 Block Storage는 기본 스토리지 외 추가로 할당할 수 있는 Block Storage입니다. 서버가 생성되는 시점에 추가 Block Storage까지 생성될 수 있도록 구성하거나 서버 생성 후 추가 Block Storage를 할당할 수 있습니다.

제공되는 Block Storage 타입은 어떤 하이퍼바이저(KVM, XEN)를 사용하느냐에 따라 표 4.3과 같이 구분됩니다.

표 4.3 **하이퍼바이저별 생성 가능한 스토리지 타입**

구분	생성 가능한 스토리지 타입
KVM 기반의 3세대 서버	CB1, CB2, FB1, FB2
XEN 기반의 1, 2세대 서버	SSD, HDD

먼저 KVM 기반의 스토리지 타입별로 어떤 특징을 가지고 있는지 살펴보겠습니다. CB1, CB2는 Common Block Storage를 의미하며 SSD 기반의 스토리지입니다. 작은 크기의 데이터에 자주 접근하는 경우에 적합합니다.

반면 FB1, FB2는 Fixed Block Storage를 의미하며 HDD 기반의 스토리지로서 대용량 데이터를 보관하고 자주 접근하지 않는 경우 사용하기에 적합한 스토리지 타입입니다. FB1, FB2는 스토리지 크기에 상관없이 IOPS가 고정된 성능을 제공하며 CB1, CB2는 크기에 따라 가변적인 IOPS 성능을 제공합니다. CB1, CB2 스토리지의 IOPS의 경우, 스토리지 사이즈 변경 시 10 GB~30 GB 구간까지 100 IOPS를 제공하고, 이후 1 GB당 3 IOPS씩 증가합니다. 최대 16,000 IOPS(4 KiB I/O)까지 제공합니다.

CB1과 CB2 간의 차이점도 궁금할 텐데요, CB1과 CB2의 차이는 스냅샷 생성 속도로 구분됩니다. CB2는 CB1에 비해 스냅샷 생성 속도를 향상시켜 빠르게 스냅샷 생성이 가능합니다.

표 4.4 KVM 기반 스토리지 타입

<table>
<tr><th>생성 가능한 스토리지 타입</th><th>특징</th></tr>
<tr><td>CB(Common Block Storage)1/SSD</td><td rowspan="2">• 최소 크기: 10 GB, 최대 크기: 16 TB(기본 스토리지로 사용할 시에는 최대 크기는 2 TB)
• 작은 크기의 데이터에 자주 접근하는 경우 적합
• IOPS는 스토리지 크기에 따라 가변적(100~16,000(크기에 따라 변동))
• 스토리지 사이즈 변경 시 10 GB~30 GB 구간까지 100 IOPS를 제공하고, 이후 1 GB당 3 IOPS씩 증가</td></tr>
<tr><td>CB(Common Block Storage)2/SSD</td></tr>
<tr><td>FB(Fixed Block Storage)1/HDD</td><td rowspan="2">• 최소 크기: 100 GB, 최대 크기: 16 TB
• 대용량 데이터를 보관하고 자주 접근하지 않는 경우 적합
• 고정된 IOPS 제공(500(고정))
• 기본 스토리지로 사용 불가</td></tr>
<tr><td>FB(Fixed Block Storage)2/HDD</td></tr>
</table>

그럼 이번에는 XEN 기반의 스토리지 타입에 대해 살펴보겠습니다. XEN 기반의 스토리지는 HDD와 SSD로 구분됩니다. HDD는 고정된 IOPS를 제공하며 일반적인 서비스인 경우에 적합합니다. SSD의 경우 스토리지의 크기에 따라 가변적으로 IOPS가 결정되며 고성능 I/O가 필요할 경우에 적합합니다.

표 4.5 XEN 기반 스토리지 타입

생성 가능한 스토리지 타입	특징
HDD	• 일반적인 서비스인 경우에 적합 • 최소 크기: 10 GB, 최대 크기: 2 TB • 고정된 IOPS 제공
SSD	• 고성능 I/O가 필요한 경우에 적합 • 최소 크기: 10 GB, 최대 크기: 2 TB • IOPS는 스토리지 크기에 따라 가변적

1대의 서버당 최대로 할당할 수 있는 추가 Block Storage는 어떤 하이퍼바이저를 사용하느냐에 따라 상이합니다. KVM 기반의 3세대 서버를 사용할 경우에는 최대 16 TB 크기의 스토리지를 20개까지 추가 가능하며, XEN 기반의 1, 2세대 서버를 사용할 경우 최대 2 TB 크기의 스토리지를 15개까지 추가 가능합니다.

표 4.6 하이퍼바이저별 추가 가능한 스토리지 개수

구분	서버 한 대당 추가 가능한 스토리지
KVM 기반의 3세대 서버	최대 16 TB 크기의 스토리지를 20개까지 추가 가능
XEN 기반의 1, 2세대 서버	최대 2 TB 크기의 스토리지를 15개까지 추가 가능

5 Secondary IP 부여

네이버 클라우드 플랫폼 서버에는 네트워크 인터페이스network interface가 할당되며 네트워크 인터페이스는 Primary IP 외에 Secondary IP를 부여할 수 있습니다. Secondary IP는 네트워크 인터페이스에 적용한 보조 IP를 의미합니다. Secondary IP는 네트워크 인터페이스가 속한 서브넷의 IP 범위 내에서 5개까지 직접 지정하거나 임의로 할당받을 수 있습니다.

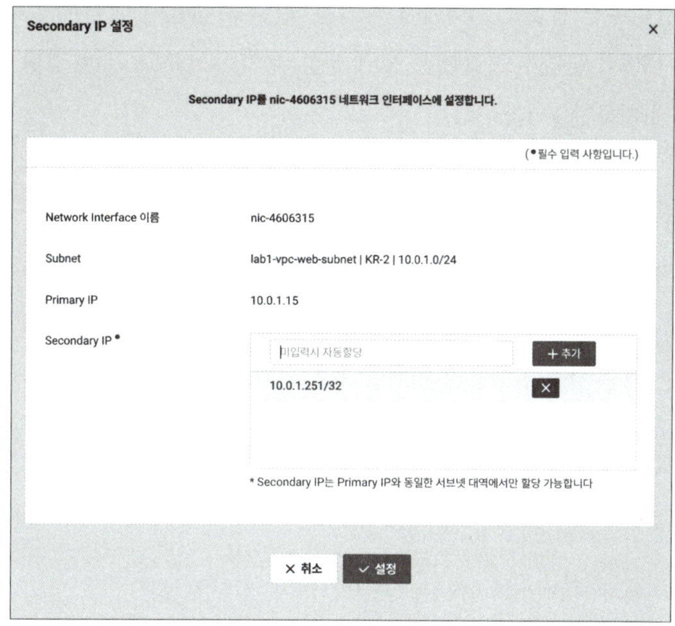

그림 4.5 네이버 클라우드 플랫폼 서버에서 네트워크 인터페이스 설정 화면

Secondary IP는 콘솔상에서 Secondary IP로 사용할 IP를 입력하여 저장한 후 서버에 접속해서 네트워크 설정을 활성화해주어야 합니다. 로키 리눅스 9 버전의 서버에서 10.20.101.8이라는 Secondary IP를 부여한다면 서버 단에 다음과 같이 작업을 해주면 됩니다.

```
$> nmcli connection modify eth1 +ipv4.addresses 10.20.101.8/24

$> nmcli conn show eth1 |grep -e ipv4.addresses -e ipv6.addresses
ipv4.addresses:                         10.20.101.6/24, 10.20.101.8/24
ipv6.addresses:                         --

$> nmcli device reapply eth1

$> ip addr show eth1
3: eth1: <BROADCAST,MULTICAST,UP,LOWER_UP> mtu 1500 qdisc mq state UP group default qlen 1000
```

```
    link/ether f2:20:af:13:50:0e brd ff:ff:ff:ff:ff:ff
    altname enp1s8
    altname ens8
    inet 10.20.101.6/24 brd 10.20.101.255 scope global noprefixroute eth1
       valid_lft forever preferred_lft forever
    inet 10.20.101.8/24 brd 10.20.101.255 scope global secondary noprefixroute eth1
       valid_lft forever preferred_lft forever
```

지금까지 네이버 클라우드 플랫폼 서버에서 작업할 수 있는 것들에 대해서 살펴보았습니다. 이번에는 실습을 통해 네이버 클라우드 플랫폼 서버 생성, 추가 Block Storage 할당 및 마운트를 진행하는 방법에 대해 소개하겠습니다.

4.2.1 네이버 클라우드 플랫폼 서버 생성

Lab3에서는 네이버 클라우드 플랫폼에서 리눅스 서버 생성 방법을 살펴봅니다. 이를 통해 네이버 클라우드 플랫폼에서 제공하는 서버들의 스펙과 서버 생성 시 필수로 기입해야 되는 정보들(VPC, 서브넷, ACG 등)에는 어떤 것들이 있는지 이해합니다.

▶ 실습

CAUTION 실습 과정을 통해 생성한 리소스들은 사용한 만큼 과금됩니다.

1. 웹브라우저를 이용하여 https://www.ncloud.com/에 접속합니다.
2. 로그인 후 우측 상단의 [콘솔] 버튼을 클릭합니다.

그림 4.6 콘솔 접근 버튼

3. [Menu] ➡ [Services] ➡ [Compute] ➡ [Server]를 클릭합니다.

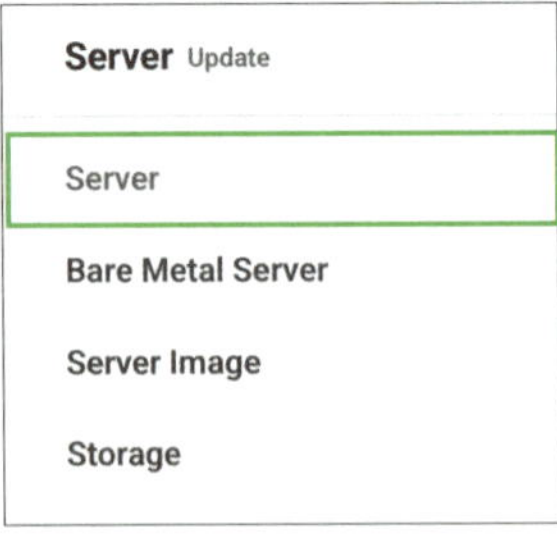

그림 4.7 서버 메뉴

4. 가장 먼저 서버의 방화벽 역할을 하는 ACG 생성을 통해, 서버에 허용할 Inbound/Outbound 트래픽을 조율해보겠습니다. [Server]의 하위 메뉴로 제공되는 [ACG]를 선택합니다.

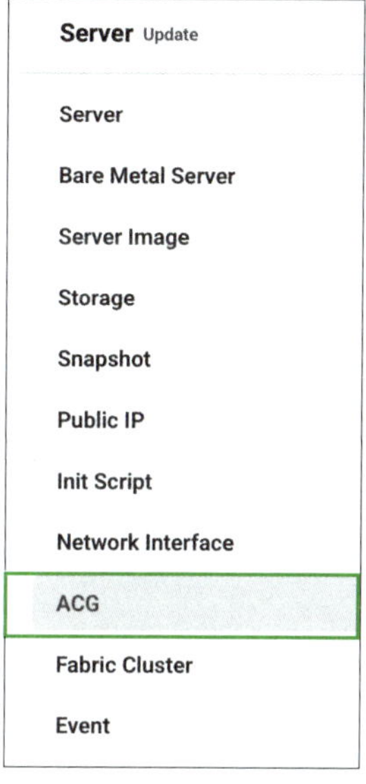

그림 4.8 ACG 메뉴

5. 상단의 [+ ACG 생성] 버튼을 클릭합니다.

그림 4.9 ACG 생성 버튼

6. ACG 이름으로 'lab-acg'를 입력합니다. VPC로는 이전 과정에서 생성한 'lab1-vpc'를 선택합니다.

관련 정보 기입 후 하단의 [생성] 버튼을 클릭합니다.

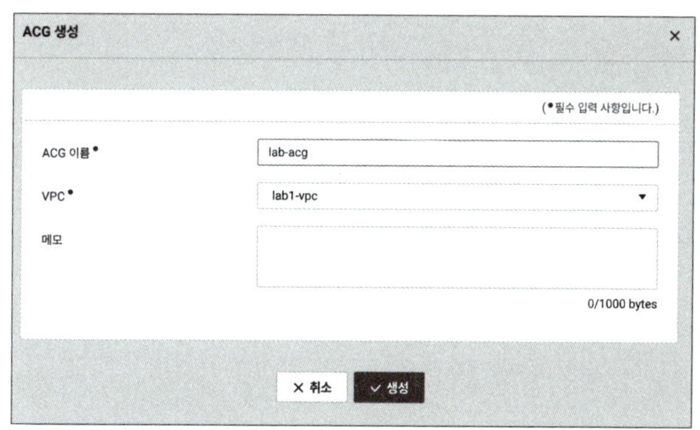

그림 4.10 ACG 생성 화면

7. 방금 만든 'lab-acg'를 선택 후 [**ACG 설정**]을 클릭합니다.

   ▶▶ ACG는 처음 생성 시, 아무 Rule도 들어 있지 않습니다. 기본적으로 ACG는 Inbound/Outbound 트래픽에서 허용할 Rule이 없다면 모든 트래픽을 차단합니다. 꼭 ACG 생성 후, 내가 허용할 프로토콜, IP, Port, 정보 등을 기입해주세요.

8. ACG Inbound Rule을 추가해보겠습니다. 다음과 같이 Inbound Rule을 기입합니다.

   - 프로토콜: TCP
   - 접근 소스: 0.0.0.0
   - 허용 포트: 80

   - 입력 후 우측의 [**+ 추가**] 버튼 클릭
   - 프로토콜: TCP
   - 접근 소스: myIP 클릭
   - 허용 포트: 22
   - 입력 후 우측의 [**+ 추가**] 버튼 클릭

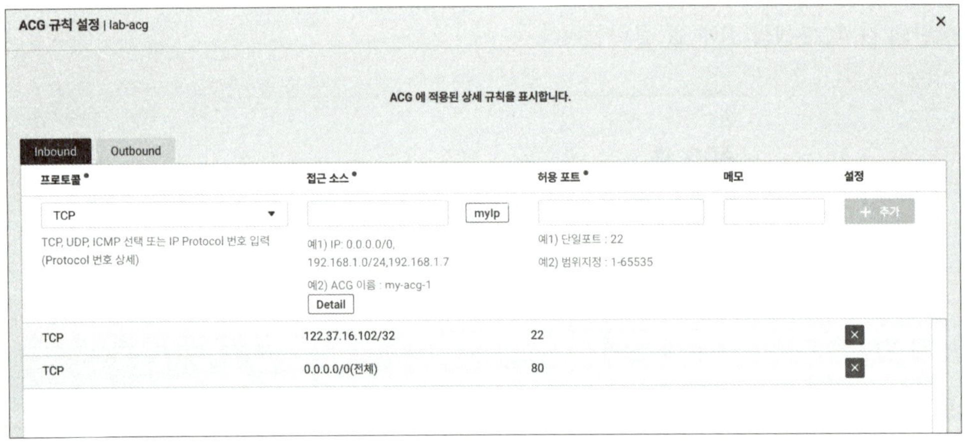

그림 4.11 ACG 설정 화면(Inbound)

9. Inbound Rule 기입 후, [**ACG Outbound**] 탭을 클릭합니다. 서버에서 허용할 Outbound 트래픽 룰을 추가합니다. 다음과 같이 Rule을 기입합니다.

   - 프로토콜: TCP
   - 접근 소스: 0.0.0.0
   - 허용 포트: 1-65535

- 입력 후 우측의 [+ **추가**] 버튼 클릭

- 프로토콜: UDP
- 접근 소스: 0.0.0.0
- 허용 포트: 1-65535
- 입력 후 우측의 [+ **추가**] 버튼 클릭

- 프로토콜: ICMP
- 접근 소스: 0.0.0.0
- 입력 후 우측의 [+ **추가**] 버튼 클릭

Outbound Rule까지 모두 기입했다면 하단의 [**적용**] 버튼을 클릭하여 설정사항을 반영합니다.

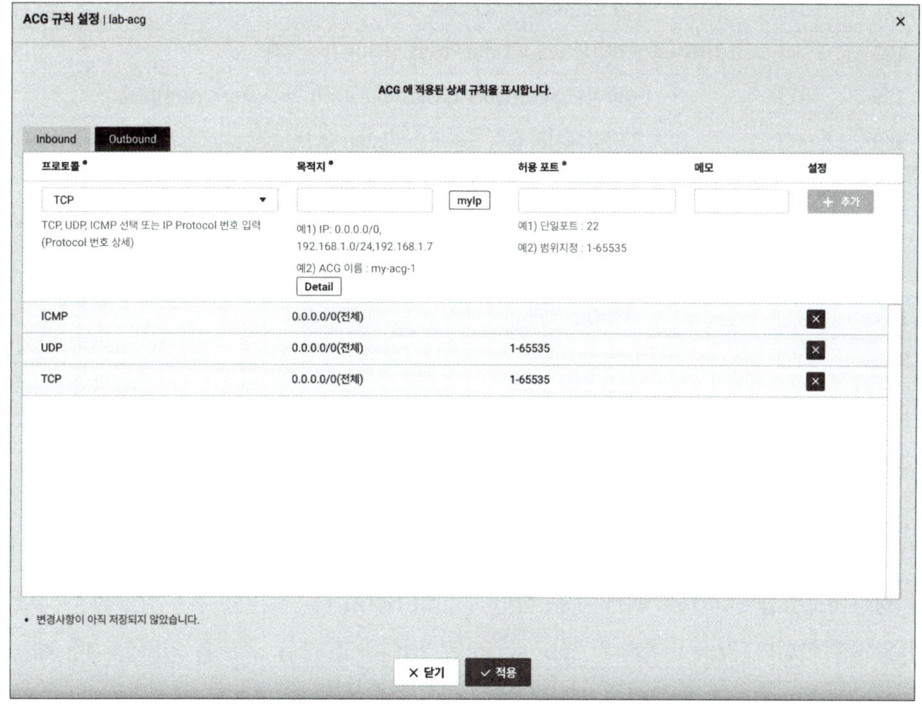

그림 4.12 ACG 설정 화면(Outbound)

▶▶ ACG나 NACL을 잘 사용하려면 사용하는 서비스가 어떤 프로토콜에 어떤 포트를 사용하는지 알아야 합니다. 따라서 많이 사용하는 서비스 포트는 반드시 알아두어야 합니다.

표 4.7 많이 사용하는 서비스 포트

포트	TCP	UDP	설명
20	TCP		파일 전송 프로토콜(File Transfer Protocol, FTP) - 데이터 포트
21	TCP		파일 전송 프로토콜 - 제어 포트
22	TCP		시큐어 셸(Secure SHell, SSH) - ssh scp, sftp 같은 프로토콜 및 포트 포워딩
23	TCP		텔넷 프로토콜(Telnet Protocol) - 암호화되지 않은 텍스트 통신
25	TCP		SMTP(Simple Mail Transfer Protocol) - 이메일 전송에 사용
53	TCP	UDP	도메인 네임 시스템(Domain Name System, DNS)
67		UDP	BOOTP(부트스트랩 프로토콜) 서버. DHCP로도 사용
80	TCP	UDP	HTTP(HyperText Transfer Protocol) - 웹페이지 전송
88	TCP		커베로스 - 인증 에이전트
109	TCP		POP2(Post Office Protocol version 2) - 전자우편 가져오기에 사용
110	TCP		POP3(Post Office Protocol version 3) - 전자우편 가져오기에 사용
111	TCP	UDP	RPC(Remote Procedure Call)
123		UDP	NTP(Network Time Protocol) - 시간 동기화
139	TCP		넷바이오스(Network Basic Input/Output System, NetBIOS)
143	TCP		인터넷 메시지 접속 프로토콜 4(Internet Message Access Protocol 4, IMAP4)
161		UDP	SNMP(Simple Network Management Protocol) - Agent 포트
162		UDP	SNMP - Manager 포트
443	TCP		HTTPS - 보안 소켓 레이어(Secure Socket Layer, SSL) 위의 HTTP(암호화 전송)
1433	TCP		MSSQL
3306	TCP		MySQL
3389	TCP		Windows Remote Desktop
6379	TCP		Redis 서비스

10. 이번에는 서버에 필수로 설치되어야 하는 패키지들을 스크립트로 관리할 수 있는 Init Script를 생성해보겠습니다. **[Server]** 메뉴 하단의 **[init Script]**를 클릭합니다. 상단의 **[+ Script 생성]**을 클릭합니다. Script 이름은 'lab-script'로 입력하고 다음 코드를 입력합니다. 해당 코드는 Apache, PHP 등을 설치하고 웹서버 페이지를 구성하는 랩 코드를 다운로드하는 내용으로 구성되어 있습니다. 해당 코드를 입력 후 하단의 **[Script 생성]** 버튼을 클릭합니다.

Init-Script 코드

```
#!/bin/bash
wget -O /etc/yum.repos.d/Rocky-Extras.repo http://init.ncloud.com/server/linux/repo/
rocky8/Rocky-Extras.repo

yum clean all
yum -y install httpd php

systemctl enable httpd
systemctl enable php-fpm

cd /var/www/html

wget https://kr.object.ncloudstorage.com/ncp-manual/nca/nca-lab.tgz

tar xvfz nca-lab.tgz

yes | cp -rf php.conf /etc/httpd/conf.d/php.conf
yes | cp -rf www.conf /etc/php-fpm.d/www.conf

systemctl restart httpd
systemctl restart php-fpm
```

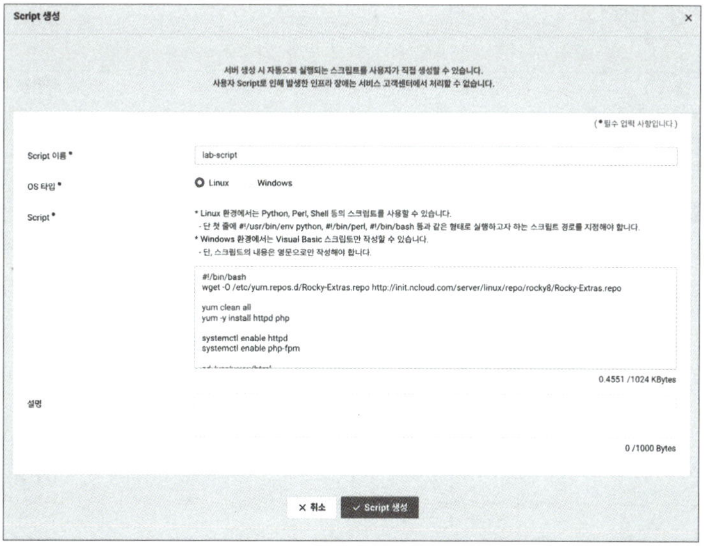

그림 4.13 Init Script 생성 화면

11. [Services] ➡ [Compute] ➡ [Server] ➡ [가장 상단에 있는 Server] 메뉴로 이동합니다. 상단의 **[+ 서버 생성]**을 클릭합니다. 상단의 탭들 중 **[NCP 서버 이미지]** 탭을 클릭합니다.

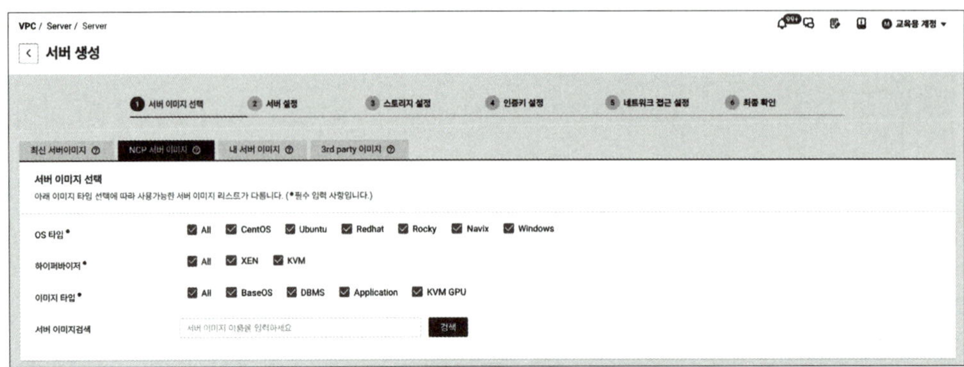

그림 4.14 ACG 설정 화면(Outbound)

다양한 서버 이미지들 중 다음 이미지들만 필터링 한 후 'rocky-8.10-base' 이미지 옆 **[다음]** 버튼을 클릭합니다.

- OS 타입: Rocky
- 하이퍼바이저: KVM
- 이미지 타입: BaseOS

그림 4.15 서버 이미지 선택 화면

12. • VPC: lab1-vpc
- Subnet: lab1-vpc-web-subnet
- 서버 스펙: Standard / s2-g3(vCPU 2EA, 메모리 8 GB)
- 요금 선택: 월 요금제
- 서버 개수: 1
- 서버 이름: web001

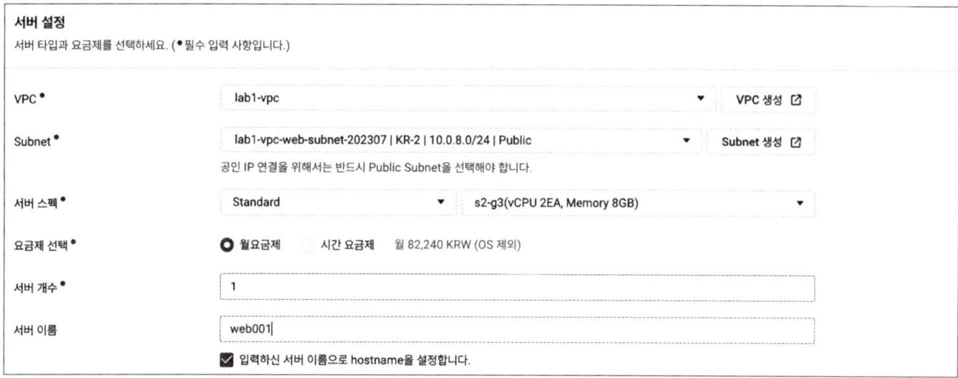

그림 4.16 **서버 생성 시 VPC, Subnet, 서버 스펙, 요금제, 서버 개수, 서버 이름 설정 화면**

- Network Interface: 우측의 **[+ 추가]** 버튼을 클릭하면 사설 IP가 자동으로 할당됩니다.

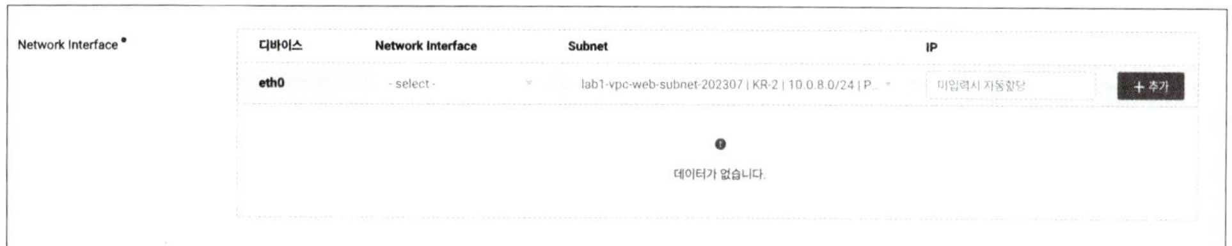

그림 4.17 **네트워크 인터페이스 설정 화면**

- 공인 IP: 새로운 공인 IP 할당
- 물리 배치 그룹: 미사용
- 반납 보호: 해제
- 메모: 공란
- Script 선택: lab-script
- 하단의 **[다음]** 버튼을 클릭합니다.

NOTE 물리 배치 그룹 설정이란? 배치 그룹은 VM을 구동할 클러스터(물리적인 장비)를 배치하는 방법으로, 현재는 Anti-Affinity(분산 배치) 유형만 지원됩니다. VM을 서로 다른 클러스터에서 구동시키는 방식으로, 물리적인 장애가 발생할 때 그 영향이 분산되어 가용성을 높일 수 있습니다.

NOTE 반납 보호 설정이란? 반납 보호를 설정하면 서버 반납 시 반납 보호 설정이 되어 있어 반납이 어렵다고 알람이 뜹니다. 이를 통해, 실수로 서버를 반납하는 사고를 미연에 방지할 수 있습니다. 실수로 반납되면 안 되는 중요한 서버라면 반납 보호를 설정하길 권장합니다.

그림 4.18 공인 IP, 물리 배치 그룹, 반납 보호, 메모, Script 선택 설정 화면

스토리지 부분에서 크기는 10 GB, 스토리지 타입은 CB1을 선택합니다.

그 후 하단의 **[다음]** 버튼을 클릭합니다.

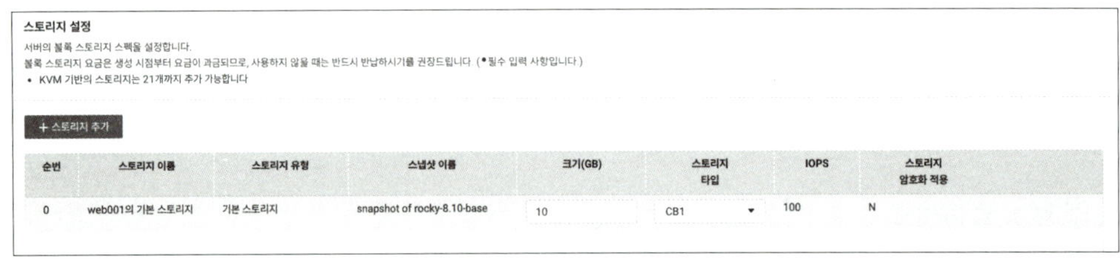

그림 4.19 서버 기본 스토리지 설정 화면

인증키 설정 부분에서는 **[새로운 인증키 생성]**을 선택한 후 인증키 이름을 입력합니다.

- 인증키 이름: ncp-key

인증키 이름 입력 후 우측의 **[인증키 생성 및 저장]**을 클릭합니다(인증키가 다운로드 폴더에 저장됩니다).

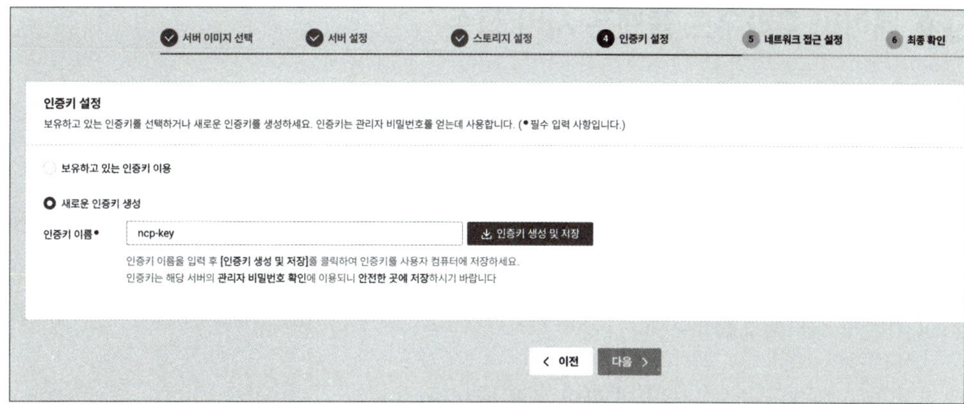

그림 4.20 인증키 설정 화면

하단의 **[다음]** 버튼을 클릭합니다.

ACG 설정 화면에서 'lab-acg'를 선택합니다.

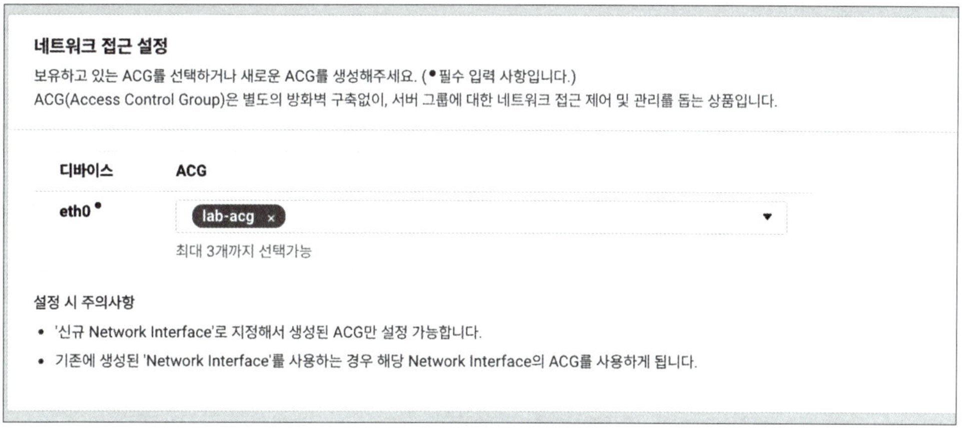

그림 4.21 ACG 설정 화면

lab-acg 선택 후 하단의 **[다음]** 버튼을 클릭합니다.

마지막 최종 확인 페이지를 확인 후 수정해야 할 사항이 없다면 하단의 **[서버 생성]** 버튼을 클릭합니다.

서버의 상태가 '운영 중'으로 표시된다면 서버 생성이 완료된 것입니다.

NOTE 네이버 클라우드 플랫폼 서버를 콘솔 화면이 아닌 명령어 기반으로도 생성 가능할까요?

네, 가능합니다. 네이버 클라우드 플랫폼 CLI가 제공되고 있으므로 해당 CLI를 활용하여 서버 생성이 가능합니다. 네이버 클라우드 플랫폼 CLI 설치 및 활용 방법은 **[네이버 클라우드 플랫폼 포털]** ➡ **[가이드센터]** ➡ **[CLI 가이드]**에서 확인이 가능합니다. 서버 외에도 다양한 인프라에 대해 CLI를 통한 생성 및 관리가 가능하므로 가이드센터 확인을 부탁드립니다.

4.2.2 네이버 클라우드 플랫폼 서버 접속

▶ 실습

CAUTION 실습 과정을 통해 생성한 리소스들은 사용한 만큼 과금됩니다.

Lab4에서는 네이버 클라우드 플랫폼 서버에 접속해보겠습니다. 네이버 클라우드 플랫폼에서 생성한 서버에 접속하기 위해서는 공인 IP와 관리자 비밀번호만 알면 됩니다. 다음 절차를 통해 web001 서버에 접속해보겠습니다.

1. 이전 과정에 만든 web001 서버의 공인 IP를 확인합니다.
2. 원격 접속 툴(putty, **[윈도우] ➡ [cmd 창]**, **[MAC] ➡ [터미널]** 등)을 수행합니다. 네이버 클라우드 플랫폼에서는 root 권한을 부여하고 있기 때문에 root 계정으로 로그인을 진행합니다. 다음과 같이 명령어를 입력합니다.
   - ssh root@web001 서버의 공인 IP

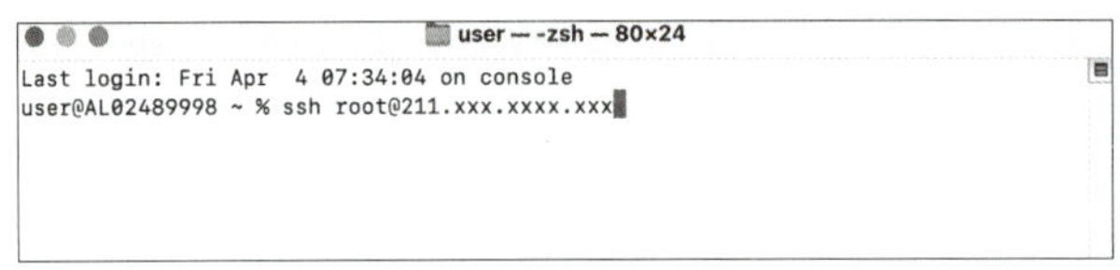

```
Last login: Fri Apr  4 07:34:04 on console
user@AL02489998 ~ % ssh root@211.xxx.xxxx.xxx
```

그림 4.22 **서버 원격 접속 툴을 사용하여 서버 접속하기**

3. 위 명령어 입력 후 Enter 키를 누르면 다음과 같이 원격 접속을 진행할 것인지 묻는 질문이 보이는데 'yes'라고 입력합니다.

```
Are you sure you want to continue connecting (yes/no/[fingerprint])? yes
```

그림 4.23 **서버 접속 시도 시 화면**

4. root에 대한 Password를 입력하는 창이 나옵니다. 이번에는 root에 대한 Password를 확인해보겠습니다. 이전 과정에 만든 web001 서버를 선택한 후 상단의 **[서버 관리 및 설정 변경]**을 클릭합니다.

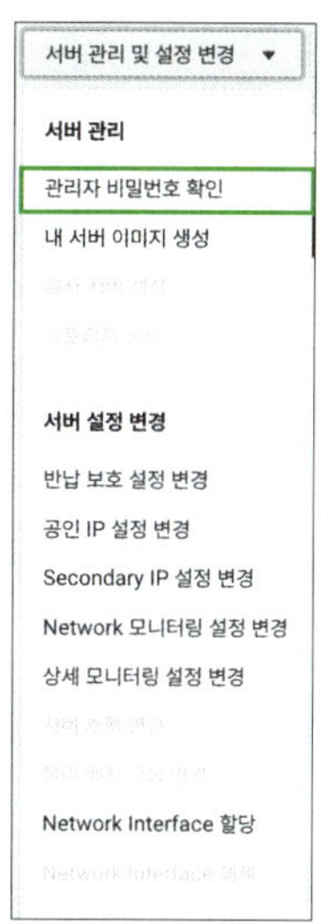

그림 4.24 관리자 비밀번호 확인 메뉴

5. 서버 생성 시 다운로드했던 인증키를 선택하여 web001 서버에 대한 root 패스워드를 확인합니다. [**+ 마우스로 파일을 끌고 오거나 여기를 클릭하세요**]를 눌러서 다운로드했던 인증키 파일을 선택합니다. 파일 업로드 후 하단의 [**비밀번호 확인**] 버튼을 클릭하여 root 패스워드를 확인합니다.

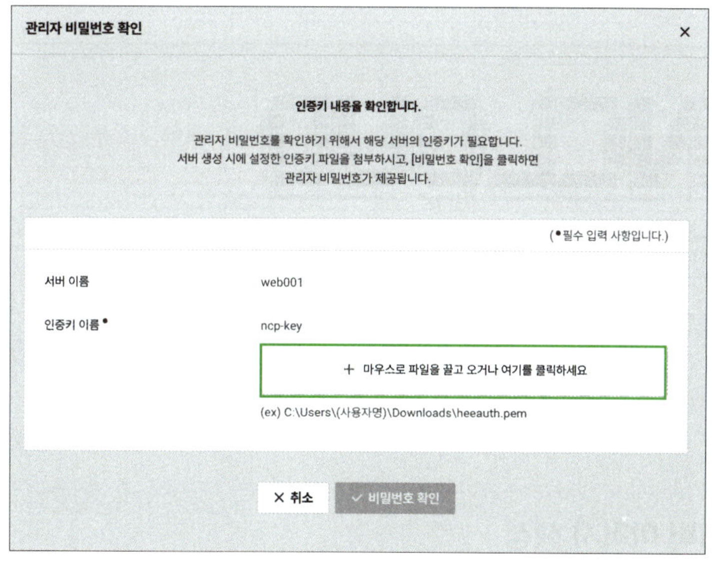

그림 4.25 인증키 설정 화면

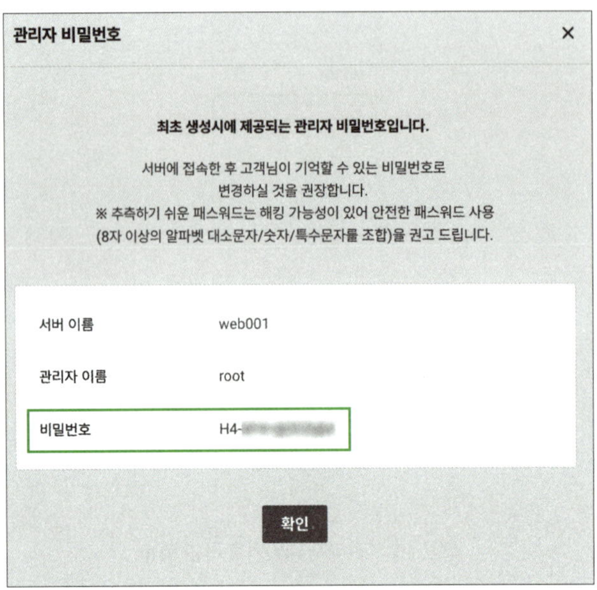

그림 4.26 **root 초기 패스워드 확인**

6. 해당 패스워드를 원격 서버 창에 입력하여 서버에 접속합니다. 서버에 접속하면 다음과 같이 root@web001로 프롬프트 화면이 변경됩니다.

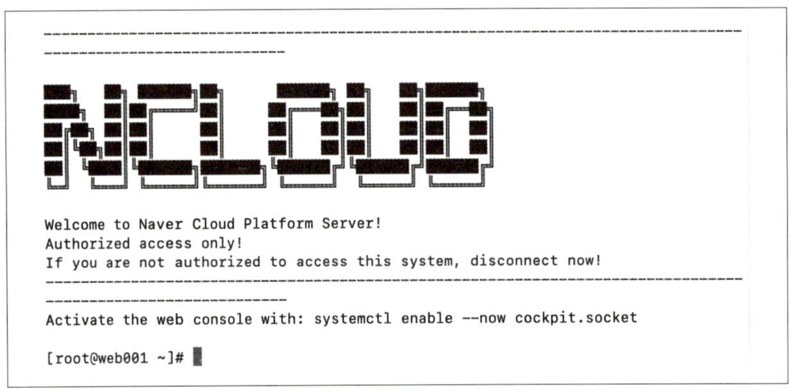

그림 4.27 **서버 접속 화면**

4.2.3 내 서버 이미지 생성

▶ 실습

CAUTION 실습 과정을 통해 생성한 리소스들은 사용한 만큼 과금됩니다.

1. 방금 생성한 web001 서버를 선택한 후 상단의 **[서버 관리 및 설정 변경]**을 클릭합니다.

2. 상단의 [내 서버 이미지 생성]을 클릭합니다.

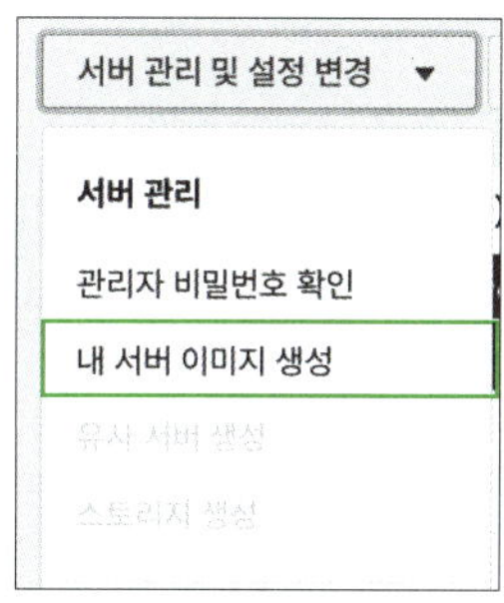

그림 4.28 **내 서버 이미지 생성 메뉴**

3. 생성 안내 팝업이 뜨면 [**확인**] 버튼을 클릭합니다.

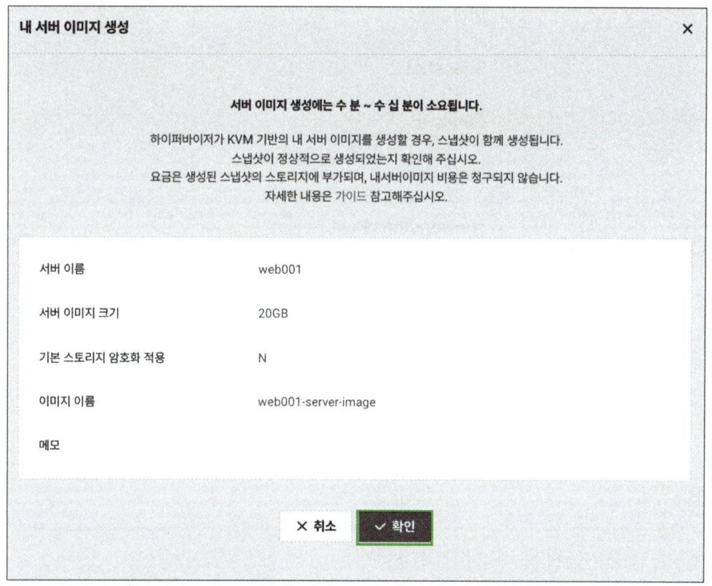

그림 4.29 **내 서버 이미지(web001-server-image) 생성 화면**

4. [Server] 메뉴 내 'Server Image'를 클릭하면 생성된 이미지를 확인할 수 있습니다.

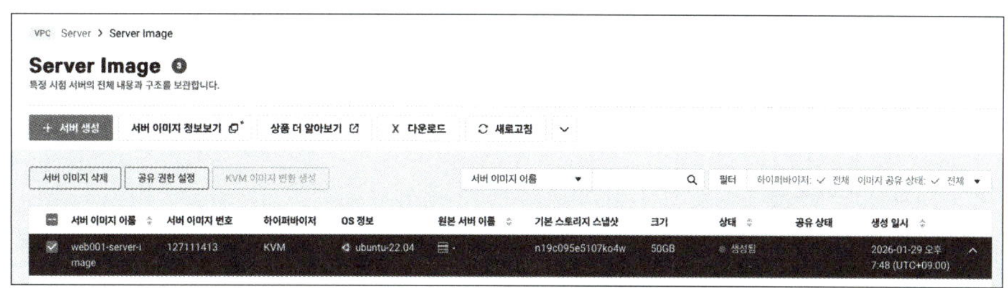

그림 4.30 **내 서버 이미지 확인**

4.2.4 내 서버 이미지를 바탕으로 한 서버 생성

▶ 실습

CAUTION 실습 과정을 통해 생성한 리소스들은 사용한 만큼 과금됩니다.

1. [Menu] ➡ [Services] ➡ [Compute] ➡ [Server] ➡ [Server Image]를 선택합니다.

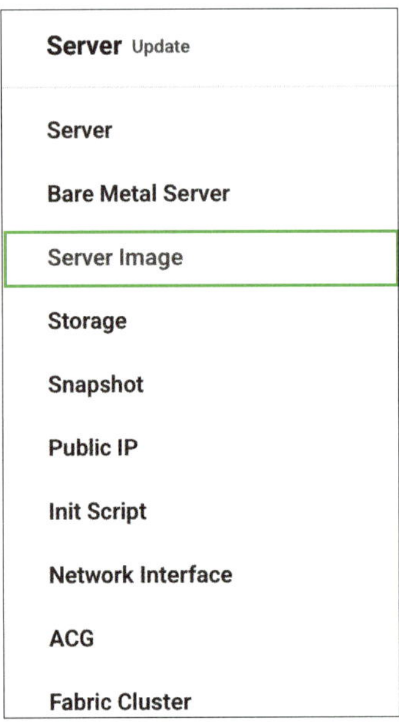

그림 4.31 **서버 이미지 메뉴**

2. 이전 과정에서 생성한 서버 이미지를 선택합니다. 생성한 이미지 선택 후 상단의 **[+ 서버 생성]** 버튼을 클릭합니다.
3. 서버 생성을 위한 환경 설정을 진행합니다.
   - VPC: lab1-vpc
   - Subnet: lab1-vpc-web-subnet
   - 서버 스펙: Standard / s2-g3(vCPU 2EA, 메모리 8 GB) 선택
   - 요금제 선택: 월 요금제
   - 서버 개수: 1
   - 서버 이름: web002
   - Network Interface: 우측의 **[추가]** 버튼을 클릭하여 자동으로 IP가 할당되도록 진행
   - 공인 IP: 새로운 공인 IP 할당 선택

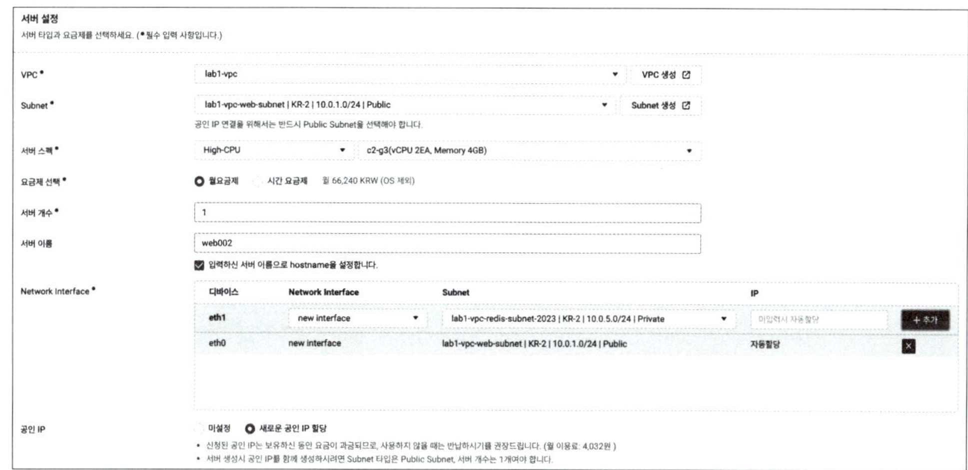

그림 4.32 내 서버 이미지를 바탕으로 한 서버 생성 화면

- 물리 배치 그룹: 미사용
- 반납 보호: 해제
- 메모: 공란
- Script 선택: 선택 없음

위와 같이 설정 후 하단의 **[다음]** 버튼을 클릭합니다.

4. 스토리지 설정도 기본 설정 유지 후 하단의 **[다음]** 버튼을 클릭합니다.
5. 이전 과정에서 생성한 인증키 선택 후 하단의 **[다음]** 버튼을 클릭합니다.
6. ACG 설정은 이전 과정에서 생성한 'lab-acg'를 선택 후 하단의 **[다음]** 버튼을 클릭합니다.

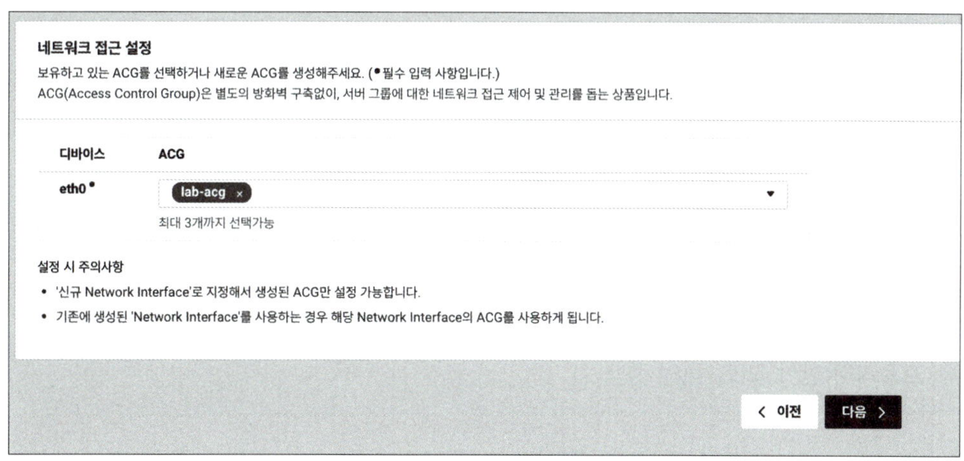

그림 4.33 ACG 선택 화면

7. 마지막 최종 페이지 확인 후 수정사항이 없다면 하단의 **[서버 생성]** 버튼을 클릭합니다.

4.2.5 추가 Block Storage 생성 및 마운트

이번에는 생성한 web001 서버에 추가 Block Storage를 할당해보겠습니다.

1. [네이버 클라우드 플랫폼 콘솔] ➡ [Menu] ➡ [Services] ➡ [Compute] ➡ [Server] ➡ [Storage] 클릭

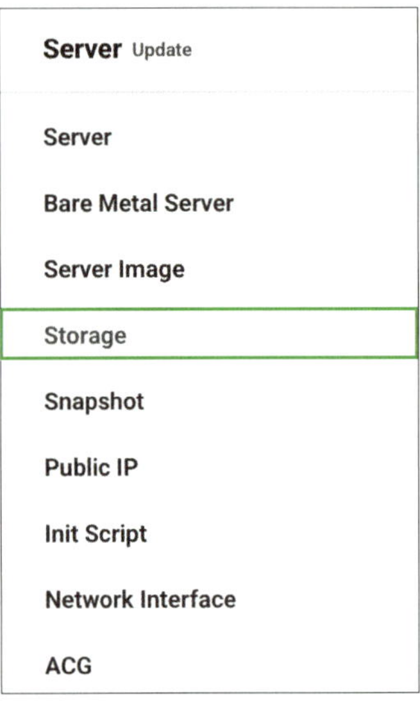

그림 4.34 **서버 내 스토리지 메뉴**

2. 상단의 **[+스토리지 생성]** 버튼을 클릭하여 다음 정보를 입력한 후 하단의 **[추가]** 버튼을 클릭합니다.
    - 하이퍼바이저: KVM
    - 스토리지 이름: add-disk
    - Zone: KR-2
    - 스토리지 종류: CB2
    - 스냅샷 선택: (선택 없음)
    - 크기: 10 GB
    - 스토리지 반납 보호: 해제 선택

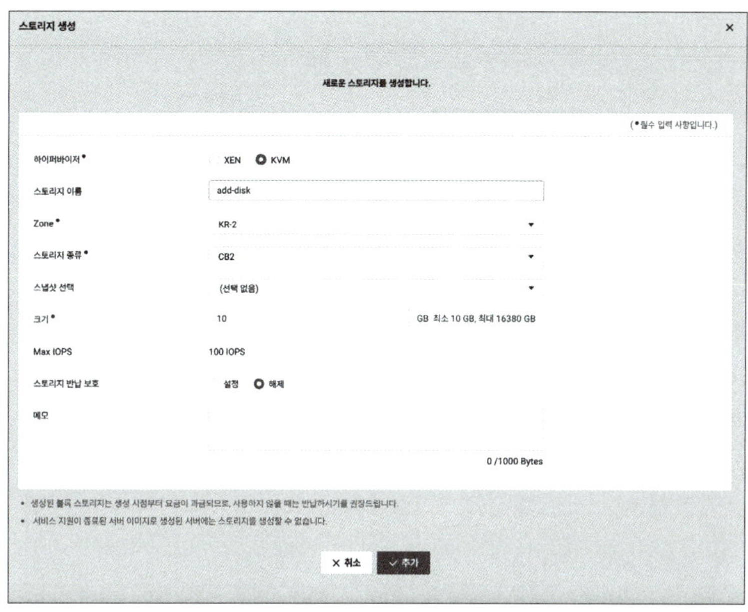

그림 4.35 **스토리지 추가 화면 (1)**

최종 확인 페이지 확인 후 추가 수정사항이 없다면 하단의 **[확인]**버튼을 클릭합니다.

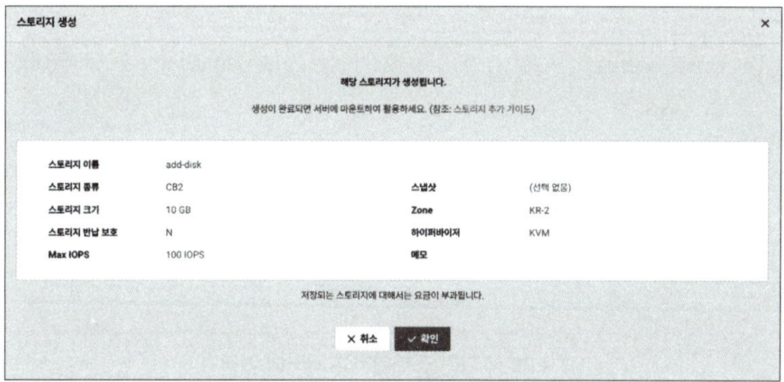

그림 4.36 **스토리지 추가 화면 (2)**

스토리지가 생성되고 나면 해당 스토리지를 사용할 서버에 연결하는 작업이 필요합니다.

add-disk의 상태가 '사용 가능' 상태로 바뀌면 add-storage를 사용할 web001 서버와 연결합니다.

add-storage를 선택 후 상단의 **[스토리지 설정]**을 클릭합니다. **[스토리지 설정]** 내 **[서버에 연결]**을 클릭합니다.

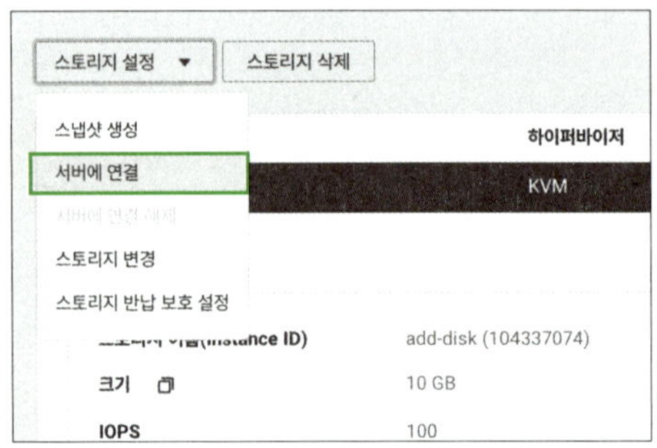

그림 4.37 추가한 스토리지를 서버에 연결 (1)

서버 연결 화면에서 적용 서버로 web001 서버를 선택합니다.

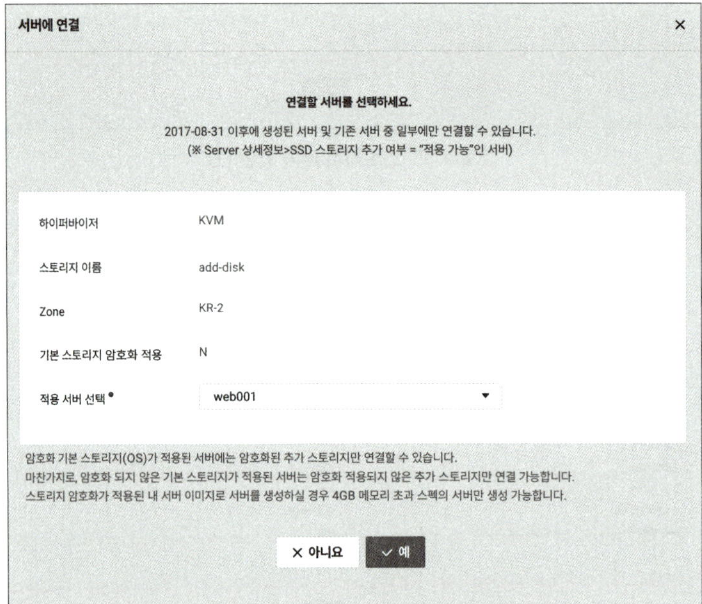

그림 4.38 추가한 스토리지를 서버에 연결 (2)

콘솔에서 Block Storage를 추가한 이후에는 서버에 마운트하는 작업이 필요합니다. Web001 서버에 접속하여 새로 만든 Block Storage를 `/disk1`이라는 경로에 마운트하겠습니다. 먼저 마운트 포인트를 서버에 생성합니다.

- [root@web001 ~] # mkdir /disk1

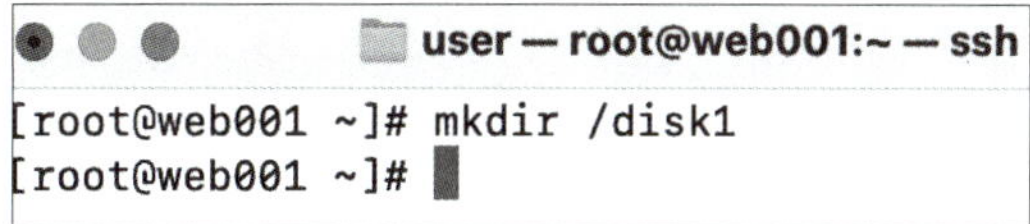

그림 4.39 서버에 마운트 포인트 생성

마운트 포인트를 생성한 후 Fdisk 작업을 진행하겠습니다(본 스토리지는 Partition을 1개로 세팅 후, 이를 PrimaryPartition으로 설정하여 운영해보겠습니다).

NOTE **Fdisk 작업이란?** 디스크 파티션을 생성, 수정, 삭제할 수 있는 리눅스 명령어 도구입니다. 파티션이란 디스크의 공간을 논리적으로 분할하는 작업을 의미합니다. 파티션은 반드시 1개 이상 구성되어야 합니다.

- fdisk/dev/vdb
- Command 프롬프트에서 n을 입력
- Command 프롬프트에서 p를 입력
- Command 프롬프트에서 partition number로 1 입력
- Command 프롬프트에서 First Sector로 default값 입력을 위해 'Enter'
- Command 프롬프트에서 Last Sector로 default값 입력을 위해 'Enter'
- Command 프롬프트에서 w를 입력하여 반영

```
Command (m for help): n
Partition type
   p   primary (0 primary, 0 extended, 4 free)
   e   extended (container for logical partitions)
Select (default p):  p
Partition number (1-4, default 1): 1
First sector (2048-20971519, default 2048):
Last sector, +sectors or +size{K,M,G,T,P} (2048-20971519, default 20971519):

Created a new partition 1 of type 'Linux' and of size 10 GiB.

Command (m for help):  w
The partition table has been altered.
Calling ioctl() to re-read partition table.
Syncing disks.
```

그림 4.40 추가 Block Storage에 대한 fdisk 작업

NOTE **장치 파일 경로** fdisk 다음에 fdisk 작업을 할 장치 파일 경로를 입력합니다. [네이버 클라우드 플랫폼 콘솔] ➡ [Menu] ➡ [Services] ➡ [Compute] ➡ [Server] ➡ [Storage] 메뉴에서 생성된 스토리지별 장치 파일 정보를 '연결정보'란에서 확인할 수 있습니다.

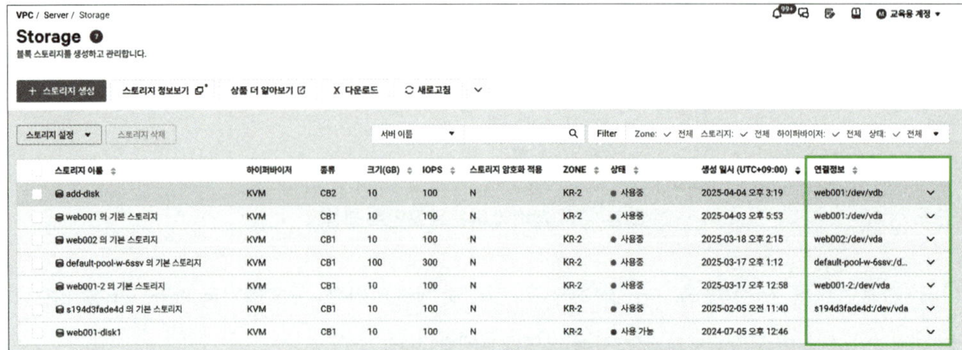

그림 4.41 Block Storage에 대한 연결정보

그럼 파티션 작업도 완료했으니, 포맷 작업과 마운트 작업을 통해 스토리지를 서버에서 사용 가능한 상태로 바꾸어주도록 하겠습니다.

- mkfs.ext4/dev/vdb1
- mount/dev/vdb1/disk1

다음 명령어로 서버에 마운트가 잘 진행되었는지 확인해봅니다.

- df -h

```
[root@web001 ~]# df -h
Filesystem      Size  Used Avail Use% Mounted on
devtmpfs        3.8G     0  3.8G   0% /dev
tmpfs           3.8G     0  3.8G   0% /dev/shm
tmpfs           3.8G  8.5M  3.8G   1% /run
tmpfs           3.8G     0  3.8G   0% /sys/fs/cgroup
/dev/vda2       9.0G  3.7G  5.4G  41% /
/dev/vda1      1014M  260M  755M  26% /boot
tmpfs           770M     0  770M   0% /run/user/0
/dev/vdb1       9.8G   24K  9.3G   1% /disk1
```

그림 4.42 마운트 상태 확인

기술자격시험 기출문제

문제 1 **VPC 환경 High CPU 서버 스펙 중 생성 가능한 서버 스펙은 무엇인가요?**

① vCPU 4개, RAM 8 GB

② vCPU 8개, RAM 8 GB

③ vCPU 2개, RAM 8 GB

④ vCPU 16개, RAM 128 GB

문제 2 **네이버 클라우드 플랫폼 VPC 플랫폼의 서버 상품에 대한 내용으로 올바른 것을 모두 고르세요 (복수 정답).**

① 하이퍼바이저가 xen인 경우, 서버에 추가 스토리지는 최대 15개까지 장착 가능하다.

② 서버에는 1개의 네트워크 인터페이스만 장착 가능하다.

③ 서버의 관리자 계정 패스워드를 알기 위해서는 pem key가 필요하다.

④ 서버에 연결된 init script는 서버가 시작되거나 재부팅될 때 적용된다.

정답: 1. ① 2. ①, ③

해설: 1. 네이버 클라우드 플랫폼의 High-CPU 서버는 vCPU와 메모리의 비율이 1:2로 구성됩니다.
2. 네이버 클라우드 플랫폼의 서버는 생성 시 하이퍼바이저를 선택할 수 있으며 Xen 기반의 서버는 서버당 최대 15개의 추가 스토리지를 할당할 수 있습니다. 관리자 계정으로 서버에 최초 접속 시에는 서버 생성 시 다운로드한 PEM 파일이 필요합니다.

CHAPTER 5

네이버 클라우드 플랫폼 Auto Scaling

이번 장에서는 클라우드 기술의 장점 중 하나인 유연한 인프라 관리가 가능한 Auto Scaling 기능에 대해 살펴보겠습니다. Auto Scaling(오토스케일링)이란, 운영 중인 서버를 모니터링해 서버 증량이 필요한 조건에 도달하면 자동으로 서버 수를 늘려주고, 조건이 해소되면 자동으로 서버가 반납되도록 설정할 수 있는 기능입니다. 물론 스케줄 기반으로 특정 일정에 서버가 확장되도록 구성하는 것도 가능합니다.

Auto Scaling이 필요한 이유는 서비스 트래픽이 급격하게 증가하거나 특정 시간에 자동으로 서버를 확장하거나 축소하고자 할 때 자동으로 Scale In/Out을 수행하기 위해서입니다. Auto Scaling의 기본 개념은 서비스 트래픽이 증가하면 서버를 늘리고, 트래픽이 감소하면 서버를 줄여 적정 규모를 유지하는 것입니다. 이를 통해 비용을 효율화하고 긴급 상황에도 능동적으로 대응할 수 있습니다.

쉽게 생각하면 정해진 임계치를 넘으면 필요한 서버를 정해진 규칙에 따라 증가시키거나 감소시키게 되는 것이죠. 예를 들면 웹서버들의 평균 CPU 사용률이 50%가 넘는지 Cloud Insight에서 감시하고 있다가 50%를 넘으면 Launch Configuration에서 정의한 서버를 Auto Scaling Group에 정의된 수량, 예를 들면 200%씩 증가시키는 룰을 작동시키는데, 이때 필요한 경우 해당 서버는 특정 Load Balancer(로드 밸런서)에 바인딩시켜 트래픽을 소화하게 됩니다.

5.1 Auto Scaling 기능 살펴보기

Auto Scaling은 서비스 운영에 필요한 용량을 예측할 수 없는 불확실한 상황에서 고가용성을 확보하기 위해 미리 서버 수를 증량해두지 않고 서버 증량이 필요한 시점에만 서버 수가 늘어나도록 설정할 수 있어, 인프라를 효율적으로 운영할 수 있도록 지원합니다. 그럼 먼저 Auto Scaling 설정 시 필요한 개념들을 살펴보겠습니다.

Launch Configuration

Launch Configuration이란 Auto Scaling 수행 중 Scale-out되는 서버의 스펙을 구성하는 일종의 템플릿입니다. 서버를 구성할 때는 네이버 클라우드 플랫폼에서 제공되는 기본 서버 이미지나 [Server] 메뉴에서 생성해놓은 내 서버 이미지를 활용할 수 있습니다. 또한 인증키나 네트워크 접근 등 일반 서버 생성 때 했던 설정 과정을 동일하게 Launch Configuration에서 설정하게 됩니다.

Auto Scaling Group

Auto Scaling Group이란 Auto Scaling 기능을 수행하는 서버 그룹을 뜻합니다. Launch Configuration을 기반으로 생성할 수 있으며, 필요시 Load Balancer와 Scale-out되는 서버를 바인딩함으로써 Load Balancer를 통해 Scale-out되는 서버에 대한 모니터링과 트래픽 분산을 실행할 수도 있습니다.

Scaling 규칙은 정책 또는 일정 기반으로 설정합니다. 트래픽 수요의 변동이 예측되지 않으면 모니터링 중 특정 상황에 Scaling을 수행하도록 정책을 설정하고, 트래픽 수요가 주기적으로 변동된다면 특정 시간에 Scaling을 수행하도록 일정을 설정할 수 있습니다.

예를 들어 트래픽이 매주 금요일 7시에 증가된다고 가정한다면, 매주 금요일 7시에 미리 서버가 Scale-out될 수 있도록 설정이 가능합니다. 또한 Auto Scaling Group에서는 서버가 Scale-out되면 최대 몇 대까지 증설할 것인지, Scale-in이 되면 최소 몇 대로 감설할 것인지를 설정하게 됩니다. 이를 정책 설정이라는 곳에서 진행하게 되는데, 정책 설정이라는 것은 다음 세 가지 방식으로 설정할 수 있습니다.

- 증감 변경: 증가 또는 감소시킬 서버 대수 입력
- 비율 변경: 현재 그룹 크기에 대비하여 서버가 증가 또는 감소될 일정 비율 입력
- 고정값: 그룹 크기의 고정값 입력

▶▶ Auto-Scaling 기능은 모니터링 기반과 스케줄링 기반으로 설정이 가능합니다.

1. 모니터링 기반: Cloud Insight를 통해 사용자가 지정한 메트릭Metric에 대해 Auto Scaling Group을 모니터링하다가 사용자가 정한 임곗값에 도달했을 때 서버를 Scale-out하게 됩니다(감시 메트릭(성능 지표)으로는 주로 CPU 사용량과 관련된 항목이 사용됩니다).
2. 스케줄링 기반: 트래픽 수요가 일정 시점 혹은 주기적으로 높아지는 경향이 있다면 스케줄링 기반의 Auto Scaling 기능을 사용하면 됩니다. 스케줄링 기반은 Auto Scaling 기능이 특정 시간에 시작 혹은 종료됩니다. 또한 반복 설정을 통해 반복 주기를 설정할 수 있습니다.

그림 5.1 **Auto Scaling 설정 - 스케줄링 기반**

네이버 클라우드 플랫폼에서 Auto Scaling 기능을 수행하도록 설정하기 위해선 Launch Configuration을 설정한 뒤 Auto Scaling Group을 설정하게 됩니다. 모니터링 기반의 Auto Scaling을 설정하게 되면 마지막에 Event Rule(Cloud Insight에서 제공)까지 설정해주면 됩니다. Event Rule에서는 Auto Scaling이 작동하도록 하는 메트릭 지정 및 임곗값 설정을 진행하게 됩니다.

그림 5.2 **모니터링 기반 Auto Scaling 설정 프로세스**

Auto Scaling 설정 시 최대로 설정할 수 있는 Launch Configuration, Auto Scaling Group 등에 대해서 살펴보겠습니다. 가장 많이 궁금해하는 부분이 Auto Scaling 기능을 통해 생성할 수 있는 최대 서버 개수일 것입니다.

네이버 클라우드 플랫폼의 Auto Scaling은 Auto Scaling Group당 최대 30대의 서버를 설정할 수 있으나, 계정당 최대 생성한 서버 최대 개수가 서버 스펙별로 정해져 있으므로 사용할 서버 스펙별 최대 생성 한도를 미리 확인해두는 게 좋습니다.

표 5.1 Auto-Scaling 설정 시 최대 설정 가능 개수

설정	최대 설정 가능 개수
계정당 생성 가능한 Launch Configuration	최대 100개
계정당 생성 가능한 Auto Scaling Group	최대 100개
Auto Scaling Group당 생성 가능한 정책	최대 10개
Auto Scaling Group당 생성 가능한 일정	최대 100개
Auto Scaling Group당 생성 가능한 서버	최대 30대
Auto Scaling Group당 연결 가능한 Load Balancer	최대 10개

5.2 Auto Scaling 설정

▶ 실습

CAUTION 실습 과정을 통해 생성한 리소스들은 사용한 만큼 과금됩니다.

Auto Scaling 설정을 직접 해봄으로써, Auto Scaling 설정 프로세스를 살펴보도록 하겠습니다.

1. 가장 먼저 Scale-out되는 서버에 대한 기본 이미지, 서버 스펙, 인증키 등을 설정하는 Launch Configuration 설정을 진행해보겠습니다. **[네이버 클라우드 플랫폼 콘솔] ➡ [Menu] ➡ [Services] ➡ [Compute] ➡ [Auto Scaling]**을 선택합니다.

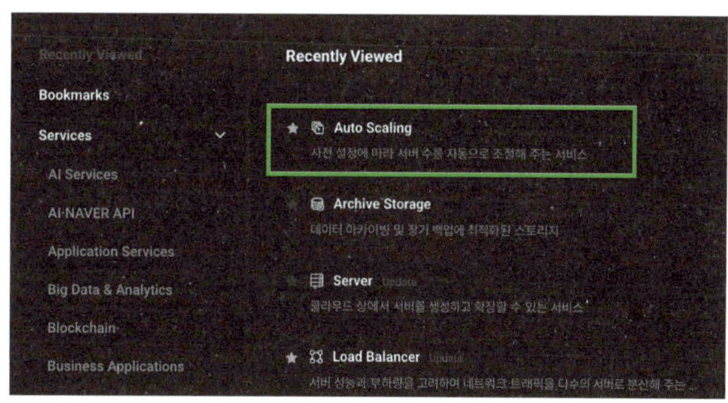

그림 5.3 Auto Scaling 메뉴

2. Auto Scaling 메뉴 내 Launch Configuration을 선택합니다.

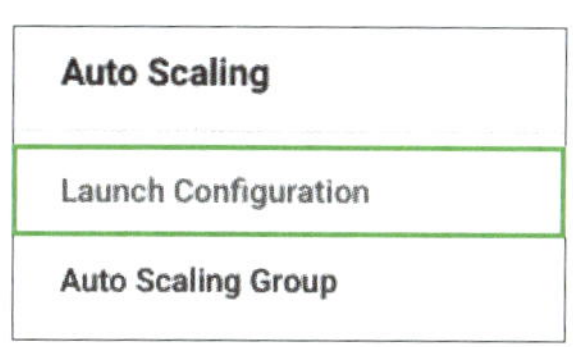

그림 5.4 모니터링 기반 Auto Scaling 설정 프로세스

3. 상단의 [+ Launch Configuration 생성] 버튼을 클릭합니다.

4. Scale-out되는 서버에 대한 기본 이미지를 선택해보겠습니다. 기본 이미지는 내 서버 이미지를 선택하겠습니다. 상단의 **'내 서버 이미지'** 탭을 클릭합니다. 이전 과정에서 생성한 내 서버 이미지를 선택합니다.

   - web001-server-image 우측에 있는 **[다음]** 버튼을 클릭합니다.

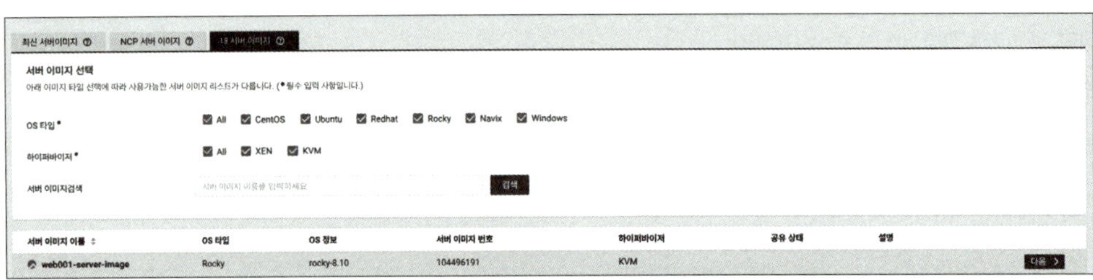

그림 5.5 Launch Configuration - 서버 이미지 선택 화면

5. 다음으로 Scale-out되는 서버에 대한 서버 스펙을 정해보도록 하겠습니다.

   - 서버 타입: Standard/vCPU 2개 메모리 8 GB
   - 요금제: 시간 요금제
   - Init Script: 선택 없음
   - 하단의 **[다음]** 버튼 클릭

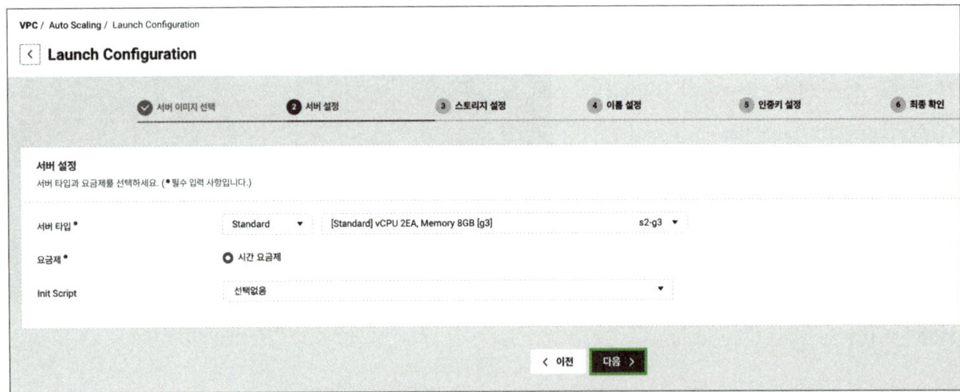

그림 5.6 Launch Configuration - 서버 스펙 선택 화면

6. Auto Scaling 스토리지 설정 화면에서는 기본 스토리지 설정을 유지하고자 합니다.

   ▶▶ Scale-out되는 서버에 추가 Block Storage가 필요하다면 추가가 가능하며, KVM 서버 기준 추가 스토리지는 20개까지 생성 가능합니다.

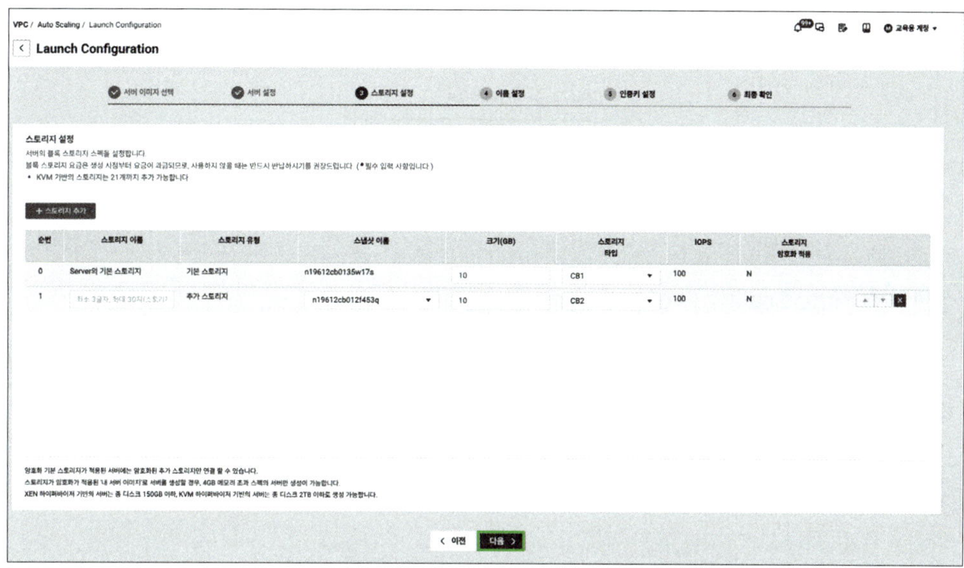

그림 5.7 **Launch Configuration - 스토리지 설정 화면**

7. Launch Configuration 이름을 입력 후 하단의 **[다음]** 버튼을 클릭합니다.

    - Launch Configuration 이름: lab–lc

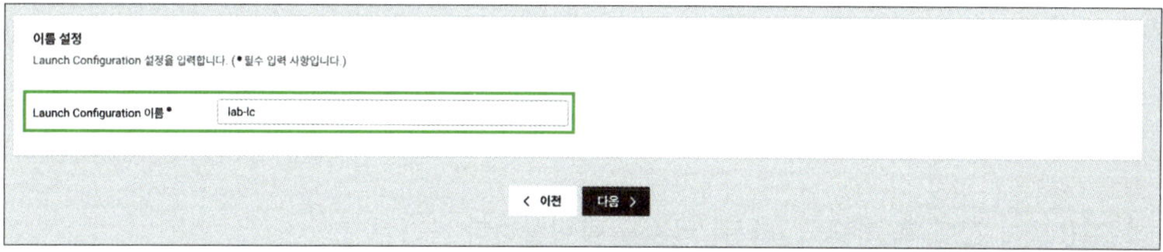

그림 5.8 **이름 설정**

8. Scale–out되는 서버에 대한 인증키는 이전 과정에 생성했던 인증키를 선택하겠습니다. 필요하다면, 새로운 인증키를 다운로드해도 됩니다. 인증키 선택 후 하단의 **[다음]** 버튼을 클릭합니다.

9. 마지막 최종 확인 페이지 확인 후 수정사항이 없다면, 하단의 **[Launch Configuration 생성]** 버튼을 클릭합니다.

10. 다음으로 Auto Scaling Group을 생성해보겠습니다. Auto Scaling 메뉴 내 **[Auto Scaling Group]**을 선택합니다.

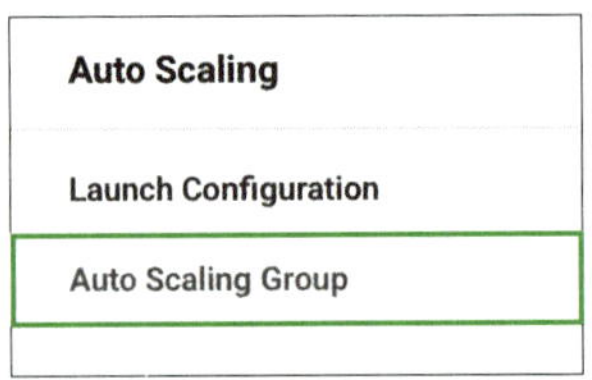

그림 5.9 Auto Scaling Group 메뉴 화면

11. 상단의 [+ Auto Scaling Group 생성]을 클릭합니다.
12. Launch Configuration 선택 화면에서 이전 과정에서 생성한 'lab-lc'를 선택 후 하단의 [다음] 버튼을 클릭합니다.

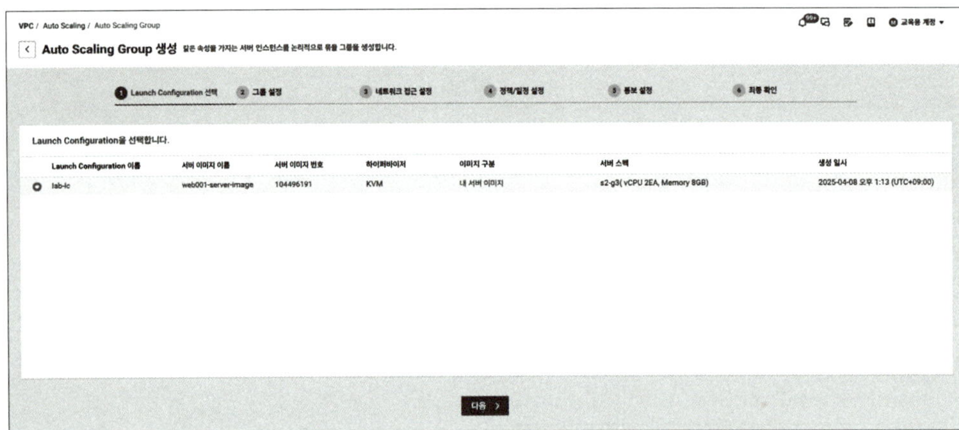

그림 5.10 Auto Scaling Group 설정 – Launch Configuration 선택 화면

13. 다음과 같이 선택 후 하단의 [다음] 버튼을 클릭합니다.

- Auto Scaling 그룹 이름: lab–asg
- VPC: lab1–vpc
- Subnet: lab1–vpc–web–subnet
- 최소 용량: 1 ➡ Auto Scaling Group의 최소 서버 수
- 최대 용량: 2 ➡ Auto Scaling Group의 최대 서버 수
- 쿨다운 기본값[1](초): 300

1 새롭게 생성된 서버일지라도 Init-Script 실행이나 업데이트 설치 등의 이유로 실제 서비스 수행을 위해서는 준비 소요 시간이 필요하기 때문에 실제 Scaling이 수행 중이거나 수행 완료된 후에 모니터링 이벤트 알람이 발생하더라도 무시하도록 설정한 기간의 기본값을 말합니다.

- 헬스 체크 보류 기간[2](초): 720
- 헬스 체크 유형: server

14. 서버에 적용할 ACG를 선택합니다. ACG는 이전 과정에서 생성했던 'lab-acg'를 선택합니다. 선택 후 하단의 **[다음]** 버튼을 클릭합니다.

15. 일정 선택 화면에서 '정책 설정' 옵션을 선택합니다.

    해당 화면에서는 서버가 증가할 때는 몇 대씩 증가하고, 서버가 감소할 때는 몇 대씩 감소하도록 진행할 것인지를 설정할 수 있습니다.

    [서버 수 증가 정책]
    - 정책 이름: add
    - Scaling 설정: 증감 변경/1

    [서버 수 감소 정책]
    - 정책 이름: sub
    - Scaling 설정: 증감 변경/1

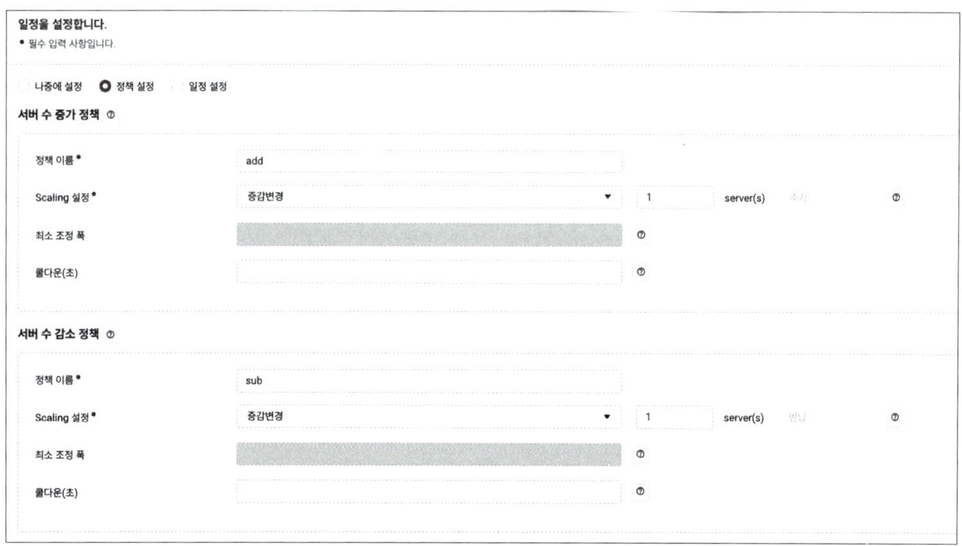

그림 5.11 Auto Scaling Group 설정 – 정책 설정

2 서버가 생성되어 운영 중일지라도 업데이트 설치 작업 등과 같이 특정 상황이 발생하여 헬스 체크에 정상 응답하지 못하는 경우, 헬스 체크에 실패하더라도 서버 헬스에 이상이 있다고 판단하지 않도록 설정하는 기간을 말합니다.

그림 5.11과 같이 입력 후 하단의 **[다음]** 버튼을 클릭합니다.

16. 통보 설정에서는 '나중에 설정'을 선택 후 하단의 **[다음]** 버튼을 클릭합니다.
17. 마지막 최종 확인 페이지를 통해 수정할 사항이 없다면 하단의 **[Auto Scaling Group 생성]**을 클릭합니다.
18. 다음으로는 '언제' Scale-out이 일어나고 '언제' Scale-in되도록 할 것인지를 Event Rule 생성을 통해 진행해보겠습니다. **[Services]** ➡ **[Management and Governance]**에서 Cloud insight 서비스를 선택합니다(상품 이용 전 상품 이용 신청 절차도 필요합니다).

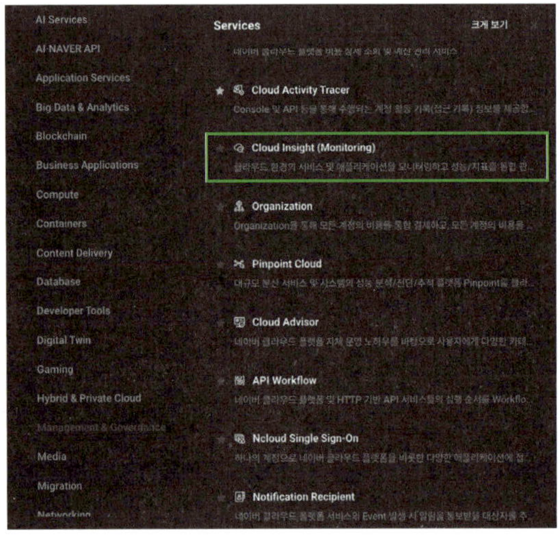

그림 5.12 Cloud Insight 메뉴

19. Cloud Insight 메뉴 내 **[Configuration]** ➡ **[Event Rule]** 메뉴로 이동합니다.
20. 상단의 **[+ Event Rule 생성]**을 클릭합니다.
21. 감시 상품들 중 'Auto Scaling Group(VPC)'을 선택 후 하단의 **[다음]** 버튼을 클릭합니다.

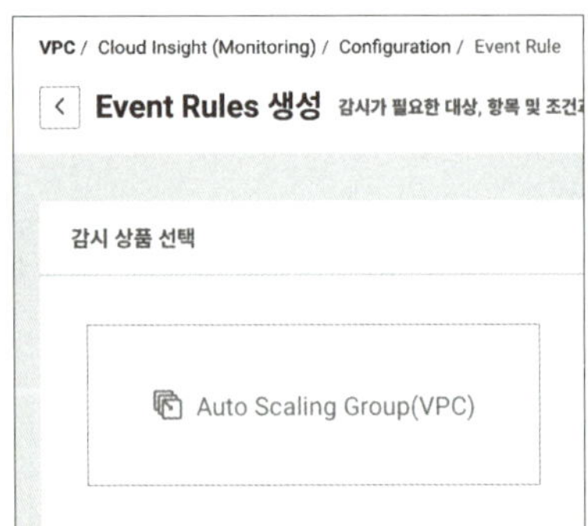

그림 5.13 Event Rule 감시 상품 – Auto Scaling Group(VPC)

▶▶ Cloud insight의 감시 상품들은 실제 네이버 클라우드 플랫폼에서 사용하는 서비스들만 노출됩니다. 감시 상품 중 'Auto Scaling Group(VPC)'이 보이지 않는다면 약 5~10분 내에 감시 상품으로 보이게 됩니다.

22. 감시 대상을 설정해보도록 하겠습니다. 상단의 **[+ 그룹 생성]** 버튼을 클릭합니다.

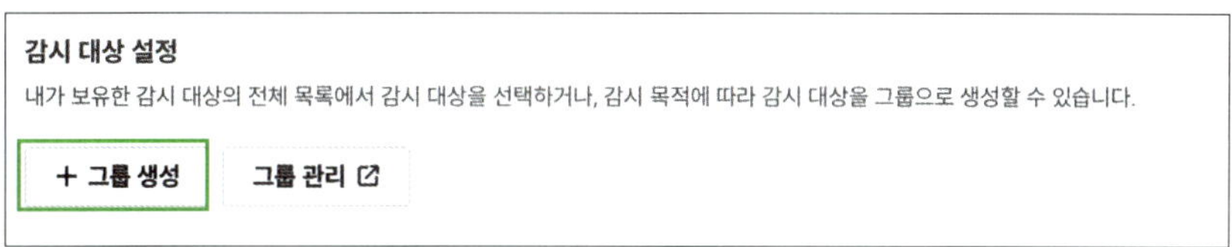

그림 5.14 Event Rule 감시 대상 설정 화면

- 그룹 이름: lab–asg
- 감시 대상: lab–asg 선택 ➡ 이전 과정에서 생성한 Auto Scaling 그룹이 자동으로 보입니다.
- 하단의 [∨] 버튼을 클릭하면 선택한 감시 대상으로 lab–asg가 선택됩니다.
- 선택 후 하단의 **[생성]** 버튼을 클릭합니다.

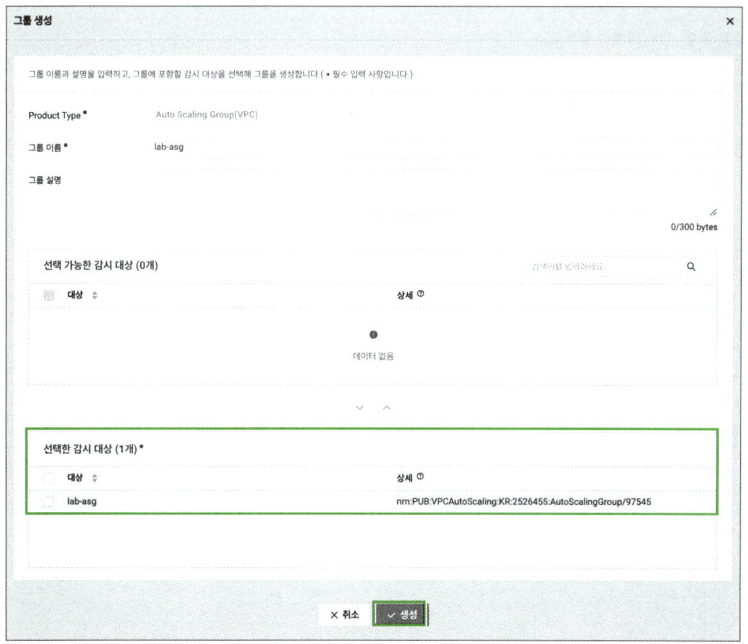

그림 5.15 Event Rule 감시 대상 설정 (1)

방금 만든 'lab–asg'를 선택 후 하단의 **[다음]** 버튼을 클릭합니다.

그림 5.16 Event Rule 감시 대상 설정 (2)

23. 상단의 [+ 템플릿 생성]을 클릭합니다.

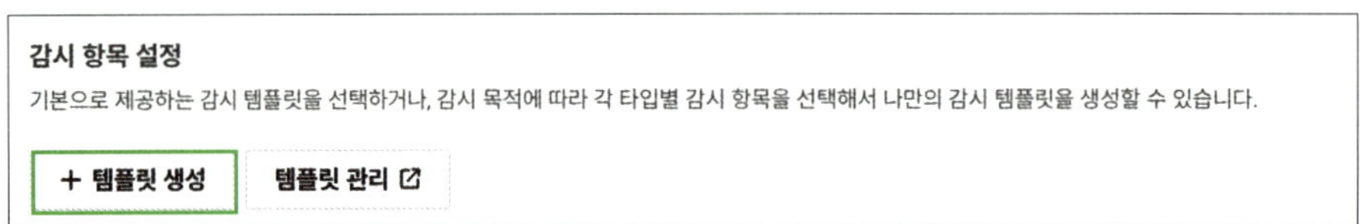

그림 5.17 Event Rule - 템플릿 생성 메뉴

- 템플릿 이름: CPU_Template
- 메트릭: avg_cpu_used_rto 선택 후 하단의 [다음] 버튼 클릭

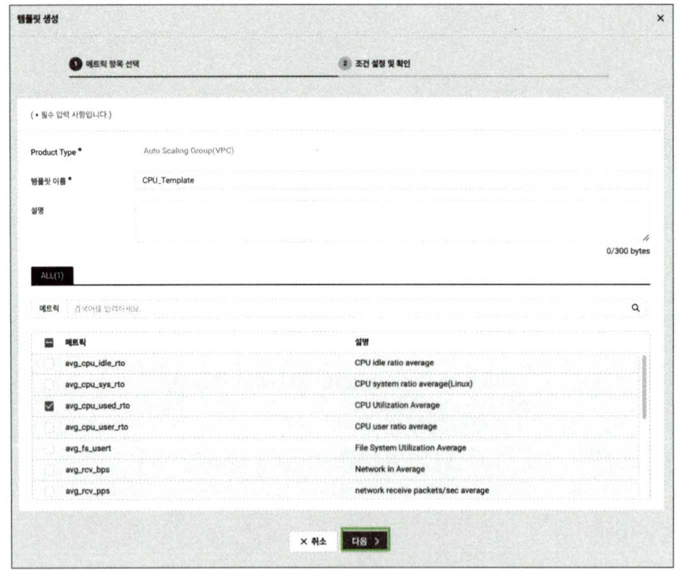

그림 5.18 Event Rule - 템플릿 설정 메뉴 (1)

- 디멘션: All
- 레벨: Info
- 조건: >=, 80
- 집약 방법: AVG
- 지속 시간: 5
- 하단의 **[저장]** 버튼 클릭

그림 5.19 **Event Rule - 템플릿 설정 메뉴 (2)**

- 방금 만든 CPU_Template 선택 후 하단의 **[다음]** 버튼 클릭

24. 액션 설정 화면에서 'Auto Scaling 정책' 탭 선택한 후 이전 과정에서 생성한 'lab-asg' 선택 후 정책 이름에 'add' 선택 후 하단의 **[다음]** 버튼 클릭

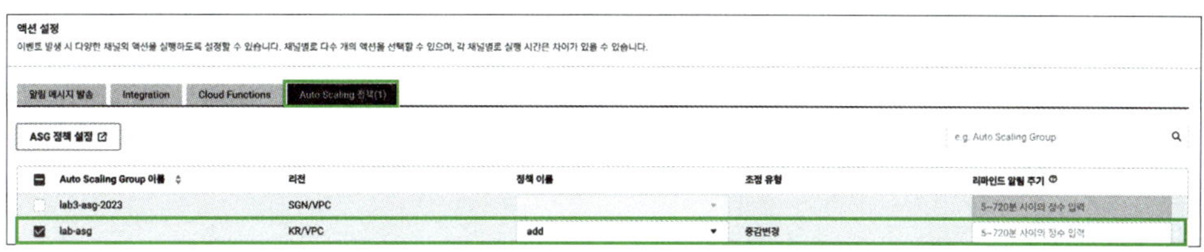

그림 5.20 **Event Rule - 액션 설정 탭**

25. 룰 이름 입력 후 하단의 [생성] 버튼 클릭

- 룰 이름: auto_scaling _rule

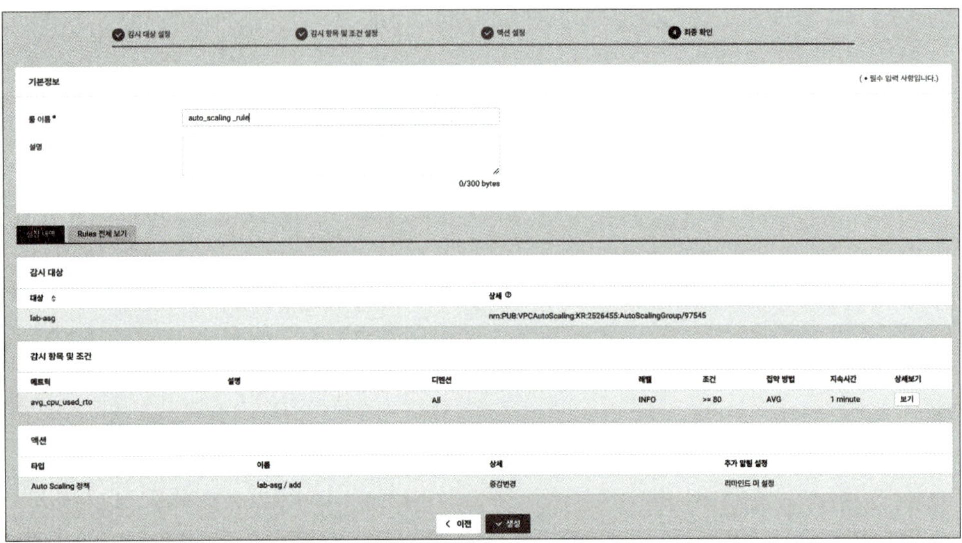

그림 5.21 Event Rule 최종 확인 화면

기술자격시험 기출문제

다음은 Auto Scaling의 구성 요소에 대한 설명입니다. 잘못 설명된 것은 무엇인가요?

① Launch Configuration: 서버 원본 이미지 선택

② Auto Scaling Group: 자동 bind할 Load Balancer 그룹 지정

③ Scaling 수행: 모니터링 혹은 일정에 따른 용량 조정 수행

④ Monitoring 설정: 인증키 및 Launch Configuration 설정

정답: ④

해설: Monitoring 설정은 Cloud Insight를 통해 설정하며 Auto Scaling이 작동하는 시점에 대한 설정을 진행합니다.

CHAPTER 6

네이버 클라우드 플랫폼 네트워크

네이버 클라우드 플랫폼 인프라 구성을 하는 데 있어서 네트워크는 매우 중요한 부분입니다. 네트워크는 서로 다른 컴퓨터 혹은 서버, 장비 간의 통신을 가능하도록 지원합니다. 네이버 클라우드 플랫폼 인프라 구성 시에도 앞에 살펴본 것처럼 VPC를 통해 네트워크 대역을 설정하고 용도에 맞게 서브넷 구성을 선행해야 인프라 구성이 가능한 것처럼 네트워크 구성은 인프라 구성에 필수 요소입니다.

서버 가상화와 마찬가지로 네트워크 가상화를 통해 논리적으로 분리시키고 통합하고 IP 주소를 배분하게 됩니다. 또한 다양한 네트워크 상품들, 예를 들어 Load Balancer나 VPN도 논리적으로 구성하게 됩니다.

네이버 클라우드 플랫폼의 네트워크 서비스들은 네트워크 환경을 구성할 뿐만 아니라, 클라우드 인프라의 고가용성과 부하 분산을 위한 Load Balancer, 도메인을 등록하고 다양한 레코드로 관리할 수 있는 Global DNS, 서로 다른 네트워크 간의 사설 통신이 가능하도록 터널링을 맺을 수 있는 IPSEC VPN 서비스, DNS를 기반으로 네트워크 트래픽을 다수의 서버로 분산해주는 Global Traffic Manager와 같은 서비스가 제공됩니다. VPC 서비스에 대해서는 이전 장에서 살펴보았으므로, VPC를 제외한 주요 네트워크 서비스들에 대해 살펴보겠습니다.

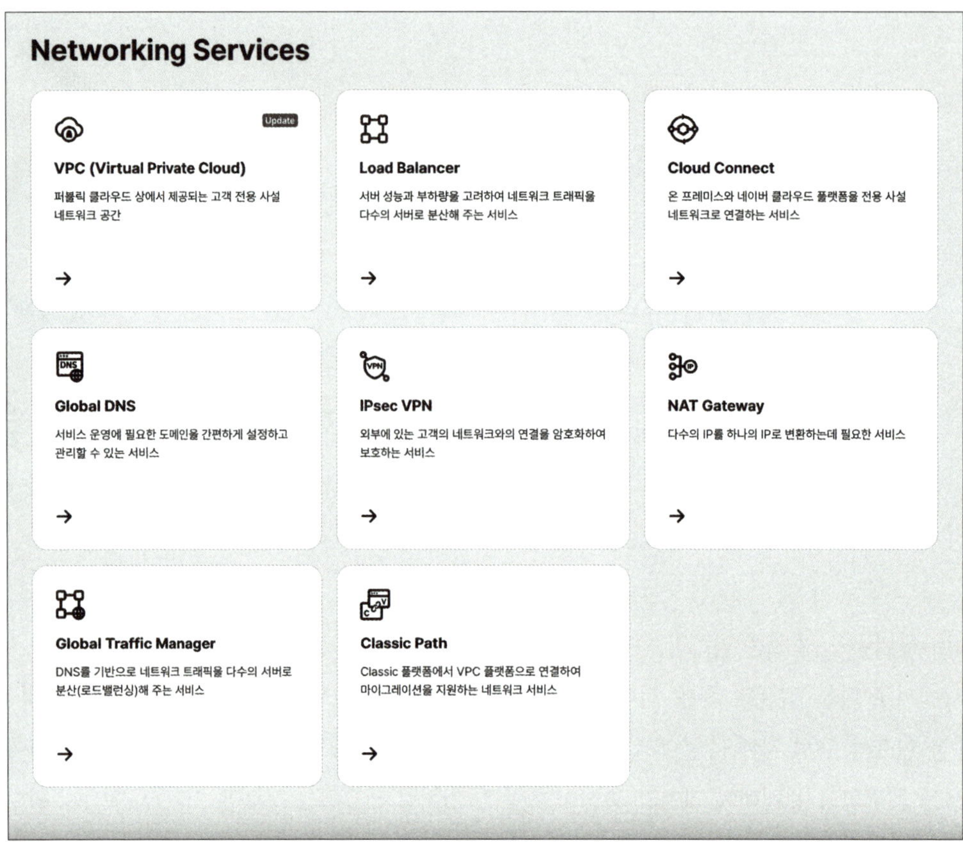

그림 6.1 네이버 클라우드 플랫폼의 네트워크 서비스 구성도

더불어 Contents Delivery 서비스에 속해 있지만 콘텐츠의 안정적인 전송에 기여하는 Global Edge 서비스도 함께 살펴보겠습니다.

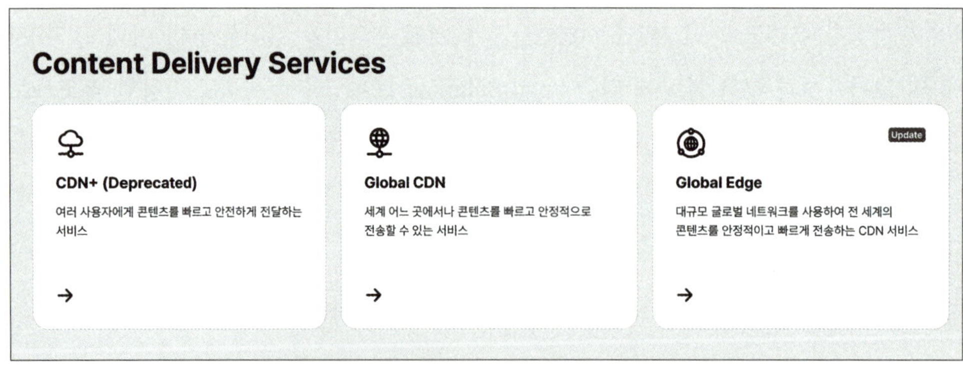

그림 6.2 네이버 클라우드 플랫폼의 Contents Delivery 서비스 구성도

또한 네트워크 서비스들은 외부의 트래픽들을 처리하는 곳인 만큼 보안도 신경 써야 하니, 각 네트워크 서비스별로 보안을 강화할 수 있는 방안도 함께 살펴볼 것입니다.

6.1 Load Balancer

Load Balancer의 역할을 정의하면 크게 두 가지로 정의할 수 있습니다. 첫 번째는 주기적인 헬스 체크입니다. Load Balancer는 바인딩되어 있는 서버에 주기적으로 헬스 체크를 수행하면서 서버의 상태를 모니터링하고, 정상적인 서버에게만 트래픽을 분산시키기 때문에 서버에 장애가 발생하더라도 가용성을 확보할 수 있습니다.

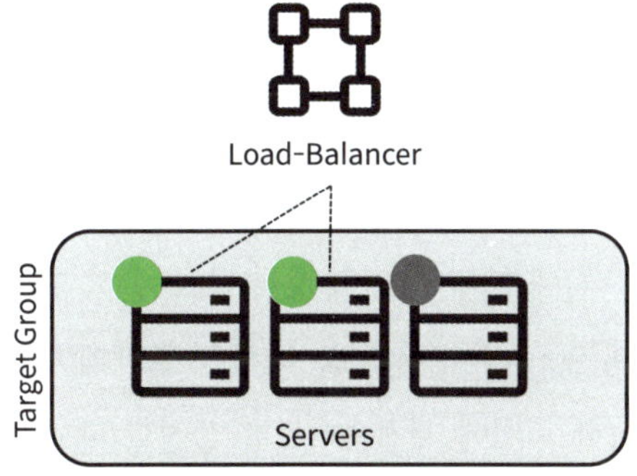

그림 6.3 Load Balancer의 헬스 체크

두 번째는 들어오는 트래픽을 바인딩되어 있는 서버에 분산시키는 역할입니다. 이를 통해 여러 대의 서버를 모아 큰 트래픽에 대응할 수 있도록 합니다. 즉, 가용성과 성능을 높이기 위한 용도로 Load Balancer를 이용하게 되는 것이죠.

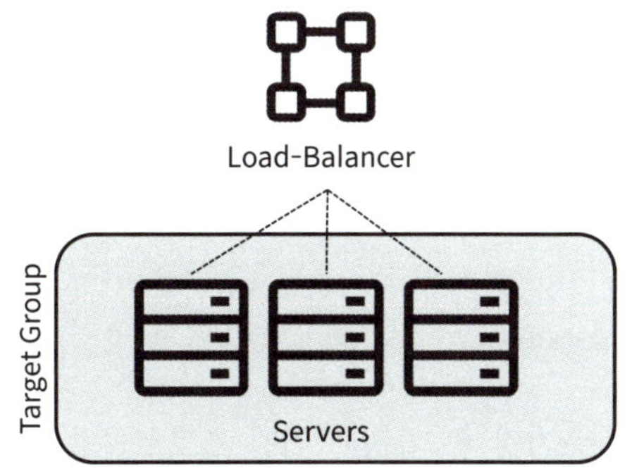

그림 6.4 Load Balancer와 Target Group 간의 관계

네이버 클라우드 플랫폼의 Load Balancer는 그림 6.4와 같이 Target Group과 연결됩니다. Target Group은 Load Balancer로부터 들어오는 트래픽을 처리할 서버 그룹입니다. Load Balancer는 외부 혹은 내부의 트래픽을 받아서 바인딩되어 있는 Target Group 내 서버들에게 트래픽을 분산시킵니다. 그렇다면 Load Balancer에서 트래픽을 분산시킬 때에는 어떤 알고리즘으로 진행하게 될까요? 네이버 클라우드 플랫폼에서는 분산 알고리즘으로 세 가지를 제공하고 있습니다.

1. Round Robin
2. Least Connection
3. Source IP Hash

먼저 Round Robin 방식은 들어오는 트래픽을 바인딩되어 있는 서버에 순차적으로 나누어주는 방식입니다. 이 방식은 서버 커넥션 수나 응답 상황에 관계없이 순차적으로 요청을 분산하는 가장 단순한 방식입니다. 일반적인 Load Balancer 구성을 한다면 이 방식이 가장 처리 속도가 빠릅니다. Least Connection은 현재 커넥션이 가장 적은 서버에게 분산을 시키는 방식입니다. 비슷한 성능의 서버로 구성되어 있을 시에 가장 효과적인 부하 분산이 가능합니다. 마지막으로 Source IP Hash 방식은 클라이언트의 Source IP 정보를 해시한 결과에 따라 요청을 할당하는 방식입니다. 클라이언트가 초기에 접속한 서버에 재접속하도록 설정할 때는 Source IP Hash 방식이 적합합니다.

분산 알고리즘의 특징들을 살펴보고 서비스에 가장 적합한 분산 알고리즘을 설정해주면 됩니다. 참고로 네이버 클라우드 플랫폼 Load Balancer의 디폴트 분산 알고리즘은 Round Robin 방식이며, 분산 알고리즘은 Load Balancer 생성 후 Target Group 설정에서 변경이 가능합니다.

이번에는 네이버 클라우드 플랫폼 Load Balancer에 대해서 살펴보겠습니다. 네이버 클라우드 플랫폼의 Load Balancer는 총 세 가지 종류가 제공되고 있습니다.

1. Application Load–balancer
2. Network Load–balancer
3. Netowrk Proxy Load–balancer

각 Load Balancer를 구분 짓는 가장 큰 특징은 어떤 프로토콜을 사용하느냐입니다. Application LB의 경우 HTTP와 HTTPS 프로토콜을 사용하는 반면에, Network LB는 TCP, UDP 프로토콜을 사용합니다. 마지막으로 Network Proxy Load Balancer는 TCP, TLS를 사용합니다. 그 외에 각 Load Balancer가 가진 특징을 표 6.1을 통해 살펴보겠습니다.

표 6.1 각 Load Balancer별 특징

기능	Network LB	Network Proxy LB	Application LB
프로토콜	TCP, UDP	TCP, TLS	HTTP, HTTPS
상태 확인	O	O	O
로깅	X	O	O
Direct Server Return	O	X	X
같은 인스턴스의 여러 포트로 로드밸런싱	X	X	O
HTTP 2.0 지원	N/A	N/A	O
경로 기반 라우팅	N/A	N/A	O
SSL 오프로드	X	O	O
고정 세션	O	X	O
멀티존	X	O	O

먼저 Direct Server Return에 대해서 살펴보겠습니다. 보통의 Load Balancer-서버 간의 통신은 그림 6.5와 같이 클라이언트의 요청과 리턴이 모두 Load Balancer를 통하도록 구성됩니다.

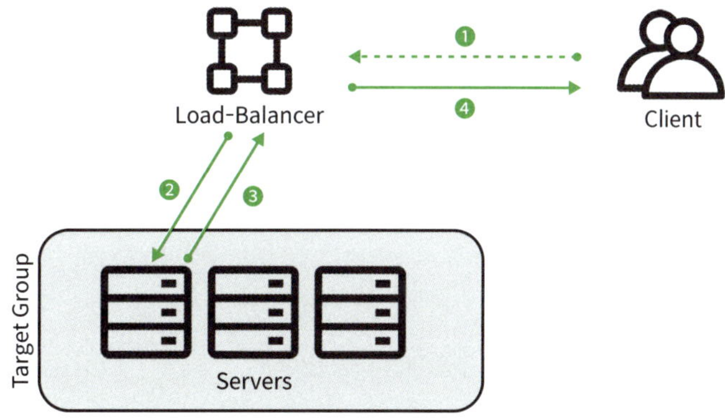

그림 6.5 일반적인 Load Balancer 작동 프로세스

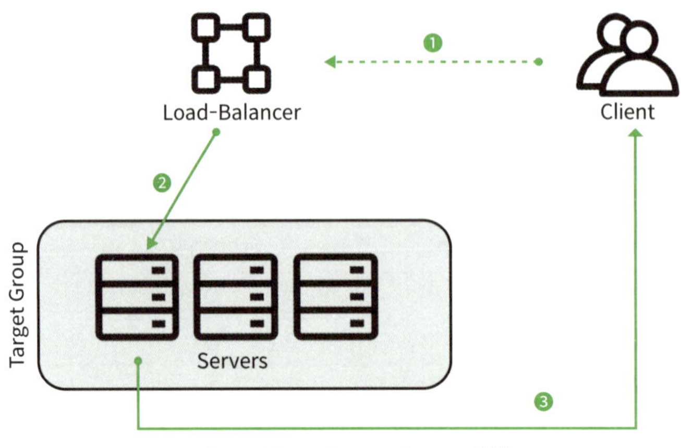

그림 6.6 **Direct Server Return 방식**

반면 Direct Server Return 방식은 그림 6.6처럼 클라이언트의 요청은 Load Balancer를 통해서 들어오지만 리턴은 Load Balancer를 통하지 않고 서버에서 바로 클라이언트로 전달하는 방식입니다. 이를 통해 Load Balancer의 부하도 줄일 수 있을 뿐만 아니라 응답 속도도 빨라집니다. 현재 Direct Server Return 방식은 네트워크 Load Balancer에서 지원하고 있습니다.

SSL-Offloading은 웹서버가 처리해야 할 SSL 인증서 처리를 Load Balancer가 대신 처리함으로써 서버의 부하를 줄일 수 있는 방식입니다. 현재 SSL-Offloading은 애플리케이션 Load Balancer, 네트워크 프록시 Load Balancer에서 지원하고 있습니다.

이 외에도 경로 기반의 라우팅, TCP 세션 관리 등 각 Load Balancer별 특징이 상이하니 각 Load Balancer의 특징들을 살펴보고 가장 적합한 Load Balancer를 생성하면 됩니다. 그럼 이번에는 애플리케이션 Load Balancer 생성을 통해 애플리케이션 Load Balancer의 생성 과정을 함께 살펴보도록 하겠습니다.

▶ 실습

CAUTION 실습 과정을 통해 생성한 리소스들은 사용한 만큼 과금됩니다.

1. Load Balancer는 Load Balancer 전용 서브넷 생성이 필요합니다. 먼저 Load Balancer를 배치할 서브넷을 생성해보겠습니다.

   [네이버 클라우드 플랫폼 콘솔] ➡ [Menu] ➡ [Services] ➡ [VPC] ➡ [Subnet Management] 클릭

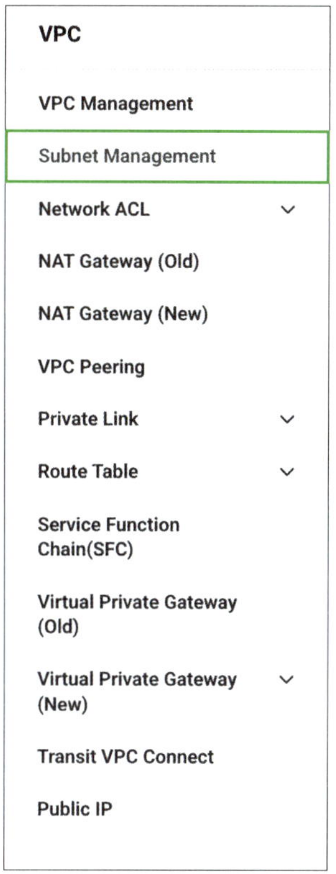

그림 6.7 Subnet Management 메뉴

2. 상단의 [+ Subnet 생성]을 클릭합니다.

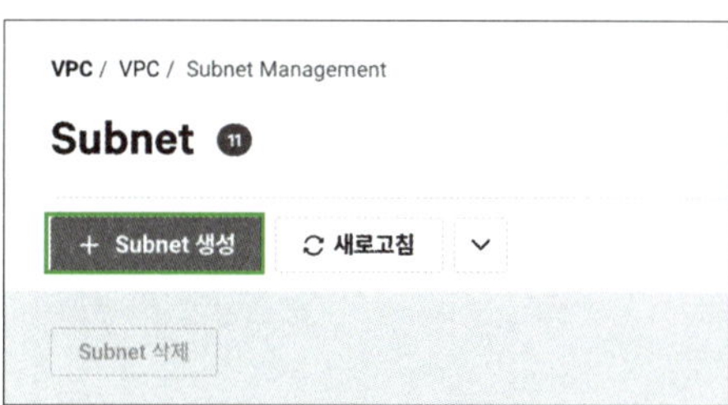

그림 6.8 Subnet 생성 버튼

3. 다음과 같이 관련 정보를 기입하여 Load Balancer 전용 서브넷을 만들어보겠습니다.

- Subnet 이름: lab1-vpc-lb-subnet
- VPC: lab1-vpc
- IP 주소 범위: 10.0.255.0/24
- 가용 Zone: KR-2

- Network ACL: lab1-vpc-web-nacl
- Internet Gateway 전용 여부: Y
- 용도: Load Balancer

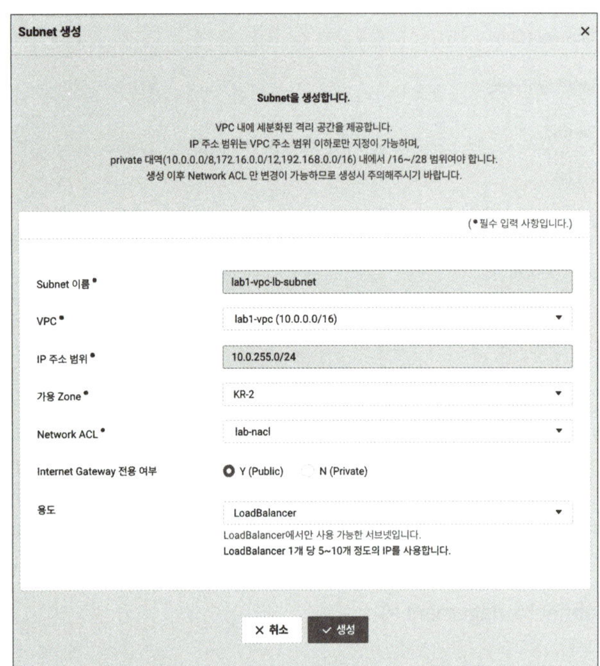

그림 6.9 Load Balancer 전용 서브넷 구성 화면

여기서 잠깐! 네이버 클라우드 플랫폼에서 Load Balancer를 생성할 때는 Load Balancer 전용 서브넷을 생성해주어야 합니다. 서브넷 생성 화면 내 [용도] 버튼을 클릭하면 일반 / LoadBalancer / Baremetal / NatGateway 선택이 가능합니다. 일반적인 서버를 배치할 시에는 '일반'을 선택하면되고 Load Balancer, Baremetal, Nat Gateway를 생성하기 위해선 각 리소스 전용 서브넷을 생성해야 합니다.

4. Target 그룹 생성을 위해 [Service] ➡ [Networking] ➡ [Load Balancer]를 선택합니다.

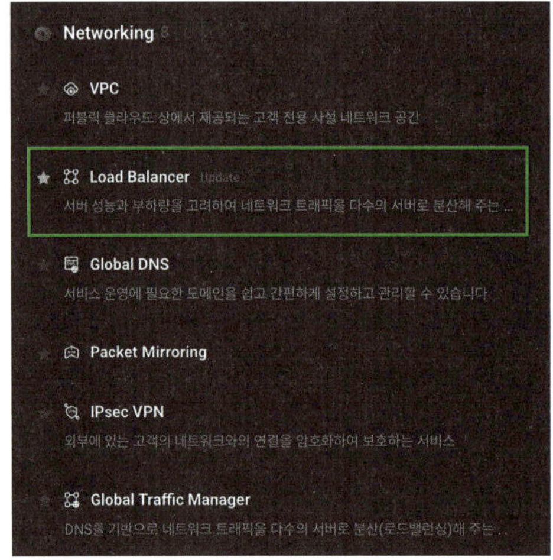

그림 6.10 Load Balancer 메뉴

5. Load Balancer 내 **[Target Group]** 메뉴를 클릭합니다.

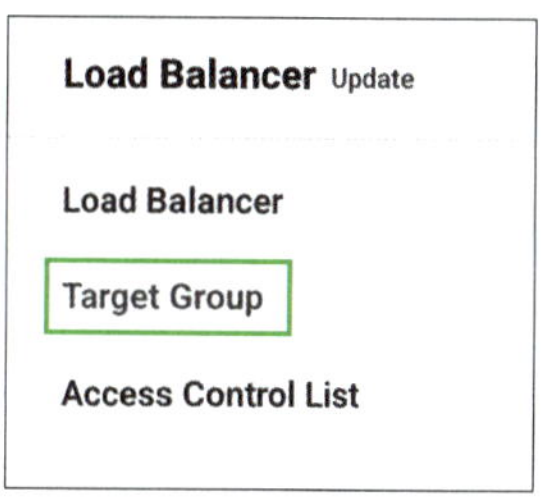

그림 6.11 Target Group 메뉴

6. 상단의 **[+ Target Group 생성]**을 클릭합니다.

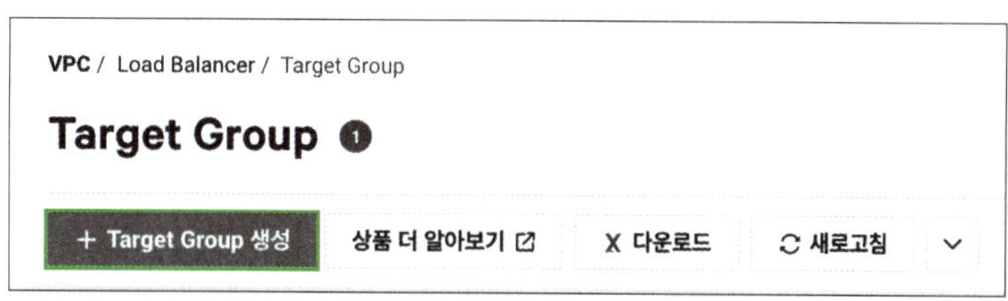

그림 6.12 Target Group 생성 버튼

7. Target Group 생성을 위해 관련된 정보를 기입한 후 하단의 **[다음]** 버튼을 클릭합니다.
   - Target Group 이름: lb–tg
   - Target 유형: VPC Server
   - VPC: lab1–vpc
   - 프로토콜: HTTP
   - 포트: 80

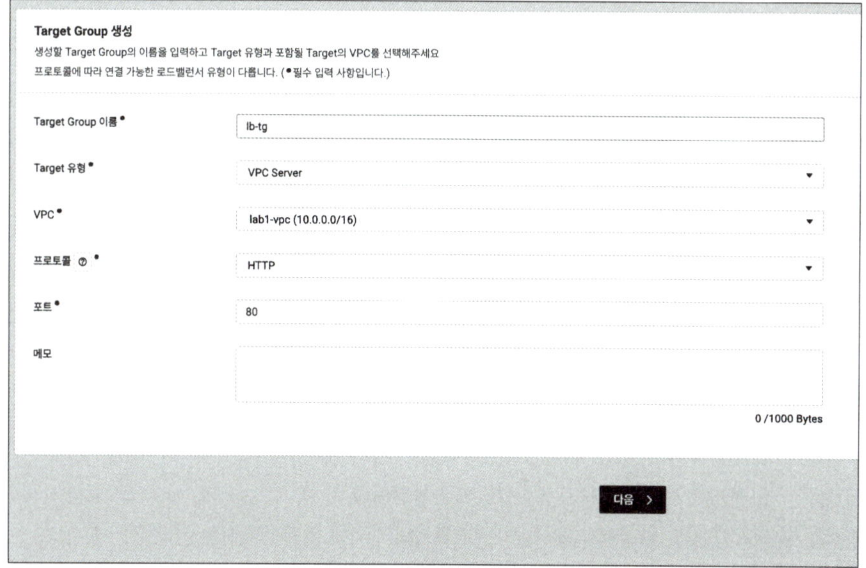

그림 6.13 Target Group 생성 화면

▶▶ Target Group 생성 시 지정한 프로토콜은 추후에 해당 Target Group과 생성할 Load Balancer와 관련이 있습니다. Target Group에서 사용할 프로토콜이 HTTP나 HTTPS라면 애플리케이션 Load Balancer와 연결이 가능하며, TCP나 UDP 프로토콜은 네트워크 Load Balancer, PROXY_TCP는 네트워크 프록시 Load Balancer 생성이 가능합니다.

8. Load Balancer에 대한 헬스 체크 설정을 진행하겠습니다. 다음과 같이 관련 정보를 기입 후 하단의 **[다음]** 버튼을 클릭합니다.
   - 프로토콜: HTTP
   - 포트: 80
   - URL Path: / ➡ Target의 상태를 확인할 URL 경로를 입력
   - HTTP Method: HEAD ➡ Target의 상태를 확인할 HTTP Method(HEAD/GET)
   - Health Check 주기: 30
   - 정상 임겟값: 2
   - 실패 임겟값: 2

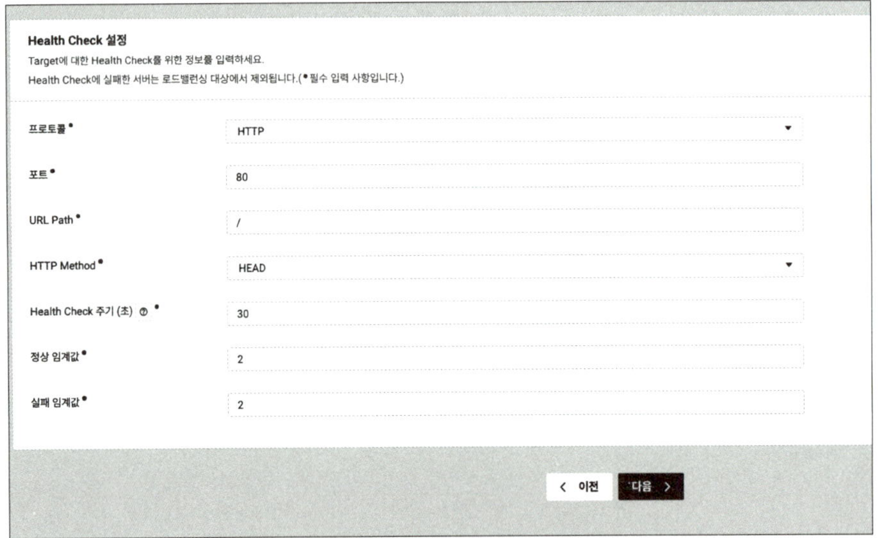

그림 6.14 Load Balancer 헬스 체크 설정

NOTE

- 헬스 체크 주기: 5~300초 사이에서 사용자가 설정이 가능합니다.
- 정상 임겟값: 비정상 상태의 Target이 다시 서비스에 투입되기 위해 성공해야 하는 상태 확인 횟수.
  (ex) 정상 임겟값을 3으로 설정하면, Target 서버의 상태를 체크했을 시에 3번 연속 성공이면 정상이라고 판단
- 실패 임겟값: 정상 상태의 Target이 실패하면 비정상 상태로 전환되어 부하 분산 Target에서 제외되는 횟수.
  (ex) 실패 임겟값을 3으로 설정하면 서버의 상태가 3번 연속 Fail되었을 때 Target에서 제외

9. Target 서버를 추가하겠습니다. web001, web002 서버를 선택합니다.

그림 6.15 **Load Balancer 대상 서버 선택 (1)**

10. 선택 후 우측을 향하는 화살표를 클릭합니다. 그러면 Load Balancer의 Target 서버로 추가됩니다. 2대의 서버가 반영되었는지 확인한 후 하단의 **[다음]** 버튼을 클릭합니다.

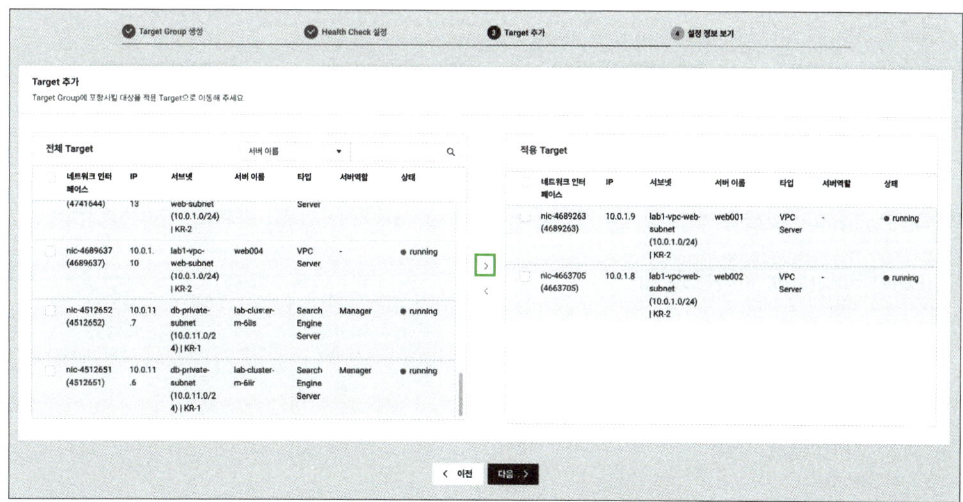

그림 6.16 **Load Balancer 대상 서버 선택 (2)**

11. 마지막 최종 페이지 확인 후 하단의 **[Target Group 생성]**을 클릭합니다.
12. Target Group을 생성했으니 Load Balancer 생성을 진행해보겠습니다. Target Group 메뉴 위 Load Balancer를 선택합니다.

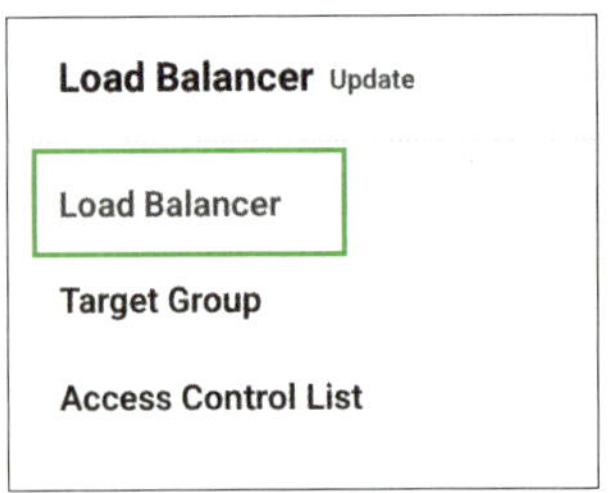

그림 6.17 Load Balancer 메뉴

13. 상단의 [+ Load Balancer 생성] 버튼을 클릭합니다.

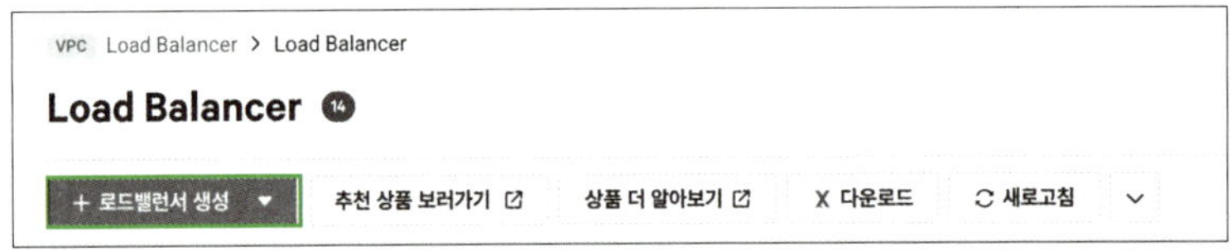

그림 6.18 Load Balancer 생성 화면

14. Load Balancer 중 [애플리케이션 Load Balancer 생성]을 클릭합니다.

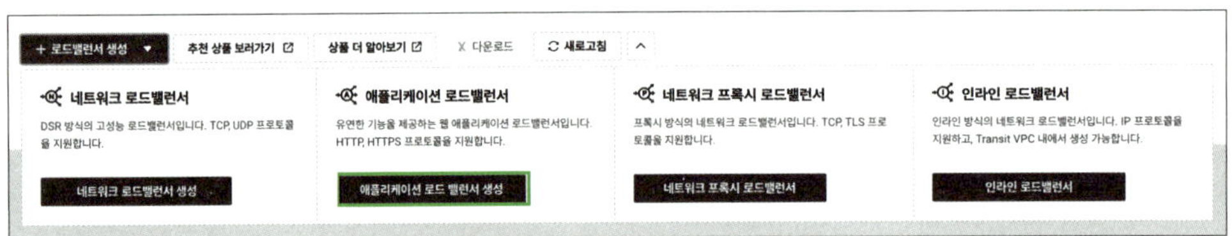

그림 6.19 Load Balancer 선택 화면

15. Load Balancer 생성을 위해 다음 정보들을 기입 후 하단의 **[다음]** 버튼을 클릭합니다.

- Load Balancer 이름: lab-lb
- 네트워크: Public
- 부하 처리 성능: Small
- 대상 VPC: lab1-vpc
- 서브넷 선택: KR-2/lab1-vpc-lb-subnet
- 공인 IP: KR-2 선택

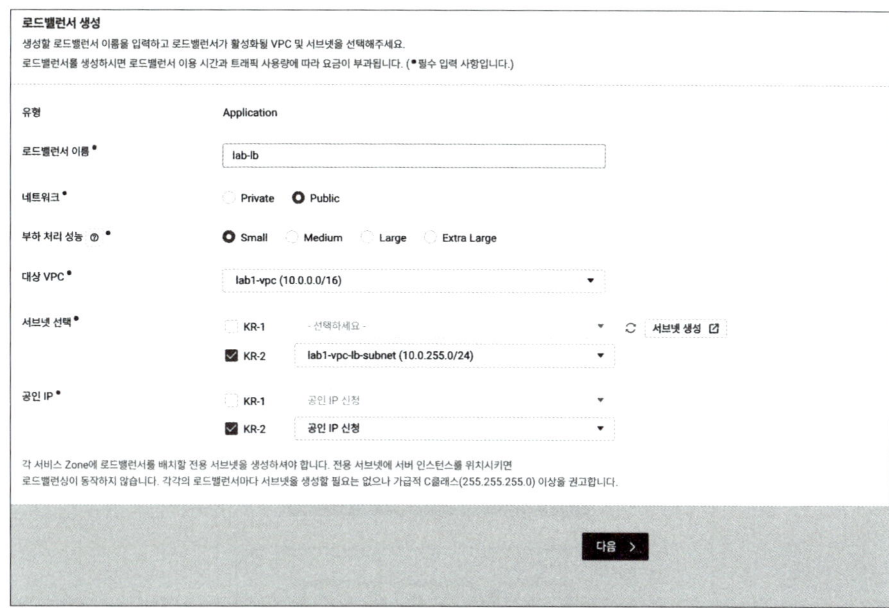

그림 6.20 Load Balancer 설정 화면

16. 리스너 설정은 HTTP/80 포트로 설정하기 위해 우측의 **[추가]** 버튼을 클릭 후 하단의 **[다음]** 버튼을 클릭합니다.

그림 6.21 Load Balancer 리스너 설정 화면

NOTE 리스너라는 것은 무엇일까요?

Load Balancer에서 리스너(listener)라는 것은 클라이언트로부터 들어오는 트래픽을 'Listen'하는 역할을 수행합니다. 클라이언트로부터 들어오는 트래픽을 수신하고 있다가 요청이 들어오면 설정된 규칙에 따라 어떤 서버로 보낼지 결정하게 됩니다. 간단하게 그림으로 표현하면 그림 6.22와 같은 구성이 될 것입니다.

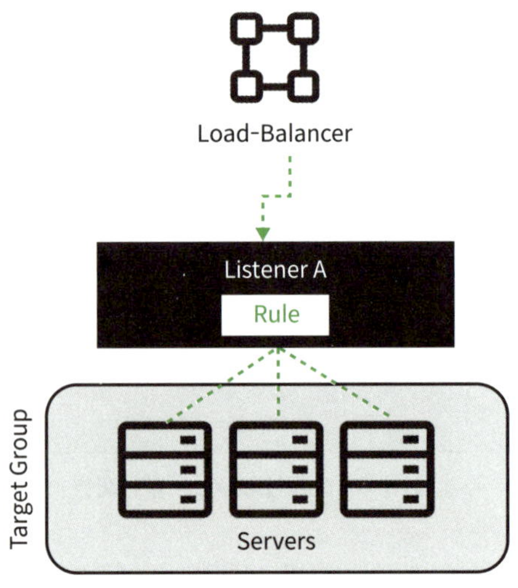

그림 6.22 리스너와 Load Balancer의 관계

6.2 Global DNS

다음으로 살펴볼 서비스는 소유하고 있는 도메인을 다양한 레코드로 관리할 수 있는 서비스인 Global DNS입니다. DNS 서비스는 숫자로 된 IP 주소를 사람이 기억하기 쉬운 도메인 이름으로 매핑해주는 서비스입니다. 사실 DNS는 IP와 도메인을 매핑하는 것 외에 다양한 레코드들을 바탕으로 도메인을 관리할 수 있도록 지원합니다. 이렇듯 DNS 서버가 하는 작업을 클라우드상에서 쉽게 설정할 수 있는 서비스가 Global DNS 서비스입니다.

표 6.2 레코드 종류

레코드 종류	이름	주요 기능
SOA	Start of Authority	도메인 영역(zone)에 대한 중요 정보 노출
A	Address Record	도메인을 IPv4 주소에 연결
AAAA	IPv6 Address Record	도메인을 IPv6 주소에 연결
PTR	Pointer	IP 주소를 도메인으로 매핑
CNAME	Canonical Name Record	특정 도메인을 다른 도메인의 별칭으로 설정

표 6.2 레코드 종류(표 계속)

레코드 종류	이름	주요 기능
MX	Mail Exchanger Record	도메인의 이메일을 수신하는 메일 서버를 지정
TXT	Text Record	도메인에 대한 텍스트 정보를 저장
NS	Name Server Record	해당 도메인의 DNS 정보를 관리하는 네임 서버 지정

다만, Global DNS 서비스는 도메인 등록을 대행하는 서비스가 아니므로 도메인 등록 기관이나 등록 대행 기관을 통해 도메인 등록을 진행해야 하며 도메인을 신규로 등록해 DNS 서비스에 등록하고자 할 시에는 Global DNS에서 제공하는 네임 서버 정보를 등록 기관이나 대행 기관(가비아, KINX 등)에 등록해야 합니다.

만약 이미 다른 DNS 서비스를 사용하다가 Global DNS로 이관하고자 하는 경우에는 사용 중인 레코드 정보를 Global DNS에 이관하고, 운영 중인 도메인의 네임 서버 정보를 Global DNS에서 제공하는 네임 서버 정보로 변경해야 합니다. 존 파일zone file만 등록하면 네이버 클라우드 플랫폼의 Global DNS로 간편하게 이전할 수 있습니다.

Global DNS Monitoring에서는 특정 도메인으로 조회 요청이 얼마나 인입되었는지 1분, 5분, 30분, 3시간, 1일 평균 단위로 조회할 수 있어 특정 도메인에 대한 조회 요청을 확인할 수 있습니다.

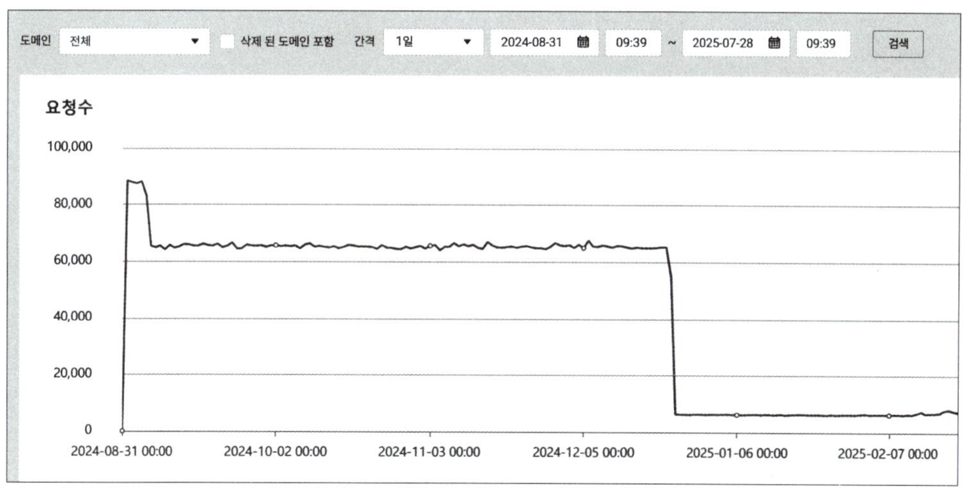

그림 6.23 Global DNS Monitoring

NOTE **클라우드에서는 IP가 지속적으로 변동됩니다.** 따라서 프로그램을 만들 때 IP를 하드코딩하게 되면 IP가 변경되는 상황이나 사용자가 변경할 경우 클라이언트에서는 기존 DNS값이 캐싱되어 변경된 값이 반영되지 않을 수 있습니다. 따라서 반드시 IP가 아닌 도메인 네임으로 하드코딩해야 하고 DNS의 CNAME을 활용하여 IP가 변경되는 상황에도 쉽게 변경하고 반영할 수 있도록 해야 합니다.

6.3 IPSEC-VPN

네이버 클라우드 플랫폼의 망과 외부망(예: On-premise 네트워크) 간의 암호화된 가상 터널링 구성을 통해 안전한 통신이 가능한 IPSEC-VPN에 대해 살펴보겠습니다. 네이버 클라우드 플랫폼의 IPSEC-VPN 서비스는 클라우드 형태로 제공하므로 별도의 대기 시간 없이 바로 서비스를 사용할 수 있고, 네이버 클라우드 플랫폼 콘솔을 통해 편리하게 네트워크를 관리할 수 있습니다.

VPC 환경에서 IPSEC-VPN을 사용하기 위해서는 다음과 같은 사전 준비가 필요합니다.

사전 준비사항

- VPC와 프라이빗 서브넷 구성
- Virtual Private Gateway(VGW)와 Virtual Private Gateway Group(VGWG) 존재

VPC와 프라이빗 서브넷 구성은 이전 장에서 살펴보았으니, IPSEC-VPN을 사용하기 위해 미리 준비해야 할 Virtual Private Gateway에 대해 살펴보도록 하겠습니다.

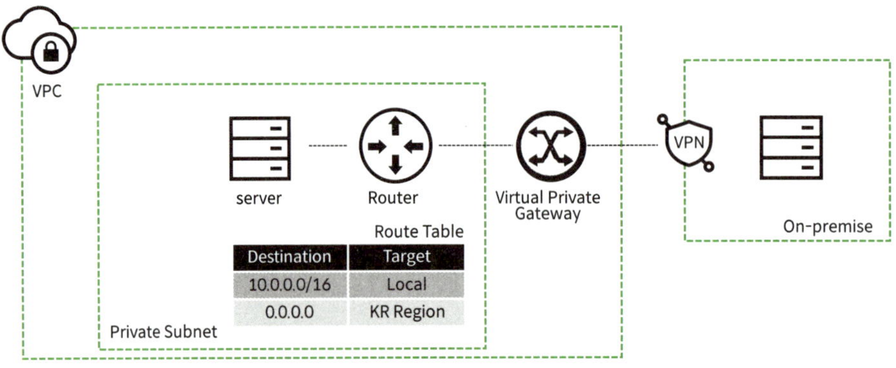

그림 6.24 **Virtual Private Gateway 구성도**

그림 6.24와 같이 Virtual Private Gatway는 VPC에 위치하여 On-premise 네트워크를 IPsec VPN으로 연결하는 접점 역할을 수행합니다. IPSEC VPN도 Virtual Private Gateway를 통해 네트워크 간의 보안이 확보된 경로로 통신을 할 수 있습니다.

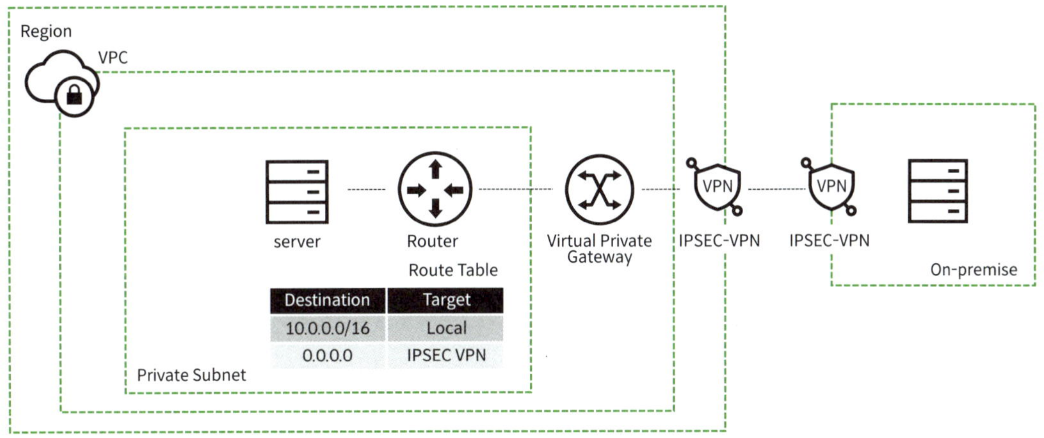

그림 6.25 Virtual Private Gateway와 IPSEC-VPN 간의 관계

Virtual Private Gateway 설정을 하기 위해서는 콘솔상에서 Virtual Private Gateway Group도 함께 생성해주어야 합니다. Virtual Private Gateway Group은 Ncloud와 On-premise 구간의 보안통신에 대한 라우팅을 처리함으로써, 어떤 Virtual Private Gateway와 연결되어야 할지를 결정하게 됩니다.

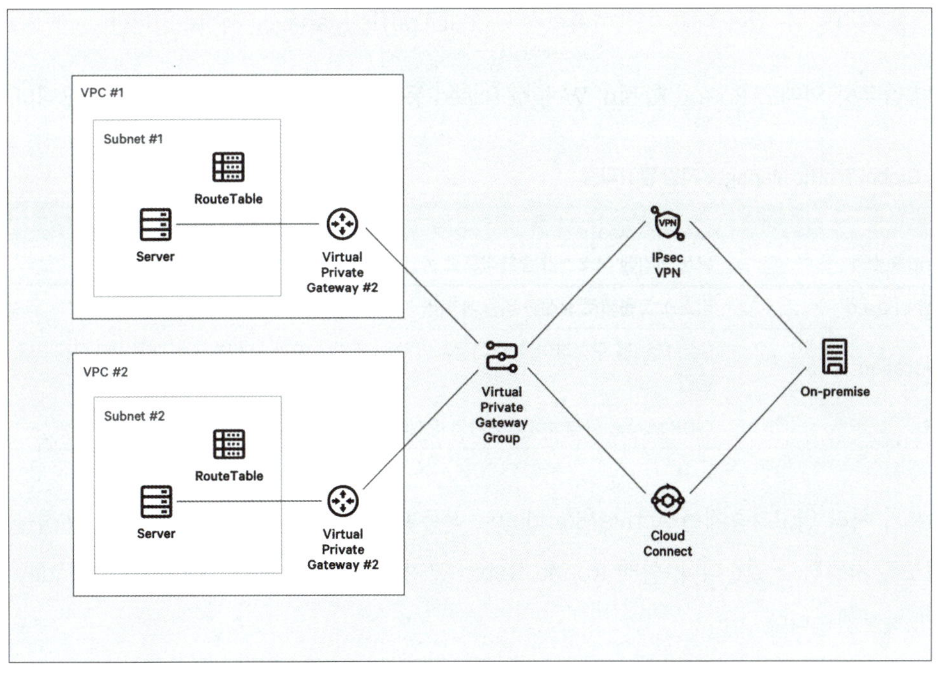

그림 6.26 Virtual Private Gateway와 Virtual Private Gateway Group

아무래도 IPSEC-VPN 서비스가 외부 네트워크망과 통신을 하다 보니 Virtual Private Gateway의 사전적 설정은 필수입니다. 이 설정이 끝난 뒤 IPSEC-VPN은 어떻게 설정하는지 살펴보도록 하겠습니다.

IPSEC-VPN 서비스는 크게 1) Gateway 구성, 2) Tunnel 구성을 진행하게 됩니다. IPSEC-VPN Gateway는 가상의 IPSEC-VPN 장비를 구성한다고 생각하면 됩니다. 반면에 Tunnel은 외부 네트워크망과 네이버 클라우드 플랫폼 IPSEC-VPN 간의 가상의 터널링을 구성하여 실질적으로 서로 다른 네트워크 간의 통신이 가능하도록 지원합니다.

NOTE **암호화된 터널링이란 무엇일까요?** IPsec VPN에서 암호화 터널링(encrypted tunneling)이란, 인터넷망을 마치 직접 연결된 전용선처럼 안전하게 사용하기 위해 데이터를 암호화하고 캡슐화하여 전송하는 핵심 기술을 말합니다.

6.4 Global Traffic Manager

여러분들이 단일 도메인으로 한국 리전뿐만 아니라 해외 리전에도 인프라를 운영 중이라면, 한국 사용자들은 한국 리전 CDN 서비스로, 해외 사용자들은 가장 가까운 해외 리전 내 CDN 서비스로 라우팅되도록 구성하여 빠른 응답이 가능하도록 구성하고 싶을 것입니다. 이렇듯 국가별 응답 리소스를 지정할 수 있는 대표적인 서비스가 Global Traffic Manager 서비스입니다.

국가별 라우팅 외에도 Round Robin, Weight Based 등 다양한 분산 알고리즘을 지원합니다.

표 6.3 Global Traffic Manager 지원 알고리즘

알고리즘	설명
Round Robin	요청 쿼리에 리소스가 순차적으로 응답
Weight Based	리소스 그룹별로 설정한 비율에 따라 가중치를 적용하여 트래픽을 분배
Geolocation	Geo Map을 구성하여 최종 사용자의 접속 위치에 따라 국가별 또는 대륙별로 다른 리소스가 응답
CIDR	CIDR Map을 구성하여 접속자의 IP 대역에 따라 다른 리소스가 응답

모든 분기 처리 알고리즘에는 Active/Standby로 작동할 수 있는 기능을 제공하여, 가용성을 높일 수 있도록 지원하고 있습니다. 실제 Round Robin 분기 처리 알고리즘으로 Active/Standby 설정을 진행해보겠습니다.

6.4.1 Global Traffic Manager – Round Robin 방식의 Active/Standby 설정

▶ 실습

CAUTION 실습 과정을 통해 생성한 리소스들은 사용한 만큼 과금됩니다.

1. 웹브라우저를 이용하여 네이버 클라우드 플랫폼 포털(https://www.ncloud.com/)에 접속합니다.
2. 로그인 후 우측 **[콘솔]** 버튼을 통해 콘솔로 이동합니다.
3. [Services] ➡ [Networking] ➡ [Global Traffic Manager] 서비스를 선택합니다.

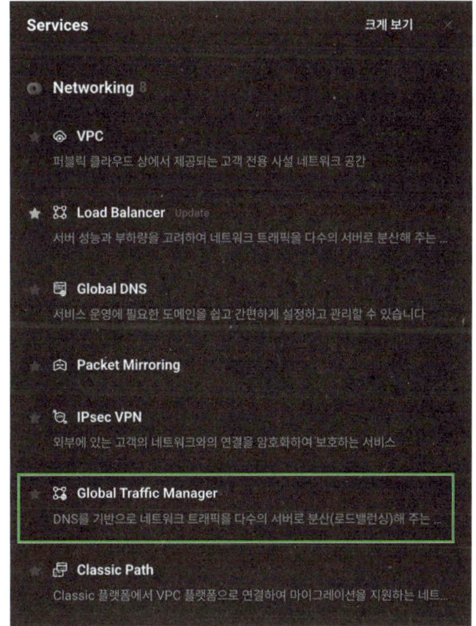

그림 6.27 네이버 클라우드 플랫폼 Global Traffic Manager 메뉴

4. Global Traffic Manager 서비스 내 [Traffic Policy]를 클릭합니다.

그림 6.28 네이버 클라우드 플랫폼 Global Traffic Manager ➡ Traffic Policy

5. Traffic Policy에서는 분산 알고리즘과 실제 이를 처리할 리소스들을 지정하게 됩니다.

[Traffic Policy 설정]

- Traffic Policy: RoundRobin–failover
- 알고리즘: Round Robin

[Resource 설정]

- 고급 설정 탭 클릭
- 헬스 체크 리전: KR
- Type: 외부 공인 IP ➡ web001 서버 IP 입력
- Backup Resource ➡ 헬스 체크 리전: KR
- Type: 외부 공인 IP ➡ web002 IP 입력

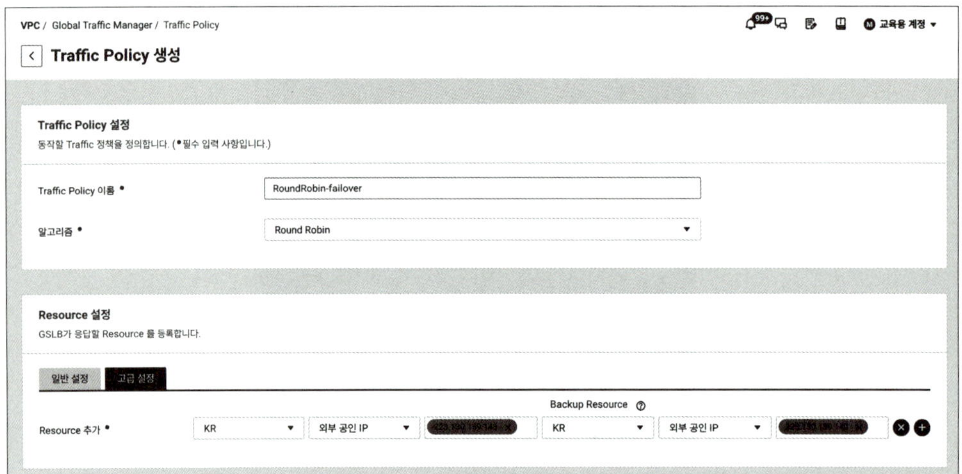

그림 6.29 네이버 클라우드 플랫폼 Traffic Policy 설정 화면

[헬스 체크 설정]

- 헬스 체크 여부: 사용함 선택
- 프로토콜: HTTP
- Port: 80
- Path: /

이와 같이 입력 후 하단의 **[확인]** 버튼을 클릭합니다.

그림 6.30 네이버 클라우드 플랫폼 Traffic Policy 설정 화면(헬스 체크)

6. 이번에는 Traffic Profile 설정을 통해 헬스 체크 로그 설정과 TTL값 설정이 가능합니다.

- Profile 이름: failover–profile
- Traffic Policy: RoundRobin–failover
- 헬스 체크 로그 연동: 활성화
- TTL: (1분) 60초

이와 같이 입력 후 하단의 **[확인]** 버튼을 클릭합니다.

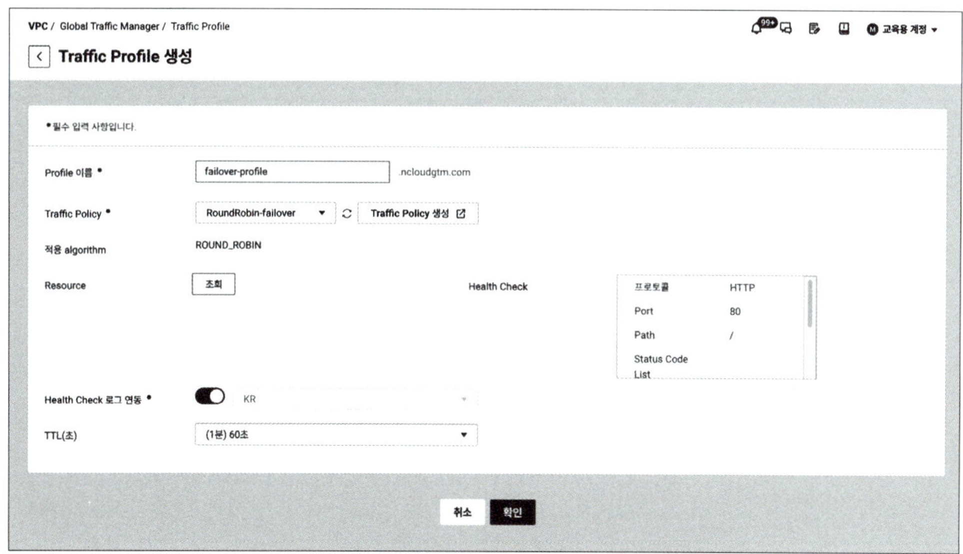

그림 6.31 네이버 클라우드 플랫폼 Traffic Profile 생성 화면

NOTE TTL값을 가장 짧게 설정하는 이유는 무엇일까요?

사용자가 체감하는 총 장애 조치 시간은 다음과 같이 계산할 수 있습니다.

사용자 체감 Fail-over 시간 = (GTM의 장애 감지 시간) + (DNS 캐시의 남은 TTL 시간)

여기서 GTM의 장애 감지 시간은 보통 수십 초 내외로 짧기 때문에, 결국 TTL값이 전체 Fail-over 시간에 큰 영향을 미치게 됩니다. 따라서 TTL값을 짧게 설정하여 Fail-over 시간을 짧게 단축시키는 것이 중요합니다.

7. Traffic Profile 생성이 완료되면 Global Traffic Manager 도메인이 생성됩니다. 해당 도메인으로 접속하면 Active 서버로 지정한 web001 서버로 접속되는 것을 확인할 수 있습니다.

그림 6.32 네이버 클라우드 플랫폼 Global Traffic Manager 도메인 접근 화면

8. web001 서버의 아파치 서비스를 다운시킴으로써 Backup 리소스로 전환되는지 테스트해보겠습니다. web001 서버에 접속하여 `systemctl stop httpd`라고 입력합니다.

9. [Menu] ➡ [Services] ➡ [Networking] ➡ [Global Traffic Manager] ➡ [Traffic Policy]로 이동한 후 구성한 'RoundRobin-failover' 내 Resource 상태 옆 **[조회]** 버튼을 클릭합니다.

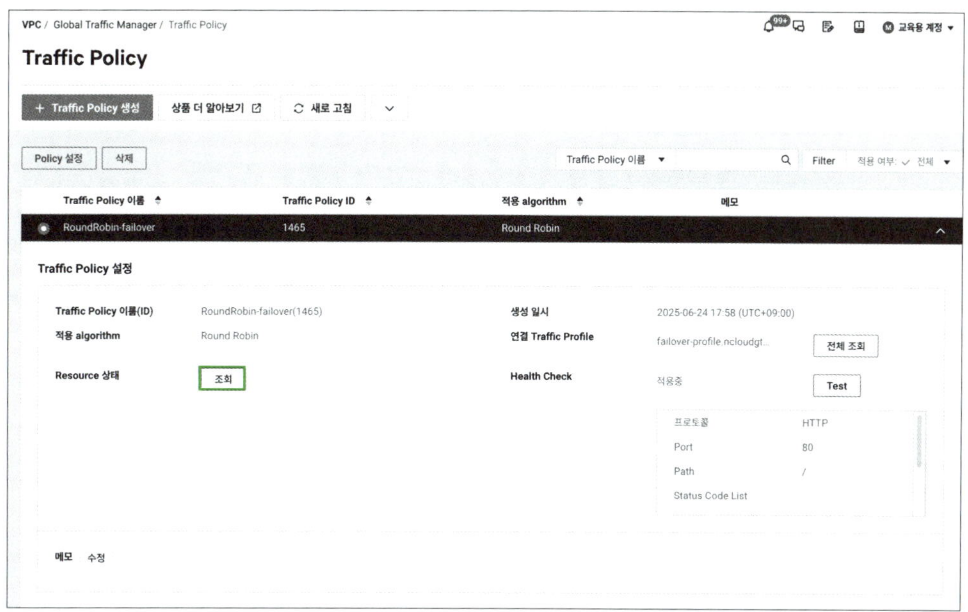

그림 6.33 네이버 클라우드 플랫폼 Global Traffic Manager ➡ Traffic Policy

10. Global Traffic Manager에서 web001 서버의 상태를 비정상으로 기록한 것을 확인할 수 있습니다.

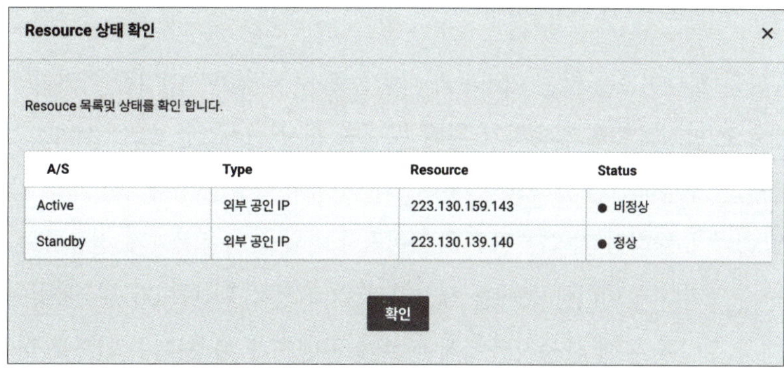

A/S	Type	Resource	Status
Active	외부 공인 IP	223.130.159.143	● 비정상
Standby	외부 공인 IP	223.130.139.140	● 정상

그림 6.34 네이버 클라우드 플랫폼 Global Traffic Manager ➡ Traffic Policy Resource 상태 확인

11. 변경사항이 반영된 후(약 1분 후) Global Traffic Manager 도메인에 접속하면 이번에는 web002 서버로 접속되는 것을 확인할 수 있습니다.

그림 6.35 네이버 클라우드 플랫폼 Global Traffic Manager Fail-over 확인 화면

6.5 Global Edge

IT에서 속도를 높이는 대표적인 기술로는 버퍼buffer와 캐시cache가 있습니다. 버퍼는 CD 음악이나 HDD, e-book, 스트리밍과 같이 현재 사용하는 데이터 이후에 사용될 데이터를 미리 가져와서 속도를 높이는 기술입니다. 캐시는 한 번 읽은 데이터를 버리지 않고 저장해두었다가 다시 요청하면 빠르게 전달하여 속도를 높이는 기술입니다.

우리들이 접속하는 웹사이트는 많은 이미지와 파일들로 구성됩니다. 이러한 이미지와 파일들을 사용자들에게 빠르고 안정적으로 전송하기 위해 콘텐츠 캐시 서비스인 CDN 서비스가 사용됩니다. 웹사이트에 파일과 이미지의 전송 속도는 사용자와 이미지, 파일들이 위치한 서버 간의 물리적 거리에 영향을 받습니다. 물리적 거리가 멀수록 이미지나 파일을 사용자에게 전송하는 데 많은 시간이 걸리게 되는 구조입니다. 이러한 문제를 해결하기 위해 전국, 더 나아가 전 세계 여러 지역에 구축되어 있는 캐시 서버를 통해 사용자들에게 빠르게 콘텐츠가 제공될 수 있도록 하는 것이 CDN 서비스입니다.

CDN은 사용자들에게 전송되어야 할 콘텐츠를 여러 지역에 위치한 캐시 서버에 미리 복제해둡니다. 그리고 사용자들이 웹사이트에 접속하면, CDN은 사용자로부터 가장 가까운 캐시 서버에서 콘텐츠를 전달합니다. 이를 통해 CDN 서비스는 사용자들에게 콘텐츠를 빠르고 안정적으로 전송할 뿐만 아니라 사용자들의 모든 요청이 원본 서버로 집중되는 것을 줄임으로써, 원본 서버의 부하를 줄여주는 역할을 수행합니다.

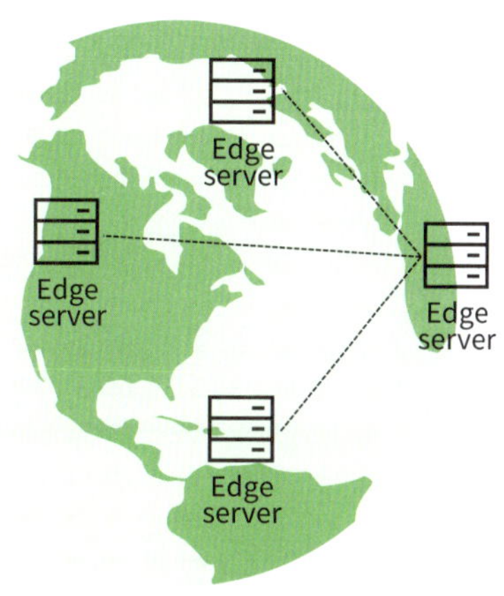

그림 6.36 CDN 구성도

네이버 클라우드 플랫폼에서는 이러한 CDN 서비스를 전 세계 140여 개 이상의 엣지 노드를 통해서 Global Edge 서비스로 최적화하여 제공하고 있습니다. 특히 Global Edge 서비스는 Live station, Media Connect Center와 같은 미디어 서비스와도 연계되어 미디어 서비스로의 확장도 용이합니다.

CDN 서비스를 통해 콘텐츠를 제공할 때 고려해야 할 요소로 '콘텐츠 보안'이 있습니다. Global Edge를 통해 제공되는 콘텐츠들은 불법적인 접근을 막기 위해 Secure Token, Json Web Token 방식의 인증을 제공합니다.

기술자격시험 기출문제

문제 1 **Global Traffic Manager에서 제공하는 메서드 중 다음이 지칭하는 것을 고르시오.**

"사용자의 캐시 DNS를 기준으로 대륙, 혹은 구각 단위 분기가 가능하며, 사용자가 직접 CIDR Map 구성도 가능하다."

① Round Robin ② Weighted

③ Source IP hash ④ Geolocation

문제 2 **다음 중 네이버클라우드 플랫폼의 Load Balancer 생성 시 기본적으로 적용되는 분배 알고리즘은 무엇인가요?**

① Least-connection ② SourceIP Hash

③ Round Robin ④ Weighted

정답: 1. ④ 2. ③

해설: 2. 네이버 클라우드 플랫폼 Load Balancer의 디폴트 분배 알고리즘은 Round Robin입니다.

CHAPTER 7

네이버 클라우드 플랫폼 스토리지

이 장에서는 데이터를 저장하고 관리하는 스토리지에는 어떤 상품들이 있는지, 그리고 각각의 스토리지는 어떤 용도로 활용할 때 적합한지를 소개하겠습니다. 네이버 클라우드 플랫폼에서는 데이터 저장과 복구와 관련된 서비스들은 스토리지Storage라는 상품 카테고리를 통해서 제공되고 있으며 Object Storage, Archive Storage, Block Storage, NAS, Backup 서비스가 구성되어 있습니다. Block Storage는 4장에서 특장점들을 살펴보았기 때문에 7장에서는 Object Storage, Archive Storage, NAS, Backup에 대해 중점적으로 다루어보겠습니다.

표 7.1 **네이버 클라우드 플랫폼 스토리지 상품**

서비스명	활용 용도
Object Storage	인터넷상에 데이터를 저장하고 검색할 수 있는 객체 스토리지
Archive Storage	데이터 아카이빙 및 장기 백업에 최적화된 스토리지
Block Storage	지정된 서버에 마운트하여 사용하는 스토리지
NAS	다수의 서버를 네트워크에 연결하여 사용할 수 있는 스토리지
Backup	정책 기반으로 데이터를 쉽고 안전하게 백업하고 복구할 수 있는 서비스

7.1 파일 시스템

먼저 네이버 클라우드 플랫폼의 스토리지에 대해 살펴보기 전에 OS에서 파일을 저장하고 관리하는 파일 시스템file system에 대해 간략히 살펴보고 넘어가보겠습니다. 파일 시스템에서 파일을 디스크에 어떻게 저장하느냐에 따라 연속 할당 방식과 비연속 할당 방식으로 구분할 수 있습니다.

연속 할당 방식은 디스크상에 연속된 블록에 데이터를 저장하는 방식입니다. 파일이 연속된 블록에 저장되어 있으므로 순차 접근 시 속도가 빠르다는 장점이 있지만, 파일이 빈번하게 쓰이고 지워지는 구조에서 빈 공간이 많아지게 되면서 저장 공간 활용의 비효율성이 존재합니다.

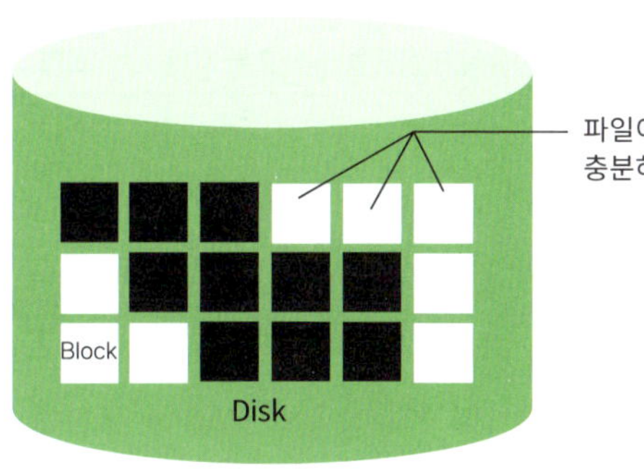

그림 7.1 **연속 할당 방식**

이러한 단점을 보완하기 위해 비연속 할당 방식이 등장하게 됩니다. 비연속 할당 방식은 연속 할당 방식처럼 순차적으로 파일을 저장하는 것이 아니라 비연속적으로 저장하여 어느 빈 블록에나 파일이 저장될 수 있도록 하여 디스크 공간을 효율적으로 사용할 수 있게 됩니다. 다만 파일이 저장되어 있는 블록의 위치 정보가 손상되게 되면 블록 전체에 접근하지 못하는 문제가 발생할 수 있습니다.

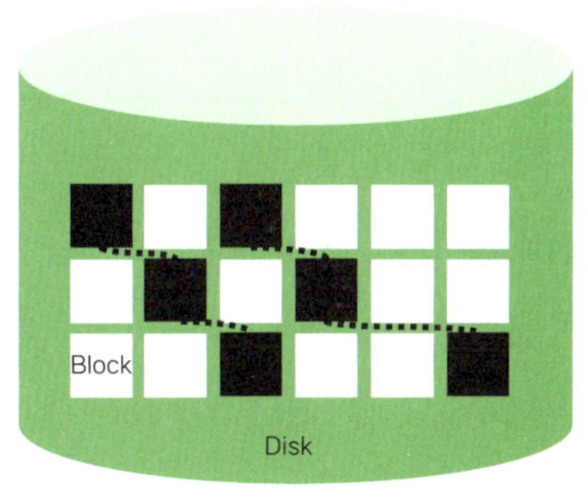

그림 7.2 **비연속 할당 방식**

이러한 파일 시스템의 종류는 표 7.2와 같이 구성됩니다.

표 7.2 주요 파일 시스템

파일 시스템	특징	대표적인 파일 시스템
로컬 파일 시스템	단일 서버에서만 스토리지에 파일을 저장하고 관리	ext3, ext4
분산 파일 시스템	여러 서버에 걸쳐 파일을 저장하고 하나의 파일 시스템처럼 접근할 수 있게 지원	HDFS
Object Storage	파일을 객체(Object) 단위로 저장 계층적 디렉터리 구조가 아니라 Flat 구조로 관리	Object Storage, S3
네트워크 파일 시스템	네트워크를 통해 여러 대에 서버가 공유하고 접근할 수 있도록 지원	NFS

분산 파일 시스템은 하나의 파일을 여러 블록으로 나누어 여러 서버에 저장하는 방식입니다. 블록 역시 하나만 저장하는 것이 아니라 동일한 블록을 여러 서버에 분산시킴으로써 확장성과 내결함성을 가지고 있습니다. 또한 여러 서버에 분산되어 저장되는 만큼 속도도 뛰어나고 대용량 데이터를 처리하는 데 매우 효율적입니다. 비용적으로도 스토리지 상품인 NAS나 SAN에 비해 저렴합니다. 이렇게만 설명하면 매우 좋은 파일 시스템으로 보이지만 다수의 서버가 필요한 만큼 복잡하고 무엇보다 기존 OS 파일 시스템과 달리 전용 API나 명령어를 이용해야만 하는 불편함이 있어 기존에는 개인이나 기업에서 잘 사용하지 않았습니다. 그러나 부상하는 빅 데이터를 저장하기 위한 방식으로 분산 파일 시스템인 HDFS가 사용되면서 널리 알려지게 되었습니다.

최근에는 스토리지 서비스를 하는 클라우드 업체에서 Ceph나 Gluster를 이용하여 사용자의 데이터를 저렴하게 저장하면서 애플리케이션에서 직접 엑세스할 수 있도록 하여 모바일 환경에 잘 맞는 스토리지가 되었습니다.

7.2 Object Storage

Object Storage(오브젝트 스토리지)는 온라인상에 데이터를 저장하고 관리할 수 있는 스토리지 타입으로서 대용량을 지원한다는 특징을 가지고 있습니다. Object Storage는 버킷bucket이라는 단위로 관리하며, AWS S3와 호환이 가능하기 때문에 AWS S3 3rd Party tool이나 AWS CLI로도 관리가 가능합니다.

초대용량 데이터 저장 가능

사업 규모에 따라 GB 단위에서 PB 단위까지 저장 공간을 확장해 비즈니스 민첩성과 유연성을 향상할 수 있습니다. 또한 사전 약정 없이 비즈니스 데이터를 저장할 수 있습니다.

외부 도구 호환 가능

네이버 클라우드 플랫폼의 콘솔을 사용하거나 RESTful API로 서버와 Object Storage를 연결해 사용할 수 있습니다. 제공되는 API는 Amazon S3와 호환되므로 Amazon S3를 활용한 일반 도구를 사용해 스토리지를 관리할 수 있습니다.

아무래도 데이터를 온라인상에 저장하기 때문에 데이터의 유실이나 보안에 대한 부분은 어떨지 궁금한 독자들이 많을 것이라 생각됩니다. Object Storage는 Server–Side Encryption with Customer–Provided Keys(SSE–C) 방식의 암호화 기능을 제공합니다. 또한 데이터 유실을 막기 위한 고가용성을 고려하여 설계되어 있습니다.

데이터 무결성 및 복원력 보장

HTTPS를 통한 데이터 암호화, 여러 단계의 보안 장비, 데이터 유실 방지에 초점을 맞춰 설계된 시스템을 통해 데이터의 내구성 및 복원력을 보장합니다.

우수한 데이터 검색

데이터 저장 시 고유 식별자와 메타데이터가 부여되어, 범주화된 구조 안에서 데이터를 빠르게 검색할 수 있습니다.

Object Storage에는 자주 사용하는 데이터들을 저장하고, 자주 사용되지 않은 데이터들은 보관요금이 저렴한 Archive Storage로 이동하여 저장할 수 있도록 하는 Life–Cycle Management 기능을 제공합니다. 이를 통해 데이터의 수명 주기를 편리하게 관리할 수 있도록 지원합니다.

데이터 수명 주기별 적합한 스토리지 사용 가능

일정 수명 주기를 경과해 활용도가 낮은 데이터는 요금이 저렴한 스토리지로 이동하도록 설정하여 총 소유 비용total cost of ownership, TCO을 절감할 수 있습니다.

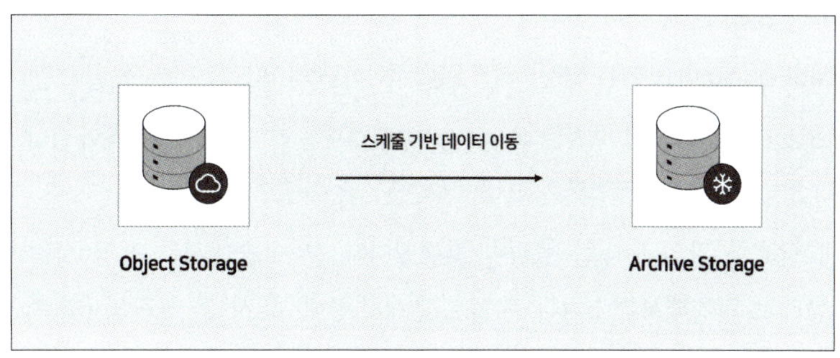

그림 7.3 Object Storage의 Life Cycle Management

Object Storage에 업로드되는 파일의 개별 크기에 대해 살펴보겠습니다. 콘솔상에서 Object Storage에 파일을 업로드할 시에 지원하는 파일의 개별 크기는 최대 1 GB입니다. 반면 API를 통해 파일을 업로드할 경우 최대 10 TB까지 지원합니다.

7.2.1 Object Storage 서비스 신청 및 버킷 생성

그럼 지금까지 살펴본 Object Storage 서비스를 신청하고 버킷을 생성해보겠습니다.

▶ 실습

CAUTION 실습 과정을 통해 생성한 리소스들은 사용한 만큼 과금됩니다.

1. **[네이버 클라우드 플랫폼 콘솔]** ➡ [Menu] ➡ [Services] ➡ [Storage] ➡ [Object Storage]를 선택합니다. 만약 서비스 신청이 되어 있지 않다면, 서비스 신청을 먼저 진행합니다.

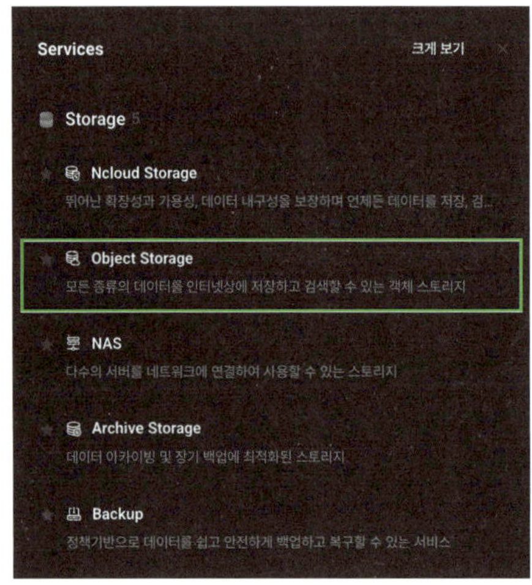

그림 7.4 Object Storage 메뉴

2. 상단의 **[+ 버킷 생성]**을 클릭합니다.
3. 버킷 이름: lab–bucket–(숫자나 영문 조합) 입력 후 하단의 **[다음]** 버튼을 클릭합니다.

   ➡ Object Storage 서비스의 버킷 이름은 네이버 클라우드 플랫폼 리전 내에서 유일해야 합니다. 이미 다른 사용자에 의해서 사용 중인 버킷 이름은 이용이 불가능하니 다른 버킷 이름을 사용해야 합니다.

4. 잠금 설정과 암호화 관리에 대한 설정이 진행됩니다. 본 실습에서는 잠금 설정과 암호화 관리는 해제한 상태로 진행해보겠습니다. 디폴트값(해제 상태) 유지 후 하단의 **[다음]** 버튼을 클릭합니다.

그림 7.5 Object Storage 잠금 설정과 암호화 설정

NOTE 잠금 설정: 버킷에 객체 잠금(write once read many, WORM)을 설정하면, 설정한 기간에 객체가 변경되거나 삭제되지 않도록 보호할 수 있습니다. 장기간 객체를 저장할 때 객체 잠금을 설정하면 뜻하지 않은 객체의 변형 또는 삭제를 방지할 수 있습니다.

암호화 설정: 버킷의 암호화를 설정하면 네이버 클라우드 플랫폼의 Key Management Service와 연동하여 버킷에 대한 접근을 제어하고 저장된 객체를 보호할 수 있습니다.

5. 다음으로는 버킷에 대한 권한 관리를 설정하는 부분입니다. 다음과 같이 설정합니다.
   - 전체 공개: 공개 안함 선택 ➡ 버킷 내 폴더/파일 목록을 비공개한다는 의미입니다. '공개'로 선택 시 전 세계 누구에게나 버킷에 저장된 폴더/파일 목록이 공개됩니다.
   - 네이버 클라우드 플랫폼 계정 설정: 공란 ➡ Object Storage 서비스 신청을 완료한 네이버 클라우드 플랫폼에 다른 계정이 접근할 수 있도록 설정할 수 있습니다. 권한은 목록 조회, 업로드, ACL 조회, ACL 수정에 대해 가능합니다.

   이와 같이 설정 후 하단의 **[다음]** 버튼을 클릭합니다.

6. 마지막 최종 확인 페이지 확인 후 이상이 없다면 하단의 **[버킷 생성]** 버튼을 클릭합니다.

자주하는 질문!

버킷은 몇 개까지 만들 수 있나요?

1,000개 이하로 생성이 가능하며, 해당 값은 변동될 수 있으므로 네이버 클라우드 플랫폼 가이드 문서를 참고해주세요.

7.2.2 Object Storage 버킷에 파일 업로드 및 폴더/파일 공개하기

이번에는 생성한 버킷에 로컬 PC에 있는 파일을 업로드해보고 업로드한 파일에 대한 공개 설정을 하는 법을 살펴보겠습니다.

▶ 실습

CAUTION 실습 과정을 통해 생성한 리소스들은 사용한 만큼 과금됩니다.

1. **[네이버 클라우드 플랫폼 콘솔]** ➡ [Menu] ➡ [Services] ➡ [Storage] ➡ [Object Storage]로 이동

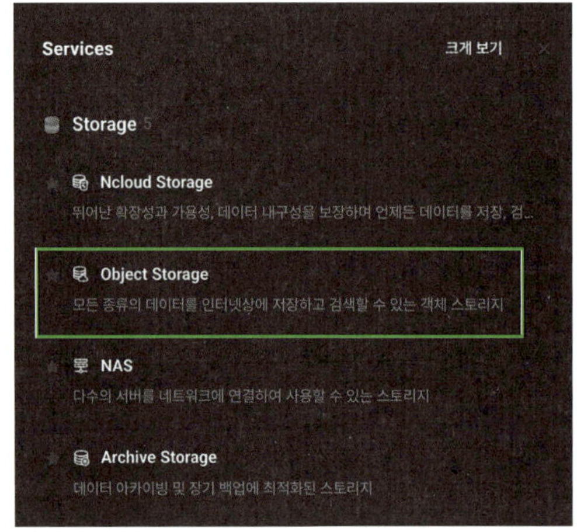

그림 7.6 Object Storage 메뉴

2. 위 과정에서 생성한 버킷 선택
3. 상단의 **[파일 올리기]** 버튼 클릭

그림 7.7 Object Storage 파일 올리기 기능

4. 파일 업로드 창이 나오면 업로드할 파일을 선택합니다. **[+마우스 파일로 끌고 오거나 여기를 클릭하세요]**를 선택하면 로컬 PC 내 업로드할 파일을 선택할 수 있습니다. 업로드할 파일을 선택 후 하단의 **[전송 시작]**을 클릭합니다.

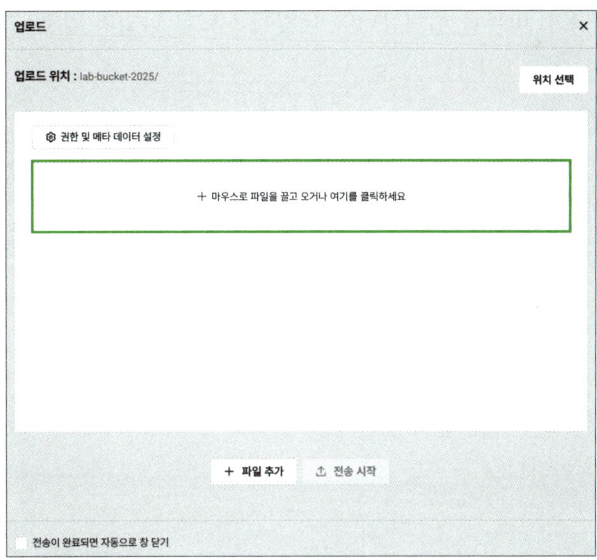

그림 7.8 업로드할 파일을 선택하는 화면

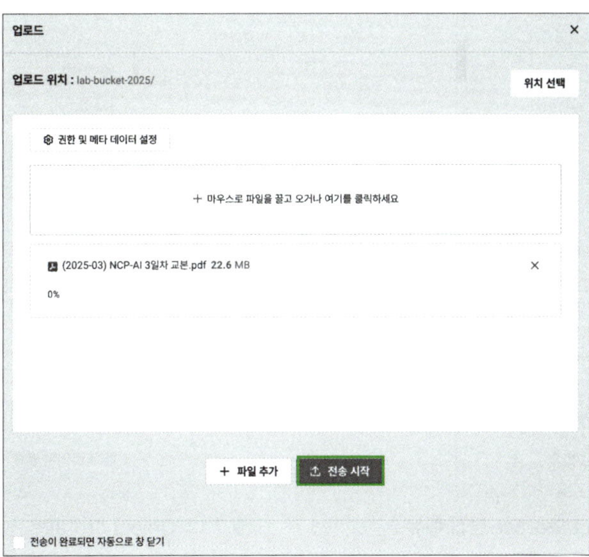

그림 7.9 파일 선택 후 전송하는 화면

5. 전송이 완료되면 **[닫기]** 버튼을 클릭합니다. 버킷에 선택한 파일이 업로드되었는지 확인합니다.

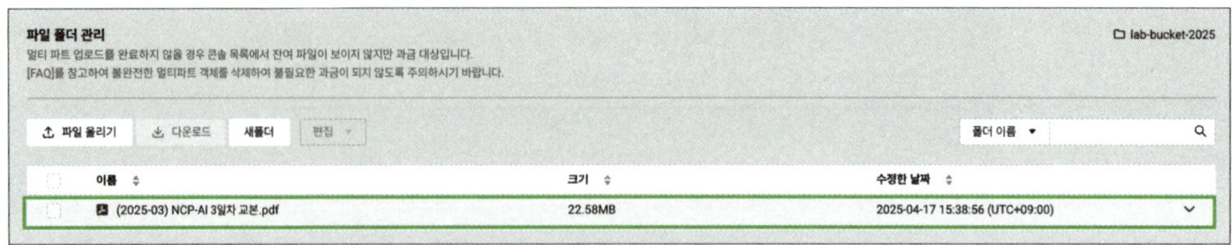

그림 7.10 **파일 업로드 확인**

6. 업로드한 파일에 대한 권한 설정을 해보도록 하겠습니다. 업로드한 파일 선택 후 상단의 **[편집]** 버튼을 클릭합니다.

7. **[폴더/파일 공개하기]** 버튼을 클릭합니다.

그림 7.11 **Object Storage 편집 메뉴**

그림 7.12 **Object Storage ➡ 폴더/파일 공개하기 메뉴**

자주하는 질문!

콘솔을 통해 업로드할 수 있는 파일의 크기와 API를 통해서 업로드할 수 있는 파일의 최대 크기는 어떻게 되나요?

콘솔에서 업로드 가능한 단일 파일 최대 용량은 1 GB 이하, 다운로드는 2 GB 이하입니다. 반면에 API를 사용할 경우에는 업로드 API(PutObject, UploadPart)는 단일 파일 최대 용량은 10 TB 이하, 다운로드 API(getObject)는 단일 파일 최대 용량 제한이 없습니다.

7.3 Archive Storage

다음으로 데이터 아카이빙과 장기 백업에 최적화된 Archive Storage(아카이브 스토리지)에 대해서 살펴보겠습니다. Archive Storage는 의료 정보, 제조 정보 관리, 금융 거래 내역 등 컴플라이언스 준수를 위해 오랜 기간 동안 데이터를 저장해야 할 경우에 적합한 스토리지 타입입니다.

높은 내구성과 합리적인 비용

Archive Storage는 네이버 클라우드 플랫폼의 데이터 유실 방지 노하우가 집약되어 높은 내구성을 자랑합니다. 합리적인 비용으로 아카이빙 목적에 맞게 부담 없이 사용할 수 있습니다.

편리한 사용성

누구나 쉽게 사용할 수 있는 웹 콘솔에서 컨테이너 생성 및 파일 업로드와 다운로드를 할 수 있으며 API를 활용하여 대용량의 데이터를 아카이빙할 수 있습니다.

데이터 보안 및 확장성 보장

데이터 전송 시 SSL을 지원하며, 보안에 특화된 장비를 사용하여 데이터를 안전하게 보호합니다. 또한 페타바이트$_{\text{petabyte, PB}}$ 규모까지 확장할 수 있는 스토리지 구성으로 예측하기 어려운 데이터 아카이빙 수요에 유연하게 대응할 수 있습니다.

또한 앞서 살펴본 Object Storage와 연계하여 Object Storage에 업로드되고 지정한 시간이 지나면 자동으로 Archive Storage로 이관되어 보관될 수 있도록 지원합니다. 이를 라이프사이클 매니지먼트라고 합니다. 함께 실습을 통해서 라이프사이클 매니지먼트 기능을 살펴보겠습니다.

▶ 실습

CAUTION 실습 과정을 통해 생성한 리소스들은 사용한 만큼 과금됩니다.

1. 먼저 Object Storage와 연계할 Archive Storage 서비스 신청 및 버킷 생성부터 하겠습니다.
2. **[네이버 클라우드 플랫폼 콘솔] ➡ [Menu] ➡ [Services] ➡ [Storage]** 상품 내 **[Archive Storage]**를 클릭합니다.

   상품 이용 신청이 안 되어 있다면 이용 신청부터 진행하면 됩니다.

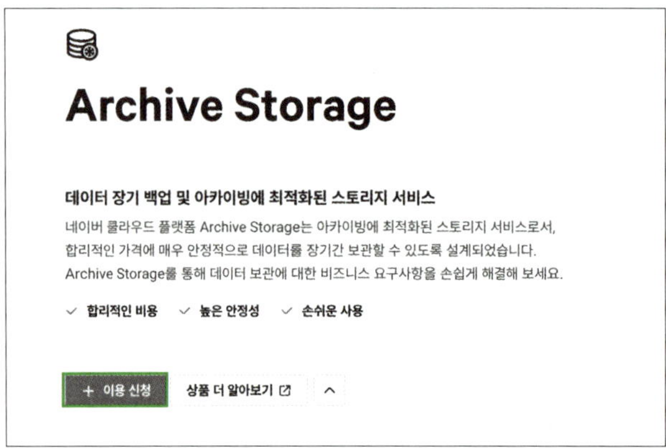

그림 7.13 Archive Storage 이용 신청 화면

3. 상품 이용 신청 후 [Container Management]를 클릭합니다.

그림 7.14 Archive Storage ➡ Container Management

4. 상단의 [+ 컨테이너(버킷) 생성]을 클릭합니다.

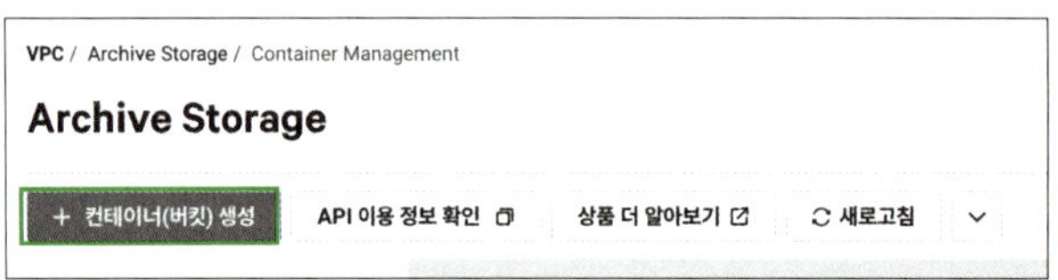

그림 7.15 Archive Storage ➡ Container Management ➡ 버킷 생성

5. 컨테이너 이름을 입력합니다. 이름을 입력 후 하단의 [저장] 버튼을 클릭합니다.

- 컨테이너 이름: lifecycle-bucket-(숫자나 영문 추가)

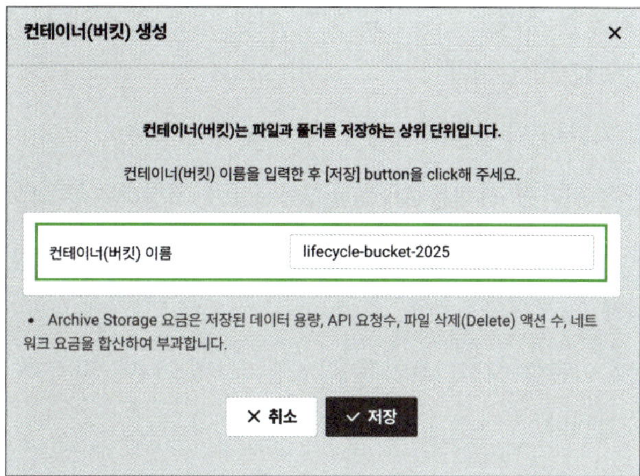

그림 7.16 Archive Storage ➡ Container Management ➡ 버킷 생성 ➡ 버킷 이름 입력

6. 지금부터는 Object Storage에 업로드된 파일들이 일정 시간이 지나면 방금 생성한 버킷으로 이동하도록 LifeCycle Management 설정을 진행해보겠습니다.
7. [Menu] ➡ [Services] ➡ [Storage] 메뉴 내 [Object Storage]를 클릭합니다. Object Storage 하위 메뉴인 [Lifecycle Management]를 클릭합니다.

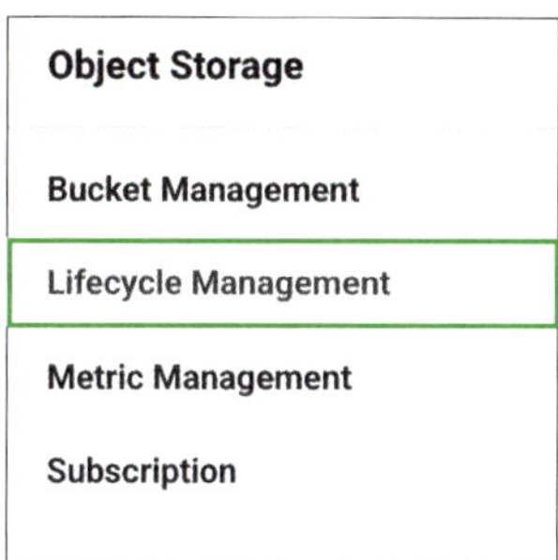

그림 7.17 Object Storage ➡ Lifecycle Management

8. 상단의 [+ 수명 주기 정책 추가] 버튼을 클릭합니다.

그림 7.18 Object Storage ➡ Lifecycle Management ➡ 수명 주기 추가

9. 데이터를 이관할 수 있는 정책으로는 만료 삭제, 이관, 이관 후 삭제 세 가지가 제공됩니다. 이 중 '이관' 정책을 선택해보겠습니다.

- 만료 삭제: 일정 기간이 지나면 객체(파일, 데이터를 의미) 삭제
- 이관: 일정 기간이 지나면 객체를 Archive Storage에 저장(원본은 Object Storage에 유지)
- 이관 후 삭제: 일정 기간이 지나면 객체를 Archive Storage에 저장하고, 원본은 Object Storage에서 삭제

10. Archive Storage에 이관할 시점, 대상 등을 설정해보겠습니다. 다음과 같이 입력 후 하단의 **[다음]** 버튼을 클릭합니다.

- 이동 시점(생성 후): 30(일)
- 대상 버킷: (이전 Object Storage 실습에서 생성한 버킷 선택)
- 컨테이너(버킷) 이름: (Archive Storage에서 생성한 컨테이너 선택)

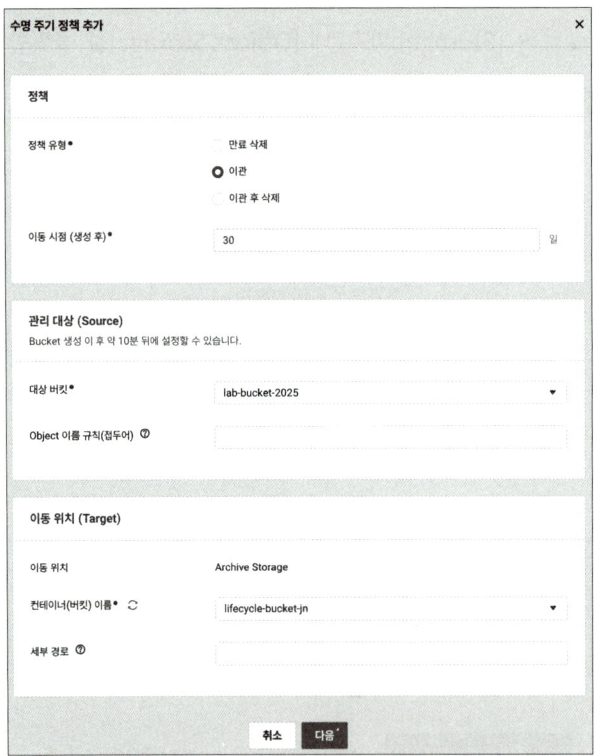

그림 7.19 **Object Storage ➡ Lifecycle Management ➡ 수명 주기 정책 추가**

11. 마지막 최종 확인 페이지 확인 후 수정사항이 없다면 **[완료]** 버튼을 클릭합니다.

7.4 NAS

NASnetwork attached storage는 네트워크로 연결하는 저장 공간으로, 여러 대의 서버가 동일한 데이터를 공유할 때 적합한 스토리지 타입입니다. 네이버 클라우드 플랫폼 콘솔에서 NAS 볼륨을 생성한 후 서버에 마운트하면 복수의 서버에서 안정적으로 데이터를 공유할 수 있습니다.

NAS는 네트워크를 통해 연결되는 스토리지로, 기존에 구축된 네트워크를 활용합니다. 반면 SAN storage-area network은 스토리지를 위한 전용 네트워크를 구축하고 해당 스토리지를 이용하기 위한 서버들만 네트워크에 연결하는 방식입니다. NAS가 범용적이라면 SAN은 특수한 용도나 목적으로 구축하여 사용하게 됩니다.

네이버 클라우드 플랫폼의 NAS는 리눅스 서버끼리 공유 가능한 NAS와 윈도우 서버끼리 공유 가능한 NAS로 구분되어 제공됩니다. 이는 NAS가 제공되는 프로토콜에서 구분 가능합니다.

프로토콜은 NFS 프로토콜과 CIFS 프로토콜로 구분됩니다. 리눅스 서버끼리 공유 가능한 NAS는 NFS 프로토콜을 사용하는 NAS를 생성해주면 되고, 윈도우 서버끼리 공유 가능한 NAS는 CIFS 프로토콜을 사용하는 NAS를 생성해주면 됩니다.

NAS는 최소 500 GB~최대 20 TB까지 구성이 가능합니다.

그 외 네이버 클라우드 플랫폼 NAS가 가지고 있는 특징들을 살펴보면 다음과 같습니다.

안정적인 스토리지 구성

NAS 서비스를 제공하는 스토리지는 자체적으로 이중화된 컨트롤러 및 디스크 어레이disk array Raid로 구성되어 있어 높은 내구성과 가용성을 제공하며, 스토리지 장비의 특정 영역에서 장애가 발생하더라도 서비스의 연속성을 보장합니다. 또한 서버에서 NAS 볼륨을 마운트한 후 접근 제어 및 CIFS 인증을 통해 보안을 강화할 수 있습니다.

편리한 데이터 관리

생성된 볼륨의 디스크 사용량을 모니터링할 수 있으며, 모니터링 기능을 기반으로 디스크 사용량에 대해 이벤트를 설정할 수도 있습니다. NAS 볼륨에 대해 디스크 사용량 임계치와 통보 대상자를 설정하면 임계치 초과 시 이벤트 상황이 통보 대상자의 SMS 또는 이메일로 통보됩니다.

데이터 손실 방지

스냅샷 기능을 사용해 데이터를 복사, 보관 및 복원할 수 있습니다. 스냅샷은 사용자가 생성한 NAS 볼륨 용량 내에서 원하는 크기로 설정할 수 있으며, 자동 생성 주기를 설정할 수도 있습니다. 또한 필요시 즉시 스냅샷을 생성할 수도 있으므로 데이터 변경사항을 편리하게 보관할 수 있습니다. 보관했던 스냅샷을 선택해 복구를 요청하면 즉시 데이터가 복구됩니다. 네이버 클라우드 플랫폼 NAS의 백업 용량은 NAS 가용량 안에서 사용자가 지정한 비율만큼 지정됩니다.

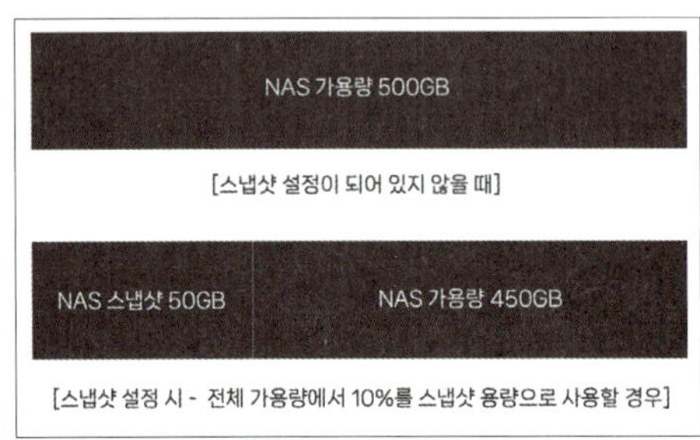

그림 7.20 NAS 백업 용량

7.4.1 NAS 생성

그럼 실제 NAS를 생성해보고 스냅샷 기능도 함께 살펴보겠습니다.

▶ 실습

CAUTION 실습 과정을 통해 생성한 리소스들은 사용한 만큼 과금됩니다.

1. [네이버 클라우드 플랫폼 콘솔] ➡ [Menu] ➡ [Services] ➡ [스토리지 상품] 카테고리 내 [NAS] 선택

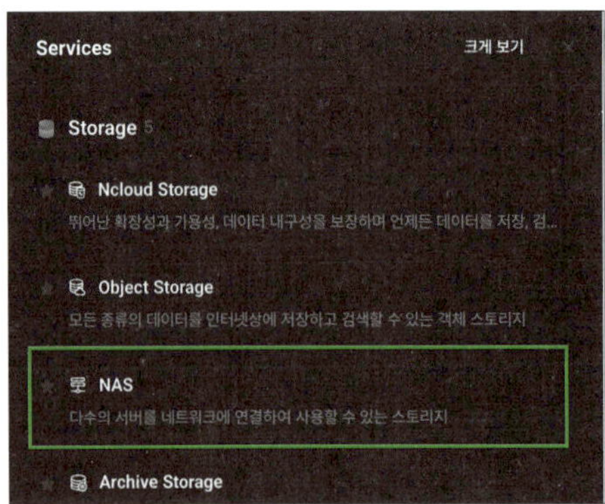

그림 7.21 NAS 메뉴

2. 상단의 [+ NAS 볼륨 생성] 클릭

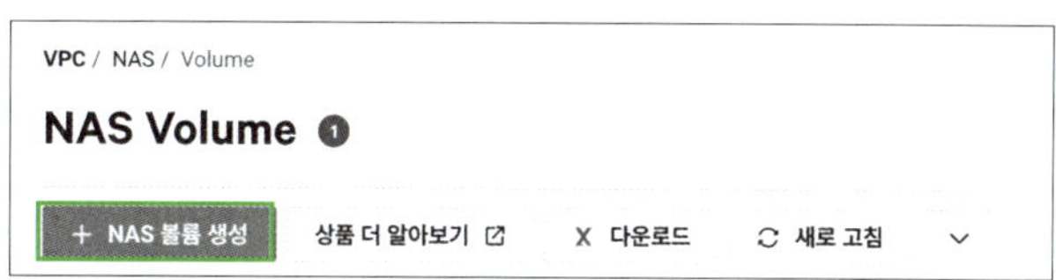

그림 7.22 NAS 볼륨 생성 버튼

3. 다음과 같이 설정 후 하단의 [다음] 버튼 클릭

- Zone 선택: KR-2
- NAS 볼륨 이름: labnas
- 볼륨 용량: 500 GB
- 프로토콜 설정: NFS
- 볼륨 암호화: 해제
- 볼륨 반납 보호: 해제

NAS 볼륨 생성

NAS 볼륨 생성을 위한 기본 설정 사항을 입력해주세요. (• 필수 입력 사항입니다.)

NAS 요금은 생성시에 제공되는 최소 기본 볼륨 용량, 추가 볼륨 용량 요금을 합산하여 부과합니다.

Zone 선택 • KR-2

NAS 볼륨 이름 • n2526455_ labnas

고객 식별을 위해 이미 입력된 NAS 볼륨 이름 뒤에 3~20자까지 NAS 볼륨 이름을 입력할 수 있습니다.

볼륨 용량 설정 • 500 GB

볼륨 기본 용량은 500GB ~ 20,000GB이며, 100GB 단위로 추가하실 수 있습니다.

프로토콜 설정 • NFS CIFS

CentOS, Ubuntu 등 리눅스 서버에서 마운트하실 수 있습니다.

볼륨 암호화 볼륨 암호화 적용

볼륨 별로 암호화가 적용되고 최초 생성 시에만 적용이 가능합니다.

볼륨 반납 보호 • 설정 해제

그림 7.23 NAS 볼륨 생성 화면

4. 생성한 NAS에 대한 접근 제어 설정을 진행해보겠습니다. 이전에 생성한 web001, web002 서버를 선택하고 Read/Write 권한을 부여해보겠습니다.
   - web001, web002 서버 선택 후 Read/Write 권한을 부여하는 화살표를 선택합니다.
   - 선택이 완료되었으면 하단의 **[다음]** 버튼을 클릭합니다.

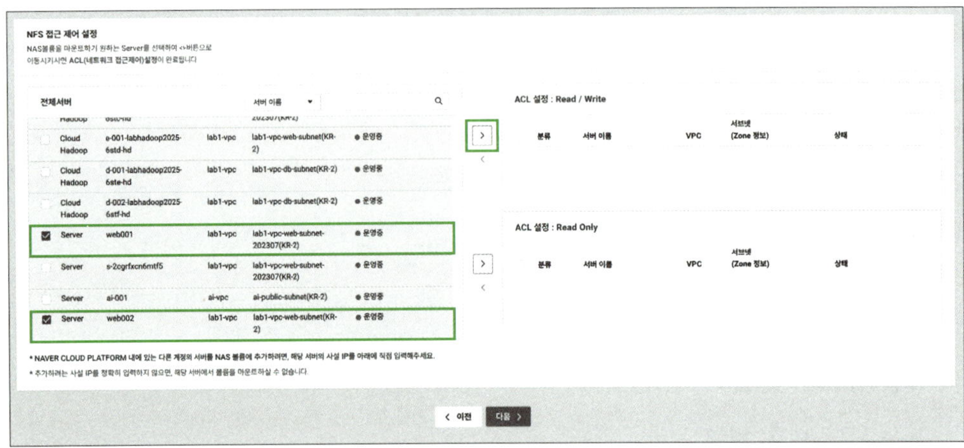

그림 7.24 **NAS 볼륨 ACL 설정**

5. 최종 확인 페이지에서 수정사항이 없다면 하단의 **[볼륨 생성]** 버튼을 클릭하고 안내 팝업창 **[확인]**을 누르면 NAS 생성이 시작됩니다.

7.4.2 NAS 마운트

이번에는 생성한 NAS를 web001 서버에 마운트해보겠습니다.

1. 먼저 web001 서버에 접속합니다.

   서버 접속 방법은 4.2.2절에서 했던 과정을 살펴보면 됩니다.

2. 서버 접속 후 NAS를 마운트할 마운트 포인트를 만들어주겠습니다.
   - `mkdir/mnt/nas`

```
[root@web001 ~]# mkdir /mnt/nas
[root@web001 ~]# █
```

그림 7.25 **NAS 마운트 포인트 생성**

3. NAS 마운트 정보를 확인 후 마운트를 진행합니다. 생성한 NAS에 대한 마운트 정보는 NAS 상세 정보에서 확인이 가능합니다.
    - 생성한 NAS를 선택하면 하단에 NAS에 대한 상세 정보를 확인할 수 있습니다.
    - 상세 정보 중 '마운트 정보' 부분을 복사합니다.

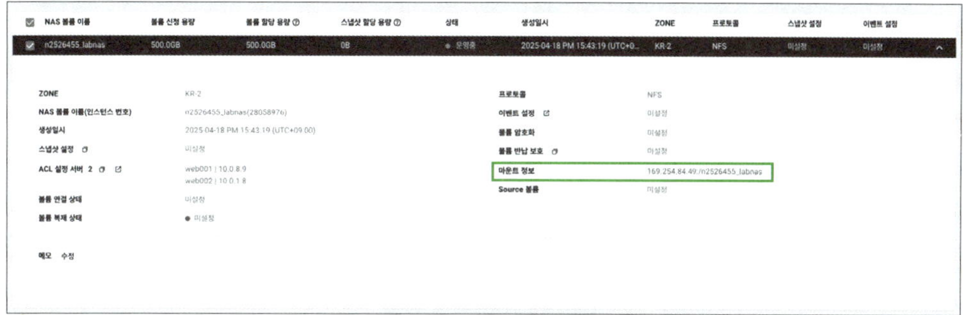

그림 7.26 NAS 마운트 정보

4. 서버로 다시 이동하여 다음 명령어 실행을 통해 마운트를 진행합니다.
    - yum -y install nfs-utils ➡ nfs utils 패키지를 먼저 설치합니다.
    - mount -t nfs vers=3 NAS Mount 정보/mnt/nas

ex) mount -t nfs vers=3 169.XXX.XX.XX:/nXXXXX_labnas/mnt/nas

5. 실제 마운트가 잘 되었는지 확인합니다.
    - df -h

```
[root@web001 ~]# df -h
Filesystem                       Size  Used Avail Use% Mounted on
devtmpfs                         3.8G     0  3.8G   0% /dev
tmpfs                            3.8G     0  3.8G   0% /dev/shm
tmpfs                            3.8G   33M  3.8G   1% /run
tmpfs                            3.8G     0  3.8G   0% /sys/fs/cgroup
/dev/vda2                        9.0G  3.8G  5.3G  42% /
/dev/vda1                       1014M  260M  755M  26% /boot
/dev/vdb1                        9.8G   24K  9.3G   1% /disk1
tmpfs                            770M     0  770M   0% /run/user/0
169.254.84.49:/n2526455_labnas   500G  384K  500G   1% /mnt/nas
```

그림 7.27 NAS 마운트 확인

7.4.3 NAS 자동 스냅샷 설정

이번에는 생성한 NAS 스냅샷 기능을 살펴보겠습니다.

1. 생성한 NAS 선택 후 상단의 [**볼륨 설정**] 버튼을 클릭합니다.

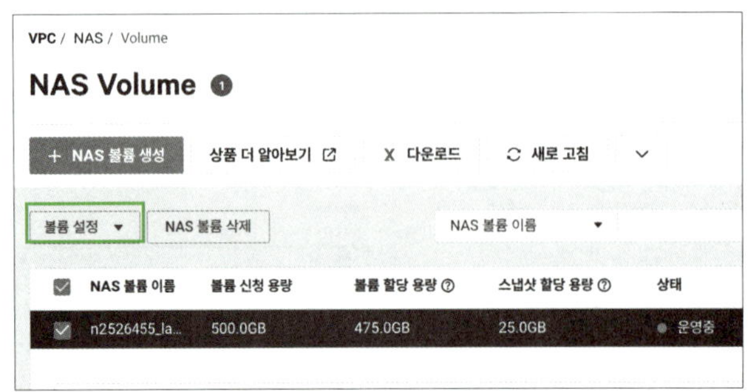

그림 7.28 NAS ➡ 볼륨 설정

2. '스냅샷 설정'을 선택합니다.

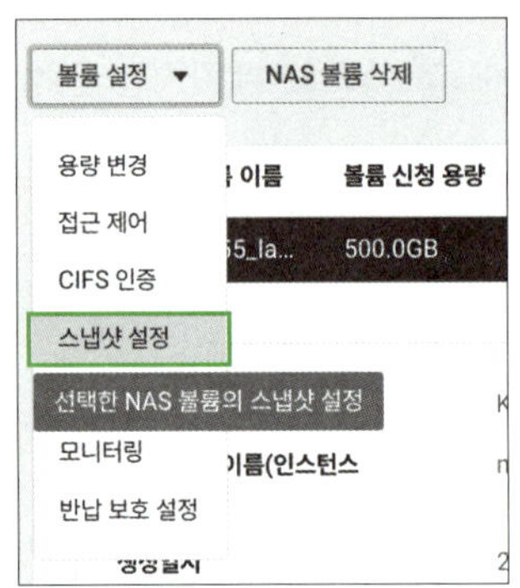

그림 7.29 NAS 볼륨 설정 ➡ 스냅샷 설정

3. 기본값으로는 스냅샷 설정이 되어 있지 않습니다. 스냅샷 설정부터 진행해보겠습니다. '스냅샷 생성을 수행합니다'를 선택합니다.
   - 스냅샷 생성은 신청한 볼륨 용량의 10% 내에서 생성되도록 설정합니다.
   - '스냅샷 자동 생성 주기 설정' 선택 후 매일 오전 10시로 설정합니다.
   - 하단의 [**확인**] 버튼을 클릭합니다.

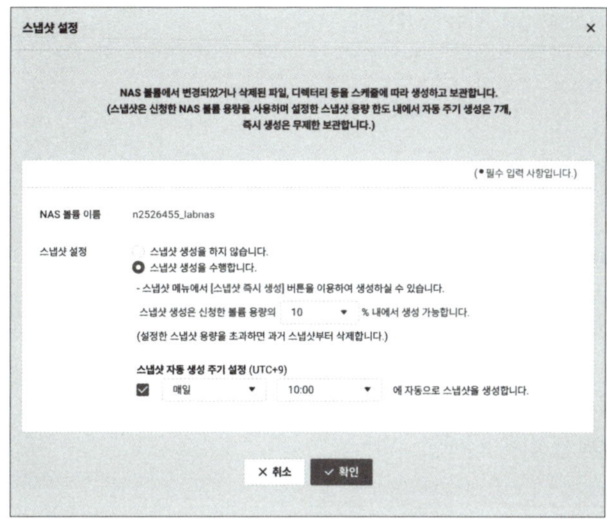

그림 7.30 NAS 스냅샷 설정 화면

▶▶ NAS의 자동 스냅샷 주기는 '매일' 혹은 '매주' 선택이 가능하며, '매일' 선택 시에는 스냅샷 생성 시간을 선택할 수 있습니다. 반면에 '매주' 선택 시에는 스냅샷 생성 요일과 시간을 지정할 수 있습니다.

7.4.4 NAS 즉시 스냅샷 생성

바로 전 과정에서는 주기적으로 자동으로 스냅샷이 생성되도록 설정했다면, 이번 과정에서는 즉시 스냅샷 기능을 통해 스냅샷을 바로 생성해보는 실습을 진행해보겠습니다.

1. [네이버 클라우드 플랫폼 콘솔] ➡ [Menu] ➡ [Services] ➡ [Storage] 카테고리 내 [NAS]를 선택합니다.

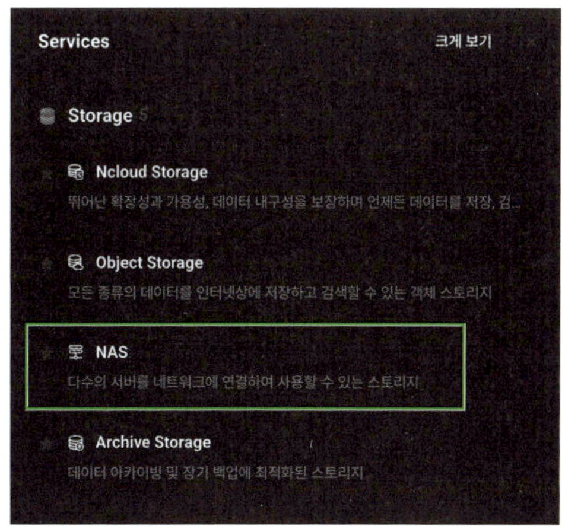

그림 7.31 NAS 메뉴

2. [NAS] 메뉴 내 [Snapshot] 메뉴를 선택합니다.

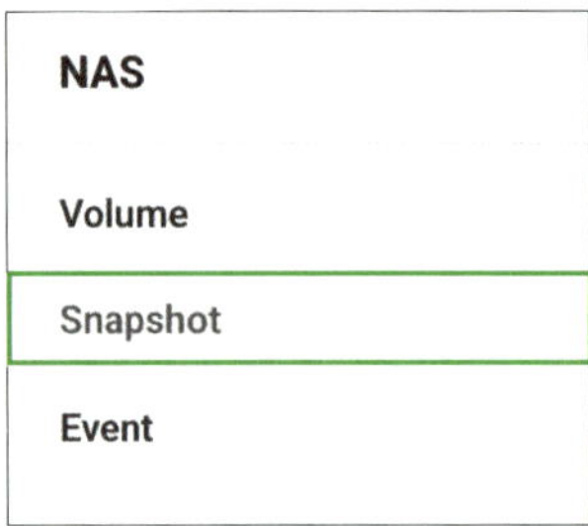

그림 7.32 NAS ➡ Snapshot 메뉴

3. 상단의 [스냅샷 즉시 생성]을 선택합니다.

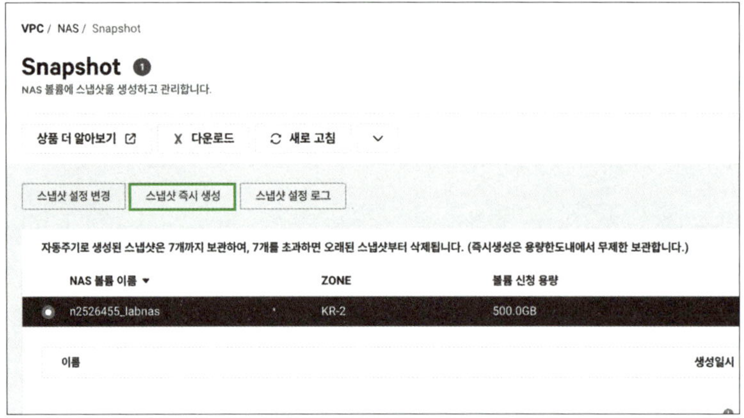

그림 7.33 NAS ➡ 스냅샷 즉시 생성 (1)

4. 스냅샷 즉시 생성에 대한 안내 팝업이 나오면 하단의 [확인] 버튼을 클릭합니다.

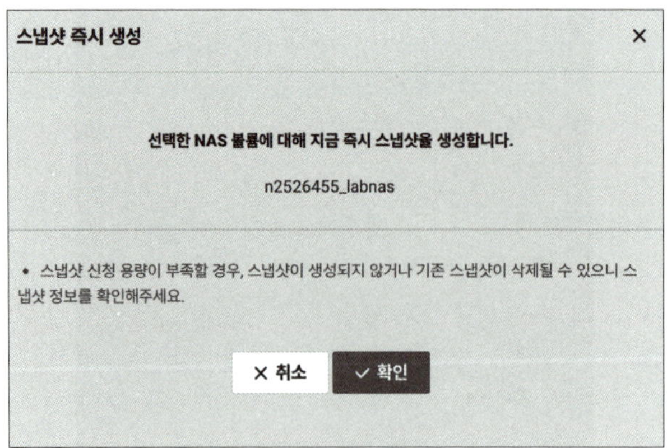

그림 7.34 NAS ➡ 스냅샷 즉시 생성 (2)

7.4.5 NAS 즉시 스냅샷 복구

즉시 스냅샷을 생성 후, 해당 스냅샷으로 복구하는 방법에 대해서도 살펴보겠습니다.

1. [네이버 클라우드 플랫폼 콘솔] ➡ [Menu] ➡ [Services] ➡ [Storage] 카테고리 내 [NAS]를 선택합니다.

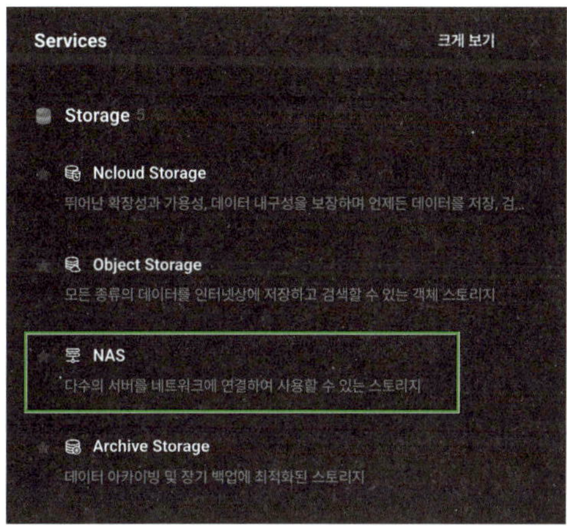

그림 7.35 NAS 메뉴

2. [NAS] 메뉴 중 [Snapshot]을 선택합니다.

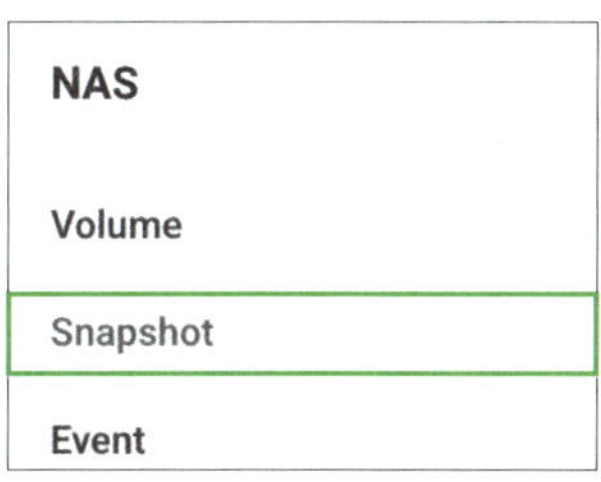

그림 7.36 NAS ➡ Snapshot 메뉴

3. 즉시 스냅샷 생성 기능을 통해 생성한 스냅샷을 선택 후 하단의 **[복구]** 버튼을 클릭합니다.

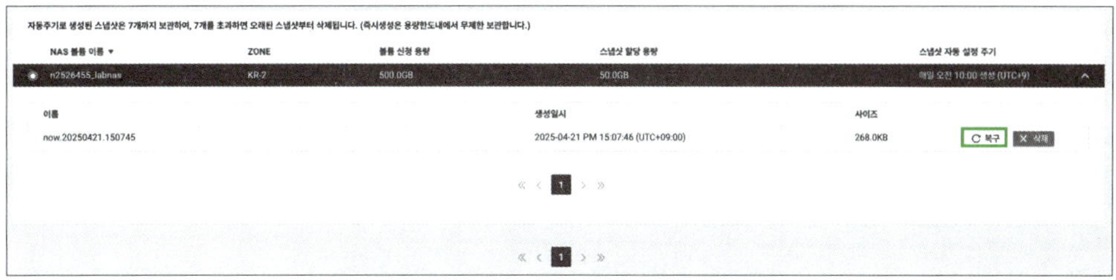

그림 7.37 NAS ➡ Snapshot ➡ 복구 화면

7.5 Backup

데이터는 언제든지 유실될 수 있습니다. 시스템 크래시crash가 발생할 수도 있고 사용자의 실수로 데이터를 유실할 수도 있습니다. 특히 코드도 중요하지만 DB 데이터는 서비스에 있어 매우 중요한 요소입니다. 이러한 데이터를 유실할 경우 그에 따른 영향이 매우 크기 때문에 데이터 유실에 대비하여 반드시 백업을 해야 합니다.

스크립트를 이용하여 백업을 할 수도 있지만 백업이 잘 되었는지에 대한 리포팅과 여러 옵션을 통해 완벽하게 백업을 하는 백업 전문 서비스를 이용하는 것도 한 방법입니다. 또한 백업 전문 서비스를 이용하게 되면 유실에 대한 부분도 해결되기 때문에 백업 전문 서비스가 더 편리하고 높은 완성도로 백업을 수행하게 됩니다.

네이버 클라우드 플랫폼의 Backup 서비스는 네이버 클라우드 플랫폼에서 운영하고 있는 서버 내 파일과 데이터베이스에 대한 자동화된 백업 설정을 할 수 있도록 지원합니다.

네이버 클라우드 플랫폼 Backup에서 제공하는 파일 백업과 데이터베이스 백업은 다음과 같습니다.

- 파일 시스템 백업: 네이버 클라우드 플랫폼에서 제공하는 서버(VM, BM)의 데이터 백업(디렉터리 단위로 백업 가능)
- 데이터베이스 백업: 네이버 클라우드 플랫폼에서 서버 이미지로 제공하는 버전의 MSSQL, MySQL, PostgreSQL 온라인 백업(지원하는 DBMS 설루션은 지속 확대 중입니다.)

백업에 대한 유연한 정책을 가져갈 수 있도록 백업 수행 주기를 일간, 주간, 월간, 일회성으로 필요에 따라 선택할 수 있습니다. 백업 데이터의 보관 주기는 1일에서 최대 365일까지 자유롭게 설정할 수 있습니다. 또한 백업 정책에 따라 소산 백업이 필요한 경우, 로컬 존에 백업한 데이터를 지리적으로 떨어진 다른 존에 백업하는 것으로 데이터를 더욱 안정적으로 보관할 수 있도록 지원합니다.

여러분이 운영하고 있는 서버에서 백업이 수행되기 위해선, 서버에 백업 에이전트를 설치하면 되는데 이는 네이버 클라우드 플랫폼 콘솔상에서 손쉽게 백업 신청 및 에이전트 설치까지 진행이 가능합니다(에이전트 설치를 위해 root 권한을 소유하고 있는 계정 정보를 기입해야 합니다).

그럼 백업 서비스를 사용하기 위해 신청, 에이전트 설치, 백업 수행을 위한 설정 등을 진행해보겠습니다.

7.5.1 백업 서비스 신청 및 서버 백업 설정

네이버 클라우드 플랫폼 콘솔에서 백업 설정을 얼마나 편리하게 할 수 있는지 실습을 통해 살펴보겠습니다.

▶ 실습

CAUTION 실습 과정을 통해 생성한 리소스들은 사용한 만큼 과금됩니다.

1. **[네이버 클라우드 플랫폼 콘솔]** ➡ [Menu] ➡ [Services] ➡ [Storage] 카테고리 내 [Backup]을 선택합니다.

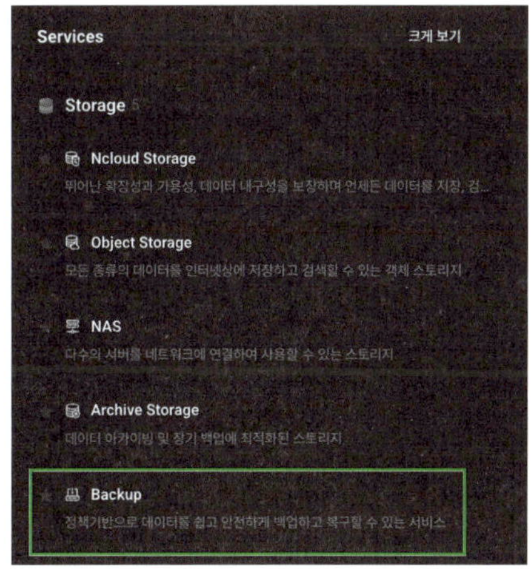

그림 7.38 Backup 메뉴

2. 백업 하위 메뉴인 [Backup] 선택 후 가장 상단의 [Resource]를 선택합니다.

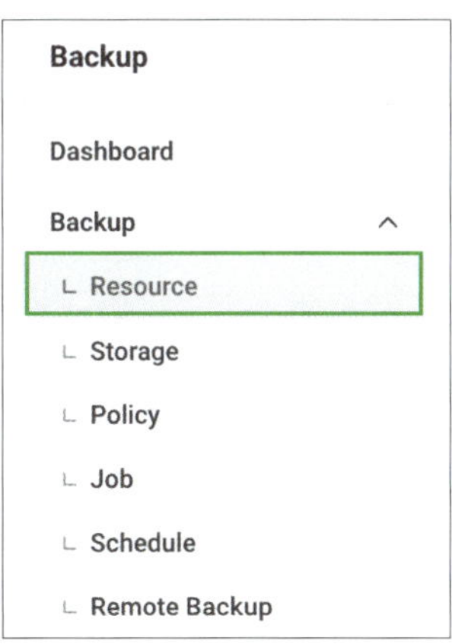

그림 7.39 Backup ➡ Resource 설정 메뉴

3. 상단의 [+ 리소스 생성]을 클릭합니다.

그림 7.40 Backup ➡ Resource 생성 메뉴

4. 다음 정보를 바탕으로 백업 서비스를 신청할 서버를 추가합니다.
   - 리소스 이름: web001-backup
   - 존: KR-2
   - 서버: web001
   - 에이전트 유형: Data
   - 아이디: root ➡ 백업받을 서버에 백업 에이전트를 설치하기 위해선 root 권한을 갖는 사용자 정보를 기입해야 합니다.
   - 비밀번호: web001의 root 패스워드 입력
   - 위와 같이 입력 후 하단의 [다음] 버튼을 클릭합니다.

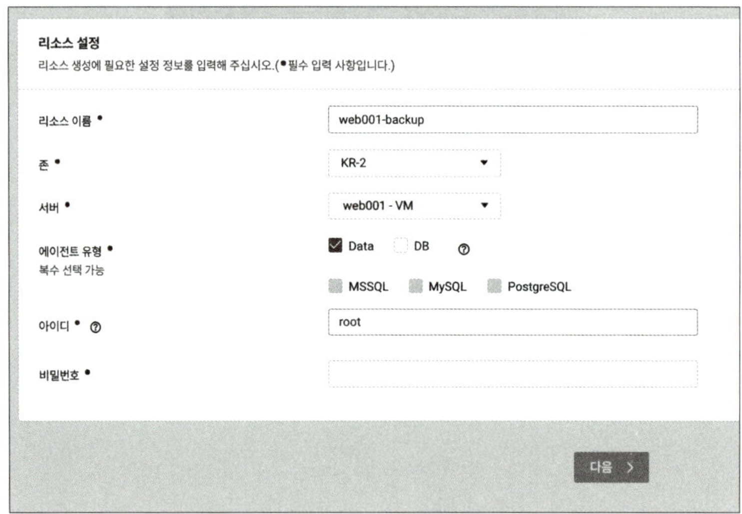

그림 7.41 Backup ➡ Resource 생성 화면 (1)

5. 최종 내용을 확인 후 하단의 **[리소스 생성]**을 클릭합니다.

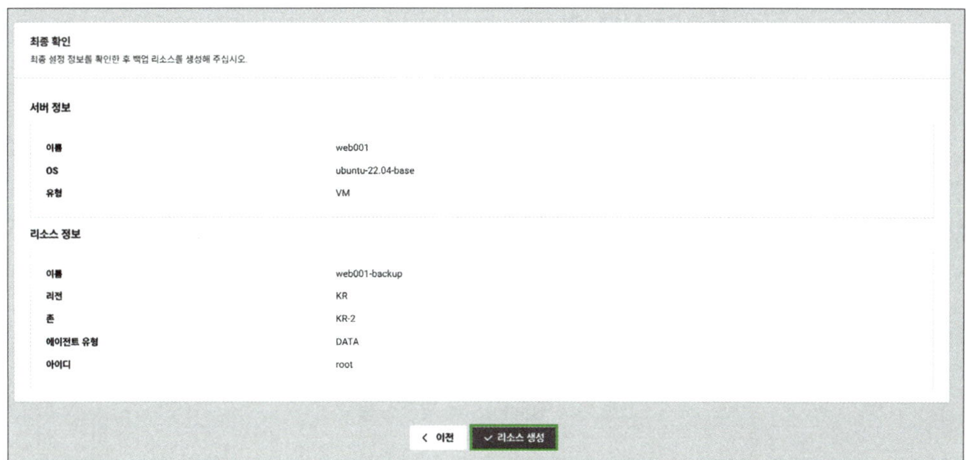

그림 7.42 **Backup ➡ Resource 생성 화면 (2)**

6. 에이전트가 설치되는 데는 일정 시간이 소요되며, 에이전트 설치가 완료되면 그림 7.43과 같이 생성 상태가 '생성 완료'로 표기됩니다.

그림 7.43 **Backup ➡ 백업 에이전트 상태 확인**

7. 다음으로, 백업 파일이 저장될 저장소 설정을 진행해보겠습니다. Backup 하위 메뉴인 Storage를 클릭합니다. 상단의 **[+ 저장소 생성]**을 선택합니다.

그림 7.44 Backup ➡ 저장소 생성

8. 다음과 같이 관련 정보를 기입 후 하단의 **[다음]** 버튼을 클릭합니다.

- 저장소 이름: backup–storage
- 존: KR–2 ➡ 백업 서비스의 저장소는 존당 1개씩 생성이 가능합니다.

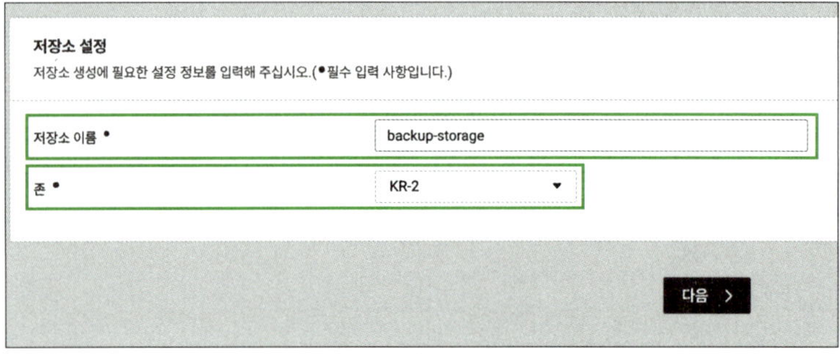

그림 7.45 Backup ➡ 저장소 생성 화면

9. 마지막 최종 확인 페이지 확인 후 하단의 **[생성]** 버튼을 클릭합니다.

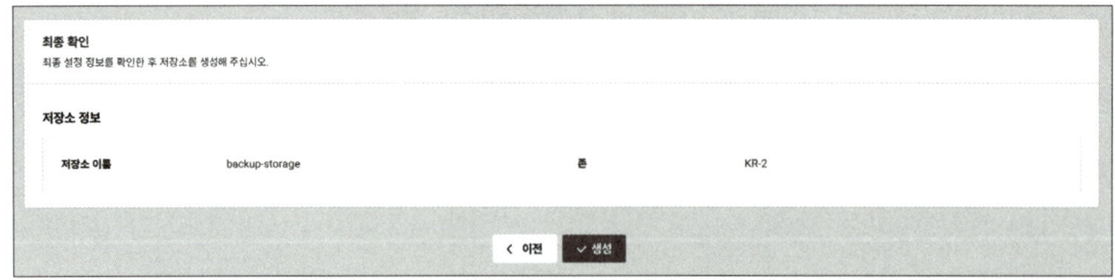

그림 7.46 Backup ➡ 저장소 생성 최종 화면

10. 다음으로 백업 정책에 대한 설정을 하기 위해 [Backup] 하위 메뉴인 [Policy]를 선택합니다.

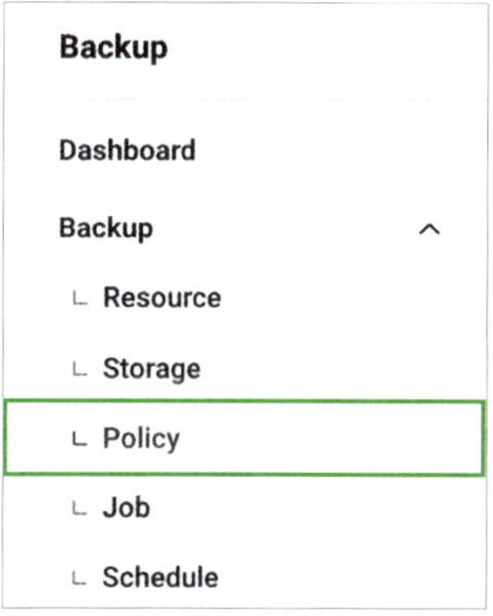

그림 7.47 Backup ➡ Policy 메뉴

11. 상단의 [+ 정책 생성]을 클릭합니다.

그림 7.48 Backup ➡ Policy ➡ 정책 생성

12. 다음과 같이 관련 정보를 기입 후 하단의 [다음] 버튼을 클릭합니다.

- 정책 이름: backup–policy
- 보관 기간: 7일 ➡ 백업 파일 보관 기간은 최소 7일에서 최대 365일
- 존: KR–2

그림 7.49 Backup ➡ Policy ➡ 정책 생성 화면

13. 최종 확인 페이지 확인 후 수정사항이 없다면 하단의 [생성] 버튼을 클릭합니다.

그림 7.50 Backup ➡ Policy ➡ 정책 생성 최종 화면

14. 백업 설정을 위한 에이전트 설정, 백업 파일 저장소, 백업 파일 보관 정책까지 설정했습니다. 다음은 서버의 어떤 파일들을 백업받을 것인지 설정해보겠습니다. [Backup] 하위 메뉴인 [Job]을 선택합니다.

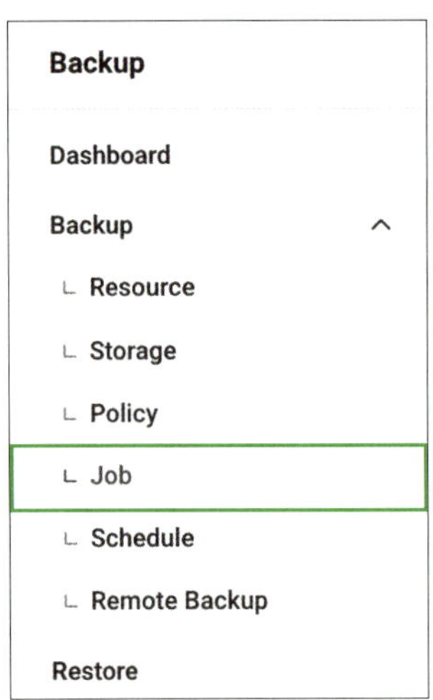

그림 7.51 Backup ➡ Job 생성 화면

15. 상단의 [+ 작업 생성]을 클릭합니다. 다음과 같이 관련 정보를 기입합니다.

그림 7.52 Backup ➡ Job ➡ 작업 생성

- 작업 이름: backup-job
- 리소스: web001-backup 선택
- 백업 대상 유형: Data 선택
- 백업 대상 경로: root 선택
- 정책: backup-policy 선택
- 하단의 **[다음]** 버튼 클릭

그림 7.53 Backup ➡ Job ➡ 작업 설정 화면

16. 최종 확인 페이지에서 수정할 사항이 없다면 하단의 [생성] 버튼 클릭
17. 마지막으로 백업이 수행될 시간을 설정해보겠습니다. [Backup] 하위 메뉴 내 [Schedule]을 선택합니다.

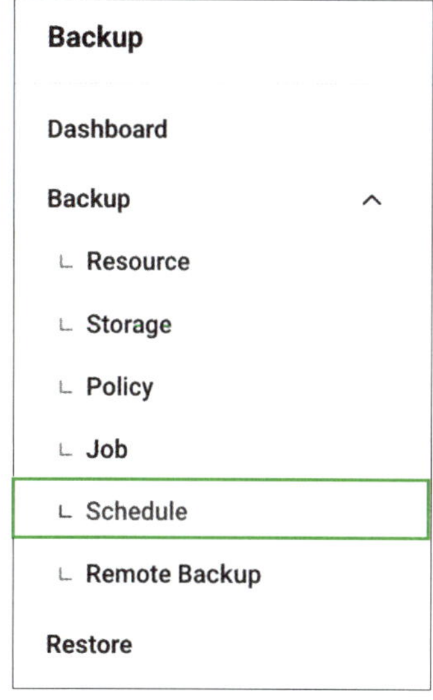

그림 7.54 Backup ➡ Schedule 메뉴

18. 상단의 [**+ 일정 생성**]을 클릭합니다.

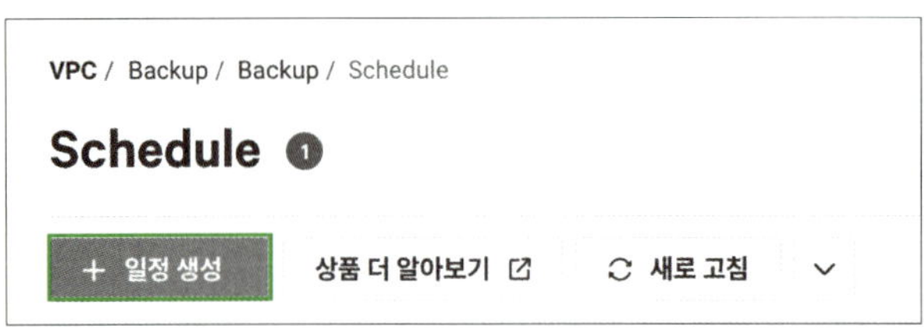

그림 7.55 Backup ➡ Schedule ➡ 일정 생성

19. 다음 정보들을 기입합니다.

- 일정 이름: backup-schedule
- 작업: backup-job
- 백업 방식: 전체 ➡ 백업 방식은 전체 백업과 증분 백업 중 선택이 가능합니다.
- 백업 주기: 일간 ➡ 백업 주기는 일간, 주간, 월간, 일회성에서 선택이 가능합니다.
- 시작 시간: AM 10 선택 ➡ 원하는 백업 시간 선택이 가능합니다.
- 하단의 [**다음**] 버튼을 클릭합니다.

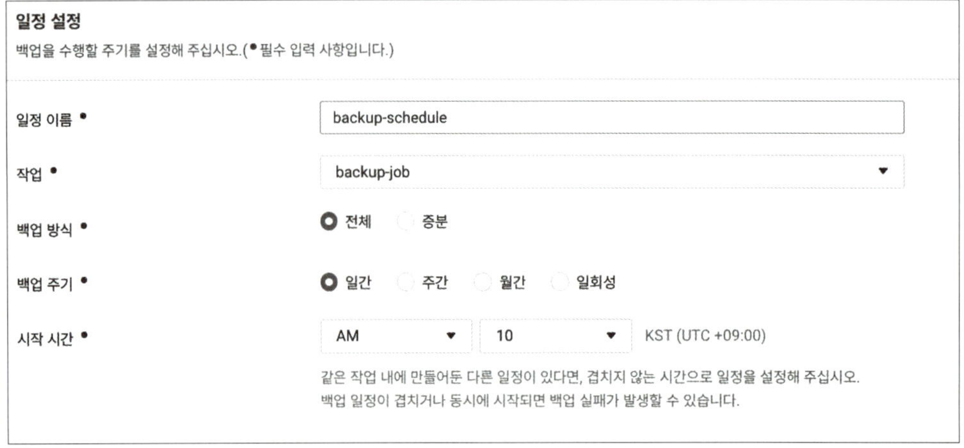

그림 7.56 Backup ➡ Schedule ➡ 일정 생성 화면

20. 최종 확인 페이지에서 수정할 사항이 없다면 하단의 **[생성]** 버튼을 클릭합니다.

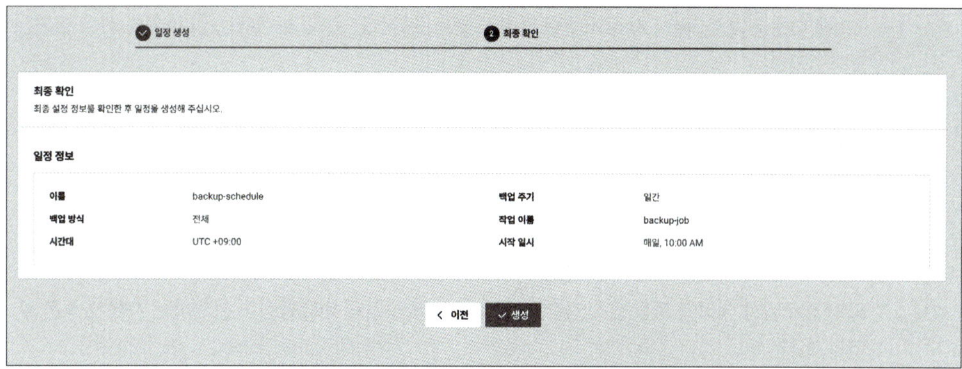

그림 7.57 Backup ➡ Schedule ➡ 일정 생성 최종 화면

자주하는 질문!

백업 결과를 확인할 수 있나요?

Backup 서비스 웹 콘솔 Report 기능을 통해 백업 혹은 복원에 대한 작업 결과를 일간/월간 단위의 보고서로 확인할 수 있습니다.

콘솔 접속 후 [Services] ➡ [Backup] ➡ [Report] 메뉴를 선택하고 다음 절차를 따라 해주세요.

- 보고서 종류를 선택해주세요.
- 보고서를 확인할 날짜를 선택해주세요.
- 보고서 세부 항목을 확인해주세요.
- 이메일 수신을 원할 경우 **[이메일 수신 신청]** 버튼을 클릭해주세요.

스토리지 상품 중 Object Storage 성격의 Ncloud Storage가 신규 출시되었습니다.

기술자격시험 기출문제

문제 1 **API를 이용하여 Object Storage로 파일을 업로드하려고 합니다. 이때 단일 파일의 최대 크기는 얼마인가요?**

① 1 TB

② 2 TB

③ 5 TB

④ 10 TB

문제 2 **파일 시스템의 데이터 저장 방식 중에서 데이터 저장 공간의 비효율성이 존재하는 저장 방식은 무엇인가요?**

① 링크 방식

② 인덱스 방식

③ 연속 할당 방식

④ 분산 저장 방식

정답: 1. ④ 2. ③

CHAPTER 8

네이버 클라우드 플랫폼 데이터베이스

네이버 클라우드 플랫폼의 데이터베이스 서비스에 대해 살펴보도록 하겠습니다. 네이버 클라우드 플랫폼 데이터베이스 서비스는 설치형과 완전 관리형 서비스로 구분할 수 있습니다. 설치형의 경우, 서버 이미지 형태로 제공됩니다. 서버 생성 시, 서버 이미지로 Tibero, mssql이 설치되어 있는 서버 이미지를 바탕으로 서버 생성이 가능합니다. 이를 통해 서버 생성 후 따로 데이터베이스를 설치할 필요가 없이 데이터베이스가 설치되어 있는 서버를 바로 활용할 수 있습니다.

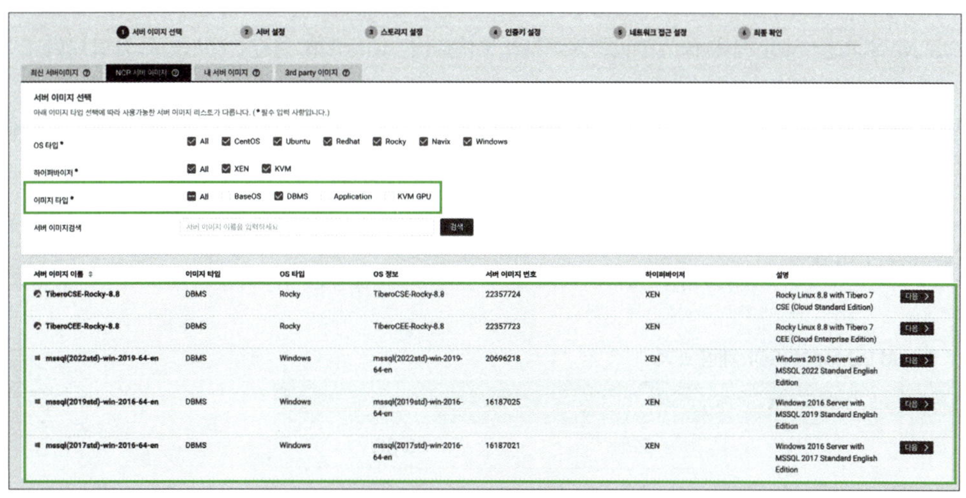

그림 8.1 설치형 형태로 제공되는 데이터베이스(25.04 기준)

관리형 데이터베이스는 데이터베이스 서버 설치, HA 구성(자동 Fail-over 구성), 모니터링, 백업을 자동으로 구성해주어 빠르게 데이터베이스를 구축할 수 있는 서비스 형태를 의미합니다. 현재 관리형 데이터베이스로는 RDBMS인 Cloud DB for MySQL, Cloud DB for MSSQL, Cloud DB for PostgreSQL이 제공되고 있으며, Key Value DB인 Cloud DB for Redis, Document DB인 Cloud DB for MongoDB를 제공하고 있습니다.

1. Cloud DB for MySQL
2. Cloud DB for MSSQL
3. Cloud DB for Redis
4. Cloud DB for MongoDB
5. Cloud DB for PostgreSQL

이 책에서는 완전 관리형 형태로 제공되는 데이터베이스에 대해서 살펴보도록 하겠습니다.

8.1 Cloud DB for MySQL

전 세계에서 가장 널리 사용되는 오픈소스 RDBMS의 대표 주자인 MySQL은 90년대 1.0 출시 이후 현재 8.x 버전까지 발전했습니다. 초창기 MyISAM 엔진을 주로 사용했지만 지금은 트랜잭션을 지원하는 InnoDB를 기본 엔진으로 사용하고 있습니다. 참고로 네이버 클라우드 플랫폼의 Cloud DB for MySQL은 시점 복원을 위해 트랜젝션을 지원하는 InnoDB 엔진만 사용 가능합니다.

Cloud DB for MySQL은 MySQL에 대해 최적화된 데이터베이스를 몇 가지 간단한 설정만으로도 만들 수 있는 서비스입니다. 또한 Cloud DB for MySQL은 Master 서버와 Standby-Master 서버 2대를 생성함으로써 고가용성을 제공한다는 특징을 가지고 있습니다. Cloud DB for MySQL은 Standard, High-Memory, High-CPU 타입으로 제공되어 원하는 스펙을 선택할 수 있습니다.

표 8.1 **Cloud DB for MySQL 제공 스펙**

타입	vCPU	메모리
Standard	2개	8 GB
	4개	16 GB
	8개	32 GB
	16개	64 GB
	32개	128 GB

표 8.1 Cloud DB for MySQL 제공 스펙(표 계속)

타입	vCPU	메모리
High-Memory	2개	16 GB
	4개	32 GB
	8개	64 GB
	16개	128 GB
	32개	256 GB
High CPU	2개	4 GB
	4개	8 GB
	8개	16 GB
	16개	32 GB
	32개	64 GB

Cloud DB for MySQL의 핵심 기능을 살펴보면 다음과 같습니다.

- **빠르고 손쉬운 설치**

  간단한 입력과 클릭 몇 번으로 서비스를 바로 사용할 수 있습니다.

- **네이버 서비스에서 검증한 최적화 설정**

  네이버 서비스에서 오랜 시간에 걸쳐 검증한 MySQL 설정을 기본으로 지원하여 별도의 데이터베이스 튜닝 없이 빠르고 안정적인 운영이 가능합니다. MySQL 최신 버전 중 네이버 서비스에서 안정성이 검증된 버전을 제공하여 더 쾌적하고 안전한 MySQL 사용을 보장합니다.

- **데이터 자동 백업 및 백업된 데이터로 MySQL 서버 생성**

  매일 1회 고객이 원하는 시간에 데이터를 자동으로 백업하며, 백업된 데이터로 신규 MySQL 서버를 생성하여 데이터를 복원할 수 있습니다. 백업 파일은 최대 30일까지 보관이 가능합니다.

- **성능 모니터링 및 알람**

  MySQL 및 운영체제에 관련한 다양한 성능 모니터링 수치와 그래프를 제공합니다.

- **읽기 부하 분산**

  최대 10대까지 Slave Server DB를 복제할 수 있으며 이를 Load Balancer(Private Network)와 연동하여 데이터베이스 읽기 부하를 분산할 수 있습니다.

- **자동 페일오버 지원**

  고가용성(HA) 설정을 사용하면 Master Server와 Standby Master Server로 서버 구성을 이중

화합니다. 만약 Master Server에 장애가 발생하면 자동으로 Standby Master Server로 페일오버failover하므로 더욱 안정적으로 서버를 운영할 수 있습니다.

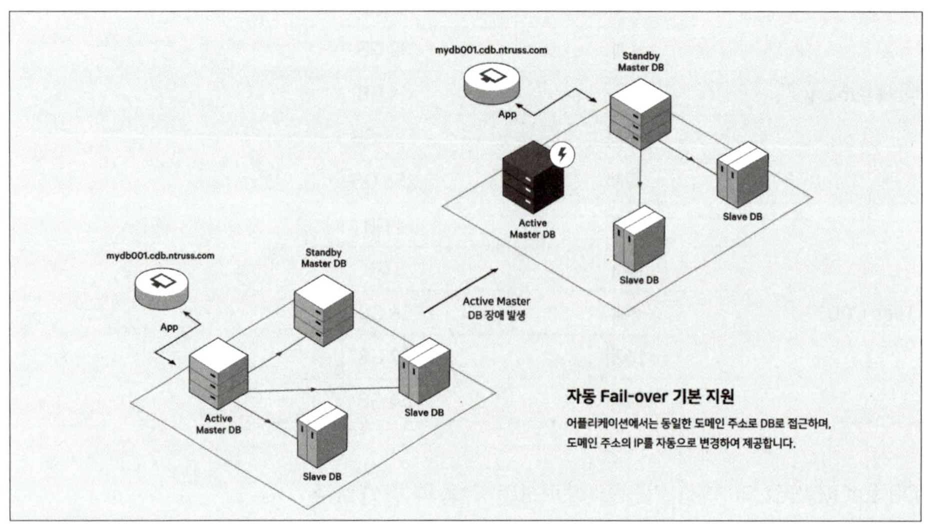

그림 8.2 Cloud DB for MySQL Fail-over

- **멀티존 지원**

VPC 환경에서는 데이터베이스 고가용성을 위해 액티브 마스터 데이터베이스와 스탠바이 마스터 데이터베이스가 다른 존에 구축되는 고가용성high availability, HA 지원과 멀티존 옵션을 사용할 수 있습니다. 이 구성을 통해 존에 장애가 발생하더라도 데이터베이스의 가용성을 유지할 수 있습니다. 각 존은 지리적, 물리적으로 분리된 인프라에 구성되어 높은 안정성을 보장합니다.

그림 8.3 Cloud DB for MySQL 멀티존 설정

- **6,000 GB까지 자동 증가하는 데이터 스토리지**

데이터 스토리지는 10 GB를 기본으로 제공하며 10 GB 단위로 6,000 GB까지 용량이 자동 증가합니다. 데이터 스토리지 타입은 필요한 I/O 속도에 따라 HDD, SSD 중 선택할 수 있습니다.

지금까지 Cloud DB for MySQL의 기능적 특징에 대해 살펴보았습니다. Cloud DB for MySQL은 자동 Fail-over를 위해 Master 서버와 Standby 서버 2대를 생성합니다. 이는 과금도 2대의 데이터베이스 서버에 대해 진행되기 때문에 만약 고가용성이 필요 없다면 Stand-alone 타입으로도 생성이 가능합니다. Stand-alone 타입은 1대로만 구성되기 때문에 고가용성이 지원되는 타입(Master와 Standby 서버)과 달리 가용성은 확보되지 않지만 자동 백업, 모니터링의 기능은 동일하게 사용이 가능합니다. Standalone 서버를 사용하다가 고가용성이 지원되는 타입으로 변경도 가능합니다.

이와 같이 Cloud DB for MySQL은 사용자들이 편리하면서 안정적인 데이터베이스 운영이 가능하도록 지원합니다. 그럼 실제 Cloud DB for MySQL 생성을 통해서 얼마나 편리하게 생성이 가능한지 살펴보도록 하겠습니다.

8.1.1 Cloud DB for MySQL 생성

Cloud DB for MySQL 생성을 진행해보겠습니다. 이를 통해 Cloud DB for MySQL이 가지고 있는 특징들을 살펴보겠습니다.

▶ 실습

CAUTION 실습 과정을 통해 생성한 리소스들은 사용한 만큼 과금됩니다.

1. [네이버 클라우드 플랫폼 콘솔] ➡ [Menu] ➡ [Services] ➡ [Database] 상품 카테고리 내 [Cloud DB for MySQL]을 선택합니다.

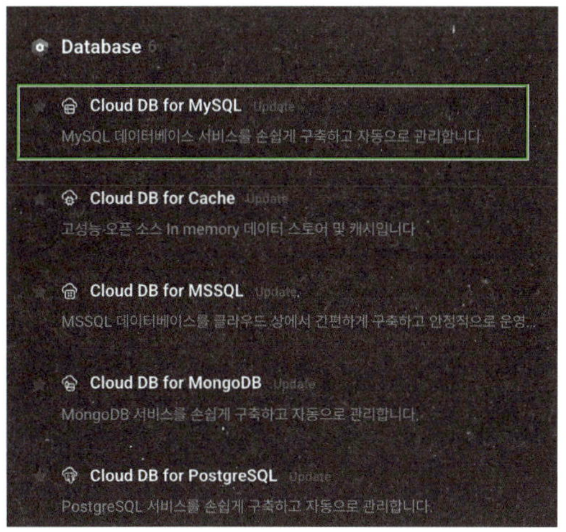

그림 8.4 Cloud DB for MySQL 메뉴

2. 상단의 [+ DB Server 생성]을 클릭합니다.

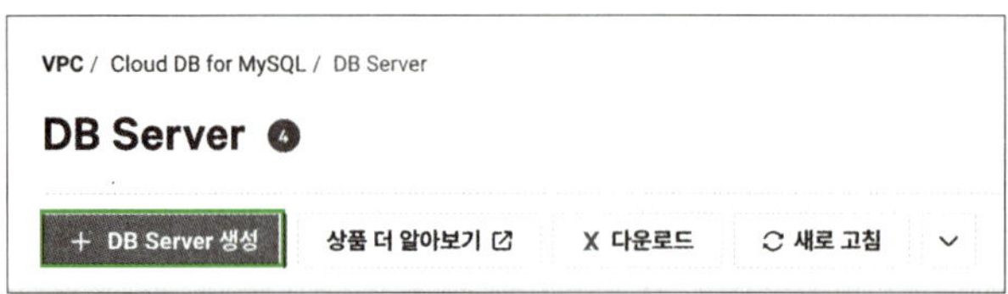

그림 8.5 Cloud DB for MySQL 생성 버튼

3. 다음 내용대로 기입합니다.

- 서버 세대: G2
- DB 엔진 버전: 가장 최신 버전으로 선택
- 고가용성 지원: 체크 ➡ Default로 선택되어 있습니다.
- Multi zone: 체크 해제 ➡ 실습에서는 멀티존 구성을 진행하지 않겠습니다.
- VPC: lab1-vpc
- Subnet: lab1-vpc-web-subnet

그림 8.6 Cloud DB for MySQL 생성 화면 (1)

- DB Server 타입: Standard / vCPU 2개, 8 GB 메모리
- 데이터 스토리지 암호화 적용: 해제
- 데이터 스토리지 타입: SSD ➡ 네이버 클라우드 플랫폼 데이터 스토리지 타입은 SSD와 HDD 중 선택이 가능합니다.

- DB Server 이름: ncloud–test
- DB 서비스 이름: ncloud
- Private sub 도메인: 해제
- 반납 보호: 해제 ➡ 실수로 인한 데이터베이스 서버 반납이 이루어지지 않도록 반납 보호 설정을 할 수 있습니다.
- 하단의 **[다음]** 버튼을 클릭합니다.

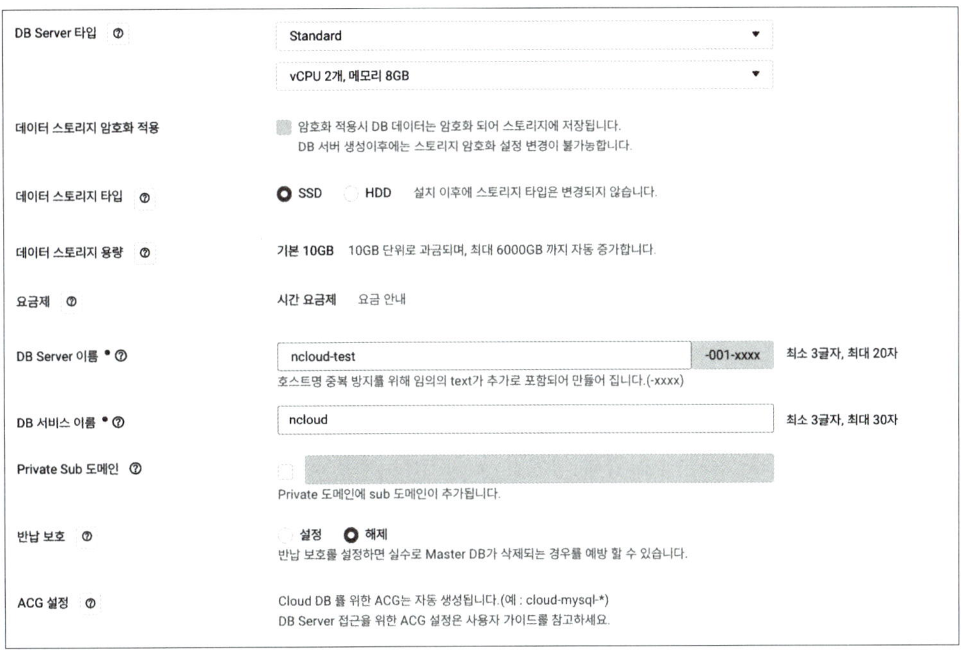

그림 8.7 Cloud DB for MySQL 생성 화면 (2)

- USER_ID: student
- HOST(IP): % ➡ 모든 IP 대역에서 접근 가능하도록 설정합니다.
- USER 암호: 사용자가 원하는 암호 입력
- DB 접속 포트: 3306
- 기본 DB명: lab–db
- Backup 파일 보관 기간: 30일 ➡ 최대 30일까지 백업 파일을 보관할 수 있습니다.
- Backup 시간: 사용자 정의 선택 후 원하는 백업 시간 선택
- 하단의 **[다음]** 버튼 클릭

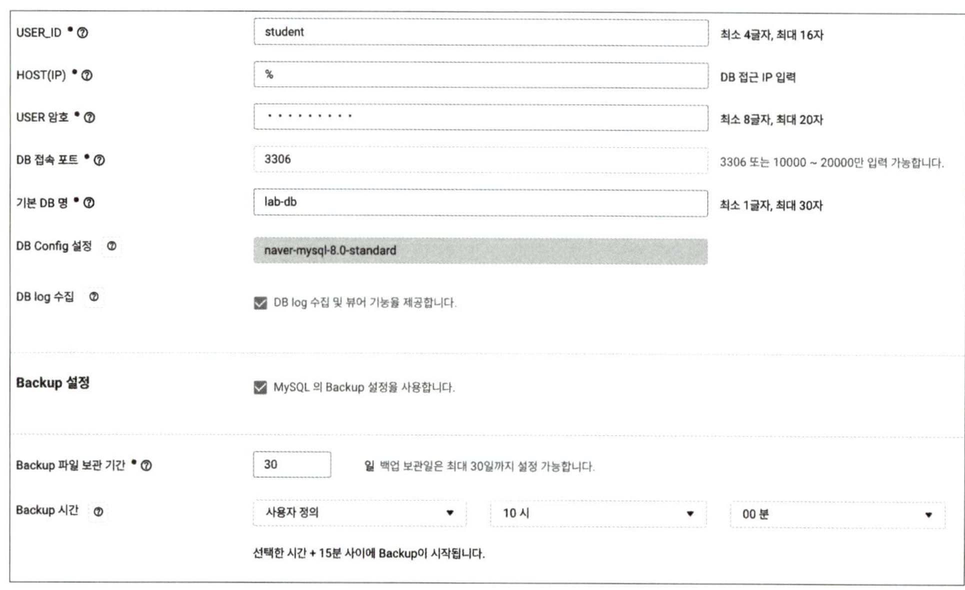

그림 8.8 Cloud DB for MySQL 생성 화면 (3)

- 최종 확인 페이지 확인 후 수정사항 없다면 하단의 **[+ 생성]** 버튼 클릭하고 생성 안내 팝업에 대한 **[확인]** 버튼을 클릭하면 생성이 끝납니다.

Cloud DB for MySQL을 얼마나 손쉽게 생성할 수 있는지 살펴보았습니다.

8.1.2 Cloud DB for MySQL 접속

이번에는 Cloud DB for MySQL에 서버를 통해 접속해보겠습니다. Cloud DB for MySQL은 생성 시에 자동으로 다음 두 가지를 스스로 생성합니다.

- Cloud DB for MySQL에서 사용할 ACG를 스스로 생성합니다.
- 네이버 클라우드 플랫폼 내부에서 접속이 가능한 Cloud DB for MySQL Private Domain

위 정보들을 수정, 활용하여 이전 과정에서 생성한 web001 서버에서 Cloud DB for MySQL에 접속해보겠습니다.

1. 먼저 생성한 Cloud DB for MySQL에 접속하기 위해선 ACG를 수정해주어야 합니다.

   [네이버 클라우드 플랫폼 콘솔] ➡ [Menu] ➡ [Services] ➡ [Compute] 메뉴 내 [Server] 메뉴를 클릭합니다.

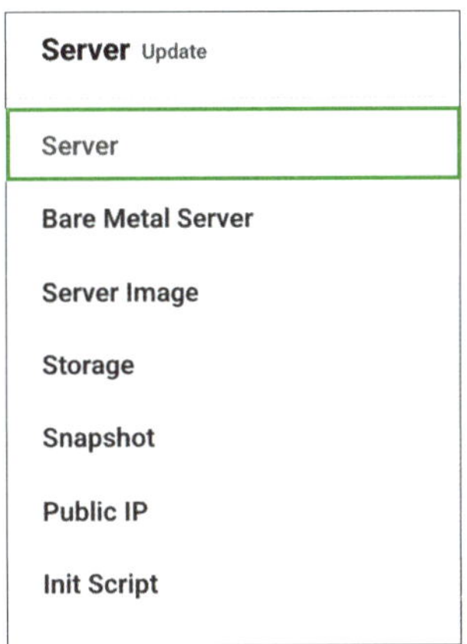

그림 8.9 서버 메뉴

2. [**Server**] 메뉴 내 하단의 [**ACG**]를 클릭합니다. ACG 메뉴로 이동하면 Cloud-mysql로 시작하는 ACG가 생성되어 있을 겁니다. 해당 ACG의 룰을 수정하여 web001 서버에서도 접속할 수 있도록 수정해보겠습니다. 먼저 Cloud-mysql로 시작하는 ACG를 선택한 후 상단의 [**ACG 설정**] 버튼을 클릭합니다.

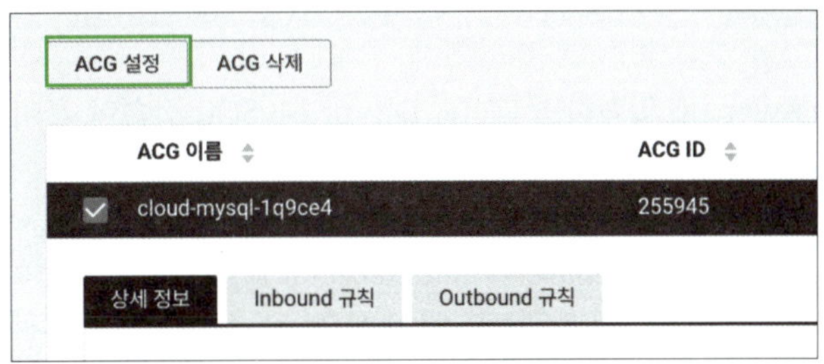

그림 8.10 ACG 설정 화면

3. 다음 내용대로 ACG 룰을 추가합니다.
   - 프로토콜: TCP
   - 접근 소스: lab-acg
   - 허용 포트: 3306
   - 위와 같이 입력 후 우측의 [**+ 추가**] 버튼을 클릭합니다.
   - 적용되면 하단의 [**적용**] 버튼을 클릭합니다.

▶▶ ACG 룰로 IP 대역이나 특정 IP를 넣을 수도 있지만 ACG 그룹 자체를 추가할 수도 있습니다. ACG 그룹 자체를 추가할 경우, 해당 ACG가 적용되어 있는 모든 리소스는 통신이 허용됩니다.

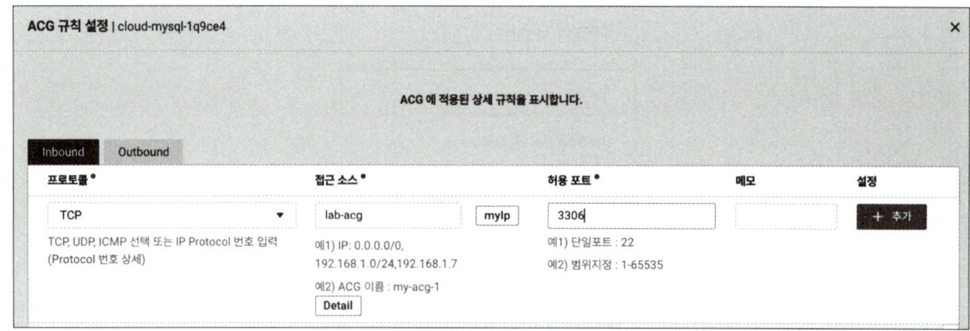

그림 8.11 ACG 수정 화면

4. 그럼 web001 서버를 통해 CloudDB for MySQL에 접속해보겠습니다. 서버 접속 방법은 4.2.2절을 참고하면 됩니다. 서버 접속 후 MySQL Client를 통해 서버에 접속합니다.
5. web001 서버에 접속 후 다음 명령어를 통해 먼저 MySQL Client를 설치합니다.

   명령어: `yum -y install mysql`

6. MySQL Client 설치 후 다음 명령어를 통해 MySQL DB에 접속합니다.

   명령어: `mysql -u student -h Cloud DB for MySQL Private Domain -p`

이와 같이 입력 후 password를 입력하면 Cloud DB for MySQL 접속이 끝이 납니다.

NOTE Cloud DB for MySQL의 Private Domain은 어디서 확인하나요?

[콘솔] ➡ [Menu] ➡ [Services] ➡ [Database] ➡ [Cloud DB for MySQL]로 이동합니다. 생성한 Cloud DB for MySQL을 선택하면 상세 정보가 노출되는데, 해당 상세 정보에서 Private Domain값을 확인할 수 있습니다.

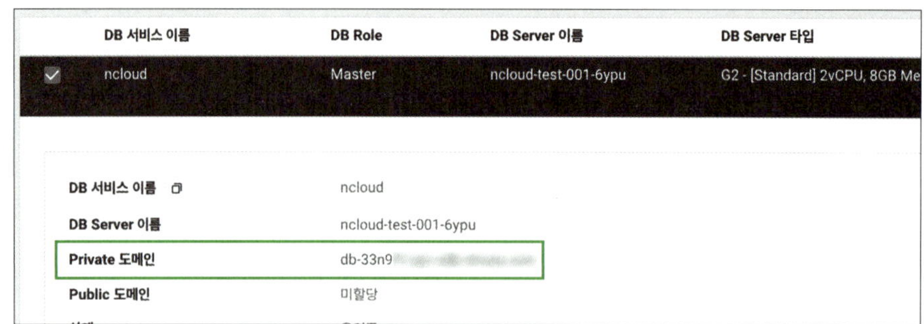

그림 8.12 Private Domain 확인 화면

7. 실제 접속이 되면 다음과 같이 서버 접속 창에서 `mysql>`로 바뀌게 됩니다.

```
Type 'help;' or '\h' for help. Type '\c' to clear the current input statement.

mysql> ▌
```

그림 8.13 **Cloud DB for MySQL 접속 화면**

8. 그럼 실제 Cloud DB for MySQL에 구성되어 있는 데이터베이스들을 조회해보도록 하겠습니다.

다음 SQL 명령어에 따라 구성되어 있는 데이터베이스를 살펴보겠습니다.

- 명령어: `show databases;`

실제 명령어를 수행해서 살펴보면 Cloud DB for MySQL을 생성했을 때 기본 DB로 구성했던 lab-db가 구성되어 있는 것을 확인할 수 있습니다.

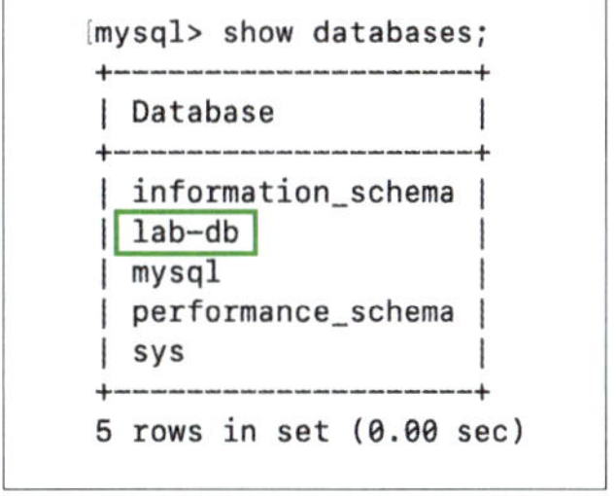

```
mysql> show databases;
+--------------------+
| Database           |
+--------------------+
| information_schema |
| lab-db             |
| mysql              |
| performance_schema |
| sys                |
+--------------------+
5 rows in set (0.00 sec)
```

그림 8.14 **Cloud DB for MySQL 데이터베이스 구성 화면**

자주하는 질문!

생성한 Cloud DB for MySQL은 서버를 통한 접속 외에 다른 접속 방법이 있을까요?

네, Cloud DB for MySQL에 접근하는 방법은 다음과 같이 세 가지 방법이 제공됩니다.

1 네이버 클라우드 플랫폼 서버에서 Private Domain을 이용하여 접근

2 Public Domain을 이용하여 접근

3 SSL VPN을 이용하여 접근

(1)번 방법은 위 실습을 통해 살펴보았습니다. (2)번 방법을 위해서는 Public Domain 할당이 먼저 선행되어야 합니다. Public Domain 할당은 생성한 Cloud DB for MySQL을 선택한 후 상단의 'DB관리' ➡ 'Public 도메인 관리'를 선택해주면 Public Domain이 할당됩니다. 네이버 클라우드 플랫폼 내부 인프라에서 접근 시, Private Domain을 사용하고 외부에서 접근할 때는 Public Domain을 사용하면 됩니다.

SSL-VPN을 통한 접속은 SSL-VPN 서비스를 신청한 후 SSL-VPN에서 사용하는 IP 대역을 Cloud DB for MySQL ACG에 룰을 추가함으로써 Cloud DB for MySQL에 접근 가능하도록 허용해준 후, Cloud DB for MySQL의 Private Domain으로 접근하면 됩니다.

8.1.3 Cloud DB for MySQL 모니터링 확인

이번에는 Cloud DB for MySQL에 대한 모니터링을 Cloud Insight를 통해 구현해보겠습니다.

▶ 실습

CAUTION 실습 과정을 통해 생성한 리소스들은 사용한 만큼 과금됩니다.

1. [콘솔] ➡ [Menu] ➡ [Services] ➡ [Database] ➡ [Cloud DB for MySQL]을 선택합니다.

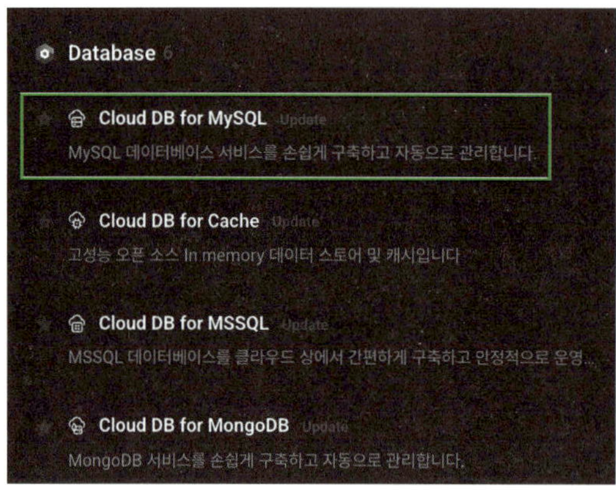

그림 8.15 Cloud DB for MySQL 메뉴

2. Cloud DB for MySQL 서브 메뉴들 중 [Monitoring]이라는 메뉴를 클릭합니다.

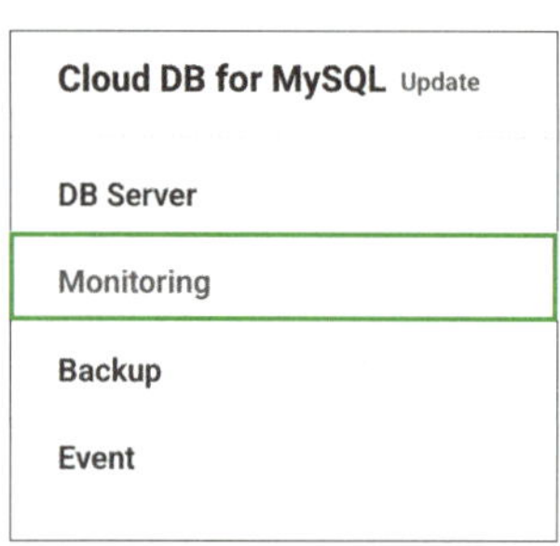

그림 8.16 Cloud DB for MySQL ➡ Monitoring 메뉴

3. 가장 왼편에 생성한 데이터베이스 선택 시 Master 서버와 Standby 서버 각각에 대한 모니터링 지표를 확인할 수 있습니다.

   모니터링 지표로는 데이터베이스에 대한 부분, OS에 대한 부분, 데이터베이스 로그, DB Server에 Process list를 실행하여 해당 시점의 Running Session이 실행 중인 Query를 수집하는 Query Timeline 정보를 살펴볼 수 있습니다.

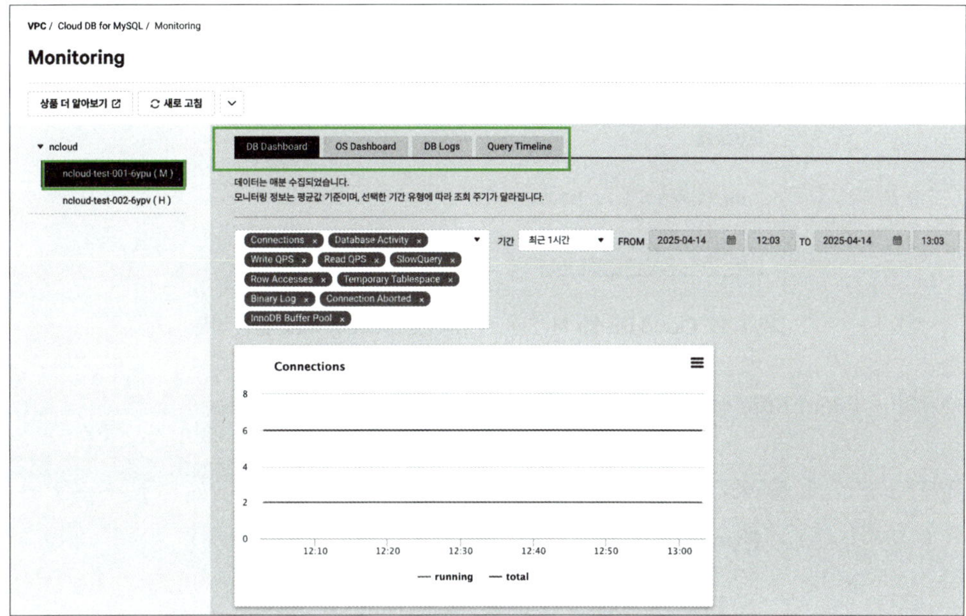

그림 8.17 Cloud DB for MySQL ➡ Monitoring 화면

8.1.4 Cloud DB for MySQL 이벤트 알람 설정

이번에는 Cloud Insight 서비스를 통해서 Cloud DB for MySQL 특정 메트릭이 설정한 임곗값에 도달했을 시에 알람이 발송될 수 있도록 설정하는 방법에 대해서 살펴보겠습니다.

1. Cloud DB for MySQL 하위 메뉴의 [Event] 메뉴를 클릭합니다.

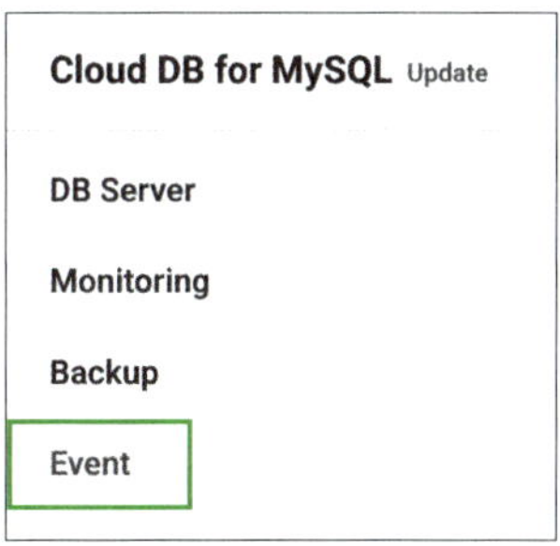

그림 8.18 Cloud DB for MySQL ➡ Event 메뉴

2. 상단의 [Event Rule 설정(Cloud Insight)]을 클릭합니다.

그림 8.19 Cloud DB for MySQL ➡ Event ➡ Event Rule 설정 버튼

3. 상단의 [+ Event Rule 생성]을 클릭합니다.

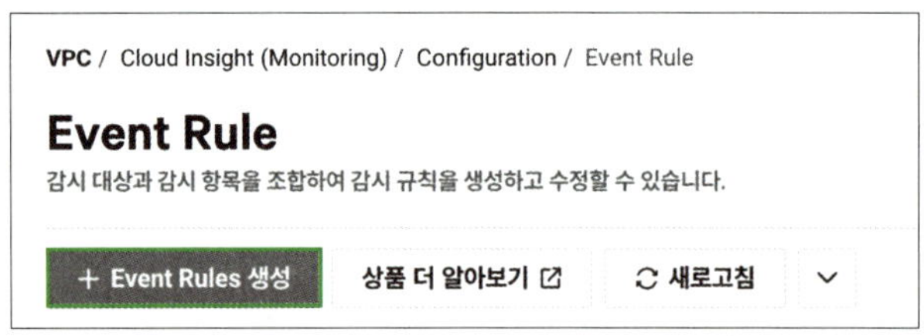

그림 8.20 Cloud DB for MySQL ➡ Event ➡ Event Rule 생성 버튼

4. 감시 상품 선택란에서 [Cloud DB for MySQL(VPC)]를 선택합니다.

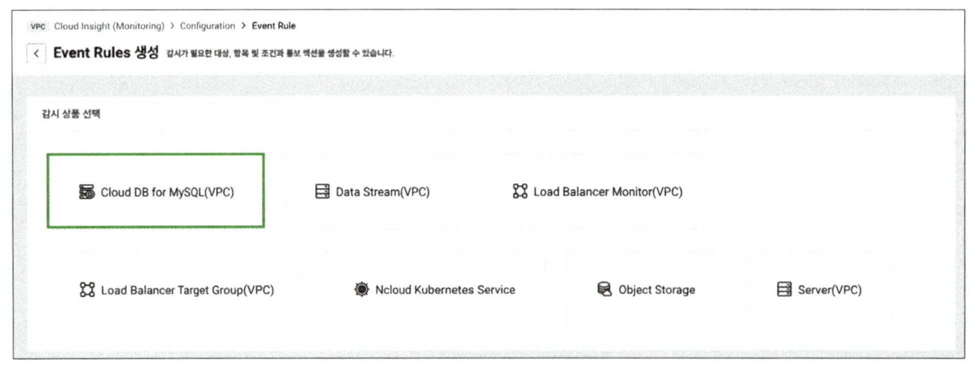

그림 8.21 Cloud DB for MySQL ➡ Event ➡ Event Rule 생성 화면 (1)

5. 선택 후 하단의 [다음] 버튼을 클릭합니다.

6. 감시 대상을 설정하겠습니다. 상단의 [+ 그룹 생성]을 클릭합니다.

- 그룹 이름: cdb-group
- 선택 가능한 감시 대상: Cloud DB for MySQL Master/Stand-by 서버 2대를 선택합니다.

- 선택 후 하단을 향하는 화살표를 선택하면 감시 대상으로 선택됩니다.

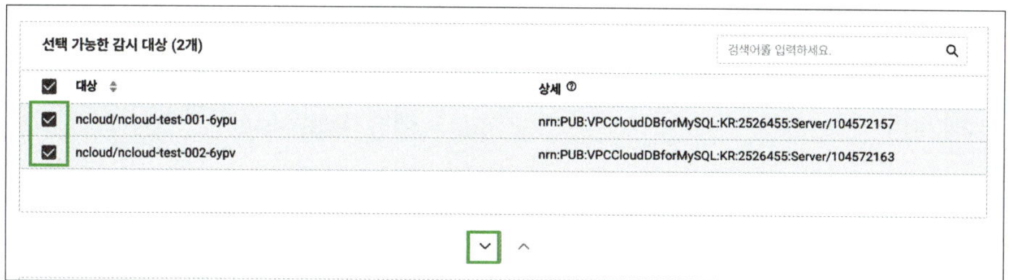

그림 8.22 Cloud DB for MySQL ➡ Event ➡ Event Rule 생성 화면 (2)

7. 선택한 감시 대상에 2개가 추가되면 하단의 **[생성]** 버튼을 클릭합니다.
8. 방금 생성한 대상 그룹인 'cdb-group'을 선택한 후 하단의 **[다음]** 버튼을 클릭합니다.
9. 상단의 **[+ 템플릿 생성]**을 클릭합니다.
10. 다음과 같이 모니터링 템플릿을 생성합니다.
    - 템플릿 이름: cdb_template
    - 메트릭: cpu_load_1, mysql_slavedelay

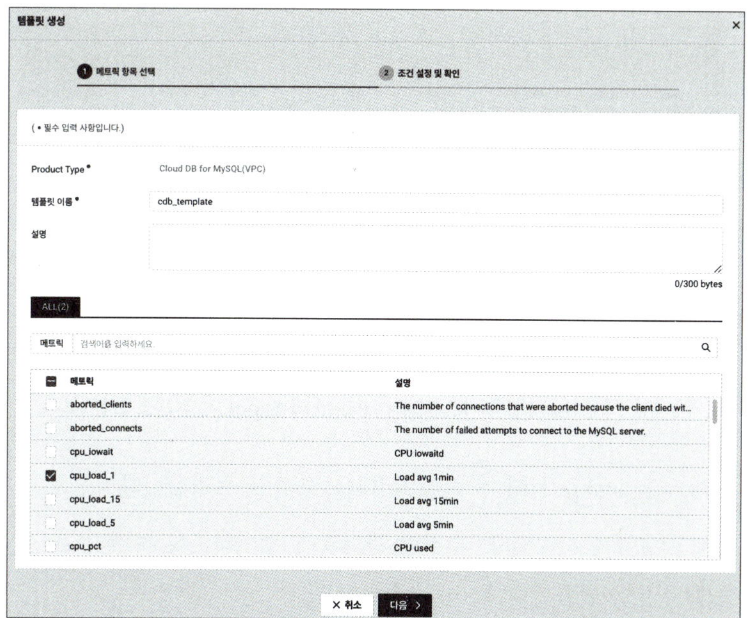

그림 8.23 Cloud DB for MySQL ➡ Event ➡ Event Rule 생성 화면 (3)

이와 같이 구성한 후 하단의 **[다음]**을 클릭합니다.

11. 이번에는 모니터링 메트릭 구성을 진행해보겠습니다.

[cpu_load_1]

디멘션: ALL

레벨: Info

조건: >=, 80

집약 방법: AVG

지속 시간: 1

[mysql_slavedelay]

디멘션: ALL

레벨: Warning

조건: >=, 80

집약 방법: AVG

지속 시간: 1

NOTE Cloud Insight에서 Level은 Event 발생 시 레벨로서 Info, Warning, Critical로 구분할 수 있습니다. 레벨의 정도에 따라서 설정해주면 됩니다. Condition 항목에서는 Event 발생 시 조건을 설정하며, Method는 해당 메트릭의 `aggregation` 함수를 선택합니다.

위와 같이 설정 후, 하단의 **[저장]** 버튼을 클릭합니다.

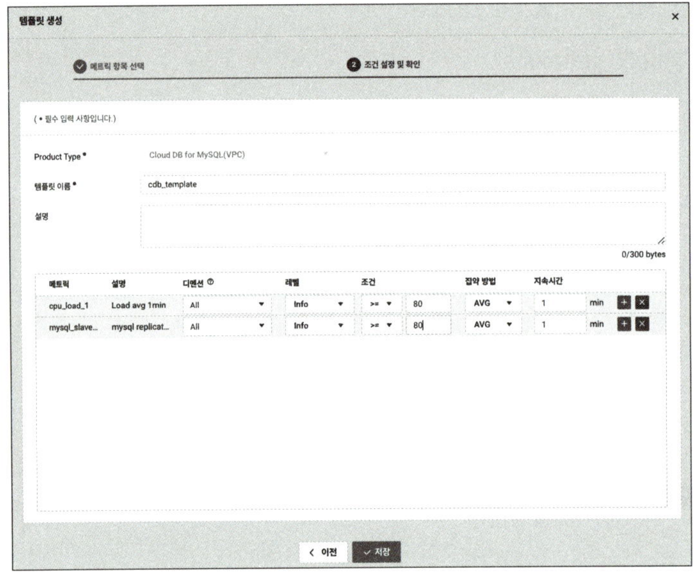

그림 8.24 **Cloud DB for MySQL ➡ Event ➡ Event Rule 생성 화면 (4)**

12. 방금 만든 cdb_template을 선택 후 하단의 **[다음]** 버튼을 클릭합니다.

13. 해당 이벤트가 발생했을 시 알람을 수신할 담당자를 추가하도록 하겠습니다. 왼쪽 상단의 **[통보 대상자 생성]** 버튼을 클릭합니다.

통보 대상자 생성

그림 8.25 **Cloud DB for MySQL ➡ Event ➡ Event Rule 생성 화면 (5)**

14. 상단의 [**+ 대상자 추가**] 버튼을 클릭합니다.

- 대상자 이름: (각자의 이름 입력)
- 이메일 주소: (알람을 수신할 이메일 주소 입력)
- 휴대폰 번호: (알람을 수신할 전화번호 입력)

위 정보를 입력 후 하단의 [**추가**] 버튼을 클릭합니다.

15. 통보 대상자를 추가한 화면 탭에서 바로 왼쪽 탭을 클릭하면 이전에 진행한 Cloud Insight 설정 화면으로 이동합니다. 통보 대상자 탭에서는 방금 만든 통보 대상자가 보이지 않을 겁니다. 알림 발송 탭 바로 옆 Integration 탭 이동 후 다시 알림 발송 탭으로 이동하면 탭 하단의 화면이 리프레시 되면서 방금 추가한 통보 대상자가 보일 것입니다. 추가한 통보 대상자 선택 후 하단의 [**다음**] 버튼을 클릭합니다.

16. 마지막 페이지는 이 모든 설정을 저장하는 룰 화면입니다. 룰 이름을 다음과 같이 입력 후, 하단의 [**생성**] 버튼을 클릭합니다.

- 룰 이름: cdb_event_rule

자주하는 질문!

페일오버도 테스트 가능한가요? Cloud DB for MySQL의 페일오버가 정상적으로 작동하는지 확인해보고 싶습니다.

네, 가능합니다. 생성한 Cloud DB for MySQL을 선택한 후 상단의 'DB 관리' 메뉴를 클릭합니다. 서브 메뉴들 중 'Master DB Failover'를 선택하면 마스터 서버와 스탠바이 서버가 서로 롤을 바꾸면서 페일오버를 진행하게 됩니다.

8.1.5 Cloud DB for MySQL 백업 파일을 바탕으로 한 복원

이번 실습에서는 Cloud DB for MySQL의 백업 파일이 완성되었을 시에 해당 파일로 어떻게 데이터베이스를 복원하는지 살펴보도록 하겠습니다.

▶ 실습

CAUTION 실습 과정을 통해 생성한 리소스들은 사용한 만큼 과금됩니다.

1. [콘솔] ➡ [Menu] ➡ [Services] ➡ [Database] ➡ [Cloud DB for MySQL] ➡ [Backup] 선택

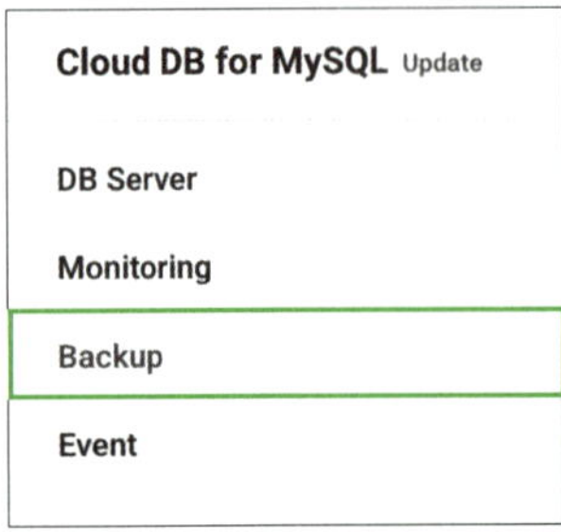

그림 8.26 Cloud DB for MySQL ➡ Backup

2. 운영하고 있는 데이터베이스의 백업 파일을 확인하기 위해 **[상세 내역]**을 클릭합니다.

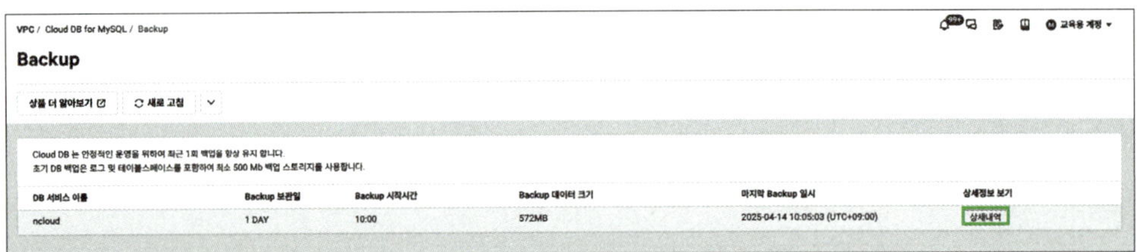

그림 8.27 Cloud DB for MySQL ➡ Backup ➡ 상세 내역

3. 복원하고자 하는 백업 파일을 선택 후 상단의 **[Backup 파일 복원]**을 클릭합니다.

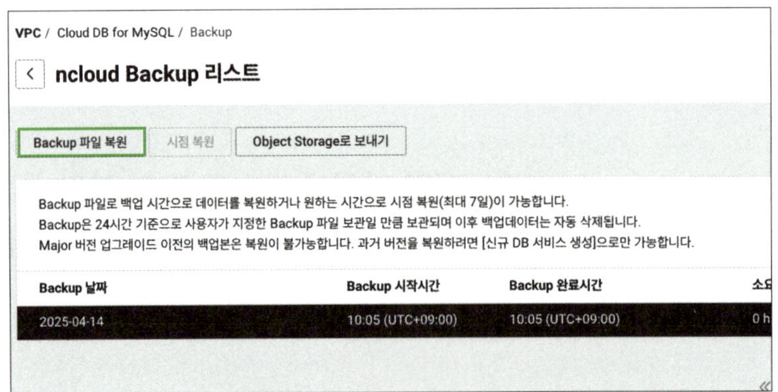

그림 8.28 Cloud DB for MySQL ➡ Backup ➡ 파일 복원

4. 사용할 DB Server 이름을 'ncloud-backup'으로 기입 후 하단의 **[복원하기]** 버튼을 클릭합니다.

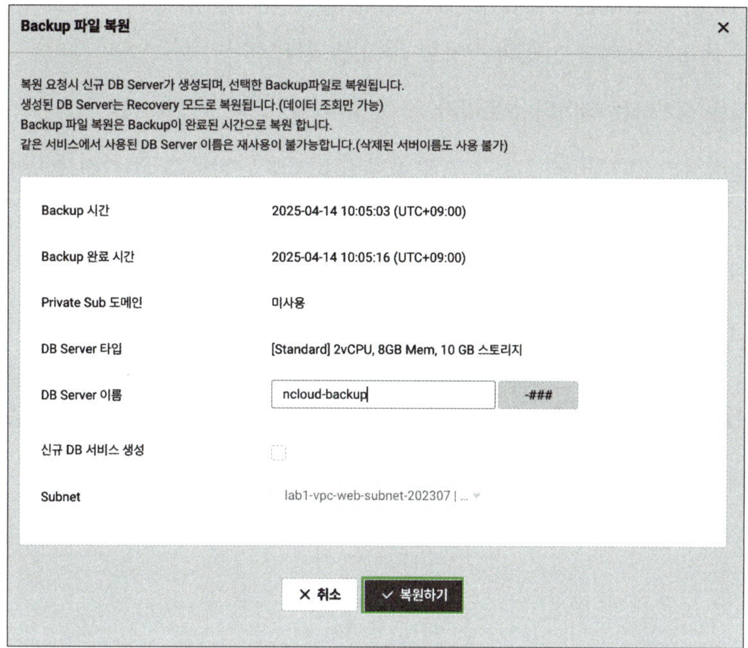

그림 8.29 Cloud DB for MySQL ➡ Backup ➡ 파일 복원 설정 화면

5. 실제 복원된 서버는 [Cloud DB for MySQL] ➡ [DB Server]에서 확인이 가능합니다.

8.2 Cloud DB for MSSQL

다음으로는 MSSQL 데이터베이스를 완전 관리형으로 사용해볼 수 있는 Cloud DB for MSSQL 상품의 특징들을 살펴보겠습니다. Microsoft에서 만든 대표적인 상용 RDBMS인 MSSQL은 강력한 UI/UX를 가진 SSMS를 이용하여 편리하게 DB를 관리할 수 있습니다. 80년대 IBM의 운영체제인 OS/2용으로 개발을 시작하여 90년대 윈도우 기반, 2017 버전부터는 리눅스도 지원을 하기 시작했으며 개인이 사용할 수 있는 무료 버전인 Express Edition부터 일반적으로 많이 사용하는 Standard Edition, 대규모 시스템에 다양한 방식의 페일오버 클러스터링을 지원하는 Enterprise Edition까지 다양한 에디션이 존재합니다.

Cloud DB for MSSQL 서비스도 이전에 살펴본 Cloud DB for MySQL처럼 자동 페일오버, 자동 백업, 모니터링 등 데이터베이스의 고가용성과 안정성을 손쉽게 구성할 수 있는 관리형 서비스입니다.

- **다양한 서버 타입 제공**

  Standard, High-Memory, High-CPU 타입과 같이 다양한 유형의 서버를 제공하여 서비스 규모에 맞는 적절한 서버를 선택해 사용할 수 있습니다.

- **2 TB까지 자동 증가하는 데이터 스토리지**

  데이터 스토리지는 100 GB를 기본으로 제공하며 10 GB 단위로 2 TB까지 용량이 자동으로 증가합니다.

- **자동 페일오버 기본 제공**

  Cloud DB for MSSQL 서비스는 장애에 대비하기 위하여 자동 페일오버 기능을 제공합니다. 기본적으로 주 데이터베이스principal database와 미러 데이터베이스mirror database를 생성하여 주 데이터베이스에 장애가 발생할 경우 미러 데이터베이스로 자동 대체합니다. 이러한 DNS 방식 이중화를 제공하여 애플리케이션 변경 없이 장애에 대비할 수 있습니다.

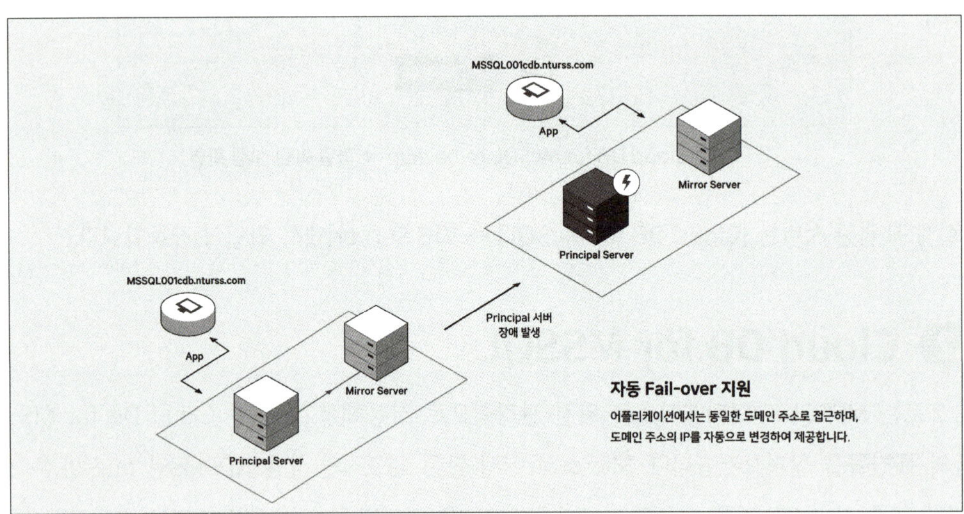

그림 8.30 Cloud DB for MSSQL Fail-over

- **멀티존 구성**

  VPC 환경에서는 데이터베이스 고가용성을 위해 액티브 마스터 데이터베이스와 스탠바이 마스터 데이터베이스가 다른 존에 구축되는 멀티존 옵션을 사용할 수 있습니다. 이 구성을 통해 존에 장애가 발생하더라도 데이터베이스의 가용성을 유지할 수 있습니다. 각 존은 지리적, 물리적으로 분리된 인프라에 구성되어 높은 안정성을 보장합니다.

- **읽기 슬레이브 서버 제공**

  주기적으로 진행되는 일괄 처리batch processing 및 비즈니스 인텔리전스business intelligence, BI 용도로 적합한 읽기 가능 슬레이브slave 서버를 최대 5개까지 생성할 수 있습니다.

자주하는 질문!

Cloud DB for MSSQL의 라이선스는 무엇인가요?

Cloud DB for MSSQL에서 제공하는 MSSQL 서버는 모두 Microsoft 사의 SPLAServices Provider License Agreement 라이선스를 사용합니다.

Principal Server와 Mirror Server의 차이는 무엇인가요?

Cloud DB for MSSQL은 기본적으로 고가용성을 위한 이중화를 지원하며, 이를 위해 주 데이터베이스와 미러 데이터베이스, 이렇게 2대의 데이터베이스가 기본으로 생성됩니다. 데이터베이스가 정상 운영되는 동안 미러 데이터베이스는 어떠한 역할도 하지 않고 주 데이터베이스의 데이터를 그대로 복제하며, 주 데이터베이스에 장애가 발생하는 경우 미러 데이터베이스가 주 데이터베이스의 역할을 담당합니다. .

8.3 Cloud DB for Redis

Cloud DB for Redis 서비스에 대해 살펴보기 전에 Redis라는 것이 무엇인지부터 살펴보도록 하겠습니다. Redis라는 것은 Remote Dictionary Server의 약자로서, 키-밸류 구조의 비정형 데이터를 저장하고 관리하기 위한 오픈소스 기반의 비관계형 데이터베이스입니다. 고정된 스키마 없이 데이터를 저장하기 때문에 유연하게 데이터를 처리할 수 있고, 인메모리 방식으로 작동하므로 빠르다는 장점을 가지고 있습니다. 이러한 특징에 따라 실시간 업데이트가 필요하거나 빠른 처리가 필요한 애플리케이션에 많이 활용되고 있습니다.

최근에는 일반적인 데이터는 RDBMS에 저장하고 빠른 검색 결과가 필요한 데이터들은 Key-Value DB에 저장하여 게임과 같이 실시간으로 점수와 순위를 정렬sorting하는 데 사용되기도 하고, 데이터를 빠르게 분석할 때도 사용합니다. 다만 주의해야 할 점은 Key-Value DB 중에서 Redis는 메모리 기반이고 TTL을 사용할 수 있는 만큼 데이터가 언제든지 휘발될 수 있습니다. 따라서 반드시 안정적인 DB에 데이터를 저장하고 소팅이나 검색이 필요한 일부 데이터만 Redis에 복사하는 형태로 데이터를 구분하여 이용해야 합니다.

Cloud DB for Redis는 Redis 캐시를 클라우드상에서 간편하게 구성할 수 있는 서비스로, Cloud DB for Redis는 Simple이라는 구성 방식과 Cluster라는 구성 방식으로 생성할 수 있습니다. Simple이라는 구성 방식은 Cloud DB for MySQL과 Cloud DB for MSSQL처럼 2대의 서버가 구성되어 고가용성을 유지하는 타입입니다. 반면에 클러스터 구성은 Master/Slave 방식을 사용하며 데이터 샤딩으로 트래픽 분산이 가능한 Redis 구성 방식을 의미합니다.

- **캐시 데이터 사이즈에 따른 유연한 사용**

  여러 가지 유형의 서버 타입을 사용자의 서비스 규모에 맞게 선택하여 사용할 수 있습니다. 추가적인 메모리 공간이 필요한 경우 서비스 중 한 번의 재시작만으로 더 큰 메모리 사이즈로 변경할 수 있습니다.

- **데이터 자동 백업 및 백업된 데이터로 Redis 서버 생성**

  매일 1회 고객이 원하는 시간에 캐시 데이터를 자동으로 백업하며, 백업된 데이터로 신규 Redis 서버를 생성하여 데이터 복원 가능합니다. Redis 서버는 최대 7일까지 백업 파일 보관이 가능합니다.

- **성능 모니터링 및 알람**

  Redis 및 운영체제에 관련한 다양한 성능 모니터링 수치와 그래프를 제공합니다.

- **자동 페일오버 지원**

  고가용성(HA) 지원 사용 시 서버 이중화 구성으로 장애가 발생하면 스탠바이 마스터 서버로 자동 페일오버됩니다.

- **Cluster 지원(VPC)**

  샤드를 동일 스펙으로 3~10개까지 구성 가능하며 각 샤드당 슬레이브 노드를 최대 4개까지 구성 가능합니다.

- **Auto Sharding 지원(VPC)**

  Redis Cluster가 자동으로 Auto Sharding을 지원하여 데이터를 분산하므로 노드별로 균등하게 분배가 가능합니다.

- **확장성(VPC)**

  노드를 추가하여 Redis Cluster 확장이 가능하므로 많은 트래픽 처리가 가능합니다.

자주하는 질문!

Redis 서버에서 말하는 샤딩과 샤드라는 것은 무엇인가요?

샤딩sharding이란, 대량의 데이터를 처리하기 위해 여러 개의 DBMS에 분할하는 기술로, DBMS 안에서 데이터를 나누는 것이 아니라 DBMS 밖에서 데이터를 나누는 방식을 의미합니다. 반면에 샤드shard는 Redis Cluster에서 분할된 데이터 단위를 뜻합니다.

8.4 Cloud DB for MongoDB

MongoDB는 Document DB(도큐먼트 데이터베이스)라고도 부릅니다. 그럼 Document DB란 무엇인지 먼저 살펴보고 Cloud DB for MongoDB에 대해서 설명하도록 하겠습니다.

먼저 그림 8.31과 같이 MongoDB의 구조를 보면 Document DB란, 정보를 문서에 저장하는 형태입니다. 문서는 일반적으로 하나의 객체 및 이 객체와 관련된 메타데이터의 정보를 저장하며, 문서는 필드-값의 쌍으로 데이터를 저장하고 관리합니다. 문서는 JSON, BSON, XML과 같은 형식으로 저장할 수 있다는 특징을 가지고 있으며, 정해진 스키마로 관리되지 않기 때문에 유연한 데이터 저장이 가능하다는 특징을 가지고 있습니다. 컬렉션은 이러한 문서들에 대한 그룹이라고 생각하면 됩니다.

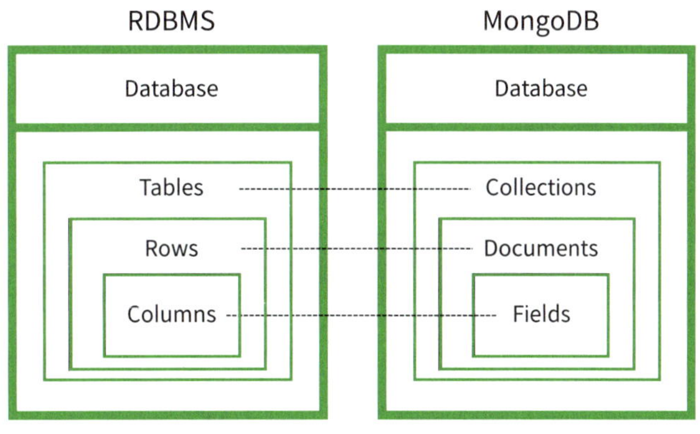

그림 8.31 MongoDB 특징

Document DB는 RDBMS처럼 컬럼에 대한 타이트한 정의가 필요 없으며 스키마가 유연하고 확장 가능하다는 특징이 있습니다. 그렇기 때문에 RDBMS와 같은 데이터를 저장하는 데에는 적합하지 않습니다. Document의 쓰임새는 일반적인 데이터를 저장하는 용도가 아닌 XML이나 JSON을 저장하는 데 사용되는데, 대표적으로 설문과 같이 정해진 양식에 데이터를 입력하는 것이 아니라 사용자가 자유롭게 설문 포맷을 변경하는 곳에 사용됩니다.

설문을 설계할 때는 설계자가 문항이나 보기의 개수, 형식을 자유롭게 설계할 수 있습니다. 이런 경우 RDBMS에 데이터를 저장하는 것이 매우 까다로울 수 있는데, RDBMS는 정형화되어 있다 보니 확장성이나 유연성이 떨어질 수밖에 없습니다. 그래서 이러한 데이터를 저장하고 불러올 때 Document DB가 더 유용합니다.

그림 8.32 네이버 폼 설계 화면

네이버 클라우드 플랫폼의 Cloud DB for MongoDB는 Sharded Cluster, Replica Set, Stand alone 타입으로 구성할 수 있습니다.

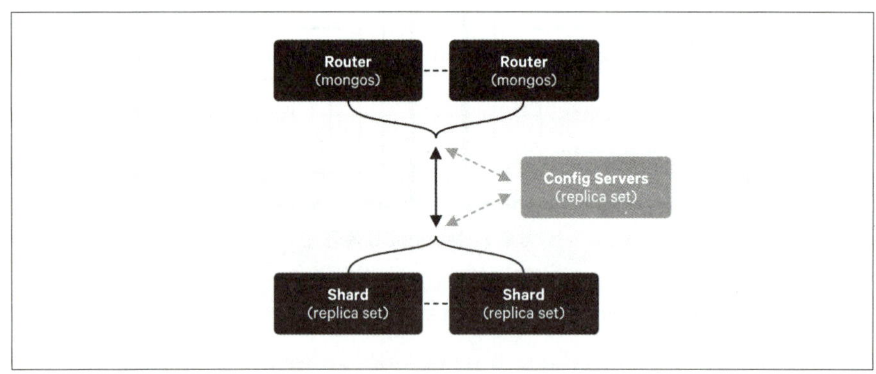

그림 8.33 Cloud DB for MongoDB 구성도 (1)

샤드 클러스터는 mongos, Config Server, Shard로 구성되며, 다중 Replica Set에 데이터를 분산 저장하는 구성입니다.

NOTE MongoDB에서 replica set 구성이란?

MongoDB에서 replica set 구성은 primary node와 secondary node로 구성됩니다. Primary node는 모든 쓰기 작업을 수행하며, secondary node는 primary node의 데이터를 지속적으로 복제합니다. Primary node에 문제가 생겼을 경우, secondary node가 primary node로 변경되며 자동 페일오버가 진행됩니다.

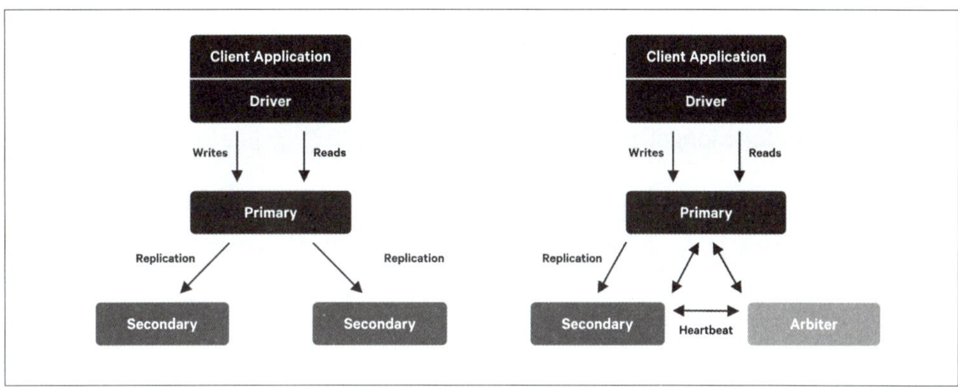

그림 8.34 Cloud DB for MongoDB 구성도 (2)

Replica set 형태로 Cloud DB for MongoDB 구성 시에는 그림 8.34와 같이 Primary node와 Secondary node들로 구성된 것을 볼 수 있습니다.

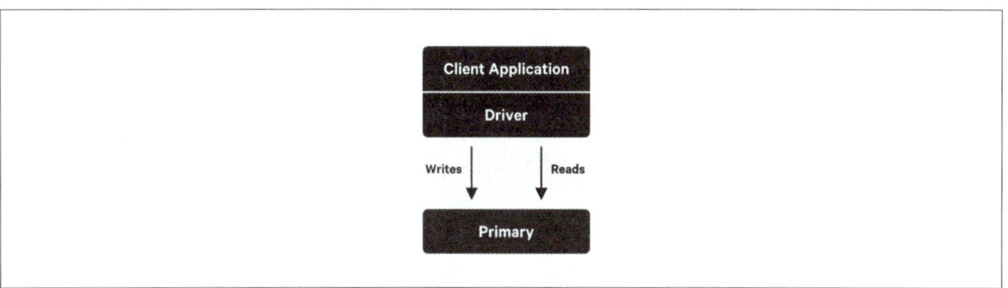

그림 8.35 Cloud DB for MongoDB 구성도 (3)

Stand-alone 타입은 1대의 primary node로만 구성되어 HA는 지원하지 않습니다.

각 타입에 대한 이중화 구성 여부와 구성 요소들을 정리하면 표 8.2와 같습니다.

표 8.2 Cloud DB for MongoDB 타입별 주요사항

클러스터 타입	이중화 구성	서버 생성 수(대)	구성
Stand-alone	X	1	Stand-alone
Replica set	O	3~7	Primary, Secondary, Arbiter
Shard Cluster	O	Mongos: 2~5 Config: 3 Shard: 2개 이상 Shard(Replica Set)당 Member: 3~7 Shard(Replica Set)당 Arbiter: 0~1	Mongos, Primary, Secondary, Arbiter

이 외에도 Cloud DB for MongoDB가 제공하는 특징은 다음과 같습니다.

- 2 TB까지 자동 증가하는 데이터 스토리지: 기본 10 GB 데이터 스토리지를 제공하며, 10 GB 단위로 2 TB까지 자동으로 용량 증가
- Compass 제공: MongoDB용 GUI인 Compass를 통해 MongoDB에 저장된 데이터를 검색과 시각화 및 CRUD 작업할 수 있으며, 인덱싱 및 문서 유효성 감사 등의 작업 분석 가능
- BI Connector 제공(Enterprise Edition): MongoDB BI Connector를 사용해 MongoDB를 BI 및 분석 플랫폼의 데이터 소스로 사용할 수 있으며, MongoDB에 저장된 데이터와 다른 데이터베이스에 저장된 데이터를 결합하여 통합 분석 가능

8.5 Cloud DB for PostgreSQL

마지막으로 소개할 완전 관리형 데이터베이스는 PostgreSQL입니다. PostgreSQL은 객체 관계형 데이터베이스 관리 시스템입니다. 객체 관계형 데이터베이스는 객체지향 데이터베이스 모델과 관계형 데이터베이스 관리 시스템을 조합한 형태라고 생각하면 됩니다. 기존 관계형 데이터베이스가 가지고 있는 한계점인 다양한 형식의 지원, 복잡한 데이터 처리 등을 보완하기 위해 객체형 데이터베이스가 가지고 있는 복잡한 데이터 모델링에 강하다는 장점을 결합했습니다. 이러한 객체 관계형 데이터베이스 중 하나가 바로 PostgreSQL입니다.

PostgreSQL은 일반적인 RDMS와 유사하게 SQL을 이용할 수 있고 오픈소스로 공개도 되어 있습니다. PostgreSQL의 가장 큰 특징이라면 Extension을 통해 기능을 확장시킬 수 있다는 점입니다. 이를 통해 애플리케이션을 통해 복잡하게 계산해야 하는 내용도 간단한 쿼리문으로 해결

할 수 있습니다. 예를 들어 PostGIS Extension을 확장시키면 두 지점 사이의 거리를 `ST_Distance`라는 SQL 함수로 간단하게 구할 수 있게 됩니다. 이와 같이 Extension을 활용할 수 있다는 점이 PostgreSQL의 큰 특징입니다.

이러한 PostgreSQL을 관리형 서비스로 손쉽게 구축할 수 있는 Cloud DB for PostgreSQL에 대해서 살펴보도록 하겠습니다.

Cloud DB for PostgreSQL 서비스의 주요 특징은 이전 관리형 서비스와 매우 유사합니다.

- **데이터 자동 백업 및 백업된 데이터로 PostgreSQL 서버 생성**: 매일 1회 고객이 원하는 시간에 데이터를 자동으로 백업하며, 백업된 데이터로 신규 PostgreSQL 서버를 생성하여 데이터 복원이 가능합니다. 백업 파일은 1일부터 최대 30일까지 사용자 설정이 가능합니다.
- **성능 모니터링 및 알람**: PostgreSQL 및 운영체제에 관련한 다양한 성능 모니터링 수치와 그래프를 제공합니다. 또한 Cloud insight를 통해 주요 메트릭에 대한 임곗값을 설정해놓으면 SMS와 Email로 알람을 수신할 수 있습니다.
- **읽기 부하 분산**: 존별로 최대 5대까지 Read Replica DB 확장이 가능하며, Load Balancer와 연동하여 데이터베이스 읽기 부하 분산이 가능합니다.
- **자동 페일오버 지원**: 고가용성(HA) 지원 사용 시 서버 이중화 구성으로 장애 발생 시 Secondary 서버로 자동 페일오버됩니다.

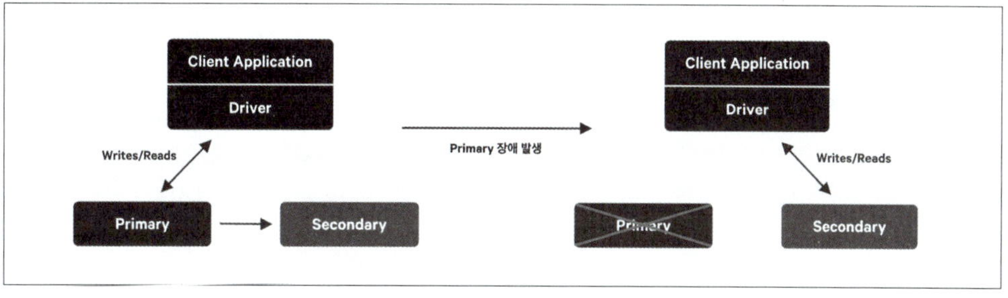

그림 8.36 Cloud DB for PostgreSQL 구성도

- Extension 지원: pgvector, pg_stat_statements, passwordcheck, postgres_fdw, PostGIS (PostGIS는 Rocky Linux와 PostgreSQL 14 버전 이상에서만 지원)가 제공됩니다.

  1. pg_stat_statements: 수행된 SQL statements에 대한 통계 제공

2. passwordcheck: CREATE ROLE 혹은 ALTER ROLE 수행 시 User의 password를 검사하여 취약한 경우 에러 리턴
3. pgvector: vector에 대한 type과 연산을 제공
4. postgres_fdw: PostgreSQL에서 다른 PostgreSQL 서버의 테이블을 외부 테이블처럼 조회하고 조작할 수 있도록 하는 Foreign Data Wrapper(FDW)

기술자격시험 기출문제

문제 1 **Cloud DB for MySQL에서 Load Balancer 사용에 대한 설명으로 옳지 않은 것은 무엇인가요?**

① Cloud DB for MySQL에서 Load Balancer는 한 대 이상의 Slave DB 서버를 Load Balancer로 묶어 읽기 부하 분산을 하기 위해 사용합니다.

② 읽기 부하 분산을 위해 사용하므로 생성한 DB Server 중 Slave DB server만 Load Balancer로 묶어 사용할 수 있습니다.

③ Load Balancer를 Public Network로 생성하여 Slave DB와 연결해야 합니다.

④ 반드시 동일한 DB 서비스에 속한 Slave 서버만을 선택하여 Load Balancer를 생성해야 합니다.

문제 2 **Cloud DB for MySQL 생성 시 자동 생성되는 항목을 모두 고르시오.**

① Private Domain

② ACG

③ Public Domain

④ Event Alarm

정답: 1. ③ 2. ①, ②

해설: 1. Cloud DB for MySQL 서버의 Slave DB를 추가하여 읽기 부하 분산이 가능하며 이를 위해선 Load Balancer의 네트워크 타입으로 Private Network를 선택해야 합니다.
2. Cloud DB for MySQL 서버가 생성되면 ACG와 Private Domain이 자동 생성됩니다.

CHAPTER 9

네이버 클라우드 플랫폼 관리 도구

클라우드 인프라를 운영하는 데 있어 인프라의 이상 징후를 빠르게 파악하고 이에 대한 대응 체계를 구축하는 것은 매우 중요합니다. 특히 서비스의 중단은 비즈니스의 연속성과 서비스에 대한 신뢰도에 영향을 미칠 수 있으므로, 인프라의 안정적인 운영을 위해서 인프라에 대한 모니터링 체계를 구축하여 서비스의 가용성을 확보하는 것은 클라우드 인프라 구축 시 필수로 고려해야 할 요소입니다.

이러한 모니터링 체계는 24시간 365일 진행되어야 하며, 모니터링 체계가 수동 작업이 아닌 자동화된 모니터링 시스템을 구축함으로써 IT 인력에 대한 효율적 운영 및 리소스에 대한 가시성을 확보하는 것이 중요합니다.

또한 클라우드 인프라는 사용한 만큼 과금되는 체계이므로 리소스에 대한 요금 현황과 요금 체계에 대한 거버넌스를 확보할 수 있는 것 또한 관리 도구 측면에서 고려해야 할 요소입니다.

9.1 네이버 클라우드 플랫폼 주요 관리 도구

네이버 클라우드 플랫폼을 운영하는 네이버 클라우드NAVER Cloud는 시스템에서 발생하는 문제를 지체 없이 해결할 수 있는 관리 기술을 개발하여 제공하고 있습니다. 네이버 클라우드가 가지고 있는 기술력을 바탕으로 만들어진 주요 관리 도구들은 다음과 같습니다.

표 9.1 네이버 클라우드 플랫폼 주요 관리 도구

서비스명	제공 기능
Cloud Log Analytics	여러 종류의 로그를 한곳에 저장하고 분석할 수 있는 데이터 관리 서비스
Sub Account	서브 계정을 생성하여 서브 계정 접근 권한을 관리할 수 있는 서비스
Web service Monitoring System	웹서비스의 정상 작동 여부와 응답 속도를 모니터링하는 서비스
Network Traffic Monitoring	서버에서 발생하는 트래픽을 수집, 분석하여 정보를 제공하는 서비스
Cloud Activity Tracer	네이버 클라우드 플랫폼의 메인 계정과 서브 계정에서 발생하는 로그를 저장하고 분석하는 서비스
Resource Manager	네이버 클라우드 플랫폼에서 생성한 리소스들에 대한 변경사항(생성, 삭제 등)을 감시할 수 있는 서비스
Cloud Insight	네이버 클라우드 플랫폼에서 관리하고 있는 인프라들에 대한 성능, 운영 지표를 확인하고 지정한 메트릭에 대한 임곗값 도달 시 알림을 발송하는 서비스
Cloud Advisor	네이버 클라우드 플랫폼의 노하우를 바탕으로 사용자에게 다양한 카테고리별 점검 리포트를 제공하는 서비스
Organization	사용하고 있는 모든 네이버 클라우드 플랫폼 계정의 사용 자원과 비용을 통합 관리하는 서비스
Service Quota	서비스별 한도 및 사용량을 확인하고 필요 시 한도를 상향할 수 있는 서비스
Cost Explorer	각 상품의 세부 비용 내역을 명확히 파악하고, 주요 비용 요인을 분석하여 비용 절감 방안을 모색하고 예산을 최적화하는 데 유용한 서비스

네이버 클라우드 플랫폼의 관리 도구들은 이와 같이 모니터링, 권한 분리, 사용량 체크 등 다양한 서비스들을 제공하고 있기 때문에 사용자가 각각의 관리 도구들을 이해하고 적합한 서비스를 선택하여 사용하는 게 중요합니다. 그럼 각 관리 도구들의 주요 특징들을 살펴보도록 하겠습니다.

9.2 Cloud Log Analytics

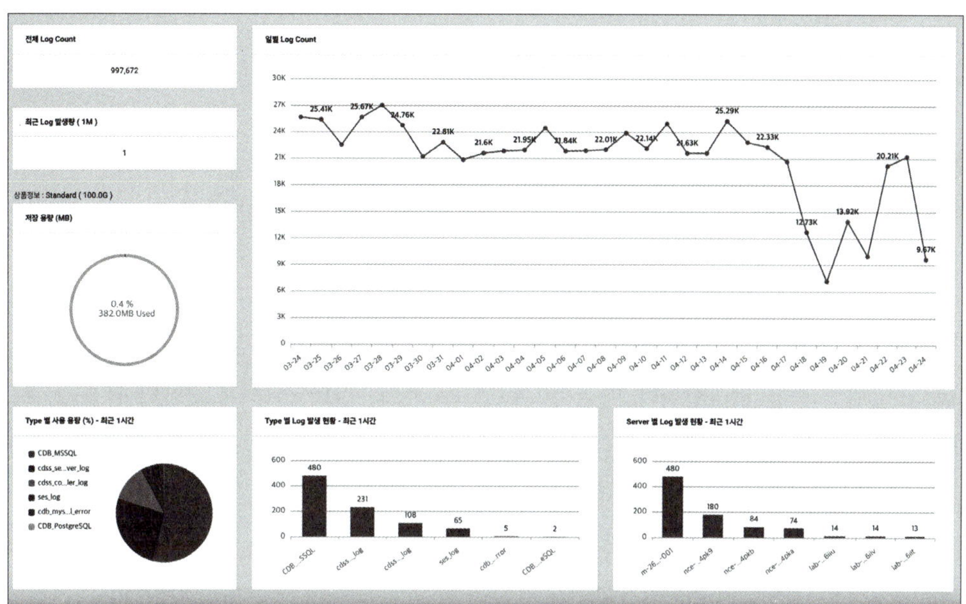

그림 9.1 CLA 대시보드

로그는 서버, 애플리케이션 등에 발생한 이력들을 기록하기 때문에 문제가 발생했을 시 문제 발생 원인을 파악하는 데 필수 요소입니다. 특히 여러 대의 서버를 운영 중이라면, 서버에 문제가 발생했을 때 서버마다 접속해서 로그를 파악해야 하기 때문에 굉장히 번거로운 작업입니다. 이렇듯 중요한 로그를 한곳에 모으고 분석할 수 있는 서비스가 CLACloud Log Analytics입니다.

CLA는 네이버 클라우드 플랫폼 인프라에서 발생하는 로그를 CLA에 수집하고 필요한 로그만을 검색하거나 다운로드하여 보관 혹은 분석할 수 있도록 지원합니다. 또한 설정한 Query 조건을 충족하는 로그가 지정한 임곗값을 초과할 경우 알람을 발송하는 기능도 제공합니다. 로그에 대한 전반적인 발생 건수, 타입별 로그의 비중 등을 한눈에 파악 가능한 대시보드도 제공하고 있으므로 로그에 대한 실시간 현황을 손쉽게 파악할 수 있습니다.

CLA에 수집되는 로그는 다음과 같습니다.

1. 서버에 직접 CLA 에이전트를 설치하여 수집
2. 네이버 클라우드 플랫폼 서비스와 CLA가 연동되어 있어 자동으로 로그 수집(Cloud DB For MySQL, Cloud DB for MongoDB, Cloud DB for MSSQL 등)

로그가 저장되는 CLA 저장소는 요금제에 따라 상이합니다. CLA 요금제는 Standard, Premium으로 제공되며 Standard는 월 저장 용량을 100 GB, Premium은 월 저장 용량을 1 TB까지 지원합니다.

표 9.2 CLA 요금제에 따른 제공 사양

항목	Standard	Premium
일별 로그 수집 용량	20 GB	100 GB
월 저장 용량	100 GB	1 TB

또한 Premium은 로그 내에 특정 키워드가 발생하는 경우 실시간으로 알람을 발송하는 Keyword 알람 기능을 제공합니다. 따라서 Cloud Insight와 같이 성능 지표가 아닌 특정 로그가 발생하는 경우 알람을 받을 수 있습니다. Alarm에서 특정 시간 내(Interval)에 몇 회 발생하는가(Threshold)를 기준으로 알람을 발송하게 됩니다.

그림 9.2 CLA Alarm 설정

저장 공간이 채워지면 CLA는 자동으로 이전 로그를 지워냅니다. 또한 CLA는 로그를 30일까지만 보관하기 때문에 CLA를 삭제하지 않고 영구 보관하고 싶다면 Object Storage로 로그를 주기적으로 이관할 수 있습니다. 이를 Export Log 기능이라고 합니다.

자주하는 질문!

Cloud Log Analytics에서는 어떤 데이터를 수집하나요?

Cloud Log Analytics는 텍스트 형식으로 생성되는 모든 종류의 로그 데이터 파일을 수집할 수 있습니다.

그럼 실제 web001 서버에 Cloud Log Analytics를 통한 로그 수집을 진행해보겠습니다.

▶ 실습

CAUTION 실습 과정을 통해 생성한 리소스들은 사용한 만큼 과금됩니다.

1. [네이버 클라우드 플랫폼 콘솔] ➡ [Menu] ➡ [Services] ➡ [Management & Governance] ➡ [Cloud Log Analytics]를 선택합니다.

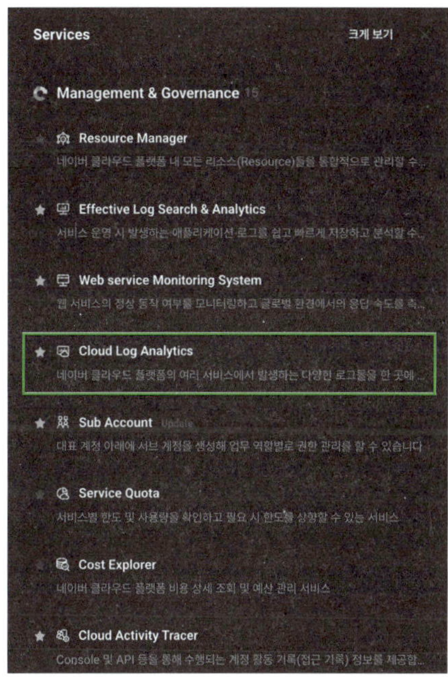

그림 9.3 Cloud Log Analytics 메뉴

2. Cloud Log Analytics 하위 메뉴 중 [Management]를 클릭합니다.

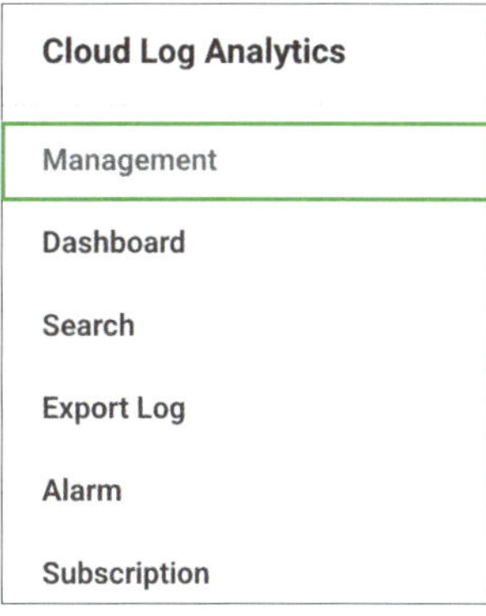

그림 9.4 Cloud Log Analytics ➡ Management 메뉴

3. web001 서버 선택 후 상단의 **[수집 설정]**을 클릭합니다.

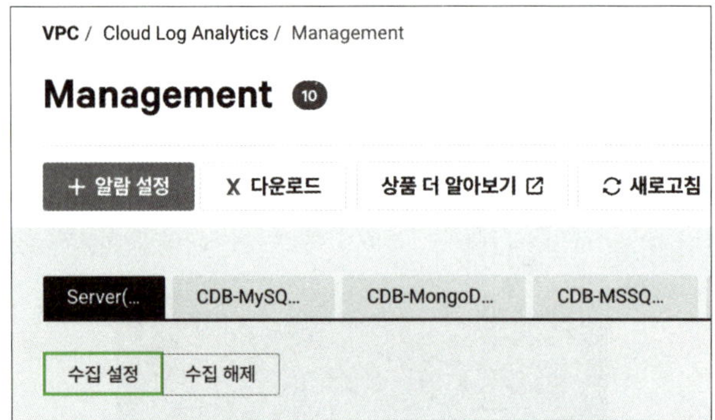

그림 9.5 Cloud Log Analytics ➡ Management ➡ 수집 설정 화면

4. Log Template로는 APACHE와 SYSLOG를 선택한 후 하단의 **[적용]** 버튼을 클릭합니다.

➡ CLA에서는 많이 사용하는 로그는 템플릿으로 제공하여 선택만으로 로그 경로가 자동 기입됩니다.

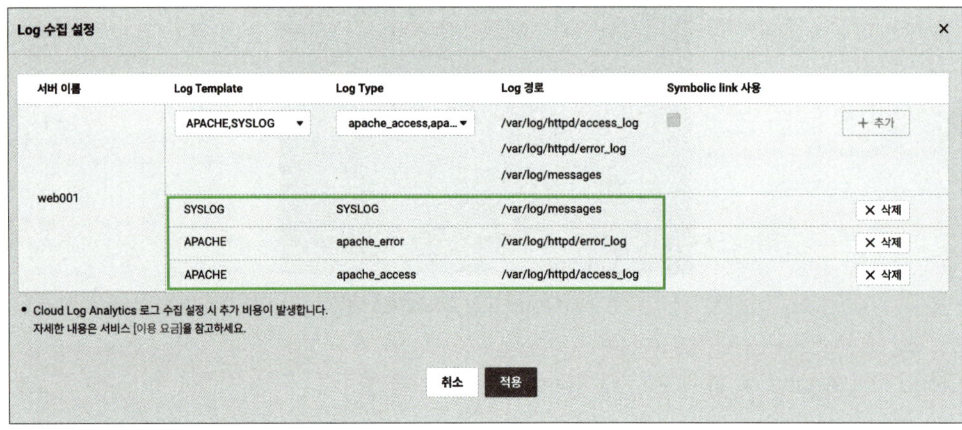

그림 9.6 Cloud Log Analytics ➡ Management ➡ 수집 설정 ➡ 수집 템플릿 설정

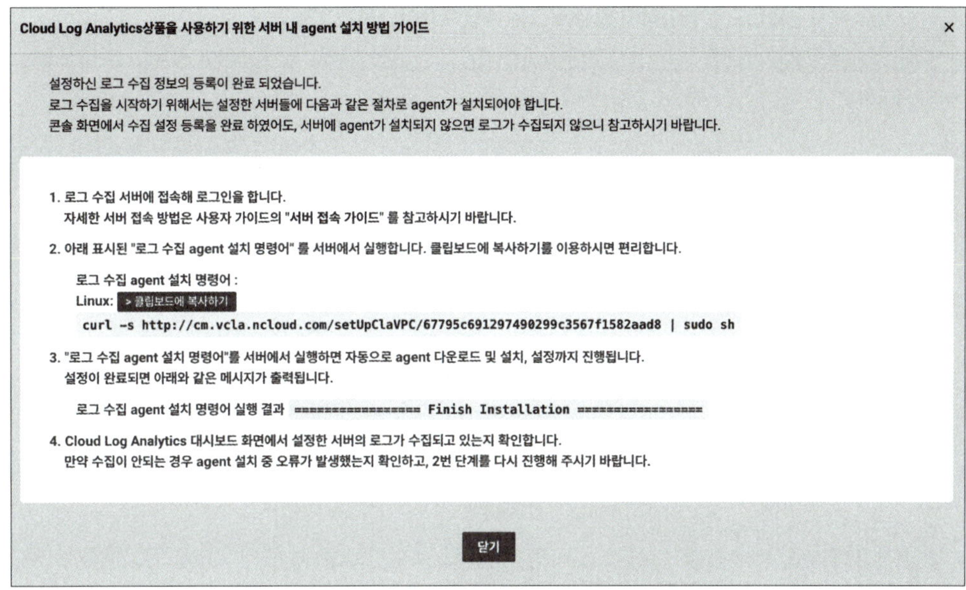

그림 9.7 Cloud Log Analytics 에이전트 설치 명령어

그림 9.7과 같이 수집할 로그에 대한 설정을 하면 Cloud Log Analytics 에이전트를 설치할 수 있는 에이전트 설치 명령어가 생성됩니다. 이 명령어를 서버 로그를 수집하고자 하는 서버에 붙여넣어주면 에이전트가 설치됩니다.

```
[root@web001 ~]# curl -s http://cm.vcla.ncloud.com/setUpClaVPC/ccfd33b15c724f2cbcd6ce8775ea51e7 | sudo sh
==================== Start Installation ====================
1. Check the Configuration for Installation
   Configuration Success
2. Connection Success for Installation
   http_status_code: 200
3. Remove Agent
4. Download the Agent for Installation
   Download Success
   Verify Checksum Fail: 성공
```

그림 9.8 Cloud Log Analytics 에이전트 설치 확인

5. 실제 설치가 완료되면 [Cloud Log Analytics] ➡ [Management에 web001] 서버가 '설정완료' 상태로 변경됩니다.

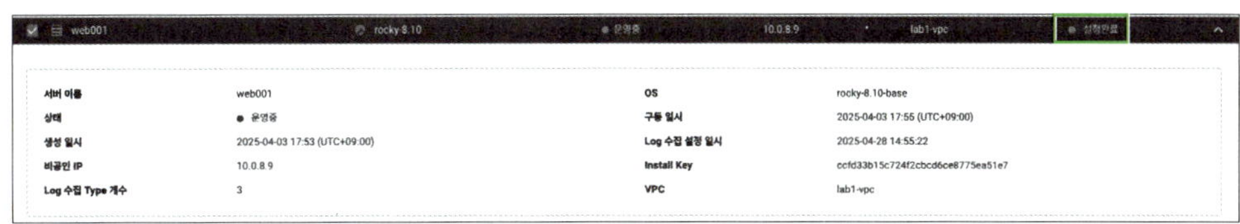

그림 9.9 Cloud Log Analytics – 서버 에이전트 설정 상태 확인

NOTE CLA에서 템플릿으로 제공하지 않는 로그는 수집이 불가능한가요?

로그 템플릿으로 제공되지 않는 로그를 수집하려면 Custom Log를 선택한 후 수집하고자 하는 로그 경로를 지정해주면 됩니다.

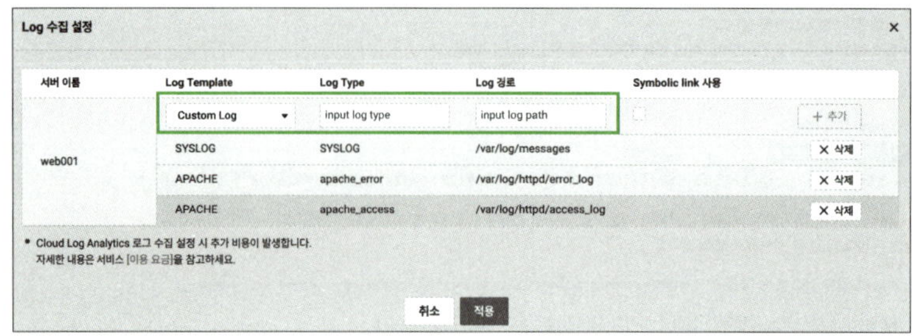

그림 9.10 **Cloud Log Analytics ➡ 로그 수집 설정 ➡ Custom Log 설정 화면**

실습 내용에 따라 로그 수집을 설정하고 나면, 키워드 혹은 Lucene 쿼리 기반으로 원하는 로그만을 검색해볼 수 있습니다.

9.3 Sub Account

Sub Account(서브 어카운트)는 서브 계정들을 생성하고 각 서브 계정에게 적합한 권한을 부여하여 권한을 분리할 수 있는 서비스입니다. 하나의 계정을 여러 명이 사용하는 경우, 혹은 하나의 인프라를 여러 계정이 권한을 분리하지 않고 사용하게 된다면 보안 문제가 발생할 가능성이 높습니다. 이에 서브 계정을 생성하고 그 서브 계정에게 맞는 권한만을 부여함으로써 보안을 강화할 수 있는 서비스가 바로 Sub Account 서비스입니다.

그림 9.11 **네이버 클라우드 플랫폼 Sub Account 구성도**

Sub Account에서 생성된 서브 계정들은 별도의 접속 URL을 통해 네이버 클라우드 플랫폼 콘솔에 접근하게 됩니다. Sub Account 사용 시 주 사용 프로세스는 1) 서브 계정용 접속 URL 생성, 2) 서브 계정 생성, 3) 서브 계정에 권한 부여로 진행하게 됩니다.

서브 계정에 부여하는 권한은 정책policy으로 불립니다. 서브 계정에 부여할 수 있는 정책들은 네이버 클라우드 플랫폼 서비스별로 조회 혹은 모든 기능을 이용할 수 있는 권한 등으로 상세하게 정의되어 있습니다. 만약 이미 정의되어 있는 정책 외의 정책을 직접 정의하길 원할 경우에는 '정책 생성' 기능을 통해 각 서비스별로 나만의 정책을 설정할 수 있습니다.

만약 동일한 권한을 가진 서브 계정들이 여럿 필요하다면 'Groups'라는 기능을 통해서 편리하게 권한 설정이 가능합니다. 같은 권한을 갖는 서브 계정들을 하나의 그룹으로 설정하고, 해당 그룹에 서브 계정들이 매핑되어야 할 정책들을 한 번만 설정하면 됩니다. 이와 같이 설정하면 모든 서브 계정에 정책을 매핑할 필요가 없이 간단하게 그룹에 권한을 매핑하여 관리할 수 있습니다.

서브 계정에 대한 정책, 즉 권한 매핑뿐만 아니라 비밀번호의 만료 기간 설정, 2차 인증 설정을 통해 강력한 보안 설정도 가능합니다.

9.4 Web service Monitoring

다음으로 웹서비스의 정상 작동 여부와 응답 속도를 모니터링할 수 있는 Web service Montioring (웹 서비스 모니터링)에 대해서 살펴보도록 하겠습니다. Web service monitoring 서비스는 별도의 에이전트 설치 없이 간단하게 URL만 등록하면 운영 중인 Web service Monitoring을 바로 시작할 수 있는 서비스입니다.

그림 9.12 네이버 클라우드 플랫폼 WMS 설정 화면

실제 Web service Monitoring을 설정하는 화면입니다. 모니터링 유형, 서비스 유형, 모니터링할 지역을 선택 후 모니터링을 수행할 웹페이지 URL만 기입해주면 됩니다.

특히, 단순 메인 웹페이지에 대한 모니터링뿐만 아니라 실제 웹사이트를 이용하는 사용자들의 이용 패턴에 따른 모니터링이 가능합니다. 이를 시나리오 모니터링이라고 합니다. 예를 들어 네이버 사이트에 접속하는 사용자들은 메인 페이지에만 머물지 않고 네이버 쇼핑 혹은 네이버 뉴스 등 다양한 기능들을 탐색하며 이동합니다. 이러한 이동 패턴(텍스트 입력, 클릭 등)을 Web service Monitoring에 등록을 하면 구성한 시나리오에 따라 각 기능의 작동 여부 및 응답 속도 등을 추적할 수 있습니다.

모니터링 중 문제가 발생하면 SMS, 이메일, 웹 훅 등으로 알림을 보낼 수 있기 때문에 빠르게 장애 상황을 인지하고 대처할 수 있도록 구성이 가능합니다. 이러한 모니터링 리전으로 한국뿐만 아니라 일본, 독일, 미국, 싱가포르를 대상으로 글로벌 웹서비스 응답 시간도 측정할 수 있습니다.

9.5 네트워크 트래픽 모니터링

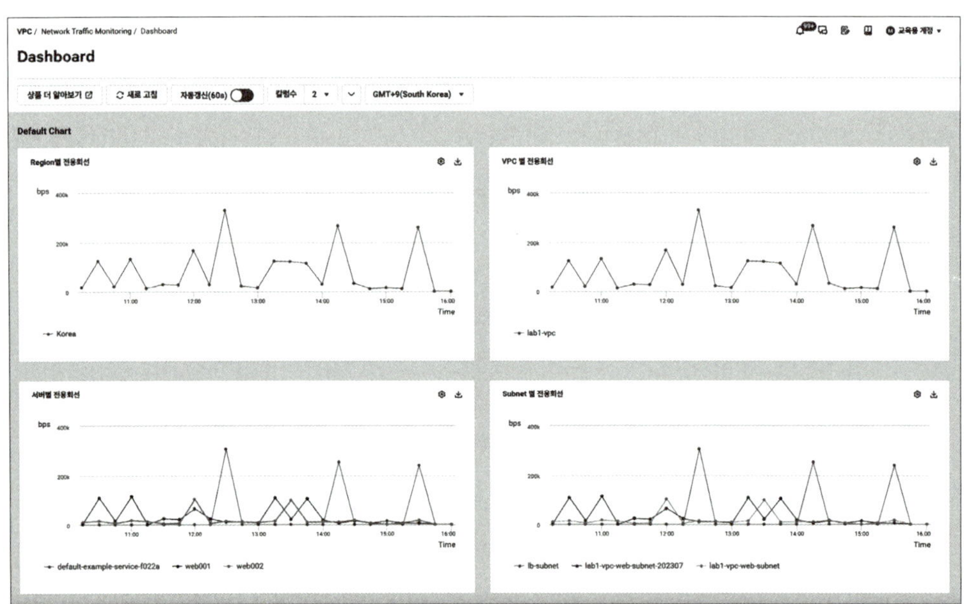

그림 9.13 네이버 클라우드 플랫폼 네트워크 트래픽 모니터링 대시보드

네트워크 트래픽 모니터링Network Traffic Monitoring 서비스는 네트워크 트래픽을 수집하고 분석하는 서비스입니다. 특히 어느 국가에서 트래픽이 많이 발생하는지 알 수 있어 글로벌한 서비스일 경우 해당 정보를 기준으로 서버 생성이 필요한 리전을 파악할 수 있습니다. 네트워크 트래픽 모니터링 설정이 가능한 서버는 일반 서버들과 베어메탈 서버이며, Load Balancer에서 발생하는 트래픽에

대해서도 수집이 가능합니다. 수집된 정보는 최대 30일까지 보관이 가능합니다.

운영하고 있는 서버나 Load Balancer에 대해 네트워크 트래픽 모니터링을 설정할 경우, 별도의 에이전트를 설치할 필요 없이 네트워크 트래픽 모니터링을 설정할 리소스에 대해 네트워크 트래픽 모니터링 서비스를 활성화시켜주면 됩니다.

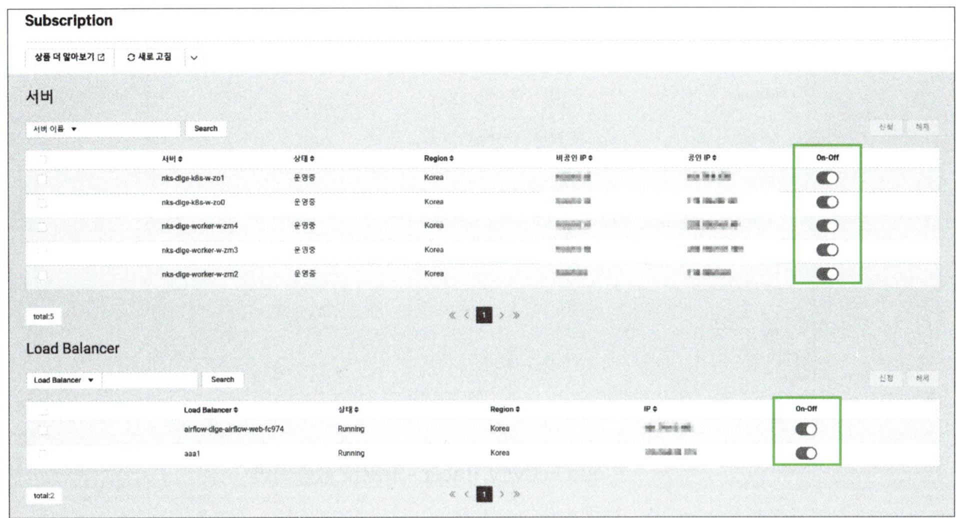

그림 9.14 **네이버 클라우드 플랫폼 네트워크 트래픽 모니터링 설정 화면**

9.6 Cloud Activity Tracer

Cloud Activity Tracer(클라우드 액티비티 트레이서)는 메인 계정과 서브 계정들에서 작업한 일시, 내용, 결과 등을 기록하는 서비스입니다. 이를 통해 메인 계정과 서브 계정들에 대한 활동에 높은 가시성을 제공합니다. 계정들에 대한 활동 로그는 콘솔과 API 호출을 통해 확인이 가능합니다. Cloud Activity Tracer에 쌓인 로그는 최대 90일까지만 보관이 되므로, 장기 보관이 필요할 경우에는 Object Storage로 이관하여 운영할 수 있도록 구성해주면 됩니다.

Cloud Activity Tracer 활동 로그를 Object Storage로 이관할 시에는 Tracer라는 기능을 사용하면 됩니다. Tracer를 통해 설정한 조건에 맞는 리소스 작업 내역을 Object Storage에 내보낼 수 있습니다.

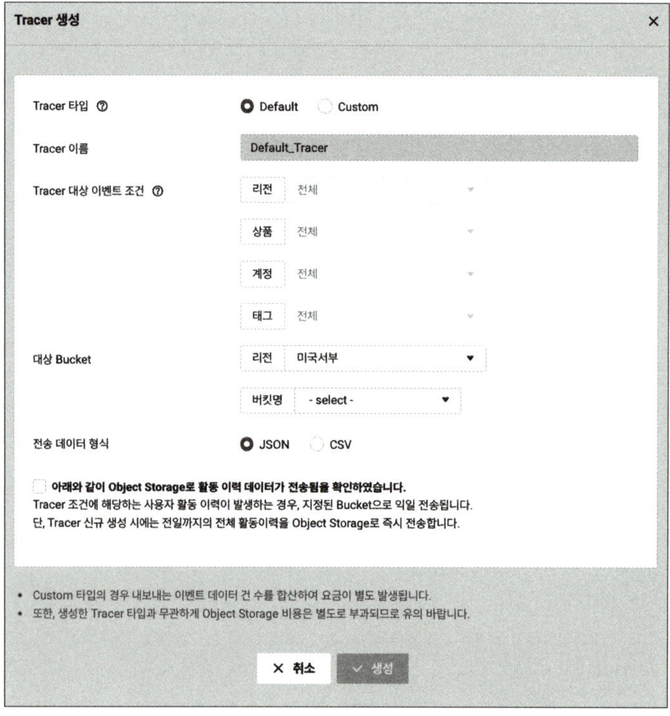

그림 9.15 Cloud Activity Tracer – Tracer 생성 화면

9.7 Resource Manager

Cloud Activity Tracer가 네이버 클라우드 플랫폼의 메인 계정과 서브 계정에서 작업한 내용들을 기록한다면, Resource Manager(리소스 매니저)는 네이버 클라우드 플랫폼에서 생성한 리소스에 대한 변경 이력(생성, 수정, 삭제)들을 기록하고, 사용자가 정한 리소스에 변화가 있을 시에는 SMS와 이메일로 통보 알람을 발송할 수 있는 'Observer'라는 기능을 제공합니다.

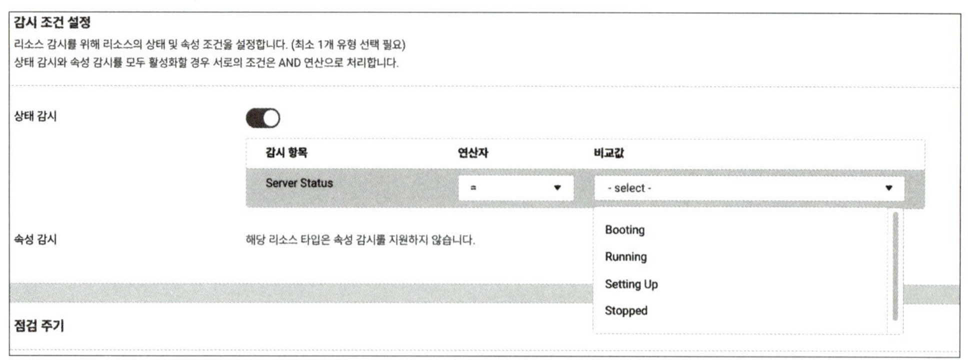

그림 9.16 Resource Manager – Observer 설정 화면

그림 9.16 속 화면은 서버의 상태가 부팅, 운영, 중지 등의 작업을 진행했을 때 Resource Manager 단에서 알람을 보내도록 설정하는 화면입니다. 이 예시와 같이 네이버 클라우드 플랫폼의 리소스에 변경 작업이 진행되었을 시 관리자에게 통보할 수 있습니다.

실제 Resource Manager에서 통보 알람을 설정할 수 있는 항목은 표 9.3과 같습니다(본 항목은 서비스 업데이트로 인해 추가 혹은 수정될 수 있습니다).

표 9.3 **Observer 알람 설정 지원 항목**

서비스 이름	감시 대상 리소스 유형	감시 항목	감시 시나리오
Cloud DB for MySQL(VPC)	Service	Use H/A	고가용성 설정 여부 감시
Cloud DB for MySQL(VPC)	Service	Use Backup	백업 설정 여부 감시
Cloud DB for MySQL(VPC)	Service	Use Storage Encryption	스토리지 암호화 여부 감시
Load Balancer(VPC)	Listener	Protocol	리스너에 설정된 프로토콜 감시
NAS(VPC)	Volume	Use Encryption	볼륨 암호화 적용 여부 감시
Server(VPC)	Server	Server Status	서버 상태 감시
Server(VPC)	ACG	Inbound Access IP	Inbound Access IP 감시
Server(VPC)	Network Interface	Use Flow Log	Flow log 활성화 상태 감시
Sub Account	Role	Status	Role 상태 감시
Sub Account	Sub Account	Status	Sub Account 상태 감시
Sub Account	Sub Account	Use MFA	2차 인증 설정 여부 감시
Sub Account	Sub Account	Use Console Permit IP	지정한 IP 대역에서만 콘솔에 접근할 수 있도록 접근을 제어하는 기능의 활성화 여부 감시
Sub Account	Sub Account	Use API Permit IP	API 접근 제한 IP 대역 설정 여부 감시
Account	Customer	Use MFA	2차 인증 설정 여부 감시
Account	AccessKey	Active AccessKey	활성화된 AccessKey 보유 여부 감시
Secret Manager	Secret	Status	Secret 상태 감시
Secret Manager	Secret	Rotation Phase	Secret 회전 상태 감시

9.8 Cloud Insight

Cloud Insight(클라우드 인사이트)는 네이버 클라우드 플랫폼에서 운영하고 있는 인프라에 대한 전반적인 모니터링 현황과 특정 메트릭이 임곗값에 도달했을 시에 관리자에게 알람을 보냄으로써 빠르게 장애 상황을 인지할 수 있도록 지원하는 통합 모니터링 서비스입니다. 네이버 클라우드 플랫폼에서 인프라를 운영 중이라면 인프라의 안정적 운영을 위해 필수로 사용해야 할 서비스 중 하나입니다.

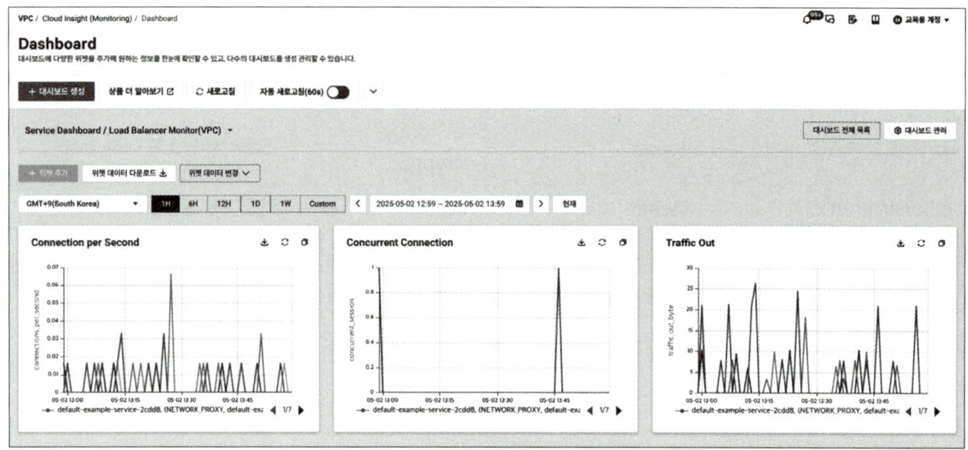

그림 9.17 Cloud Insight 대시보드

Cloud Insight는 Load Balancer, 서버, Cloud DB 등 네이버 클라우드 플랫폼에서 운영하고 있는 인프라에 대한 성능/운영 지표를 대시보드를 통해 빠르게 확인할 수 있습니다. 대시보드는 기본적으로 제공되는 대시보드 외에 사용자가 직접 대시보드를 구성할 수 있습니다. 사용자가 직접 대시보드를 생성한 이후에 해당 대시보드에서 확인할 위젯들을 구성해주면 됩니다. 사용자 지정 위젯을 추가할 시에는 사용 중인 서비스, 해당 서비스에서 운영 중인 리소스 중 어떤 리소스를 모니터링할 것인지, 그리고 어떤 메트릭에 대한 위젯을 구성할 것인지를 직접 선택함으로써, 나만의 대시보드를 구성할 수 있습니다.

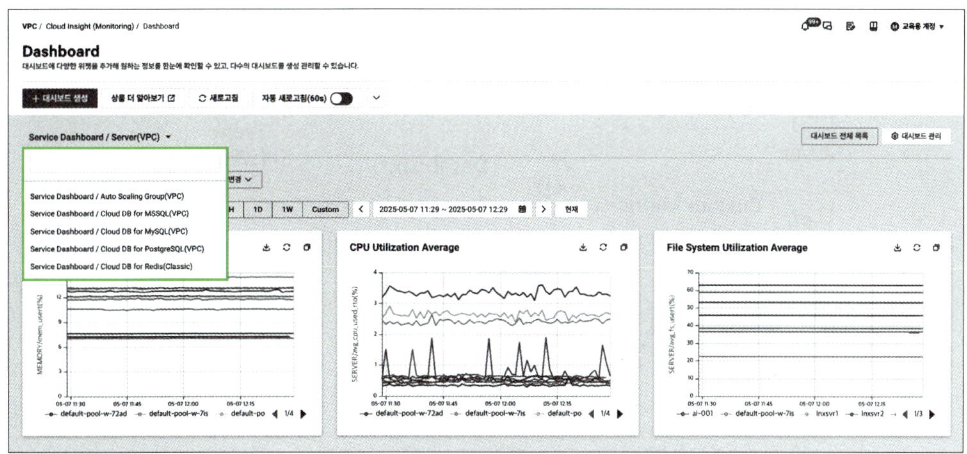

그림 9.18 Cloud Insight 기본 대시보드

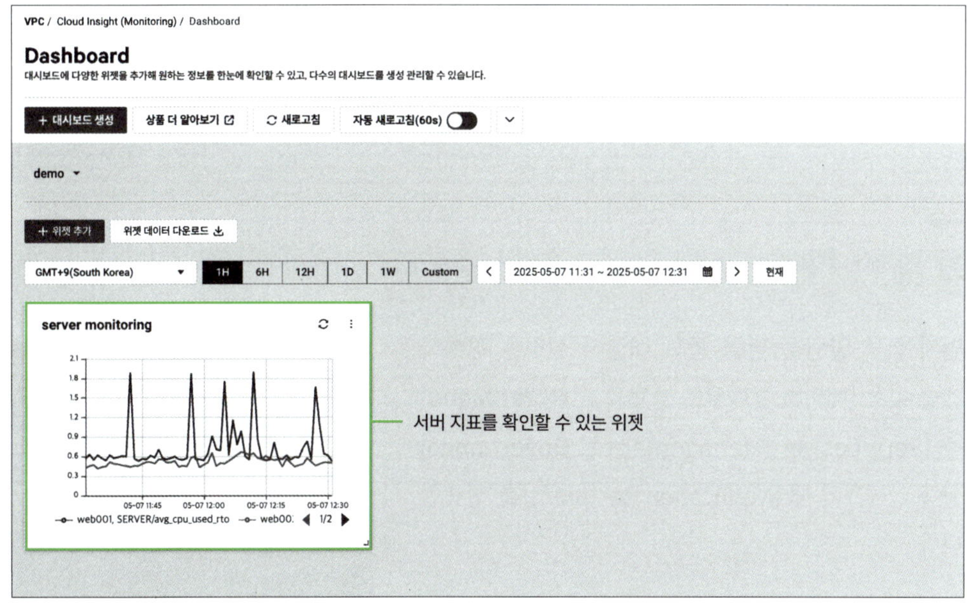

그림 9.19 Cloud Insight ➡ 사용자가 직접 생성한 대시보드

또한 Cloud Insight는 Cloud Insight에 정의되어 있는 메트릭 외에 사용자가 직접 데이터를 수집할 메트릭을 생성할 수 있습니다. 수집할 메트릭을 정의하고 해당 메트릭을 Cloud Insight로 전송하면, Cloud Insight에서 해당 데이터를 수집할 수 있습니다.

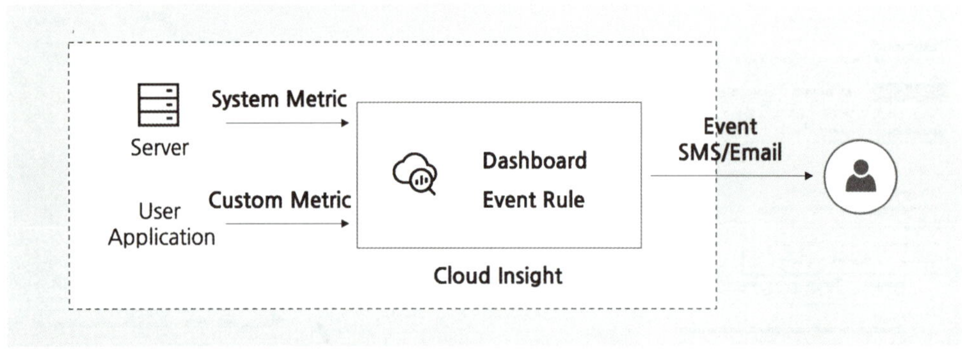

그림 9.20 Cloud insight 작동 구조

Cloud Insight는 대시보드를 통해 인프라의 현황에 대한 가시성을 높이기도 하지만, 사용자가 지정한 메트릭에 임곗값을 설정하면 해당 임곗값에 도달했을 때 관리자에게 SMS와 이메일을 통한 알람을 제공하여 인프라 단의 이슈를 빠르게 파악할 수 있도록 지원합니다. 다음 실습을 통해 서버 단의 모니터링 메트릭 지정, 임곗값 설정 및 통보 알람 설정을 진행해보겠습니다.

이전 과정에서 생성했던 web001 서버에 대한 모니터링 설정을 진행해보겠습니다.

▶ 실습

CAUTION 실습 과정을 통해 생성한 리소스들은 사용한 만큼 과금됩니다.

1. 먼저 통보 알람을 받을 통보 대상자 설정을 진행하겠습니다. [네이버 클라우드 플랫폼 콘솔] ➡ [Menu] ➡ [Services] ➡ [Management & Governance] 상품 카테고리 내 [Notification Recipient]를 선택합니다.

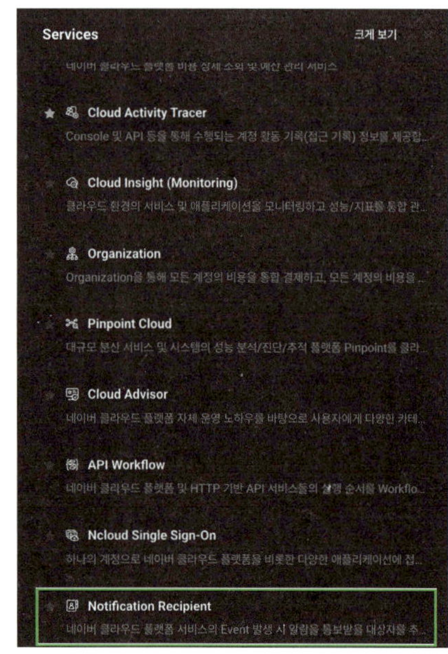

그림 9.21 Notification Recipient 메뉴

2. 먼저 통보 알람을 받을 대상자 그룹을 설정하도록 하겠습니다.

   - 전체 대상자 옆 [+] 버튼을 클릭하여 통보 대상자 그룹 이름을 지정해보겠습니다.

그림 9.22 Notification Recipient ➡ 그룹 생성 (1)

   - 통보 대상자 그룹 이름은 '서버 관리자'로 지정해보겠습니다.

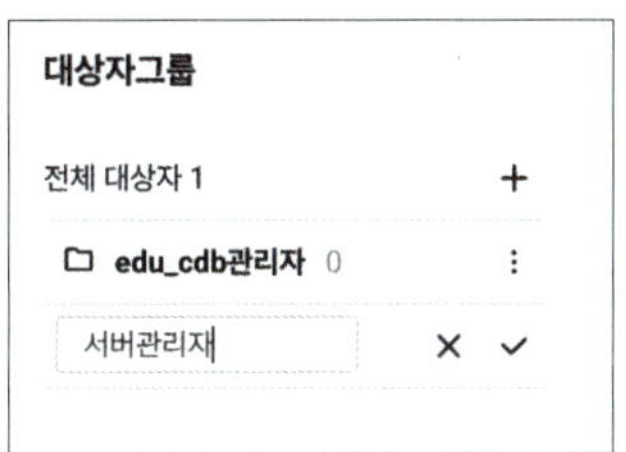

그림 9.23 Notification Recipient ➡ 그룹 생성 (2)

   - 이름 입력 후 우측의 [V] 버튼을 클릭하면 대상자 그룹 추가가 완료됩니다.

3. 상단의 [**+ 대상자 추가**]를 클릭하여 서버 관리자 그룹에 대상자를 추가해보겠습니다.

   - 대상자 이름: 개인 이름 입력
   - 이메일 주소: 개인 이메일 주소 입력
   - 휴대폰 번호: 공란
   - 인증번호 입력: 공란
   - 그룹 선택: 서버 관리자
   - 하단의 [**추가**] 버튼 클릭

그림 9.24 Notification Recipient ➡ 통보 대상자 정보 입력

통보 알림 대상자를 지정했으니 Cloud Insight로 이동하여 서버에 대한 모니터링 설정을 진행하겠습니다.

4. [Menu] ➡ [Services] ➡ [Management & Governance] 상품 카테고리 내 [Cloud Insight]를 선택합니다.

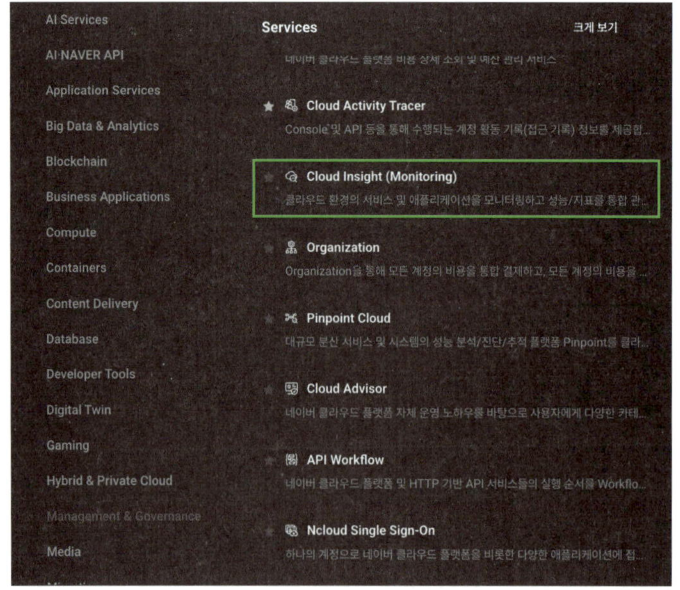

그림 9.25 Cloud Insight 메뉴

5. Cloud Insight 메뉴 내 **[Configuration]** ➡ **[Event Rule]**을 클릭합니다.
6. 상단의 **[+ Event Rules 생성]**을 클릭합니다.
7. 감시 상품에서 'Server(VPC)'를 선택 후 하단의 **[다음]** 버튼을 클릭합니다.
8. 감시 대상 설정에서 상단의 **[+ 그룹 생성]**을 클릭합니다.
9.
   - 그룹 이름: Server_monitoring
   - 선택 가능한 감시 대상: web001, web002 선택 후 아래를 향하는 버튼(⌄)을 클릭하면 감시대상으로 web001, web002가 선택됩니다.
   - 하단의 **[생성]** 버튼을 클릭합니다.

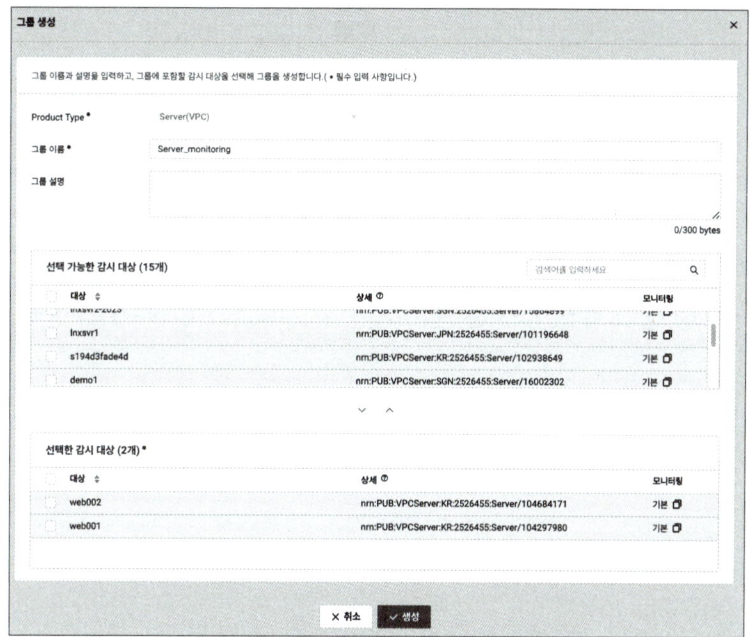

그림 9.26 **Cloud Insight 감시 대상 그룹 설정**

10. 대상 그룹으로 방금 생성한 'Server_monitoring'을 선택 후 하단의 **[다음]** 버튼을 클릭합니다.

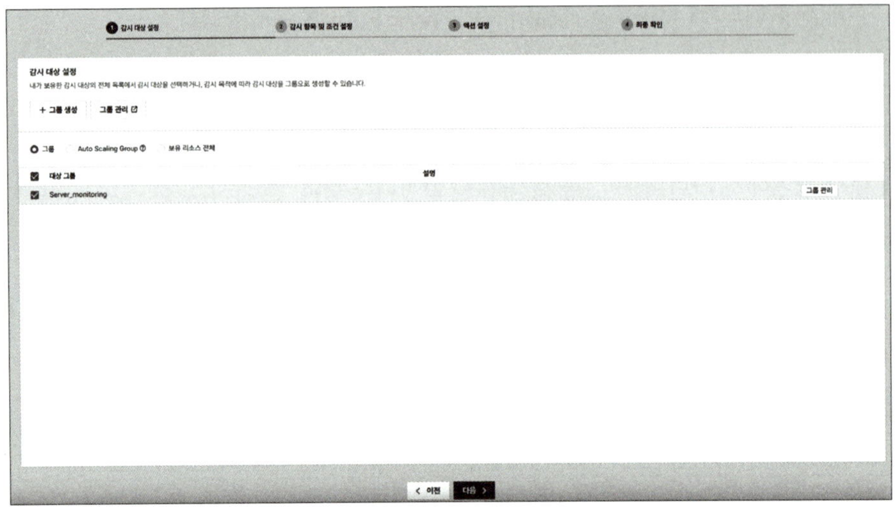

그림 9.27 Cloud Insight 감시 대상 그룹 선택

11. 상단의 **[+ 템플릿 생성]**을 선택합니다.

12. 다음과 같이 관련 정보를 기입합니다.
    - 템플릿 이름: server_monitoring
    - 메트릭: Server 탭 내 SERVER/avg_cpu_used_rto 선택 후 하단의 **[다음]** 버튼을 클릭합니다.

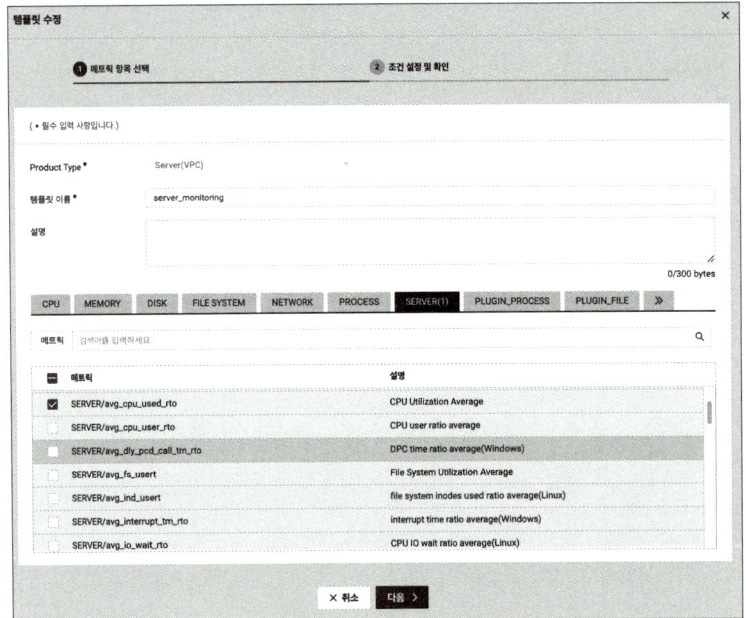

그림 9.28 Cloud Insight 감시 메트릭 설정

13. 지정한 메트릭에 대한 임곗값을 설정하도록 하겠습니다.

- 디멘션: All
- 레벨: Warning 선택 ➡ 통보 알람의 레벨을 Info/warning/critical 중 선택할 수 있습니다.
- 조건: >= , 80
- 집약 방법: AVG
- 지속 시간: 1 min
- 하단의 **[저장]** 버튼을 클릭합니다.

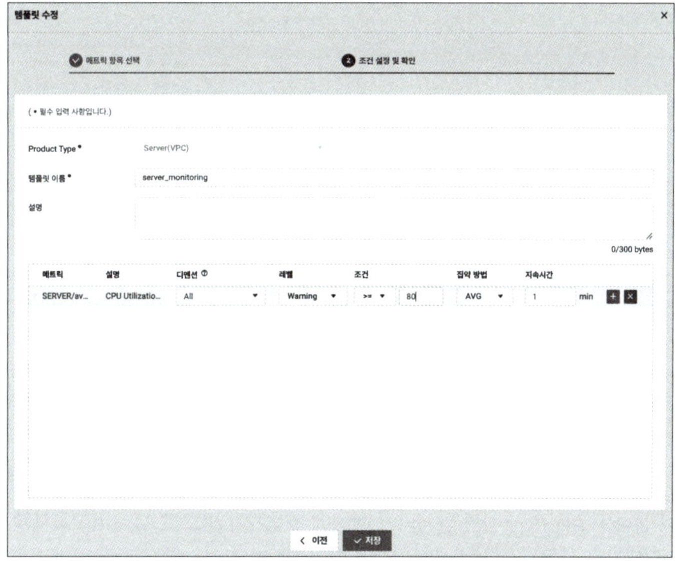

그림 9.29 **Cloud Insight 감시 메트릭 항목 설정**

14. 방금 생성한 'server_monitoring' 템플릿 선택 후 하단의 **[다음]** 버튼을 클릭합니다.

15. 통보 대상자 그룹 중 이전 과정에 생성한 '서버관리자' 그룹 선택 후 유형은 'Email'만 선택합니다.

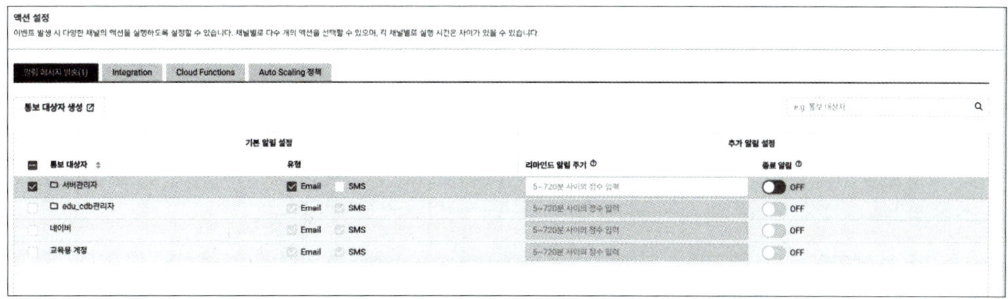

그림 9.30 **Cloud Insight 통보 대상자 그룹 선택 화면**

이와 같이 설정 후 하단의 **[다음]** 버튼을 클릭합니다.

16. 최종 설정화면에서 룰 이름은 'svr_monitoring' 입력 후 하단의 **[생성]** 버튼을 클릭합니다.

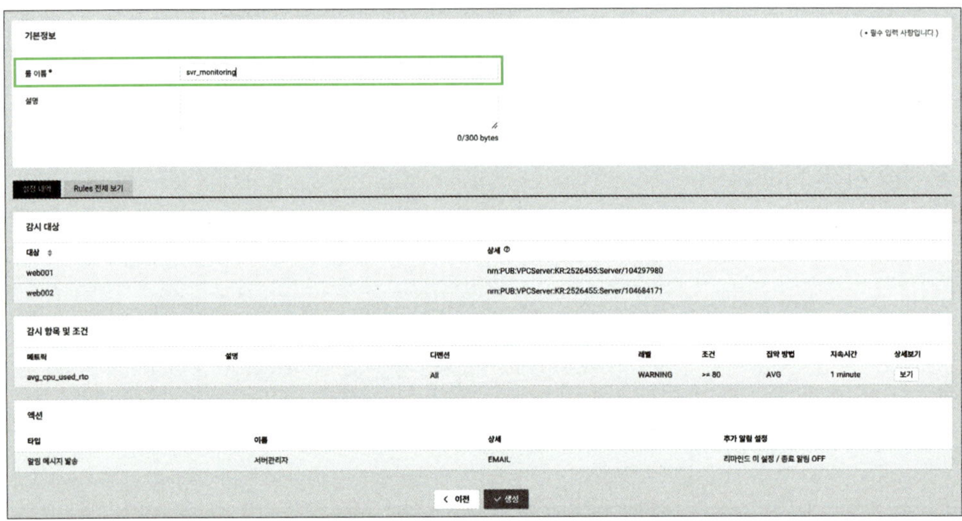

그림 9.31 Cloud Insight 룰 이름 설정

자주하는 질문!

Cloud Insight를 통해 서버 모니터링 설정 시 Cloud Insight 에이전트를 설치 안 해도 되는 것이 맞나요?

네, 맞습니다. 서버 생성 시 Agent가 기본 탑재되기 때문에 사용자가 별도로 Agent를 설치할 필요는 없습니다. 다만, Agent가 삭제되거나 사용자 설정에 의해 실행되지 않을 경우 Cloud Insight를 통한 기본/상세 성능 지표(basic/exteneded metric) 수집이 불가능하므로 유의하기 바랍니다.

Cloud Insight를 통해 수집된 성능/운영 지표의 보관 기간은 어떻게 되나요?

Cloud Insight는 집계 주기(Interval)에 따라 성능/운영 지표의 보관 기간을 다르게 제공하며, 최대 1년간의 성능/운영 지표를 보관합니다. 집계 주기에 따른 데이터 보관 기간은 다음과 같습니다.

- 1분 주기(Min1): 최근 8일
- 5분 주기(Min5): 최근 1개월
- 30분 주기(Min30): 최근 3개월
- 2시간 주기(Hour2): 최근 6개월
- 1일 주기(Day1): 최근 1년

Interval별 보관 기간이 지나면 해당 Interval로는 데이터를 조회할 수 없으며, 그다음 설정된 Interval로 조회할 수 있습니다.

<예시> 2주 전 데이터는 1분 주기로는 조회할 수 없으며, 5분~1일 주기로 조회할 수 있습니다.

9.9 Cloud Advisor

네이버 클라우드 플랫폼을 처음 사용하거나 초기 사용자이신 분들은 설정한 사항들 중 비용, 보안, 고가용성 설정에 대한 점검을 받고 싶어 하는 경우가 많습니다. 실제로 내가 누락한 부분은 없는지, 보완해야 할 부분은 없는지 등을 진단하고 보고서 형태로 제공하는 것이 Cloud Advisor(클라우드 어드바이저) 서비스입니다.

Cloud Advisor는 네이버 클라우드 플랫폼 운영 노하우를 바탕으로 도출한 자체 모범 사례와 사용자의 이용 내용을 비교 분석하여 더욱 안전하고 효율적으로 서비스를 이용할 수 있도록 사용자에게 권장 지침을 제공해주는 서비스입니다. 보안, 비용과 가용성에 대한 진단을 실행하며 각 진단 항목에 대한 상세 내용 확인 및 점검 결과에 대한 리포트를 제공합니다.

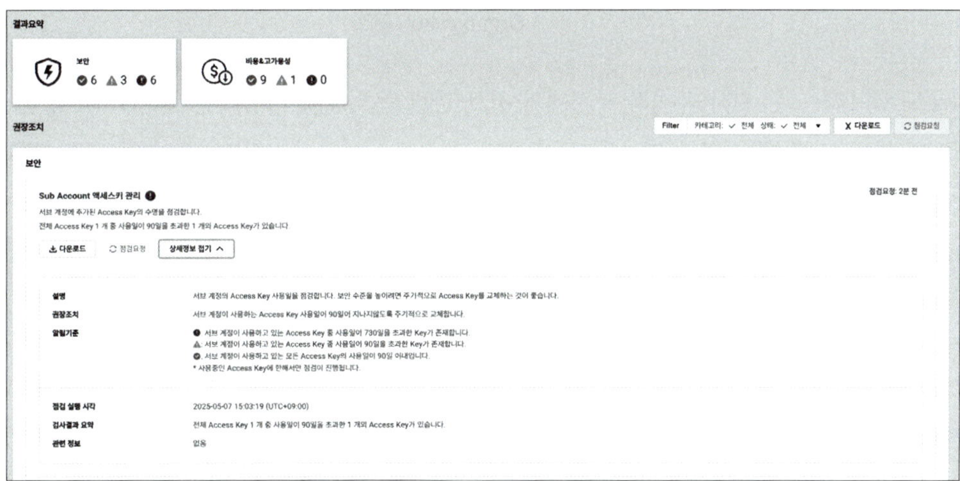

그림 9.32 **Cloud Advisor 진단 결과**

점검 결과와 함께 제공되는 권장 조치를 이행하면 네이버 클라우드 플랫폼의 서비스를 더욱 안전하고 효율적으로 사용할 수 있기 때문에 사용을 권장합니다.

9.10 Organization

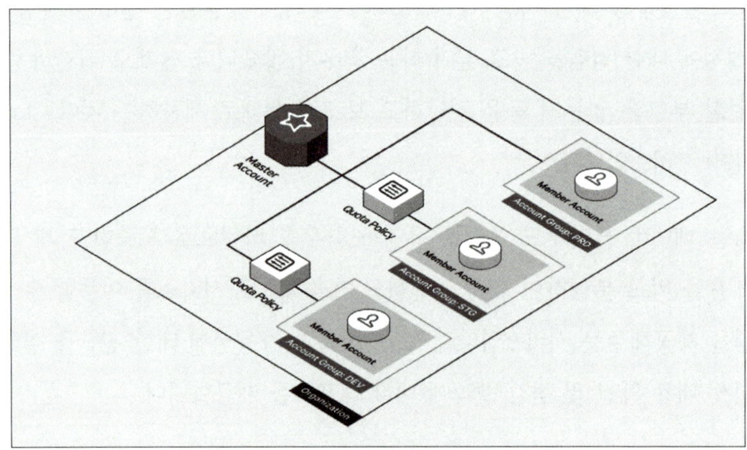

그림 9.33 Organization 구조

클라우드 인프라는 한 회사의 여러 부서에서 서로 다른 목적으로 사용하는 경우도 꽤 많습니다. 개발팀과 같이 코드 개발 및 빌드, 배포를 목적으로 사용하거나 클라우드 인프라 운영을 위해 사용하는 운영팀 등 서로 다른 이유로 클라우드 인프라를 운영합니다. 이렇게 한 회사 혹은 조직에서 다수의 계정으로 네이버 클라우드 플랫폼을 사용할 때 모든 계정에 대한 통합적인 비용 결제 및 이용 한도 정책을 설정할 수 있는 서비스가 Organization 서비스입니다.

Organization 서비스를 신청한 계정이 마스터 계정으로 설정됩니다. 마스터 계정은 Organization에 속할 계정들을 초대할 수 있으며 소속된 계정들에 대한 비용 및 서비스 현황을 확인할 수 있습니다.

Organization 서비스는 사업자 계정만 가능하며 계정당 1개를 생성할 수 있습니다. 또한 소속된 Organization이 있을 경우, 또 다른 Organization을 생성할 수 없으니 참고해주세요.

9.11 Service Quota

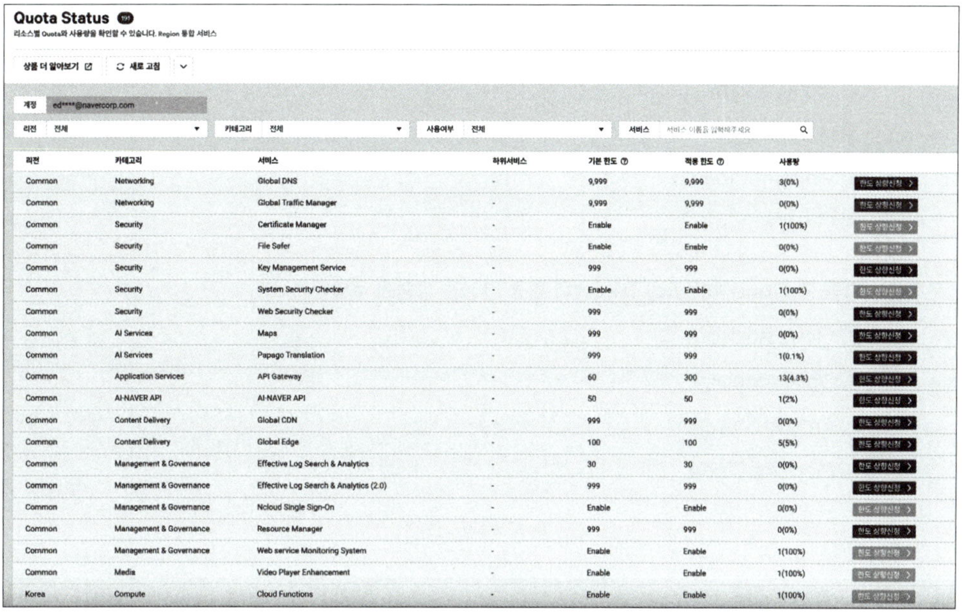

Quota Status

리소스별 Quota와 사용량을 확인할 수 있습니다. Region 통합 서비스

상품 더 알아보기 / 새로 고침

계정 ed****@navercorp.com

리전 전체 / 카테고리 전체 / 사용여부 전체 / 서비스

리전	카테고리	서비스	하위서비스	기본 한도	적용 한도	사용량	
Common	Networking	Global DNS	-	9,999	9,999	3(0%)	한도 상향신청
Common	Networking	Global Traffic Manager	-	9,999	9,999	0(0%)	한도 상향신청
Common	Security	Certificate Manager	-	Enable	Enable	1(100%)	한도 상향신청
Common	Security	File Safer	-	Enable	Enable	0(0%)	한도 상향신청
Common	Security	Key Management Service	-	999	999	0(0%)	한도 상향신청
Common	Security	System Security Checker	-	Enable	Enable	1(100%)	한도 상향신청
Common	Security	Web Security Checker	-	999	999	0(0%)	한도 상향신청
Common	AI Services	Maps	-	999	999	0(0%)	한도 상향신청
Common	AI Services	Papago Translation	-	999	999	1(0.1%)	한도 상향신청
Common	Application Services	API Gateway	-	60	300	13(4.3%)	한도 상향신청
Common	AI-NAVER API	AI-NAVER API	-	50	50	1(2%)	한도 상향신청
Common	Content Delivery	Global CDN	-	999	999	0(0%)	한도 상향신청
Common	Content Delivery	Global Edge	-	100	100	5(5%)	한도 상향신청
Common	Management & Governance	Effective Log Search & Analytics	-	30	30	0(0%)	한도 상향신청
Common	Management & Governance	Effective Log Search & Analytics (2.0)	-	999	999	0(0%)	한도 상향신청
Common	Management & Governance	Ncloud Single Sign-On	-	Enable	Enable	0(0%)	한도 상향신청
Common	Management & Governance	Resource Manager	-	999	999	0(0%)	한도 상향신청
Common	Management & Governance	Web service Monitoring System	-	Enable	Enable	1(100%)	한도 상향신청
Common	Media	Video Player Enhancement	-	Enable	Enable	1(100%)	한도 상향신청
Korea	Compute	Cloud Functions	-	Enable	Enable	1(100%)	한도 상향신청

그림 9.34 Service Quota 설정 화면

Service Quota는 네이버 클라우드 플랫폼 서비스별 이용량, 이용 한도 등을 확인하고 필요 시 이용 한도를 상향할 수 있는 서비스입니다. 서비스에 대한 한도 상향 신청은 사업자 계정만 가능하며, 개인회원은 이용 한도 및 사용량 확인 용도로 사용이 가능합니다.

또한 앞에서 살펴보았던 Organization에서도 계정별 사용 한도 설정이 가능하지만, Service Quota 기능을 통해서도 각 계정별 한도를 확인하고 상향 요청이 가능합니다.

기술자격시험 기출문제

문제 1 **다음 중 네이버 클라우드 플랫폼의 VPC 플랫폼에서 모니터링 및 알람 설정을 가능하도록 도와주는 상품은 무엇인가요?**

① Cloud Insight

② Monitoring

③ Pinpoint Cloud

④ Cloud Advisor

문제 2 **다음 중 Cloud Activity Tracer와 연동 가능한 상품은 무엇인가요?**

① Cloud Advisor

② Object Storage

③ Archive Storage

④ Pinpoint Cloud

정답: 1. ① 2. ②

해설: 2. Cloud Activity Tracer는 Object Storage와 연계되어 있으며, Object Storage로 활동 기록 정보를 원하는 기간만큼 보관할 수 있습니다.

CHAPTER 10

네이버 클라우드 플랫폼 보안 서비스

요즘 IT 산업이나, 클라우드 산업에서 많이 사용하는 표현 중에 '제로 트러스트zero trust'라는 용어를 많이 들어보셨을 겁니다. 제로 트러스트란 '그 어떤 것도 신뢰하지 말고 항상 검증해라'라는 의미의 보안 전략입니다. 점점 더 보안 공격이 교묘해지고 지능화되면서 보안의 중요성은 점차 더 커지고 있습니다. 특히 클라우드 인프라의 확산과 AI 기술의 업무 도입이 가속화되면서 보안에 대한 만전을 기해야 합니다.

네이버 클라우드 플랫폼에서는 세계적 수준의 보안 기술을 바탕으로 외부의 위협으로부터 사용자의 서비스와 데이터를 안전하게 지키기 위한 보안 서비스를 제공하고 있습니다. 또한 네이버 클라우드 플랫폼 사용자들이 네이버 클라우드 플랫폼의 보안 서비스를 안전하고 신뢰성 있게 구성할 수 있도록 보안 참조 아키텍처와 설정 가이드를 제공하고 있습니다.

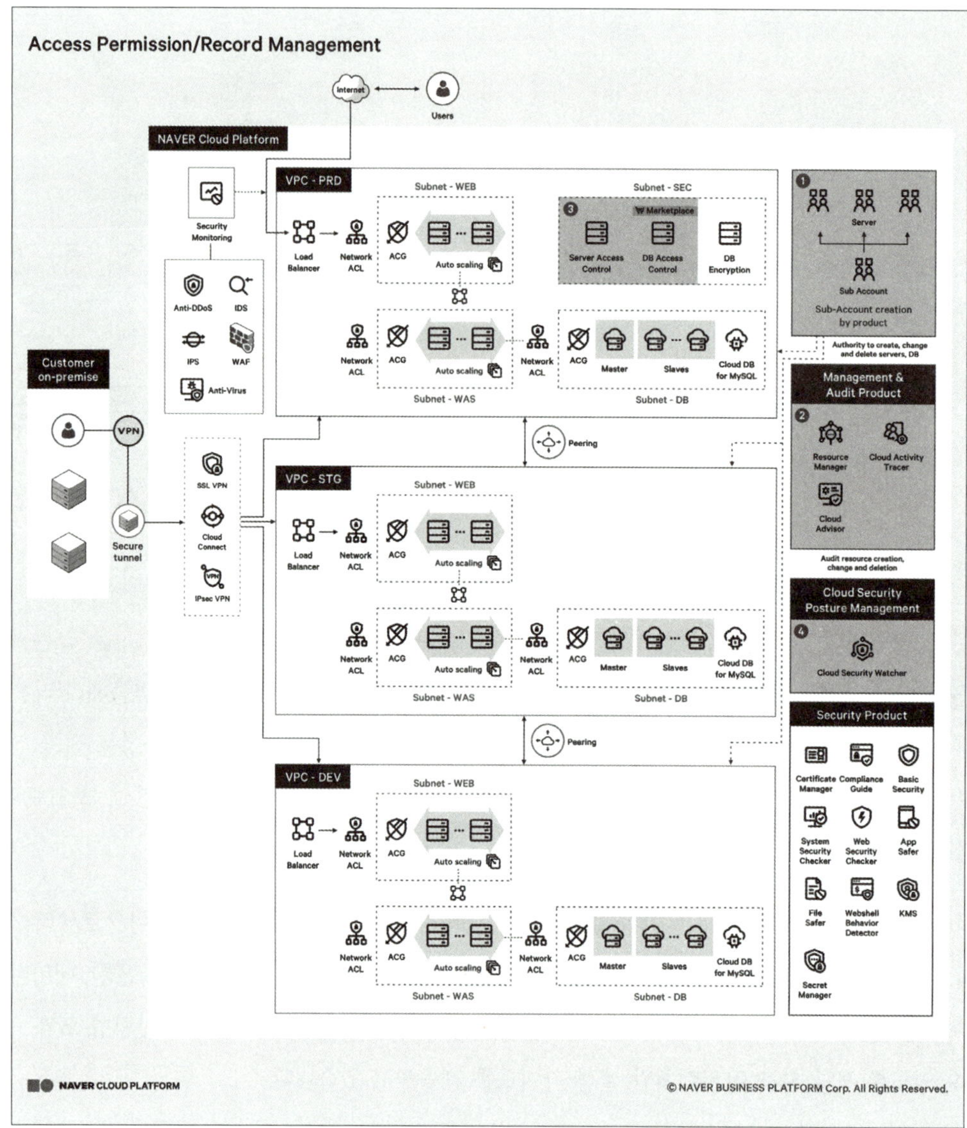

그림 10.1 **네이버 클라우드 플랫폼 보안 아키텍처**

10.1 책임 공유 모델

네이버 클라우드 플랫폼의 보안 서비스를 소개하기에 앞서 클라우드 환경에서의 책임 공유 모델에 대해서 먼저 살펴보겠습니다. 클라우드 책임 공유 모델이란, 클라우드에 구성한 고객의 리소스를 안전하게 보호할 수 있도록 클라우드 서비스 제공자와 고객이 각각 역할을 나누어 함께 책임을 다하는 것을 의미합니다. 이를 실현하기 위해 그림 10.2와 같이 네이버 클라우드 플랫폼의 책임 영역과 고객의 책임 영역을 정의하고 있습니다.

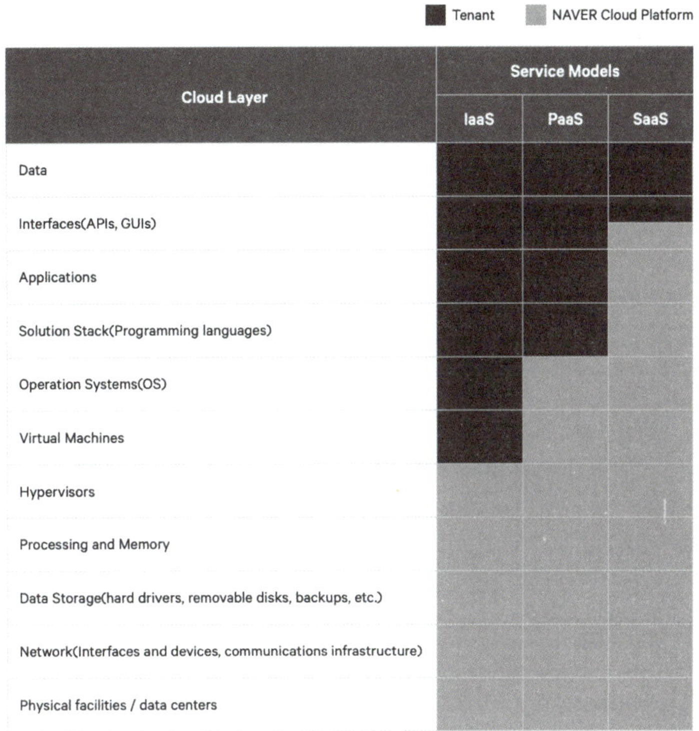

그림 10.2 **네이버 클라우드 플랫폼 책임 공유 모델**

우선 네이버 클라우드 플랫폼은 IaaS, PaaS, SaaS 형태의 서비스가 제공되는 근간 인프라에 대한 보안 인프라를 제공합니다. 여기서 인프라란, 클라우드 서비스를 제공하는 데 근간이 되는 하드웨어, 네트워크 및 기타 시설들을 의미합니다. 클라우드 서비스가 운영되는 근간 인프라스트럭처는 네이버 클라우드 플랫폼에서 관리하므로 사용자는 그 위에 올라가는 애플리케이션, 데이터 등에 대한 보안에만 집중하면 됩니다. 즉 사용자들은 IaaS, PaaS, SaaS 등 서비스 모델에 따른 운영체제, 애플리케이션, 데이터 보안을 고객 정책에 맞게 직접 설정하고 보호하면 됩니다.

10.2 네이버 클라우드 플랫폼 보안 서비스 제공 영역

네이버 클라우드 플랫폼에서 제공하는 보안 서비스들에는 어떤 것들이 있을까요? 네이버 클라우드 플랫폼은 위협 탐지 대응, 사용자 인증, 접근 통제, 데이터 보호, 감사 추적, 취약점 관리, 컴플라이언스, 전송 구간 암호화와 같이 8개 방면의 보안 서비스를 제공하고 있습니다.

위협 탐지 대응

위협 탐지 대응detection/response 영역의 Security Monitoring(시큐리티 모니터링) 상품은 Anti-DDoS, IDSintrusion detection system, IPSintrusion prevention system, WAFweb application firewall, Anti-Virus와 같은 다양한 기능을 제공하며, 전문 인력을 통해 365일 24시간 실시간으로 서비스를 안전하게 보호하는 Managed 서비스입니다. 이 외에도 모바일 애플리케이션, 웹사이트, 파일 등에 대한 보안 위협을 탐지하여 대응합니다.

사용자 인증

사용자 인증authentication/authorization 영역의 Sub Account 상품은 역할 기반의 권한 관리 서비스입니다. 내부 사용자를 서브 계정으로 등록한 다음 특정 서비스에 대한 권한을 부여할 수 있습니다.

접근 통제

접근 통제access control 영역의 상품들은 레거시 환경의 방화벽과 동일한 역할을 제공하는 서비스입니다.

데이터 보호

데이터 보호data protection 영역의 상품들은 암·복호화 키와 연동 서비스에서 사용할 인증서를 안전하게 보호하는 역할을 제공하는 서비스입니다.

감사 추적

감사 추적audit logging 영역의 상품들은 클라우드 환경 리소스의 통합 관리 및 리소스 수정, 삭제 로그를 제공하거나 안전한 이용 권장 지침을 제공하는 서비스입니다.

취약점 관리

취약점 관리vulnerability management 영역의 상품들은 웹, 앱, 서버 운영체제 및 WASweb application server 시스템에 대한 취약점을 간편하게 진단하고 보안 가이드를 제공하는 서비스입니다.

컴플라이언스

컴플라이언스compliance 영역의 상품은 고객이 보안 인증이나 규제에 대응하는 데에 필요한 사항을 알기 쉽게 정리한 가이드를 제공하는 서비스입니다.

전송 구간 암호화

전송 구간 암호화private connectivity 영역의 상품은 네이버 클라우드 플랫폼에 생성된 리소스에 안전하게 접근할 수 있도록 도와주는 서비스입니다.

이와 같은 8개 영역에 대한 네이버 클라우드 플랫폼의 서비스를 매핑해본다면 표 10.1과 같습니다 (신규 보안 서비스의 출시나 기존 서비스의 업데이트로 인해 책 집필 시점과 콘솔에서 보이는 보안 서비스가 다를 수 있습니다).

표 10.1 **네이버 클라우드 플랫폼 영역별 보안 서비스**

보안 영역	제공 서비스
위협 탐지 대응	Security Monitoring, WebShell Behavior Detector
사용자 인증	Sub Account
접근 통제	ACG, Network ACL
데이터 보호	Key Management Service
감사 추적	Cloud Activity Tracer, Cloud Advisor, Resource Manager
취약점 관리	System Security Checker, Web Security Checker
컴플라이언스	Compliance Guide
전송 구간 암호화	SSL VPN, IPsec VPN, Cloud Connect
SSL 인증서 발급 및 관리	Certificate Manager
통합 관리	Cloud Security Watcher

각 서비스에 대해 살펴보면서 네이버 클라우드 플랫폼의 주요 보안 서비스들을 알아보도록 하겠습니다. 참고로 네이버 클라우드 플랫폼 마켓플레이스를 통해 제공되는 파트너사들의 보안 서비스들도 네이버 클라우드 플랫폼 인프라에 적용이 가능하니 관심 있는 분들은 네이버 클라우드 플랫폼의 마켓플레이스(https://www.ncloud.com/marketplace/)도 확인 부탁드립니다.

또한 이전 장에서 다루었던 관리 도구들이 보안 측면에서는 어떻게 활용될 수 있을지 다시 한번 더 살펴보도록 하겠습니다.

10.3 Security Monitoring

위협 탐지 서비스인 Security Monitoring은 실시간으로 위협을 탐지하고 전문 인력을 통해 고객의 서비스를 안전하게 보호하는 보안 관제 서비스입니다. Security Monitoring 서비스는 IDS(침입 탐지 서비스), Anti-DDoS, WAF, Anti-Virus, IPS(침입 방지 서비스) 항목에 대한 모니터링 서비스를 제공하며, 크게 Basic 서비스와 Managed 서비스로 구분됩니다.

Basic은 네이버 클라우드 플랫폼을 사용하는 모든 고객에게 기본으로 제공되는 무료 보안 서비스

이고, Managed는 Basic보다 좀 더 고도화된 모니터링과 관제 서비스로 네이버 클라우드 플랫폼 고객의 리소스를 24시간 365일 강력하게 보호하는 유료 보안 서비스입니다.

Basic 서비스와 Managed 서비스의 차이가 무엇인지 살펴보겠습니다.

표 10.2 **Basic Monitoring 서비스와 Managed Monitoring 서비스의 차이**

구분	Basic	Managed
IDS(침입 탐지 서비스)	• 기본 IDS 탐지 Rule 적용 • 보안 공격 시도 및 침해 감시, 분석/대응 • 최신 공격 위협에 대한 탐지 Rule 생성 • 보안 사고 의심 이벤트 발생 시 분석 보고서 전달	• Basic 서비스 기본 제공 • 고객별 탐지 Rule 생성 및 예외 처리 제공 • 고객 요청 시 집중 모니터링 • 주간, 월간 보고서 제공
Anti-DDoS (DDoS 공격 방어 서비스)	미제공	• 고객별 특화된 탐지 정책 적용 • 학습을 통한 고객 맞춤형 임계치 설정 제공 • DDoS 공격 자동 탐지/차단 수행 • DDoS 공격에 대한 방어 및 대응 보고서 제공 • 주간, 월간 보고서 제공 • ※ 서비스 특성에 따라 공인 IP 및 LoadBalancer 사용자에 한해 사용 가능
WAF (웹 방화벽 서비스)	미제공	• 고객별 특화된 차단 정책 적용 • 학습을 통한 고객별 차단 정책 설정 제공 • 차단 보고서 제공 • 주간, 월간 보고서 제공
Anti-Virus (서버 백신 서비스)	• 스케줄링을 통한 악성코드 감시 (매일 1회) • 바이러스, 스파이웨어 격리 및 삭제 • 악성코드 의심 이벤트 발생 시 탐지 보고서 및 분석 정보 전달 • 최신 탐지 패턴 자동 업데이트	• 윈도우/리눅스 OS용 서버 백신 제공 • 실시간 악성코드 감시 • 바이러스, 스파이웨어 격리 및 삭제 • 악성코드 의심 이벤트 발생 시 탐지 보고서 및 분석 정보 전달 • 최신 탐지 패턴 자동 업데이트 • 고객 요청 시 특정 파일, 폴더에 대한 예외 처리 제공 • 주간, 월간 보고서 제공
IPS(침입 방지 서비스)	미제공	• 고객별 특화된 차단 정책 적용 • 주간, 월간 보고서 제공
침해 사고 기술 지원	미제공	• 침해 서버 분석 서비스 제공 • 시스템 분석 등을 통한 침해 내용 및 원인 분석

보다시피 Managed 서비스는 IDS, IPS, Anti-DDoS, WAF, Anti-Virus, 침해 사고 기술 지원과 같은 주요 분야에서 보안 관제 서비스를 받을 수 있습니다. 서비스 신청은 네이버 클라우드 플랫폼 콘솔에서 IDS, IPS, Anti-DDoS, WAF, Anti-Virus 중 보안 관제를 원하는 서비스를 신청해주면 됩니다.

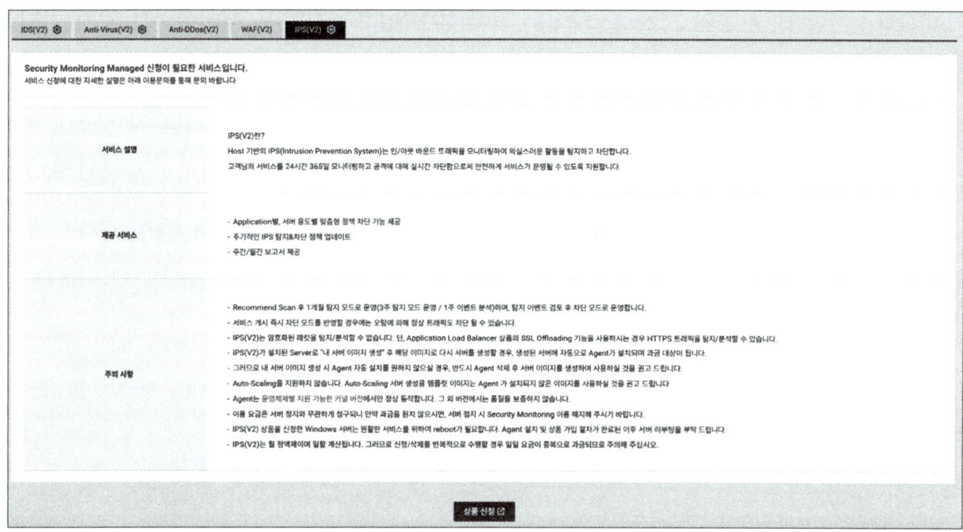

그림 10.3 Security Monitoring 서비스 신청 화면

Security Monitoring 서비스를 사용하면 다양한 위협에 대응할 수 있을 뿐만 아니라 콘솔 및 분석 리포트를 통해 다양한 보안 이벤트에 대한 높은 가시성을 제공합니다. 즉, 침해 사고 발생 시 네이버클라우드 보안 전문가가 침해 사고에 대한 분석을 수행하고 원인을 파악하여 차후 동일한 피해가 발생하지 않도록 지원한다는 측면에서 강력한 보안 환경을 구현할 수 있는 서비스입니다.

10.4 ACG/Network ACL

ACG와 Network ACL은 이미 이론과 실습을 통해 여러 번 살펴보았기 때문에 간단하게 살펴보겠습니다. Network ACL과 ACG는 모두 네이버 클라우드 플랫폼이 네트워크에 대한 허가되지 않은 접근을 통제하기 위한 기능을 제공합니다. 그럼 ACG와 Network ACL는 어떤 차이점을 가지고 있을까요? ACG와 Network ACL의 차이점을 살펴보겠습니다.

표 10.3 ACG와 Network ACL 비교

ACG	Network ACL
서버의 네트워크 인터페이스에 적용	서브넷에 적용
허용 규칙만 지원	허용 및 거부 규칙을 지원
Stateful(규칙에 관계없이 반환 트래픽 자동 허용)	Stateless(규칙에 의해 반환 트래픽 명시적 허용)
트래픽 허용 여부 결정 전 모든 규칙 평가	트래픽 허용 여부 결정 시 규칙 우선순위 처리

일단 ACG와 Network ACL의 가장 큰 차이는 적용 대상입니다. ACG는 서버의 네트워크 인터페이스에 적용되어 서버에 들어오고 나가는 트래픽에 대한 규칙을 정의한다면, Network ACL은 서브넷에 적용되어 서브넷으로 들어오는 Inbound, Outbound 트래픽을 판단합니다. Network ACL을 이용하여 각 서브넷을 독립적인 네트워크로 구분하고, 서브넷 내 통신의 보안은 ACG로 제어함으로써 강력한 네트워크 보안체계를 구성할 수 있으므로 ACG와 Network ACL 룰을 상세하게 조정해야 합니다.

10.5 Key Management Service

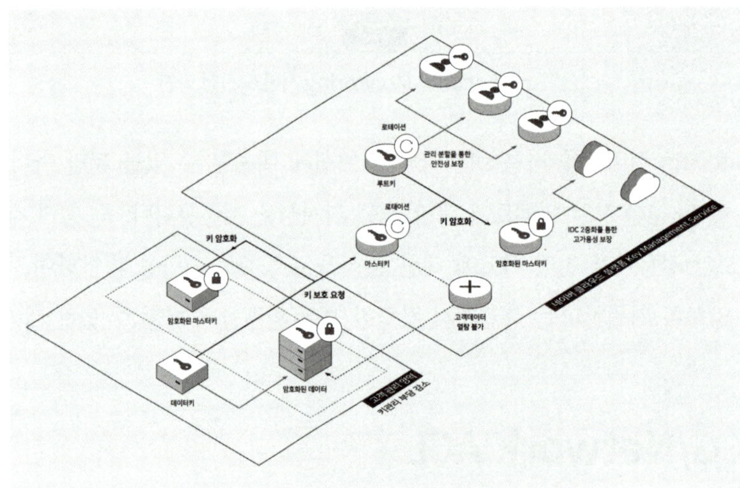

그림 10.4 **Key Management Service 구성도**

네이버 클라우드 플랫폼의 KMS(Key Management Service)는 고객의 중요 정보 암호화에 사용된 키를 고객이 설정한 보안 정책에 따라 안전하게 보호할 수 있는 서비스입니다. KMS는 암호화 키 보호에 필요한 모든 조건을 손쉽게 충족시킬 수 있는 다양한 기능을 제공합니다. 키의 생성, 회전, 상태 관리, 폐기 등 모든 키 관리 요건을 편리하게 관리할 수 있으며, 엄격한 관리 절차에 따라 암호화 키 혹은 최대 32 KB 기밀 데이터를 안전하게 보호할 수 있습니다.

KMS는 데이터를 암호화한 키를 보호하는 봉투 암호화 방법과 REST API를 사용하여 기밀 데이터를 직접 암·복호화하는 방법으로 활용이 가능합니다.

봉투 암호화 방법은 계층적 키 관리 설루션입니다. 데이터를 암호화한 암호 방식을 보호함으로써 데이터 기밀성과 통제권을 모두 만족시킬 수 있습니다. 설루션과 관련된 키는 데이터 키, 마스터 키, root 키이며, 네이버 클라우드 플랫폼에서는 마스터 키와 root 키를 관리합니다.

10.6 System Security Checker

서버 담당자라면 서버에 설정한 사항에 대해서 보안상 누락한 사항이 없는지 점검을 통해 확인받고 싶은 경우도 있을 것입니다. 이럴 때 사용할 수 있는 서비스가 System Security Checker(시스템 시큐리티 체커) 서비스입니다. System Security Checker는 서버의 운영체제OS뿐만 아니라 웹 애플리케이션 서버web application server, WAS의 보안 설정을 점검할 수 있는 네이버 클라우드 플랫폼의 서비스입니다. 점검 결과로 단순히 보안상 취약한 부분을 진단만 하는 것이 아니라 해결 방안까지 제공하므로 보안상 취약한 점에 대해 바로 조치를 취할 수 있습니다.

U-01

BAD

Title	root 계정 원격 접속 제한
Risk level	Critical
Mitigation level	High
Description	root 계정의 원격 접속 차단 설정 여부를 점검하여 외부 비인가자의 root 계정 접근 시도를 원천적으로 차단하는지 점검합니다. ※ /etc/securetty : Telnet 접속 시 root 접근 제한 설정 파일 "/etc/securetty" 파일 내 *pts/x 관련 설정이 존재하는 경우 PAM 모듈 설정과 관계없이 root 계정 접속을 허용하므로 반드시 "securetty" 파일에서 pts/x 관련 설정 제거 필요 tty(terminal-teletype) : 서버와 연결된 모니터, 키보드 등을 통해 사용자가 콘솔로 직접 로그인함 pts(pseudo-terminal, 가상터미널) : Telnet, SSH, 터미널 등을 이용하여 접속함
Recommended setting and judgment judgment criteria	1. /etc/securetty 파일에 pts/0 ~ pts/x 관련 설정이 존재하지 않고 2. /etc/ssh/sshd_config 파일에서 PermitRootlogin 설정이 no로 되어 있으면 양호 # SSH 가 설치되어 있지 않은 경우, 2번 항목은 제외
Current setting	root 계정의 원격 접속 제한설정이 적용되어 있지 않으므로 취약함 # cat /etc/pam.d/login auth optional pam_faildelay.so delay=3000000 auth requisite pam_nologin.so session [success=ok ignore=ignore module_unknown=ignore default=bad] pam_selinux.so close session required pam_loginuid.so session optional pam_motd.so motd=/run/motd.dynamic session optional pam_motd.so noupdate session [success=ok ignore=ignore module_unknown=ignore default=bad] pam_selinux.so open session required pam_env.so readenv=1 session required pam_env.so readenv=1 envfile=/etc/default/locale @include common-auth auth optional pam_group.so session required pam_limits.so session optional pam_lastlog.so session opti...(delete)
Mitigation method	Step 1) /etc/securetty # 설정 제거 또는 주석 처리 pts/0 ~ pts/x Step 2) /etc/ssh/sshd_config # 설정 추가 PermitRootLogin no 참고항목 ※ /etc/securetty : Telnet 접속 시 root 접근 제한 설정 파일 "/etc/securetty" 파일 내 *pts/x 관련 설정이 존재하는 경우 PAM 모듈 설정과 관계없이 root 계정 접속을 허용하므로 반드시 securetty 파일에서 pts/x 관련 설정 제거 필요 tty(terminal-teletype) : 서버와 연결된 모니터, 키보드 등을 통해 사용자가 콘솔로 직접 로그인함 pts(pseudo-terminal, 가상터미널) : Telnet, SSH, 터미널 등을 이용하여 접속함

그림 10.5 System Security Checker 진단 항목에 대한 Mitigation method

서버의 OS와 WAS에 대한 진단은 대상 서버에 System Security Checker 에이전트만 설치해주면 됩니다. 에이전트 설치와 실행은 아주 간단하므로 누구나 쉽게 점검이 가능합니다.

에이전트 설치 및 실행 명령어

1. wget http://ossc.ncloud.com/download/sscAgent
2. chmod 755 sscAgent
3. `./sscAgent`

OS 진단은 리눅스와 윈도우를 지원하고 있으며 WAS는 Apache, Tomcat, Nginx에 대한 진단을 수행합니다. System Security Checker를 통해서 진단할 수 있는 OS와 WAS 진단 항목에는 무엇이 있을까요?

[OS 진단 항목 - 리눅스]

- Linux(CSAP): Cloud Security Assurance Program(CSAP) 인증 기준의 36개 항목 점검
- Linux(KISA): 주요 정보통신 기반시설 기술적 취약점 분석 평가 방법 상세 가이드 기준의 72개 항목 점검
- Linux(Finance): 전자금융 기반시설 보안 취약점 평가 기준의 89개 항목 점검

[OS 진단 항목 – 윈도우]

약 33개 항목에 대한 점검 실행

[WAS 진단 항목]

- Apache httpd(CSAP): CSAP 인증 심사 기준의 7개 항목 점검
- Apache Tomcat(CSAP): CSAP 인증 심사 기준의 9개 항목 점검
- Nginx(CSAP): CSAP 인증 심사 기준의 7개 항목 점검

이와 같이 CSAP, KISA, 전자금융 기반시설 보안 취약점에 대해서 보안 진단을 해드리고 있으므로 서비스 오픈 전 서버의 OS와 WAS에 대한 보안 진단을 미리 진행해보면 좋을 것 같습니다.

상세한 진단 항목은 다음 링크를 통해 확인이 가능하니 참고해주세요.

System Security Checker 항목별 진단 상세: https://guide.ncloud-docs.com/docs/ssc-ossecuritychecker#Windows점검항목

10.7 Web Security Checker

개인정보가 유출되는 주요 원인 중 하나가 외부로부터의 공격입니다. 이 중 대부분이 SQL Injection, XSS Cross-Site Scripting, LFI 등의 웹 취약점이 문제가 되었습니다.

NOTE

- SQL Injection: 고객 정보나 데이터가 저장되어 있는 데이터베이스를 악의적인 SQL을 통해 공격하는 것입니다.
- XSS: 공격자가 웹 애플리케이션의 취약점을 이용하여 악의적인 스크립트를 다른 사용자의 웹브라우저 내에서 실행시키는 공격입니다.
- LFI: Local File Inclusion 공격은 웹 애플리케이션의 약점을 이용해 공격자가 서버 내부에 있는 파일들을 몰래 읽거나 실행하도록 만드는 기술입니다.

SQL Injection, XSS, LFI와 같은 웹 공격들은 개인정보 탈취라든지 주요 정보를 변조할 수 있으므로 보안상 신경 써야 하는 분야입니다. 네이버 클라우드 플랫폼에서는 웹서비스의 잠재적 취약점을 사전에 탐지하고 조치할 수 있도록 신속하고 상세한 검사를 진행하는 Web Security Checker를 통해서 웹서버의 보안을 강화할 수 있습니다.

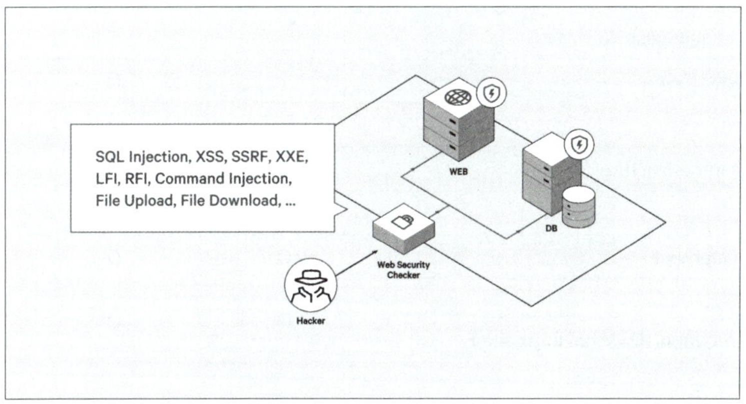

그림10.6 Web Security Checker

Web Security Checker에서 진단할 수 있는 서버는 네이버 클라우드 플랫폼 외부 서버도 가능하며, REST API를 활용하여 진단 리스트 출력/검색, 진단 시작/취소/중지, 리포트 기능 이용이 가능합니다. 또한 최초 진단 후 60일 이내 동일한 대상을 다시 진단하는 경우 추가 2회까지 별도의 추가 비용 없이 취약점 진단이 가능하기 때문에 취약점 진단 후 조치를 취한 다음에 제대로 설정되었는지 확인하기 용이합니다.

10.8 컴플라이언스 가이드

클라우드 서비스를 이용할 때 클라우드 인프라에 대한 각종 보안 인증이 필요한 경우가 있고, 클라우드 서비스 제공 업체가 책임지는 영역과 클라우드 서비스를 사용하는 사용자 입장에서 책임져야 할 보안사항을 파악해야 하는 경우도 있습니다. 네이버 클라우드 플랫폼의 컴플라이언스 가이드Compliance Guide는 고객이 컴플라이언스나 보안 인증에 대응하기 위한 서비스 도입 계획을 세우거나 통제를 어떻게 적용해야 하는지에 대해 설계 시 가이드로 참조할 수 있습니다.

표 10.4 **책임 범위 식별**

Cloud Layer	Service Models		
	IaaS	PaaS	SaaS
Data			
Interface(APIs, GUIs)			O
Applications			O
Solution Stack (Programming Languages)			O
Operating Systems(OS)		O	O
Virtual Machines		O	O
Virtual network infrastructure		O	O
Hypervisors	O	O	O
Processing and Memory	O	O	O
Data Storage (hard drives, removable disks, backups, etc.)	O	O	O
Network (interfaces and devices, communications infrastructure)	O	O	O
Physical facilities/data centers	O	O	O

10.9 SSL VPN

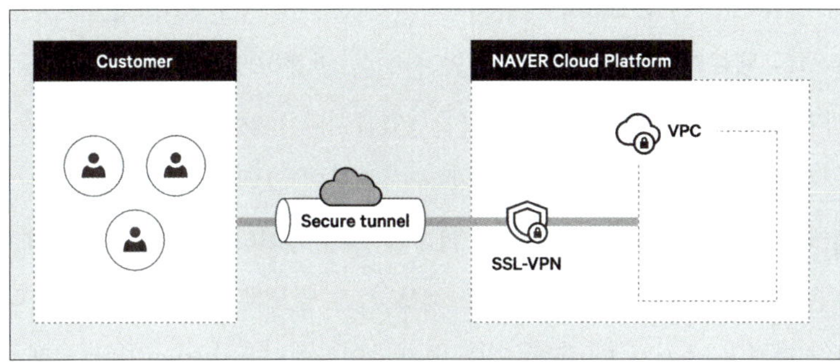

그림 10.7 SSL-VPN 서비스 구성

SSL VPN은 외부에서 인가된 사용자가 네이버 클라우드 플랫폼 리소스에 접속 시 암호화된 터널링 통신과 1차, 2차 인증을 통해 언제 어디서든 안전하게 접속할 수 있는 Secure 통신을 제공하는 서비스입니다.

IPSEC VPN이 네트워크와 네트워크를 연결하는 방식이라면 SSL VPN은 운영체제에서 네이버 클라우드 플랫폼 VPC 네트워크를 연결하는 방식입니다. IPSEC VPN이 게이트웨이를 구성하고 터널을 생성하고 라우팅 테이블을 수정하는 등 복잡한 과정을 거쳐야 하지만, SSL VPN은 SSL VPN 애플리케이션을 설치하고 ID와 패스워드, OTP로 로그인만 하면 바로 네트워크에 접속할 수 있습니다.

서비스 보안을 강화하기 위해 서버에 접속하거나 DB에 접속할 때에는 ACG에서 SSH를 오픈해서 외부에서 바로 접속하는 방식이 아니라, SSL VPN을 구성하고 SSL VPN을 이용하여 접속하는 것이 서비스를 외부 위협으로부터 지키는 방법입니다. 따라서 서버에 접속할 일이 있을 땐 네이버 클라우드 플랫폼에서는 SSL VPN을 이용하는 것을 권장합니다.

NOTE **SSL VPN은 왜 써야 할까?** 트래픽을 암호화하여 SSL VPN 게이트웨이를 통해 내부 네트워크와 통신합니다. 이를 통해 마치 내부 네트워크에 직접 연결된 것처럼 다양한 클라우드 리소스들을 안전하게 사용할 수 있습니다.

SSL VPN의 2차 인증은 Email과 SMS 방식을 지원하고 있으며, 최대 10개까지 외부 접속 ID를 콘솔에 등록하여 사용할 수 있습니다. 외부 접속을 허용할 최대 ID 수, 인증 방식, VPN 아이디 정보를 콘솔에 등록하고 SSL VPN 에이전트를 다운받으면 좀 더 쉽게 SSL VPN을 사용하여 접속할 수 있습니다.

그럼 SSL-VPN은 어떤 경우에 사용하게 되는 걸까요? 외부에서 네이버 클라우드 플랫폼 주요 서비스에 접속할 때 SSL VPN을 활용할 수 있습니다. 대표적으로 DB 서버에 접근하기 위해 SSL VPN을 사용할 수 있습니다. SSL-VPN 서비스를 신청하면 SSL-VPN 전용 IP 대역이 생성되고, 네이버 클라우드 플랫폼 ACG 상품을 통해 외부로부터의 접근을 차단하고, 할당된 SSL VPN의 IP 주소 대역에서의 접근을 허용하여 SSL VPN 접속으로 인가된 사용자라면 어디서나 안전하게 접속할 수 있도록 구현할 수 있습니다.

10.10 Certificate Manager

인터넷 접속 시 접속 주소가 https로 시작하는 걸 보셨을 겁니다. https는 어떤 걸 의미하는 걸까요? https 통신은 웹브라우저와 웹서버 간의 통신을 안전하게 보호하기 위한 프로토콜입니다. https가 등장하기 전에는 http 프로토콜을 사용했었습니다. http 프로토콜은 평문 형태로 데이터를 전송하므로 중간에 누군가가 패킷을 가로챈다면 내용이 그대로 노출이 되어 보안에 취약했습니다. 이를 해결하기 위해 https 통신은 SSL/TLS를 통해 데이터를 암호화하여 제3자, 혹은 외부에서 데이터를 가로채더라도 데이터의 내용을 해독할 수 없도록 보안을 강화했습니다. 또한 검색 엔진들은 검색 결과를 노출시킬 때 http 기반의 웹사이트보다는 https 기반의 웹사이트를 좀 더 상위 검색 결과로 노출하기 때문에 사용자 노출을 위해서도 https 통신이 필요합니다.

최근에 모바일에서의 통신도 반드시 암호화된 통신이어야만 앱 심사에서 승인이 되며, 앱 역시 등록하려면 반드시 인증서가 필요합니다. 그뿐만 아니라 최근의 웹 마크업 언어인 HTML5에서는 일부 기능이 HTTPS에서만 작동하기 때문에 인증서가 필요합니다. 참고로 인증서를 발급받기 위해서는 개인 소유의 도메인이 필요합니다.

이러한 https 통신이 가능하도록 구성하기 위해서는 서버의 신원을 증명하고 데이터를 암호화하기 위한 인증서가 필요합니다. 인증서를 발급받을 때 무료와 유료 중에서 선택할 수 있습니다.

- 무료 인증서: Let's Encrypt
- 유료 인증서: DigiCert, GlobalSign, Sectigo 등

네이버 클라우드 플랫폼에서도 인증서를 발급받고 관리할 수 있는 서비스가 제공되고 있습니다. 바로 Certificate Manager라는 서비스입니다. 인증서 발급 후 인증서 만료일로부터 30일 전부터 알람을 발송하여 인증서 만료일 관리를 용이하게 할 뿐만 아니라 네이버 클라우드 플랫폼의 Load Balancer, Global Edge 서비스와도 연동되어 있기 때문에 인증서가 필요한 서비스와 바로 연계해서 사용이 가능합니다. Certificate Manager에서 발급받을 수 있는 인증서 타입은 다음과 같습니다.

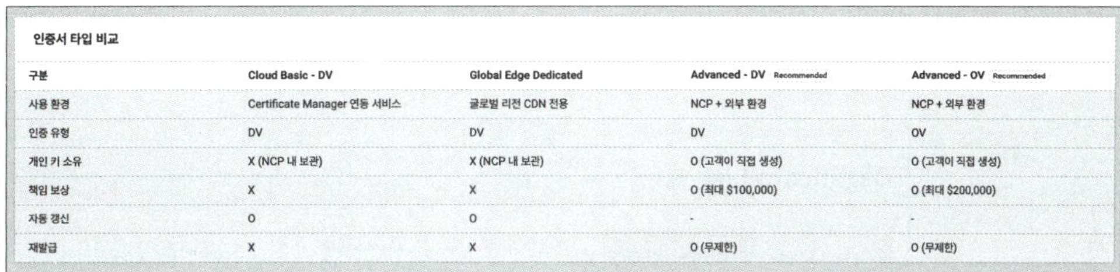

인증서 타입 비교

구분	Cloud Basic - DV	Global Edge Dedicated	Advanced - DV Recommended	Advanced - OV Recommended
사용 환경	Certificate Manager 연동 서비스	글로벌 리전 CDN 전용	NCP + 외부 환경	NCP + 외부 환경
인증 유형	DV	DV	DV	OV
개인 키 소유	X (NCP 내 보관)	X (NCP 내 보관)	O (고객이 직접 생성)	O (고객이 직접 생성)
책임 보상	X	X	O (최대 $100,000)	O (최대 $200,000)
자동 갱신	O	O	-	-
재발급	X	X	O (무제한)	O (무제한)

그림 10.8 Certificate 인증서 타입

인증서 발급을 신청하면 Certificate Manager에서 도메인 검증을 위한 레코드가 생성되며, 해당 레코드값이 도메인의 레코드로 등록되었는지를 확인하는 절차를 진행합니다. 또한 도메인 검증 절차가 완료되어야 Certificate Manager를 통한 인증서 발급이 완료됩니다.

▶ 실습

CAUTION 실습 과정을 통해 생성한 리소스들은 사용한 만큼 과금됩니다.

1. [네이버 클라우드 플랫폼 포털] ➡ 로그인 후 [네이버 클라우드 플랫폼 콘솔]로 이동합니다.
2. [Menu] ➡ [Services]에서 [Security] 카테고리 내 [Certificate Manager]를 선택합니다.

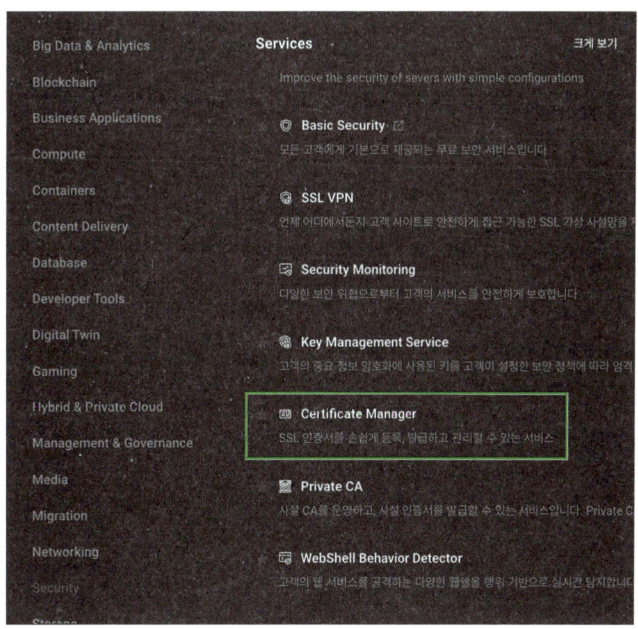

그림 10.9 Certificate Manager 메뉴

3. 상단의 [**+ 인증서 발급**]을 선택합니다.

그림 10.10 Certificate Manager 인증서 발급 버튼

4. 인증서 타입을 선택합니다. 인증서 타입은 [Cloud Basic] ➡ [Domain Validation Certificate]를 선택 후 하단의 [**발급 시작**] 버튼을 클릭합니다.

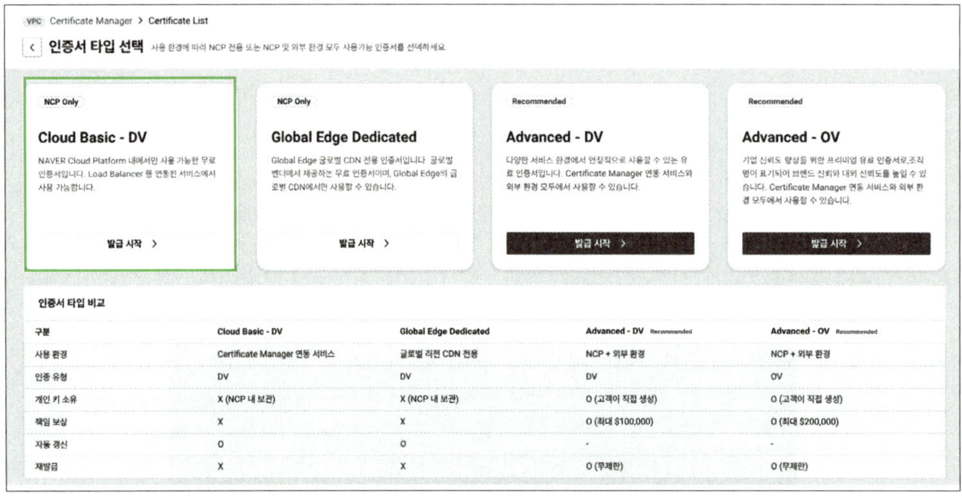

그림 10.11 Certificate Manager ➡ 인증서 타입 선택

5. 인증서 발급을 위해 Certificate 이름과 도메인 이름을 입력합니다.

- Certificate 이름: ncp-certificate
- 도메인 이름: (본인 소유 도메인 주소를 입력)

입력 후 하단의 [**다음**] 버튼을 클릭합니다.

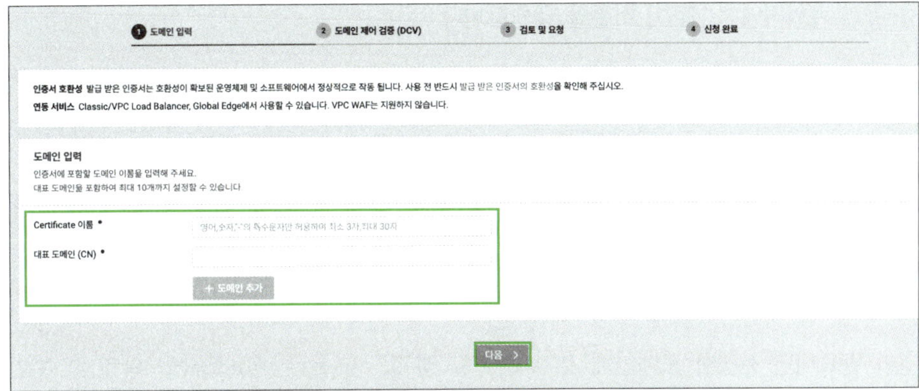

그림 10.12 인증서 발급을 위한 도메인 정보 입력

6. 검증 방식으로 'DNS 검증'을 선택한 후 하단의 **[다음]** 버튼을 클릭합니다.

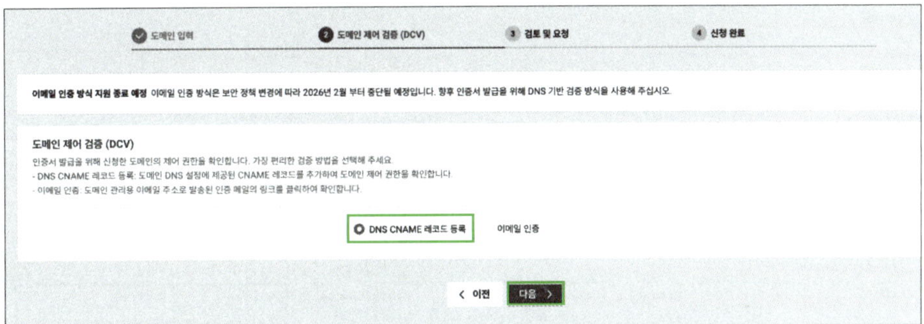

그림 10.13 Certificate Manager 검증 방식(DNS 검증, Email 검증)

7. 최종 확인 페이지 확인 후 **[다음]** 버튼을 클릭합니다.

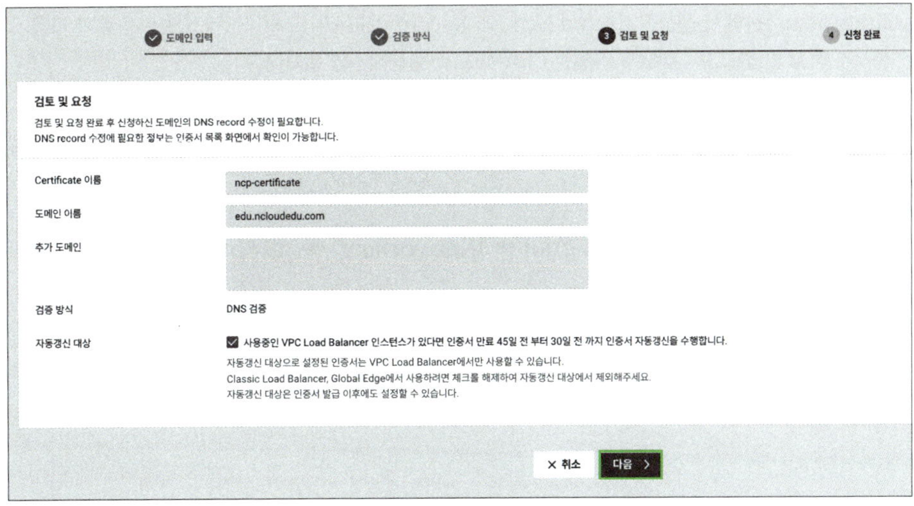

그림 10.14 Certificate Manager 검증 요청

8. 최종 확인 페이지에서 [확인] 버튼을 클릭합니다.

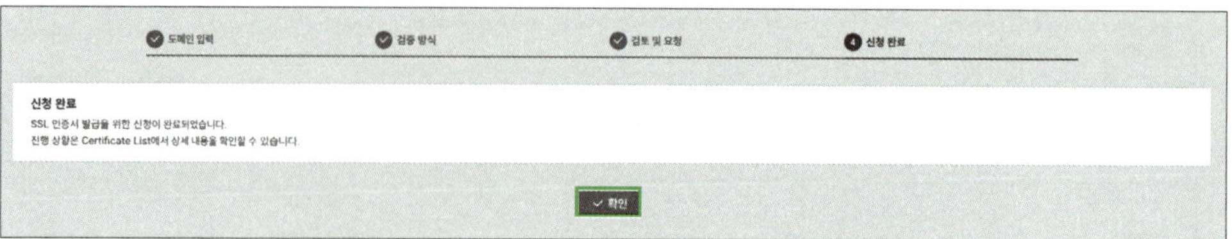

그림 10.15 Certificate Manager 신청 완료 화면

9. 신청이 완료되면 신청한 도메인에 추가해야 할 레코드 이름과 레코드값을 확인 후 본인 소유의 도메인에 추가합니다.

그림 10.16 Certificate Manager 신청 후 Record Name, Record Value

▶▶ Record Name이 레코드명이며, Record Value가 해당 Record Name에 등록해야 할 레코드값입니다. Certificate Manager에서 생성한 Record Name과 Record Value가 도메인의 레코드로 등록이 되어 있어야지만 인증서가 정상 발급됩니다. 레코드 타입은 CNAME으로 설정해주면 됩니다.

필자는 소유하고 있는 도메인을 Global DNS에 등록해두었기 때문에 Certificate Manager에서 생성한 레코드 이름과 레코드값을 Global DNS에 추가하겠습니다.

Global DNS 서비스는 [콘솔] ➡ [Menu] ➡ [Networking] ➡ [Global DNS]를 선택합니다.

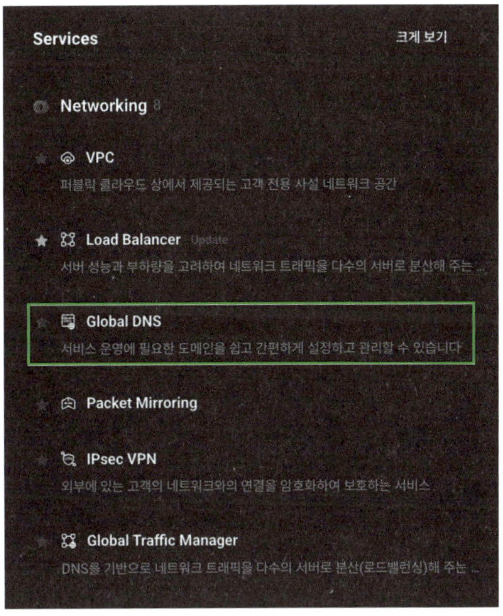

그림 10.17 Global DNS 메뉴

10. 상단의 [레코드 추가]를 클릭합니다.

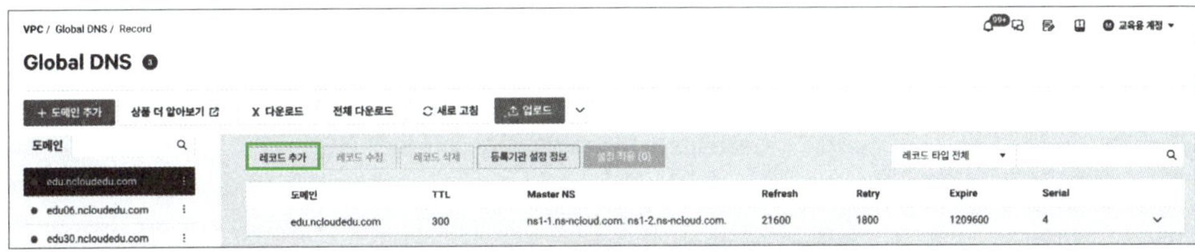

그림 10.18 Global DNS ➡ 레코드 추가 버튼

11. 이전 과정에서 Certificate Manager에서 생성한 레코드 이름과 레코드명을 기입합니다. 레코드 타입은 CNAME으로 설정합니다.

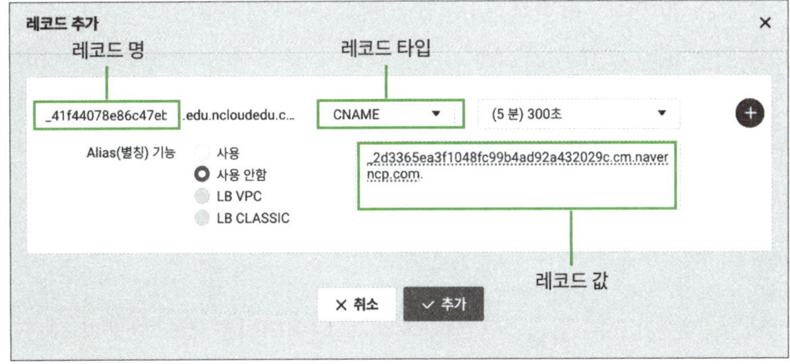

그림 10.19 Global DNS ➡ 레코드 추가 화면 (1)

12. 그림 10.19와 같이 값을 입력 후 하단의 **[추가]** 버튼을 클릭합니다.

13. 레코드를 추가 후 상단의 **[설정 적용]** 버튼을 클릭해야 추가된 레코드가 배포됩니다.

레코드 추가 | 레코드 수정 | 레코드 삭제 | 등록기관 설정 정보 | 설정 적용 (1) | 레코드 타입 전체

도메인	TTL	Master NS	Refresh	Retry	Expire	Serial
edu.ncloudedu.com	300	ns1-1.ns-ncloud.com. ns1-2.ns-ncloud.com.	21600	1800	1209600	5

호스트	도메인	레코드 타입	레코드 값	TTL	신청일시 (UTC+09:00)	최종 변경 일시 (UTC+09:00)
@	edu.ncloudedu.com	SOA	ns1-1.ns-ncloud.com. ns1-2.ns-ncloud.com. 5 21600 1800 1209600 300	300	2025-02-11 08:07:02	2025-06-09 19:02:53
@	edu.ncloudedu.com	NS	ns1-1.ns-ncloud.com ns1-2.ns-ncloud.com	86400	2025-02-11 08:07:02	2025-02-11 08:07:02
_41f44078e86c47eb888f163d1f6443e2	edu.ncloudedu.com	CNAME	_2d3365ea3f1048fc99b4ad92a432029c.cm.navernc p.com	300	2025-06-09 19:04:39	2025-06-09 19:04:39

그림 10.20 Global DNS ➡ 레코드 추가 화면 (2)

14. 레코드가 배포되고 완료가 되면 Certificate Manager의 검증 상태가 '성공'으로 뜹니다.

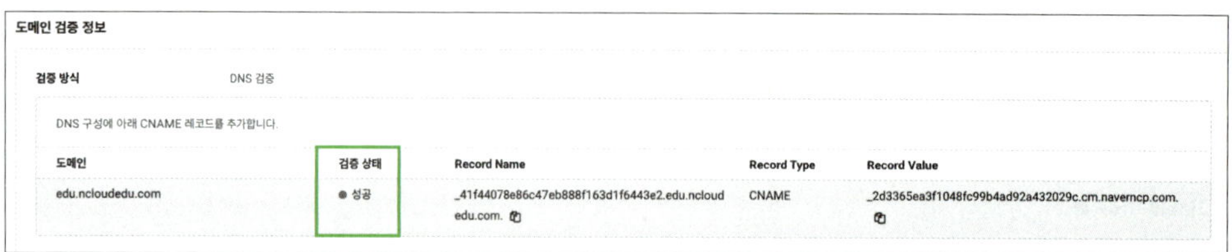

그림 10.21 Certificate Manager 검증 상태 확인 화면

10.11 WebShell Behavior Detector

웹서비스를 운영하다 보면 사용자의 데이터를 업로드하는 기능을 일반적으로 많이 사용하게 됩니다. 파일 업로드가 대표적인 업로드 기능인데 WebShell이라는 것은 웹서버에서 명령을 실행할 수 있도록 만들어진 악성 스크립트 파일로, 다양한 형태로 빠르게 진화하고 있다 보니 웹서비스를 위협하는 가장 큰 문제로 떠오르고 있습니다.

이러한 상황으로 인해 업로드하는 기능을 구현할 때는 다양한 조건을 두어 특정 확장자만 업로드 가능하게 한다든지 속성을 확인하여 업로드 가능하게 구현하게 되는데, 그럼에도 불구하고 여러 변종의 WebShell이 웹서비스를 위협하고 있습니다.

WebShell Behavior Detector는 실시간으로 웹서버의 디렉터리를 감시하고 의심스러운 파일이 업로드되거나 생성되면 격리시켜 WebShell 공격을 막는 보안 서비스입니다.

▶ 실습

CAUTION 실습 과정을 통해 생성한 리소스들은 사용한 만큼 과금됩니다.

1. [네이버 클라우드 플랫폼 포털] ➡ 로그인 후 [네이버 클라우드 플랫폼 콘솔]로 이동합니다.
2. [Menu] ➡ [Services]에서 [Security] 카테고리 내 [WebShell Behavior Detector]를 선택합니다.

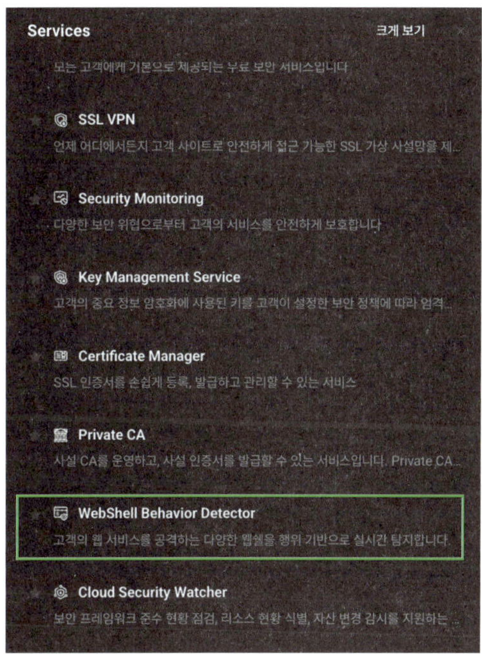

그림 10.22 WebShell Behavior Detector 메뉴

3. [Detection Setting] 내에 [Configuration]을 선택합니다.

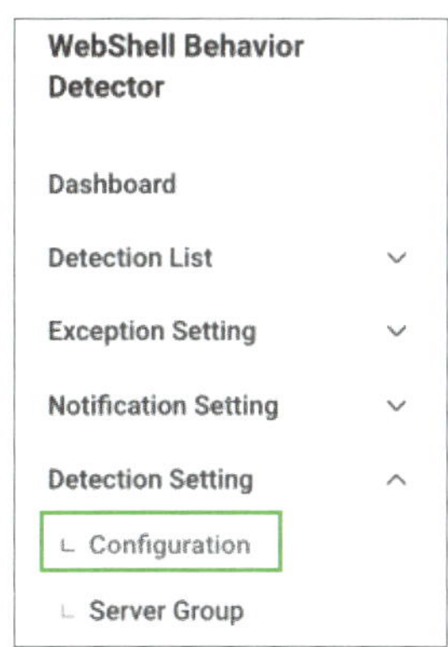

그림 10.23 WebShell Behavior Detector 세부 메뉴

4. 탐지 대상(대상 서버)을 등록하기 위해 '탐지 대상 등록'을 클릭합니다.

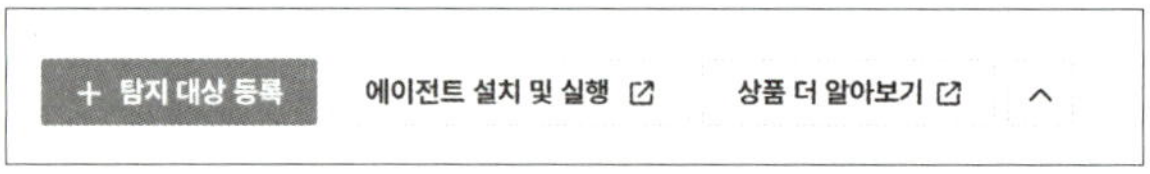

+ 탐지 대상 등록 에이전트 설치 및 실행 상품 더 알아보기

그림 10.24 탐지 대상 등록 시작

서버를 선택합니다.

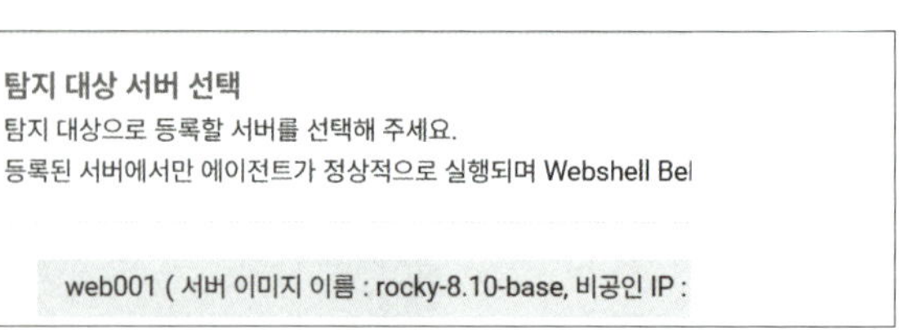

그림 10.25 탐지 대상 서버 선택

서버 환경을 선택합니다. 서버의 경우 Host를 선택하고, Kubernetes 환경이라면 Kubernetes를 선택합니다.

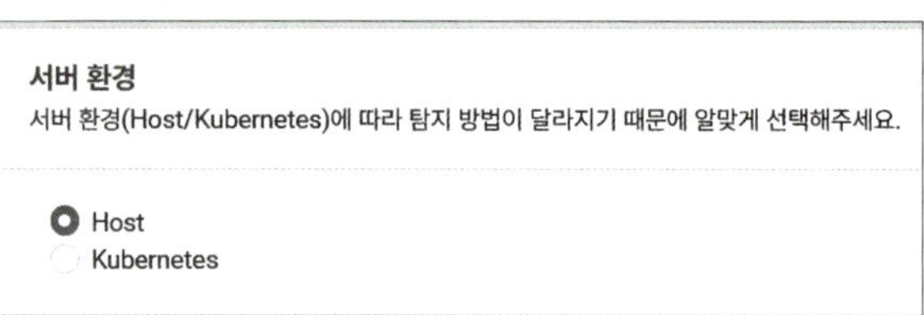

그림 10.26 서버 환경 선택

애플리케이션 환경에서 웹서버의 스크립트 엔진을 선택합니다.

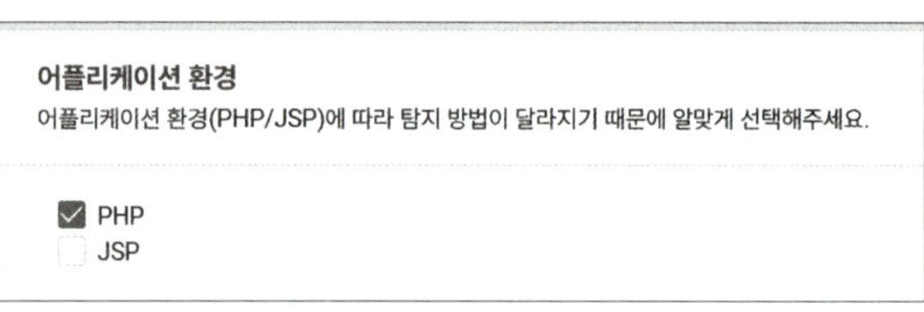

그림 10.27 웹서버 스크립트 엔진 선택

웹서버의 root 디렉터리 경로를 입력합니다(Apache의 경우 패키지로 설치하면 기본적으로 /var/www/html이 root 디렉터리입니다). 입력 후 우측의 [추가] 버튼을 클릭합니다.

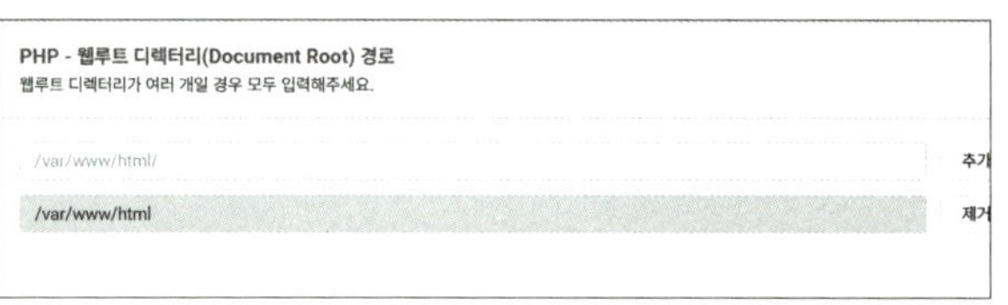

그림 10.28 웹서버 root 디렉터리 입력

업로드 디렉터리 경로를 입력합니다.

PHP - 업로드 디렉터리(Upload Directory) 경로
파일이 업로드 되는 디렉터리 경로를 모두 입력해주세요.
입력하지 않을 경우 웹쉘 의심 파일을 제대로 찾지 못할 수 있습니다.
/var/www/html/demo5/upload

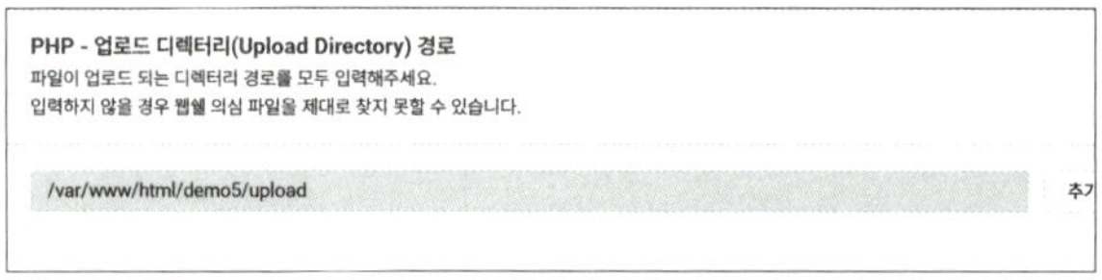

그림 10.29 업로드 디렉터리 입력

알림 설정에서 WebShell이 탐지될 경우 알림을 받을 사용자를 선택합니다.

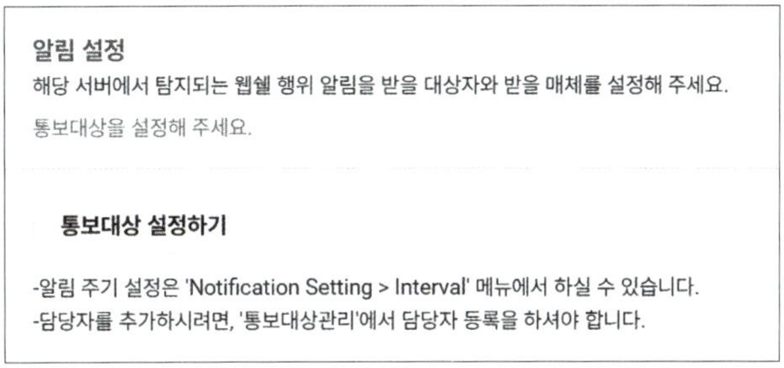

알림 설정

해당 서버에서 탐지되는 웹쉘 행위 알림을 받을 대상자와 받을 매체를 설정해 주세요.

통보대상을 설정해 주세요.

통보대상 설정하기

-알림 주기 설정은 'Notification Setting > Interval' 메뉴에서 하실 수 있습니다.
-담당자를 추가하시려면, '통보대상관리'에서 담당자 등록을 하셔야 합니다.

그림 10.30 **알림받을 사용자 선택**

완료되면 하단의 **[설정 완료]**를 선택합니다.

5. 탐지 대상 서버에 Agent 설치

   탐지 대상 서버에서 다음 명령어를 실행합니다.

   리눅스

```
# wget https://wbd.ncloud.com:18088/agent/wbd_installer.sh -O wbd_installer.sh
# chmod a+x wbd_installer.sh
# ./wbd_installer.sh
```

   윈도우

   명령 프롬프트에서 powershell을 실행하고 다음 명령어를 입력합니다.

```
PS > Invoke-WebRequest -Uri "https://wbd.ncloud.com:18088/agent/windows/x64/WBDAgent-setup.
exe" -OutFile "WBDAgent-setup.exe"
PS > ./WBDAgent-setup.exe
```

   Kubernetes

   Kubectl을 이용하여 설치합니다.

```
kubectl apply -f https://wbd.ncloud.com:18088/agent/wbd_agent_ds.yaml --kubeconfig
kubeconfig.yaml
```

10.12 Cloud Security Watcher

Agent 기반으로 통합 보안 모니터링 포털 서비스인 Cloud Security Watcher는 네이버 클라우드 플랫폼 내의 서버들뿐만 아니라 외부의 서버에 대해서도 모니터링과 보안 설정이 가능합니다. 지원되는 OS는 리눅스와 윈도우이며 Agent는 리눅스나 윈도우에 있는 기본적인 방화벽을 이용하여 보안 설정을 하게 됩니다.

관리는 네이버 클라우드 플랫폼뿐만 아니라 타 클라우드의 보안 설정과 모니터링도 가능하여 한 눈에 멀티 클라우드 보안 환경을 확인할 수 있습니다.

10.12.1 Cloud Security Watcher 포털

Cloud Security Watcher는 통합적인 보안 모니터링을 위해 별도의 인증 체계를 갖춘 포털을 제공합니다. 포털에서서는 보안 모니터링에 집중해서 관리할 수 있도록 별도의 메뉴 체계를 갖추고 있습니다.

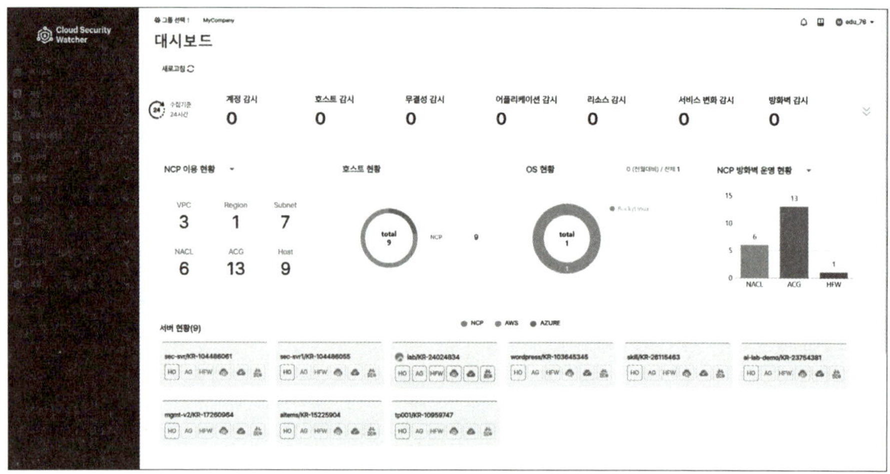

그림 10.31 업로드 디렉터리 입력

Cloud Security Watcher 포털은 시스템을 컨트롤할 수 있는 막강한 권한을 가지고 있는 만큼 포털에 접근하기 위해서는 별도의 Admin 계정을 생성해야 하고 반드시 등록된 IP에서만 접근이 가능합니다. 따라서 접근하는 IP가 변경되면 변경 내용을 반영해야만 접근이 가능합니다.

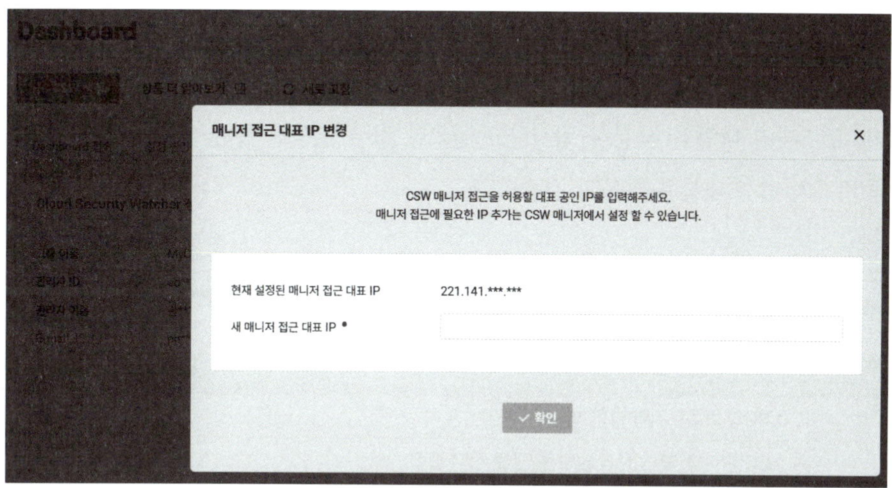

그림 10.32 Cloud Security Watcher 포털 접근 IP 설정

10.12.2 Cloud Security Watcher에서의 클라우드 연동

Cloud Security Watcher는 네이버 클라우드 플랫폼, Azure, AWS와 연동이 가능하며, 연동을 통해 각 클라우드에서 제공하는 다양한 보안 서비스를 Cloud Security Watcher에서 통합 관리할 수 있습니다. 클라우드 연동을 위해서는 각 클라우드별 시스템 구성을 확인할 수 있는 계정 정보가 필요합니다. 계정 정보는 계정명, Access Key, Secret Key에 대한 정보를 넣으면 자동으로 인프라 정보를 가져오고 Cloud Security Watcher에서 보여줍니다.

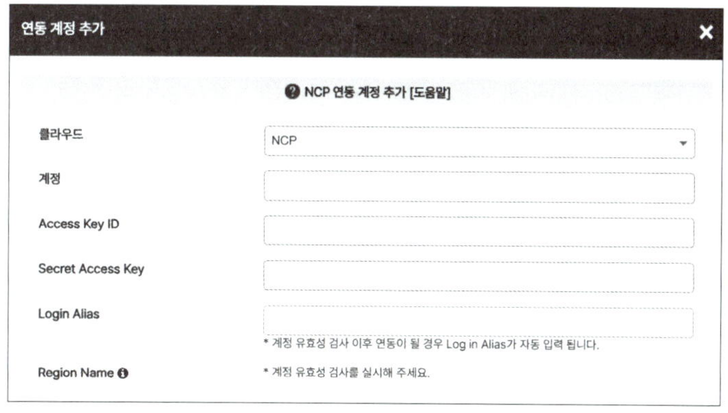

그림 10.33 클라우드 연동 계정 추가

해당 설정은 Cloud Security Watcher 내에서 설정하는데, 기본 설정에서 연동 계정을 추가할 수 있습니다.

10.12.3 Cloud Security Watcher에서의 클라우드 감시

Cloud Security Watcher에서 보안 감시는 네트워크에만 국한되지 않습니다. 애플리케이션부터 시스템 상태, 로그까지 다양한 부분을 감시하고 필요한 경우 알림을 통해 이슈를 빠르게 전달할 수 있습니다. 각각의 감시 대상은 다음과 같습니다.

1 NCP 방화벽

표 10.5 NCP 방화벽 감시 항목

기능	설명
NACL	VPC의 토폴로지와 방화벽 정책 확인
ACG	ACG별 허용, 차단 정책 정보 확인 및 정책 편집

2 AWS 방화벽

표 10.6 AWS 방화벽 감시 항목

기능	설명
NACL	VPC의 토폴로지와 방화벽 정책 확인
SG	SG별 허용, 차단 정책 정보 확인 및 정책 편집

3 Azure 방화벽

표 10.7 AWS 방화벽 감시 항목

기능	설명
Azure Firewall	VNet의 토폴로지와 방화벽 정책 확인
Firewall Manager	Azure Firewall Manager별 허용, 차단 정책 정보 확인 및 정책 편집
NSG	네트워크 보안 그룹에 대한 정보 확인 및 정책 편집
ASG	애플리케이션 보안 그룹에 대한 정보 확인 및 정책 편집

4 HFW 방화벽(호스트 방화벽)

표 10.8 HFW 방화벽 감시 항목

기능	설명
VPC 내 호스트 정보	클라우드와 VPC/VNet을 선택하여 VPC의 네트워크 정보와 Private IP, 정책 rule 건수 확인
보안 토폴로지	해당되는 호스트의 위치 확인
Inbound, Outbound 정책	선택된 호스트의 Inbound 정책과 Outbound 정책 확인 및 정책 편집과 적용

⑤ 무결성 감시

무결성 감시는 파일의 변화 내역을 추적하고 감시하여 변화 내용을 알려줍니다.

⑥ 상태 감시

상태 감시는 호스트의 리소스 사용률을 감시하고 정해진 임계치를 넘어서게 되면 알림을 보냅니다.

표 10.9 **리소스 상태 감시 항목**

기능	설명
Resource	설정된 상태 감시를 기준으로 CPU, Memory, SWAP, DISK 사용량 임계치 표시
Network	호스트의 네트워크 트래픽과 누적 전송량 등 네트워크의 상태 감시 현황 정보 표시
Process	호스트의 등록된 Process의 리소스별 감시 정보 표시
Port	호스트의 등록된 서비스 종류, 프로토콜, 포트 번호 등을 표시
Url	등록된 Url 주소로 도달하는 임계치와 응답 시간 표시
Ping	지정한 호스트에 Ping 시도를 한 통신 감지 테스트 결과 표시

⑦ 로그 감시

로그 감시에서는 로그에서 키워드를 등록하고 해당 키워드가 들어 있는 로그 발생 시 알림 통보를 할 수 있습니다.

표 10.10 **로그 감시 항목**

기능	설명
시스템 로그 정보	로그 종류 및 레벨에 따라 구분된 상세 정보를 표시
방화벽 로그 정보	방화벽의 허용/차단 정책 로그 정보를 표시

기술자격시험 기출문제

문제 1 **다음 중 네이버 클라우드 플랫폼의 Certificate Manager와 연동 가능한 서비스를 모두 고르시오.**

① Load-balancer

② Global Edge

③ Global Traffica Manager

④ VPC

문제 2 **다음 중 고객이 보안 인증이나 규제에 대응하는 데 필요한 사항들을 알기 쉽게 정리한 가이드를 제공해주는 상품은 무엇인가요?**

① Compliance Guide

② Cloud Advisor

③ Compliance Teller

④ Advisor Service

정답: 1. ①, ② 2. ①

CHAPTER 11

네이버 클라우드 플랫폼 미디어 서비스

일반적으로 미디어 서비스라고 하면 이미지나 동영상, 음원 서비스를 이야기하는데 미디어 서비스는 공통적으로 데이터의 크기가 매우 크고 네트워크 대역폭도 커야 합니다. 그렇기 때문에 클라우드에서 제공하는 스토리지를 이용하면 이미지나 동영상 데이터를 저장하거나 관리하기가 용이하고 풍부한 네트워크 대역폭을 이용하여 비용적으로 합리적인 서비스를 구현할 수 있습니다.

클라우드에서 제공하는 미디어 서비스는 그 자체만으로 서비스에 이용하는 것은 제한적이며 애플리케이션이나 서비스에서 미디어 서비스를 활용하는 방식으로 이용됩니다. 따라서 일정 부분 프로그래밍이 수반되어야 합니다.

네이버 클라우드 플랫폼에서 제공하는 미디어 서비스에는 다음과 같은 서비스가 있습니다.

1 이미지 저장 및 섬네일 생성과 제공(Image Optimizer)

온라인 쇼핑몰과 같이 이미지를 다양한 사이즈로 만들어 서비스에 제공해야 하는 경우, 일반적으로는 원본 이미지를 이용하여 필요한 크기로 리사이즈합니다. 이 리사이즈한 이미지는 서로 다른 디렉터리에 저장하고 Database에 위치 정보를 사이즈별로 저장했다가 이미지가 필요한 경우 위치를 Database에서 가져와 HTML에 IMG 태그를 만들어서 제공하는 형태입니다.

일반적인 이미지를 저장하고 가져오는 형태를 흐름으로 설명하면 다음과 같습니다.

1단계 – 사전 구성

서비스에 필요한 이미지 사이즈가 다섯 종류라고 하면 서버에 5개의 디렉터리를 생성합니다.

이미지 업로드 페이지에서 이미지를 업로드하면 해당 이미지를 다섯 종류로 리사이즈하여 각각의 디렉터리에 분류 저장하고 이미지 파일명을 Database에 저장합니다.

2단계 – 이미지 불러오기

특정 페이지의 특정 사이즈 이미지를 불러오고자 할 경우 PHP나 JSP를 이용하여 다음과 같이 HTML을 만들어줍니다.

코드 예제 11.1 **HTML에서 이미지 보여주기**

```
$img_size_directory=3;
<img src=$img_size_directory/$img>
```

이런 경우 몇 가지 관리 요소가 생기는데, 우선 이미지가 증가하는 경우 스토리지 저장 공간을 확장하는 데 어려움이 발생할 수 있습니다. 안정적이고 신뢰성이 높으며 확장이 용이한 저장 공간을 확보하지 않으면 데이터가 증가하고 사용자가 증가함에 따라 확장성과 안정성에 문제가 발생할 가능성이 높아집니다. 그리고 서비스에서 필요로 하는 이미지의 사이즈 변경이 발생할 경우 수많은 이미지를 다시 리사이즈해야 하는 번거로움이 발생하고, 혹시라도 누락이 발생하는 경우 이미지 출력에 오류가 발생할 수 있습니다.

이러한 문제를 해결할 수 있는 이미지 리사이즈, 저장 및 전송 플랫폼이 Image Optimizer(이미지 옵티마이저)입니다. Image Optimizer를 이용하면 다음과 같이 안정적이고 효율적인 이미지 관리가 가능합니다.

1단계 – 사전 구성

Image Optimizer가 사용하는 스토리지는 Object Storage입니다. 원본 이미지를 Object Storage에 저장하고, Image Optimizer가 이용할 스토리지로 이미지가 저장된 Object Storage Bucket을 지정하면 됩니다. 그리고 리사이즈를 Image Optimizer에서 선언하면 준비는 완료됩니다.

2단계 – 이미지 불러오기

특정 페이지의 특정 사이즈 이미지를 불러오고자 할 경우 PHP나 JSP를 이용하여 다음과 같이 HTML을 만들어줍니다.

코드 예제 11.2 HTML에서 Image Optimizer로 이미지 보여주기

```
$img_size = Image Optimizer Query String;
<img src=$img_size/$img>
```

이렇게 구성하면 이미지 데이터 저장을 효율적으로 사용할 수 있고, 이미지 사이즈 변경도 손쉽게 반영할 수 있으며, 좀 더 안정적으로 이미지 서비스를 구현할 수 있습니다.

2 동영상 촬영, 저장 및 동영상 플랫폼으로 전송(B2B Prism Live Studio)

동영상 촬영, 저장 및 네이버, 유튜브와 같은 동영상 플랫폼으로 전송하는 애플리케이션으로 다양한 애플리케이션이 있지만 네이버가 개발한 동영상 애플리케이션으로는 Prism Live Studio가 있습니다.

그림 11.1 Prism Live Studio

Prism Live Studio는 PC 버전(https://prismlive.com/ko_kr/)과 모바일 버전으로 출시되어 있으며 애플리케이션은 네이버 Prism Live Studio를 그대로 사용하되 네이버 클라우드 플랫폼 B2B Prism Live Studio와 연동을 통해 추가적인 기능과 라이브 방송 서비스를 사용할 수 있습니다.

표 11.1 B2B Prism Live Studio 기능

구분	제공 기능	설명
특화 기능	로그인 연동	고객의 서비스 계정과 로그인 연동
특화 기능	기업 서비스 등록	방송 플랫폼 연결 화면 내 신규 서비스 등록
특화 기능	라이브 예약	예약된 라이브 영상 조회 및 활용
특화 기능	고객사 채팅	고객사 채팅 노출

표 11.1 B2B Prism Live Studio 기능(표 계속)

구분	제공 기능	설명
특화 기능	고객사 채팅 관리	고객사 채팅 관리(차단 등)
특화 기능	사용자 설정	제목, 설명, 섬네일 설정
특화 기능	시청자 수, 좋아요 수	라이브 방송 화면에 시청자 수, 좋아요 수 표시
특화 기능	전용 워터마크	고객 서비스 전용 워터마크 사용
특화 기능	전용 아웃트로	고객 서비스 전용 아웃트로 사용
관리 도구	통계 및 이력	방송 정보 이력 및 통계 조회
관리 도구	방송 품질 관리	라이브 방송 품질 정보 조회

3 라이브 동영상 중계 플랫폼(Live Station)

네이버TV, 치지직을 비롯하여 다양한 동영상 중계 플랫폼이 있으며 이와 같은 Public 라이브 동영상 중계 플랫폼은 불특정 대상이 시청 가능한 동영상 플랫폼입니다. 서비스에서는 이러한 Public 라이브 동영상 플랫폼을 사용하는 데 제약사항이 발생하는데, 특정 대상으로만 송출하는 것이 어렵고 별도의 회원 시스템을 이용할 수도 없다 보니 교육 플랫폼이나 사내 시스템에서 Public 라이브 동영상 플랫폼을 사용하는 것에는 무리가 있습니다.

Live Station(라이브 스테이션)은 서비스에 연동하여 특정 사용자를 대상으로 송출할 수도 있으며 네이버TV나 다른 Public 라이브 동영상 플랫폼으로 중계 전송도 가능합니다. 더불어 송출 영상을 Object Storage에 실시간으로 저장할 수도 있으며 V2L 기능을 이용하여 녹화된 영상을 라이브로 송출할 수도 있습니다. 또한 응답 시간을 최소화하여 실시간 온라인 쇼핑에서도 활용 가능합니다.

4 Video On Demand 플랫폼(VOD Station)

저장된 동영상을 사용자 요청에 의해 전송하는 VOD는 온라인 교육뿐만 아니라 온라인 쇼핑몰이나 다양한 서비스에 동영상 클립을 재생할 수 있습니다. 일반적인 동영상 플랫폼과의 차이는 Live Station과 마찬가지로 불특정 다수가 아닌 특정 사용자를 대상으로 영상을 전송하는 데 주로 사용됩니다.

VOD Station은 기본적으로 Object Storage의 미디어 데이터를 서비스하게 되는데, Live Station과 연계를 통해 Live Station에서 생성된 동영상 데이터를 VOD Station을 통해 서비스하면 Live와 VOD를 쉽게 구현할 수 있습니다.

5 콘텐츠 보호(One Click Multi DRM)

콘텐츠의 불법적인 유통을 막기 위해 콘텐츠를 암호화하고 해당 콘텐츠를 사용할 수 있는 권한이 있는 사용자만 접근하도록 콘텐츠를 보호합니다. 네이버 클라우드 플랫폼 Live Station, VOD Station과 손쉬운 연동을 통해 네이버 클라우드 플랫폼을 이용하는 미디어 콘텐츠를 DRMdigital rights management으로 보호할 수 있습니다.

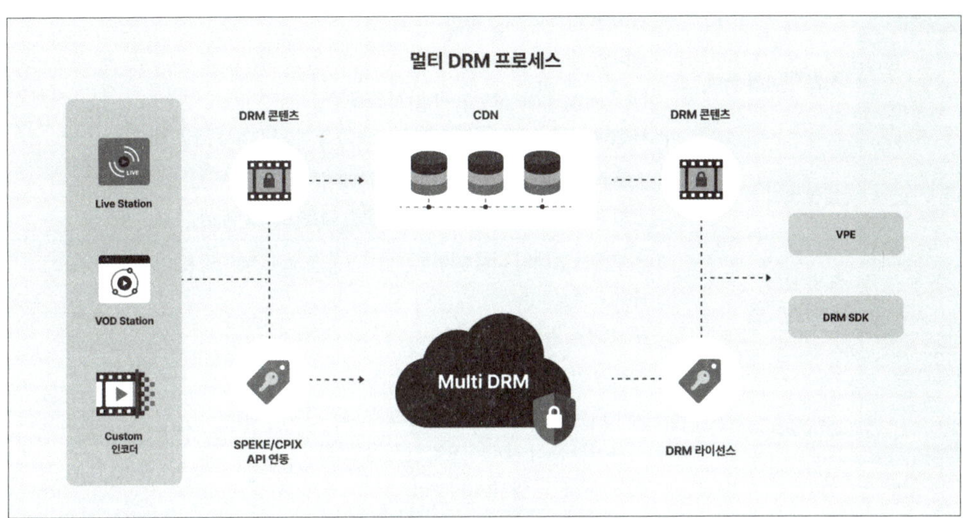

그림 11.2 멀티 DRM 프로세스

주요 스펙은 다음과 같습니다.

표 11.2 멀티 DRM 주요 기능

라이선스 발급	연동 방식	토큰 인증 기반의 DRM 라이선스 발급
	지원 DRM	PlayReady, Widevine, FairPlay
	DRM 라이선스 룰	스트리밍 라이선스 지원 • 다운로드/오프라인용 라이선스 지원 • 무제한 라이선스(Download to Own) 지원 • 기간 제한 라이선스(Download to Rent) 지원 • 외부 디스플레이 출력 여부 보안 관련 설정 • HDCP 적용 여부 보안 관련 설정 • 루팅/탈옥 기기 허용 여부 등 보안 관련 설정
패키징	패키징 방식 및 출력 형식	클라우드 관리: 콘텐츠 암호화 키를 DoveRunner(구 PallyCon) 클라우드에서 생성해 관리하는 방식(기본)

표 11.2 멀티 DRM 주요 기능(표 계속)

패키징	암호화 키 관리	• DoveRunner(구 PallyCon) CLI Packager: 64비트 기반의 윈도우 7.0 이상, 리눅스(Ubuntu 16.04 이상, CentOS 6.6 이상) 지원 • CPIX API 연동: CPIX 표준 스펙으로 연동된 인코더/트랜스코더 설루션 지원(Anevia NEA-DVR 등)
SDK	암호화 방식	• Common Encryption(CENC): PlayReady, Widevine DRM을 위한 DASH 콘텐츠 암호화 • AES-128: FairPlay Streaming, NCG DRM을 위한 HLS 콘텐츠 암호화
	지원 미디어 형식	• MP4 비디오/오디오 파일 • MPEG-DASH fMP4 • HLS (Http Live Streaming) MPEG-TS • H.264 코덱, AAC 코덱, H.265(HEVC) 코덱(기기에서 재생 지원 시)
	재생 방식	• 스트리밍: DASH, HLS, MP4 프로그레시브 다운로드 • 로컬 재생: DASH, HLS 콘텐츠의 로컬 다운로드 및 재생
	보안 관련 라이선스 룰	• 외부 디스플레이 허용 여부 • HDCP 적용 여부 • 루팅/탈옥 기기 허용 여부
	보안 기능	• 인증서 기반 보안 통신 및 라이선스 관리 • 화이트 박스 암호화를 통한 키 보호 • 기기 시간 조작 감지(오프라인 환경 포함) • 스크린 레코딩 방지(Android)

6 동영상 웹 플레이어(Video Player Enhancement)

영상을 촬영(Prism Live Studio)하고 전송하면 영상을 수신하고 중계(Live Station)하거나 VOD로 전송(VOD Station)하게 되고 전송받은 영상을 재생하는 서비스가 네이버 클라우드 플랫폼의 Video Player Enhancement 서비스입니다. Video Player Enhancement는 웹 동영상 플레이어로 일반적으로 많이 사용하는 Video.js와 기본 틀은 동일합니다. 하지만 Video.js를 웹서비스에서 사용하기 위해서는 Video.js에 대한 복잡한 설정을 해야 합니다. 하지만 Video Player Enhancement는 손쉽게 최적화할 수 있도록 직관적인 인터페이스로 코드 생성을 도와줍니다.

그림 11.3 Video Player Enhancement 예제

7 미디어 서비스 포털(Media Connect Center)

네이버 클라우드 플랫폼에서 미디어 서비스와 관련 있는 여러 상품들만 모아 별도의 인증 체계와 포털을 통해 설정하고 손쉽게 미디어 서비스를 관리할 수 있도록 Media Connect Center를 제공합니다. Media Connect Center에서는 미디어 서비스와 관련된 Object Storage, VOD Station, Live Station에 대한 관리를 한 화면에서 설정할 수 있도록 합니다.

API로 제공하는 VOD2Live 기능도 화면에서 제공하고 있으므로 미디어 서비스에 집중해서 서비스를 구성할 수 있습니다.

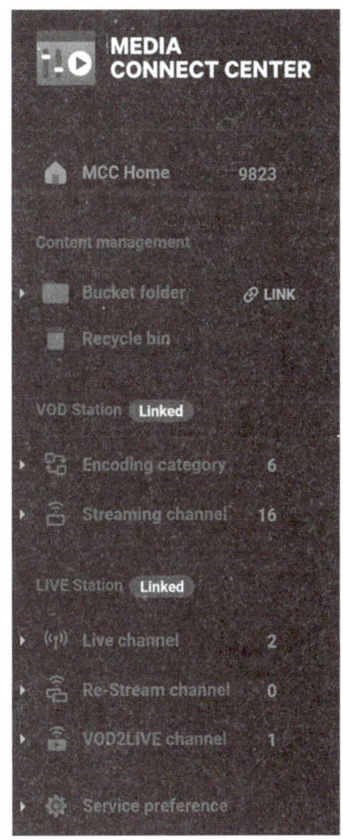

그림 11. 4 Media Connect Center 기능

11.1 Image Optimizer

온라인 쇼핑몰과 같이 원본 이미지를 다양한 해상도로 제공할 필요가 있는 경우에는 이미지 관리를 좀 더 체계적이고 손쉽게 하기 위해 기본적으로 원본 이미지는 Object Storage에 저장을 하고, Image Optimizer에서 이미지 변환을 하여 CDN을 통해 이미지를 전송합니다. CDN을 사용하는 만큼 콘텐츠에 대한 보호가 가능하고 별도의 리사이즈 작업 없이 코드에서 리사이즈를 제어할 수 있어 일관성을 유지하면서 편리하게 이미지를 관리할 수 있습니다. 또한 단순 이미지 리사이즈뿐만 아니라 다양한 효과도 가미할 수 있습니다.

11.1.1 서비스 Flow

1단계 - 이미지 업로드

이미지 업로드는 원본 이미지를 Object Storage에 저장합니다. 원본 이미지를 업로드하는 프로세스에서는 원본 이미지를 지정된 Object Storage에 저장하면서 동시에 데이터베이스에 파일 네임을 비롯한 이미지 정보를 저장합니다.

2단계 - 변환 Rule 생성과 Query String 생성

생성하고자 하는 이미지의 사이즈와 형태에 따라 각각 Rule을 생성하고 웹페이지 소스코드에서 이미지를 불러올 수 있도록 Query String을 생성해야 합니다.

만약 쇼핑몰 서비스에서 Image Optimizer를 사용한다고 하면 원본 이미지 a.jpg의 사이즈가 4000×3000인 원본 이미지에 대해 600×450, 400×300, 200×150, 80×60 사이즈가 필요한 경우 각 이미지에 대해 변환 Rule을 생성하고 Query String을 생성해야 합니다.

각각의 Query String은 type=f&w=600&h=450, type=f&w=400&h=300, type=f&w=200&h=150, type=f&w=80&h=60이 됩니다.

3단계 – 소스코드에서 이미지 불러오기

소스코드에서 Image Optimizer에서 생성한 이미지를 불러오고자 할 경우 다음과 같이 불러옵니다.

코드 예제 11.3 **Image Optimizer를 활용한 이미지 노출**

```
<?php

$size-600-450="?type=f&w=600&h=450";
$size-400-300="?type=f&w=400&h=300";
$size-200-150="?type=f&w=200&h=150";
$size-80-60="?type=f&w=80&h=60";

$img_name="DB에서 가져온 이미지 파일 이름";

echo "<img src=CDN도메인/".$img_name.$size-80-60.">";

?>
```

이와 같이 Image Optimizer를 이용하게 되면 다양한 이미지 사이즈를 필요로 하는 쇼핑몰과 같은 사이트에서 이미지에 대한 관리와 이용이 수월해집니다.

또한 이미지를 저장하는 스토리지에 대한 관리 역시 Object Storage에 저장하는 만큼 관리에 대한 비용과 안정성이 향상됩니다.

11.1.2 이미지 변환

크기 변환 효과에는 다섯 가지 변환 효과를 제공하며 공통적으로 품질, 자동 회전, 애니메이션 이미지 컷 수, 포맷을 설정할 수 있습니다.

1 리사이즈 & 크롭

리사이즈 & 크롭 옵션은 원본 비율을 유지하면서 이미지 크기를 축소한 후, 이미지 중앙을 중심으로 크롭하는 방식입니다. 이 방식은 비율이 유지되고 원하는 사이즈에 꽉 채운 이미지를 만들 수 있어서 가장 많이 선호하는 변환 방식입니다.

리사이즈 & 크롭에서 설정해야 하는 내용은 가로 길이, 세로 길이, 크롭 시 크롭의 중앙을 어디로 할 것인지를 설정하는 크롭 위치, 인물사진의 경우 크롭의 기준을 얼굴로 할 수 있는 얼굴 인식을 설정할 수 있습니다.

그림 11.5 **리사이즈 & 크롭으로 변환**

❷ 리사이즈

리사이즈는 원본 비율을 유지하면서 크롭은 하지 않으므로 이미지를 잘라내지 않고 이미지 사이즈를 변경합니다. 그렇기 때문에 원본의 가로 세로 비율과 변경하려고 하는 이미지 사이즈의 가로 세로 비율이 달라지면 여백이 발생합니다.

리사이즈에서 설정해야 하는 내용은 가로 길이, 세로 길이, 여백 발생 시 여백의 색상, 원본 이미지보다 변환할 이미지 사이즈가 클 경우 확대할지 말지 여부를 설정할 수 있습니다.

그림 11.6 **리사이즈로 변환**

❸ 가로 기준 변경

원본 비율을 유지하면서 가로 길이를 기준으로 리사이즈를 진행합니다. 예를 들어 400×300인 이미지를 가로 기준 변경으로 200으로 변경하면 원본 비율을 유지하기 때문에 세로 길이는 150이 됩니다. 만일 변경하려는 이미지의 사이즈가 200×100과 같이 가로, 세로가 정해진 길이를 가져야 한다면 가로 기준 변경보다는 리사이즈 & 크롭이나 강제 변경을 선택해야 합니다.

가로 기준 변경에서 설정해야 하는 내용은 가로 길이와 강제 확대입니다.

그림 11.7 **가로 기준으로 이미지 리사이즈**

❹ 세로 기준 변경

가로 기준 변경과 마찬가지로 원본 비율을 유지하되 가로 길이를 기준으로 하는 것이 아니라 세로 길이를 기준으로 변경한다는 차이가 있습니다. 마찬가지로 가로, 세로가 정해진 길이를 가져야 한다면 가로 기준 변경보다는 리사이즈 & 크롭이나 강제 변경을 선택해야 합니다.

세로 기준 변경에서 설정해야 하는 내용은 세로 길이와 강제 확대입니다.

그림 11.8 **세로 기준으로 이미지 리사이즈**

❺ 강제 변경

강제 변경은 원본 이미지를 원하는 사이즈의 이미지로 변경하되 원본 비율은 무시하는 변경입니다. 따라서 크롭이나 여백은 생기지 않지만 가로로 길어진 모습이나 세로로 길어진 모습처럼 가로 세로 비율에 왜곡이 생기게 됩니다.

강제 변경 설정해야 하는 내용은 가로 길이와 세로 길이입니다.

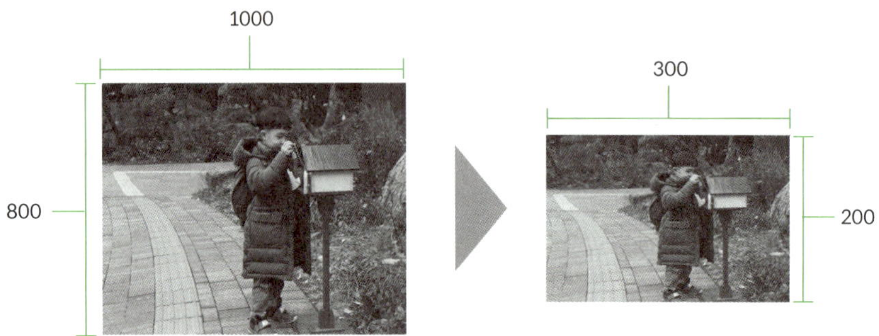

그림 11.9 강제 변경으로 이미지 리사이즈

6 워터마크

워터마크는 이미지를 무단 복제하거나 도용하는 것을 막기 위해 이미지에 별도의 워터마크를 삽입하는 기능으로 Image Optimizer는 이미지 워터마크를 지원합니다(이미지 워터마크 이외에 텍스트 워터마크나 디지털 워터마크 방식도 있습니다).

워터마크 기능을 이용하려면 Object Storage와 같이 공개된 스토리지에 투명 워터마크 이미지가 저장되어 있어야 하고, 이미지를 너무 훼손하지 않도록 워터마크 위치를 설정할 수 있습니다.

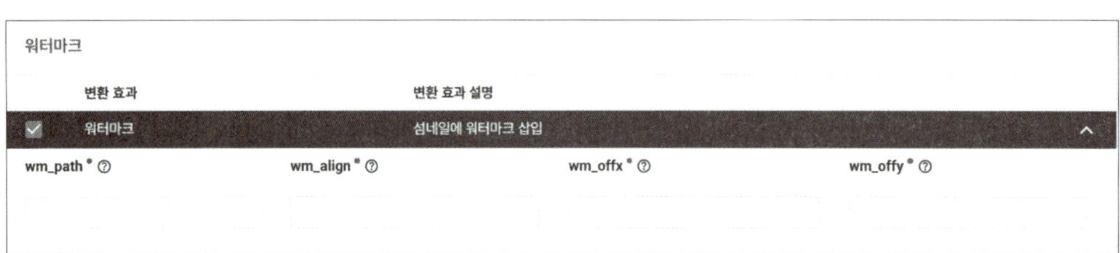

그림 11.10 워터마크 삽입 설정

워터마크에서 설정해야 하는 내용은 워터마크 이미지의 경로와 위치 9분면 선택, 그리고 9분면 내에서 가로, 세로 좌푯값입니다.

그림 11.11 워터마크 삽입

7 필터

필터는 이미지에 부가적인 효과를 부여하게 됩니다. 이미지를 더 선명하게 또는 흐릿하게 만들거나, 흑백 이미지로 만드는 효과를 부여할 수 있습니다.

그림 11.12 **필터 적용(좌측부터 샤픈, 블러, 흑백)**

11.1.3 이미지 변환 작업

▶ 실습

CAUTION 실습 과정을 통해 생성한 리소스들은 사용한 만큼 과금됩니다.

1. **[네이버 클라우드 플랫폼 포털]** ➡ 로그인 후 **[네이버 클라우드 플랫폼 콘솔]**로 이동합니다.
2. **[네이버 클라우드 플랫폼 콘솔]** ➡ [Menu] ➡ [Services] ➡ [Storage] ➡ [Object Storage] 선택

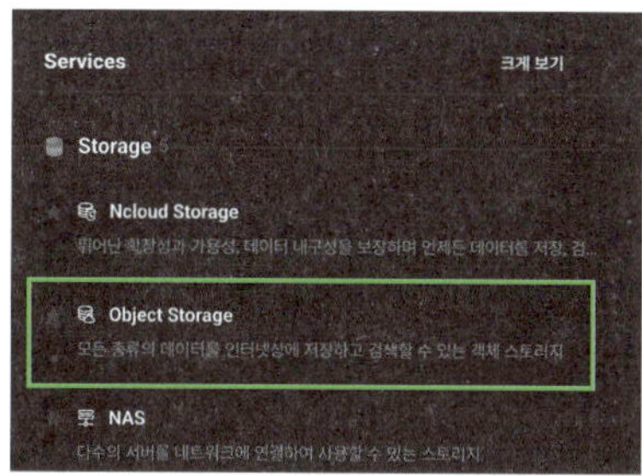

그림 11.13 **Object Storage 메뉴**

3. 상단의 **[+ 버킷 생성]** 클릭
4. 버킷 이름: lab-img-optimizer-(숫자나 영문 조합) 입력 후 하단의 **[다음]** 버튼을 클릭합니다. 여기에서 만든 버킷은 Image Optimizer에서 사용할 원본 이미지 저장용 버킷입니다.

   NOTE Object Storage 서비스의 버킷 이름은 네이버 클라우드 플랫폼 리전 내에서 유일해야 합니다. 이미 다른 사용자에 의해서 사용 중인 버킷 이름은 이용이 불가능하니 다른 버킷 이름을 사용해야 합니다.

5. 잠금 설정과 암호화 관리에 대한 설정이 진행됩니다. 하단의 **[다음]** 버튼을 클릭합니다.

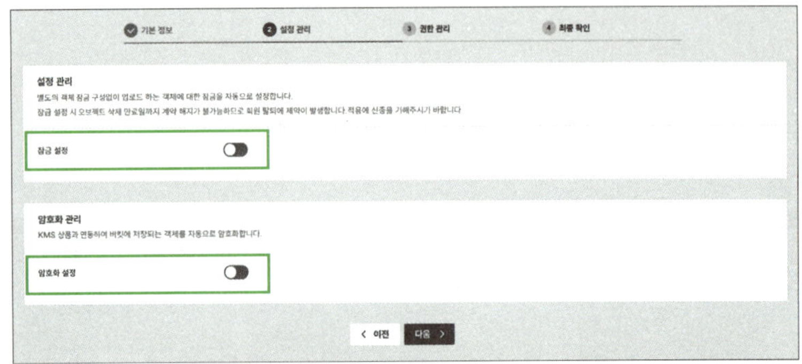

그림 11.14 Object Storage 잠금 설정, 암호화 설정

6. 다음으로는 버킷에 대한 권한 관리를 설정하는 부분에서 공개 안 함을 선택합니다. 하단의 **[다음]** 버튼을 클릭합니다. 마지막 최종 확인 페이지 확인 후 이상이 없다면 하단의 **[버킷 생성]** 버튼을 클릭합니다.
7. [Services]에서 [Media] 카테고리 내 [Image Optimizer]를 선택합니다.

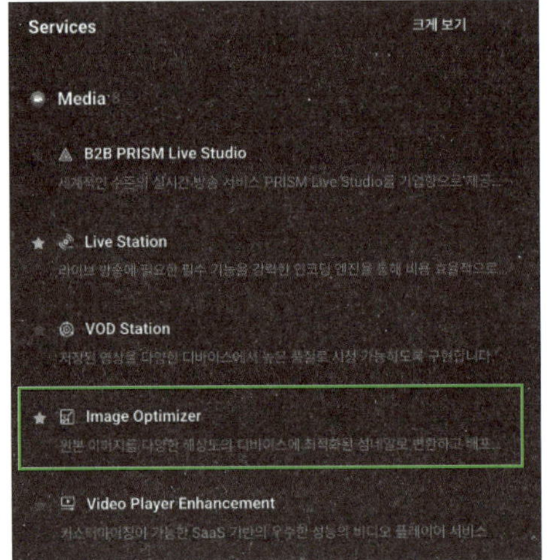

그림 11.15 Media 메뉴

8. 상단의 [+ Project 생성]을 선택합니다.

그림 11.16 Project 생성 버튼

9. Project 이름에 프로젝트 이름을 입력합니다. 프로젝트는 생성되는 CDN 및 Object Storage에 종속적인 프로젝트입니다.

   원본 이미지에는 Object Storage를 선택하고 원본 이미지 저장용으로 생성한 버킷을 선택합니다.

   CDN 설정에서는 신규 생성을 선택합니다.

   Global Edge는 기존에 생성한 Global Edge를 선택합니다. 만약 미리 생성된 Global Edge가 없다면 만들어주어야 합니다.

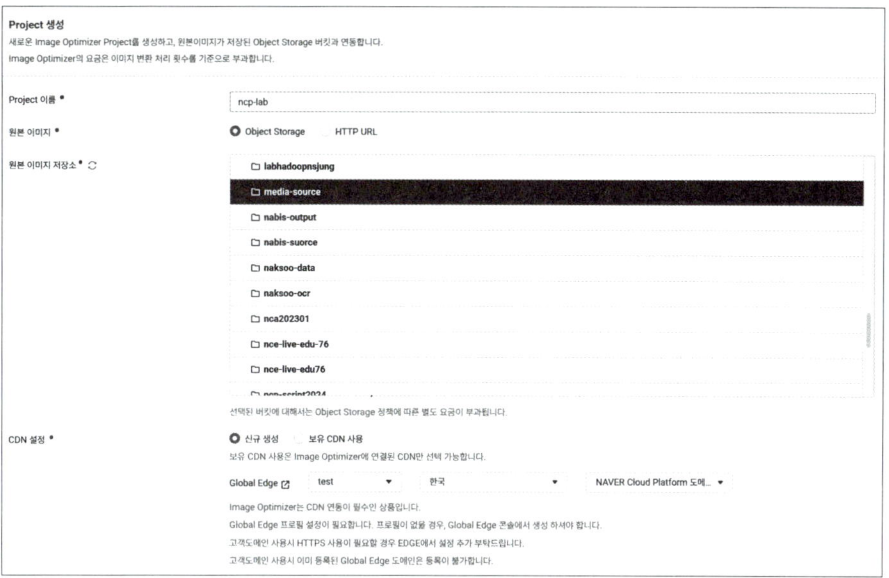

그림 11.17 프로젝트 생성

10. 로그 수집 설정을 선택합니다.

    서비스 연동에서 Cloud Log Analytics 서비스 이용을 신청합니다.

그림 11.18 로그 수집 설정

11. '최종확인'에서 **[생성]** 버튼을 선택합니다.

그림 11.19 **최종 확인**

12. 원본 이미지 저장용 버킷에 원본 이미지를 업로드 후 **[네이버 클라우드 플랫폼 콘솔]** ➡ [Menu] ➡ [Services] ➡ [Media] ➡ [Image Optimizer] ➡ [Project Management]를 선택하고 생성한 프로젝트 선택 후 '변환 Rule 설정' 항목에서 변환 Rule Query String의 **[쉬운입력]**을 선택합니다.

그림 11.20 **변환 Rule 생성**

13. 예제에서는 리사이즈 & 크롭에서 이미지 사이즈를 가로 300, 세로 200 이미지를 생성하고, 쿼리스트링 만들기 창에서 크기에 리사이즈 & 크롭을 선택합니다.

가로 길이에 300, 세로 길이에 200을 입력합니다.

크롭 위치는 정중앙을 포커싱하기 위해 4를 입력하고, 얼굴 인식에서는 '예' 선택하고 품질은 95로 설정합니다.

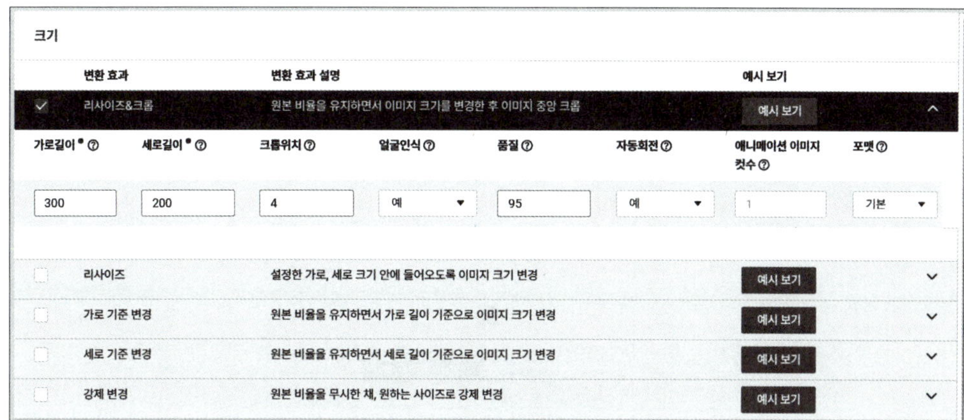

그림 11.21 **변환 효과 설정**

14. Rule 생성을 위해 Query String을 메모장에 복사하고 우측의 **[+ 저장]** 버튼을 선택합니다 (Query String은 미리 보기에서 확인 가능합니다).

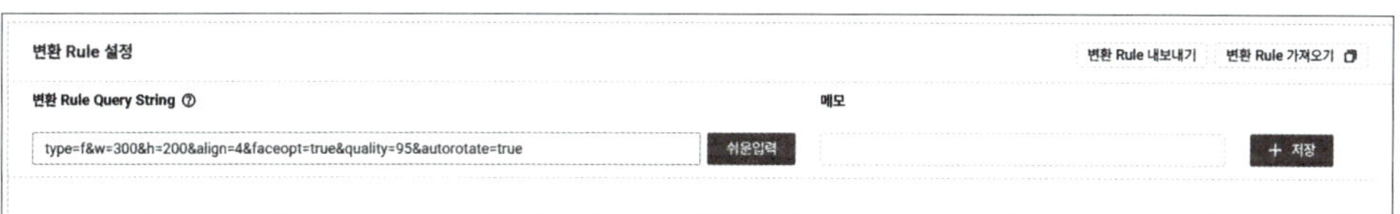

그림 11.22 **Query String 확인**

15. 이미지를 보여주는 코드에서 이미지 주소를 다음과 같이 설정합니다.

'https://CDN도메인 + 오브젝트스토리지 내 파일 경로 + 섬네일 생성 옵션' 형식으로 변경하는데 Project ID와 CDN 도메인은 Image Optimizer 프로젝트 목록에서 확인이 가능합니다.

그림 11.23 **프로젝트 세부 항목**

실제 이미지 URL은 미리 보기에서 '이미지 변환 링크 복사'를 통해 확인이 가능합니다.

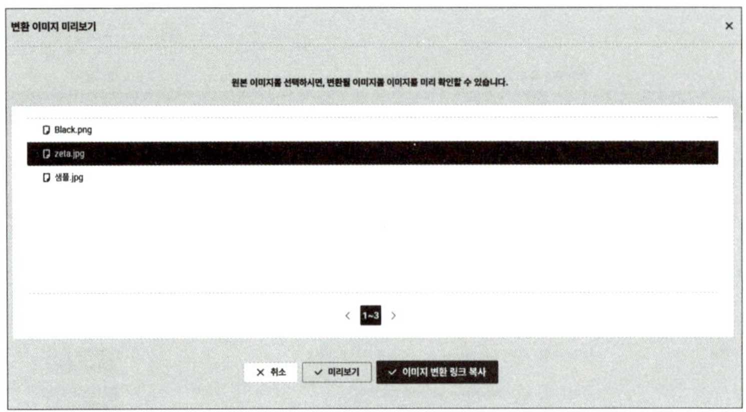

그림 11.24 변환된 이미지 미리 보기

11.2 Live Station

Live Station은 실시간으로 동영상을 받아서 중계하는 동영상 플랫폼입니다. Live Station을 활용하여 사내 방송이나 교육에 활용할 수 있습니다. 또한 영상 소스를 받아 다른 동영상 플랫폼으로 중계를 하는 Re-Stream 기능과 홈쇼핑과 같이 빠른 응답이 필요한 경우를 위한 LL-HLS 초저지연 스트리밍 서비스, DRM과의 연동을 비롯한 라이브 영상을 24시간까지 저장 가능한 녹화 저장 기능, 녹화된 영상을 라이브로 송출하는 VOD2Live 기능까지 동영상 송출에 필요한 다양한 기능을 제공하고 있습니다.

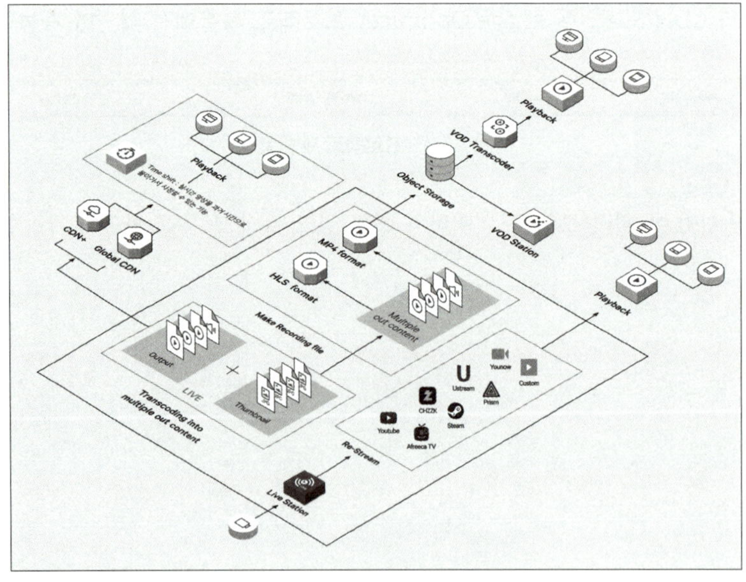

그림 11.25 Live Station 서비스 구성

11.2.1 기본 채널

Live Station에 영상을 전송할 때에는 RTMP로 전송하고, Live Station은 RTMP를 받아 HLS나 DASH로 송출하게 됩니다. 이때 송출은 안정적인 송출을 위해 CDN을 통해 송출하게 되고 동시에 Object Storage에 영상을 저장하게 됩니다.

이때 Live Station은 RTMP를 위해 송출받을 송출 URL과 스트림 키 정보를 생성하여 송출 인증을 받습니다.

그리고 송출 시 별도의 시청 URL이 생성되고 시청자는 해당 URL을 통해 영상을 시청하게 됩니다.

11.2.2 Re-Stream

하나의 라이브 영상을 다양한 매체에 송출하기 위해서는 송출 소프트웨어에서 여러 매체로 동시에 전송하는 방식을 사용할 수 있습니다. 하지만 이 경우 매체의 개수만큼 전송 대역폭이 확보되어야 원활한 송출이 가능합니다. 이와 같이 넓은 대역폭을 확보하기 힘든 환경의 경우 Re-Stream을 통해 안정적으로 여러 매체로 송출할 수 있습니다.

Re-Stream은 송출자로부터 RTMP로 영상을 받아 다시 RTMP로 네이버를 비롯한 다양한 매체에 전송하여 하나의 라이브 영상을 여러 매체로 실시간으로 방송할 수 있도록 합니다.

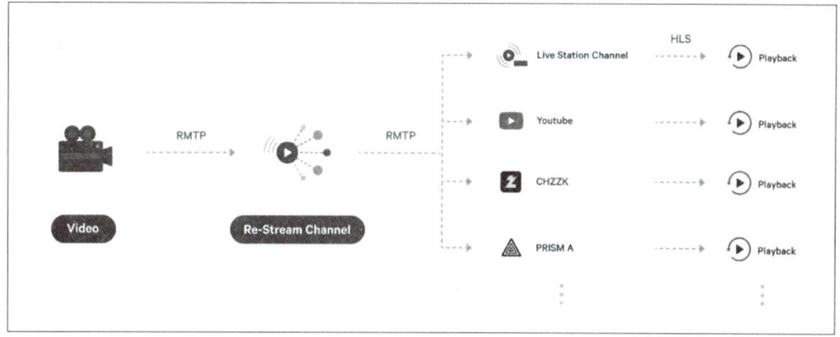

그림 11.26 동영상 라이브 중계 Flow

11.2.3 VOD2LIVE

미리 준비된 영상을 라이브 방송의 소스로 이용이 가능합니다. VOD2LIVE 기능은 API를 통해 예약하거나 Media Connect Center를 통해 이용 가능합니다.

VOD2LIVE는 최대 14일 이내에 예약 송출을 할 수 있으며 최대 24시간까지 여러 개의 파일을 송출할 수 있습니다.

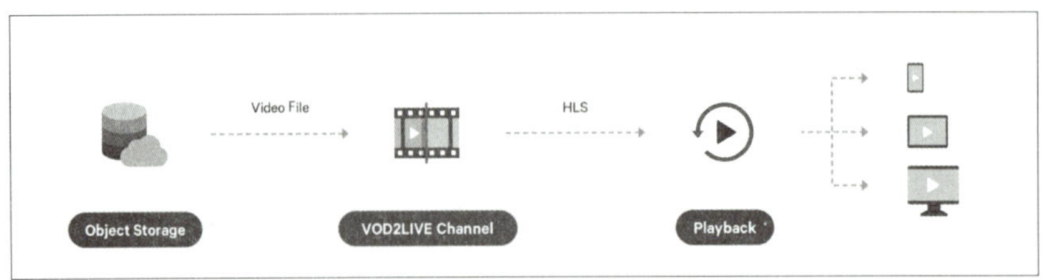

그림 11.27 VOD2LIVE Flow

11.2.4 녹화 저장

라이브로 송출하는 영상을 MP4나 HLS 포맷으로 최대 24시간 단위로 무제한 Object Storage에 저장할 수 있습니다. 이렇게 저장한 해당 영상을 VOD Station에서 재사용하면 더욱 편리하게 Live & VOD 플랫폼을 구축할 수 있습니다.

11.2.5 Live Thumbnail, Live Short Clip, Live Curtain

실시간 영상이 송출되는 중간중간 영상에 대한 간단한 설명과 같은 섬네일을 생성하고 실시간으로 Short Clip을 생성하여 쇼츠를 생성할 수 있습니다.

또한 실시간 방송 중 예기치 못한 상황이 발생할 경우를 대비해 대기 화면으로 전환하는 Live Curtain 기능도 제공하고 있습니다.

11.2.6 서비스 스펙

Live Station은 최대 1080p 영상을 받아 최대 1080p로 송출이 가능합니다.

표 11.3 Live Station 서비스 스펙

Input		Output	
Protocol	RTMP	Protocol	HLS, LL-HLS
			MPEG-DASH
			RTMP(Re-Stream)
Codecs	Video : H.264, H.265	Codecs	Video : H.264
	Audio : AAC, AAC-LC		Audio : AAC
Bitrate	최대 20Mbps	Bitrate	1920X1080, 60fps HLS Adaptive Bitrate 지원

11.2.7 Live Station 구축

▶ 실습

CAUTION 실습 과정을 통해 생성한 리소스들은 사용한 만큼 과금됩니다.

1. [네이버 클라우드 플랫폼 포털] ➡ 로그인 후 [네이버 클라우드 플랫폼 콘솔]로 이동합니다.
2. [네이버 클라우드 플랫폼 콘솔] ➡ [Menu] ➡ [Services] ➡ [Storage] ➡ [Object Storage] 선택

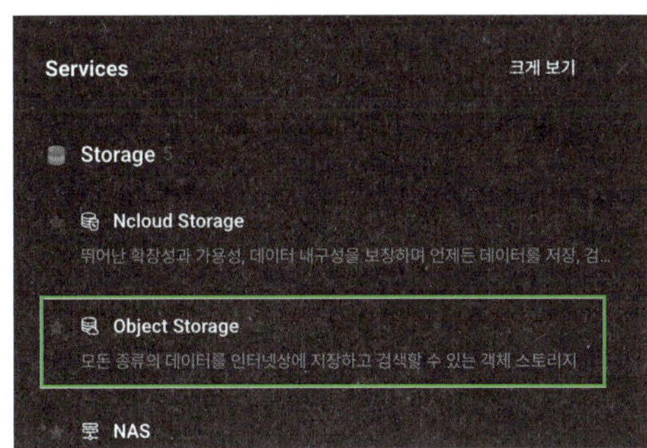

그림 11.28 Object Storage 메뉴

3. 상단의 [+ 버킷 생성] 클릭
4. 버킷 이름: lab-video-(숫자나 영문 조합) 입력 후 하단의 [다음] 버튼을 클릭합니다. 여기에서 만든 버킷은 Live Station에서 녹화 영상 저장용 버킷입니다.

   ➡ Object Storage 서비스의 버킷 이름은 네이버 클라우드 플랫폼 리전 내에서 유일해야 합니다. 이미 다른 사용자에 의해서 사용 중인 버킷 이름은 이용이 불가능하니 다른 버킷 이름을 사용해야 합니다.

5. 잠금 설정과 암호화 관리에 대한 설정이 진행됩니다. 하단의 [다음] 버튼을 클릭합니다.

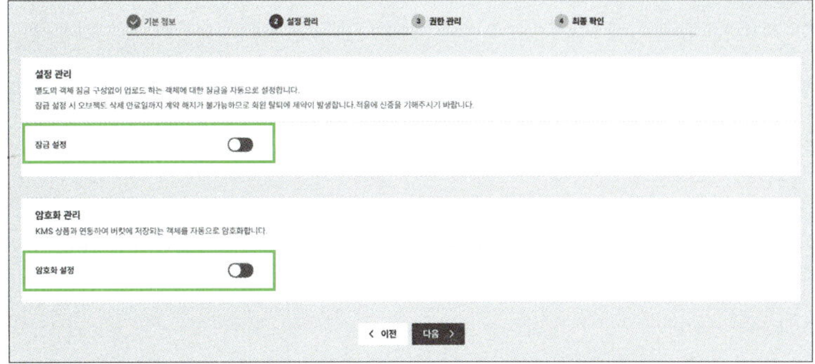

그림 11.29 Object Storage 잠금 설정과 암호화 설정

6. 다음으로는 버킷에 대한 권한 관리를 설정하는 부분에서 공개 안 함을 선택합니다.

   하단의 [**다음**] 버튼을 클릭합니다. 마지막 최종 확인 페이지 확인 후 이상이 없다면 하단의 [버킷 생성] 버튼을 클릭합니다.

7. [Menu] ➡ [Services]에서 [Media] 카테고리 내 [Live Station]을 선택합니다.

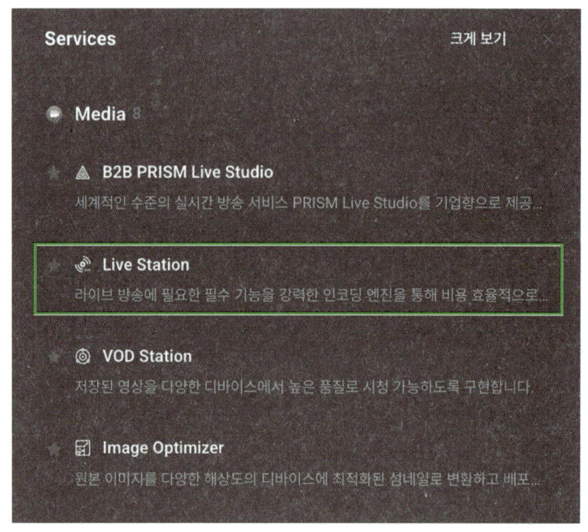

그림 11.30 Media 메뉴

8. 상단의 [**+ 채널 생성**]을 선택합니다.

그림 11.31 채널 생성 버튼

9. 채널명에 채널 이름을 입력합니다.

   Output Protocol 설정에서는 사용할 프로토콜을 선택합니다.

   CDN은 신규 생성을 선택하고 Global Edge는 기존에 생성한 Global Edge를 선택합니다. 만약 미리 생성된 Global Edge가 없다면 만들어주어야 합니다.

   채널 타입은 Real과 Dev, Stage로 구분되어 관리할 수 있지만 기능상의 차이는 없습니다.

   송출에 문제가 생겼을 때 이중화된 백업 URL을 사용할 수 있도록 이중화할 것인지를 선택하는 송출 이중화 설정과 해외 송출 지원 설정, DRM을 적용하고자 할 경우 설정하는 Multi DRM 설정을 완료합니다.

채널 생성
Live Station 사용을 위한 채널 기본 설정 사항을 입력해주세요. (● 필수 입력 사항입니다.)

채널명 ● lab_ncp

Output Protocol 설정 ● HLS / LL-HLS / HLS,DASH

HLS : 안정적이고 호환성 높은 HLS 스트리밍을 이용하기 위한 옵션
LL-HLS : CMAF을 이용한 저지연 HLS 스트리밍을 위한 옵션. 별도 플레이어 연동 필요
HLS, Dash : 일반 HLS와 Dash 모두 스트리밍 가능한 옵션
네이버 클라우드 Video Player Enhancement 플레이어 이용을 권장합니다.

CDN 생성 ● 신규 생성 / 보유 CDN 사용

Global Edge 프로필 선택 ▾ 서비스 지역 ▾

Global Edge 프로필 설정이 필요합니다.프로필이 없을 경우, Global Edge 콘솔에서 생성하셔야 합니다.
LL-HLS는 한국 지역에서만 서비스 가능합니다.

채널 타입 ● REAL / DEV / STAGE

송출 이중화 설정 ● 사용 안함 / 사용함

해외 송출 지원 ● 사용함

Live Station의 모든 채널은 기본적으로 해외 전진 Proxy를 통해 해외에서의 안정적인 라이브 방송 송출을 지원합니다.
전진 Proxy는 싱가폴/일본/미국/독일을 거점으로 구축되어 있으며, 해당 국가와 인접한 국가에서는 보다 안정적인 송출을 서비스 하실 수 있습니다.

Multi DRM ● 사용 안함 / 사용함

Naver Cloud에서 제공하는 Multi DRM 서비스 연동을 통해 DRM 적용이 가능합니다.
DRM을 사용하기 위해선 Multi DRM 서비스 내, Site를 생성하셔야 합니다.
한시적으로 LL-HLS를 사용하시는 경우, Multi DRM 연동이 불가합니다. 양해 부탁드립니다.
선택하신 DRM Site 가 활성화 상태일 때만 정상적인 DRM 기능 활용이 가능합니다.

그림 11.32 **채널 생성**

▶▶ LL-HLS 프로토콜을 사용하는 경우, Global Edge CDN의 서비스 지역을 '한국'으로 선택했을 때만 LL-HLS를 사용할 수 있습니다.

CMAF 기반 LL-HLS 특성으로 인해 MP3 형식을 지원하지 않습니다. MP3 형식으로 passthrough 설정 시 LL-HLS 적용이 불가합니다.

10. Live Station을 통해 송출할 영상의 화질을 선택합니다.
    예제에서는 passthrough를 선택했습니다.

그림 11.33 **화질 설정**

11. 녹화 설정을 합니다.

타임머신 설정은 '설정'을 선택하고 녹화 저장 설정은 '자동저장'을 선택한 후 **[+ 선택]**을 클릭하여 Object Storage 목록에서 영상을 저장할 버킷을 선택합니다.

자동 녹화 설정은 '자동'을, 자동 저장 녹화 타입은 'MP4'를 선택한 후 하단의 **[다음]** 버튼을 클릭합니다.

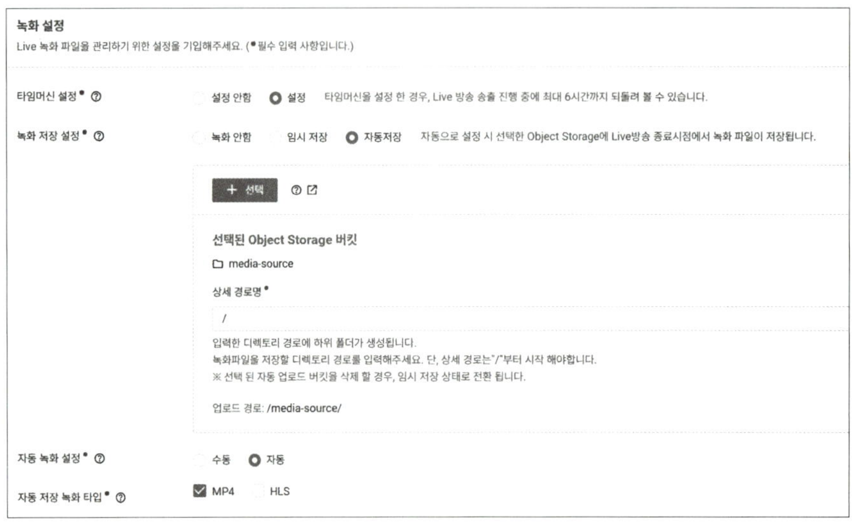

그림 11.34 녹화 설정

12. 최종 확인에서 하단의 **[채널 생성]**을 선택합니다.

13. **[네이버 클라우드 플랫폼 콘솔]** ➡ [Menu] ➡ [Services] ➡ [Media] ➡ [Live Station] ➡ [Channel Management]를 선택하고 생성한 채널을 선택합니다.

14. 상세 정보 중 다음 정보를 메모장에 복사합니다.

- 동영상 촬영 소프트웨어에서 필요한 정보
  - Global 송출 URL
  - 스트림 정보 – Main
- 시청자를 위해 필요한 정보
  - Service URL에서 Bypass URL 혹은 프로토콜별 URL

그림 11.35 스트림 정보

15. 영상 편집 소프트웨어에서 RTMP 설정(Prism Live Studio 기준)

'나의 채널' 오른쪽 '점 세 개' 선택 후 **[채널 추가]** 선택

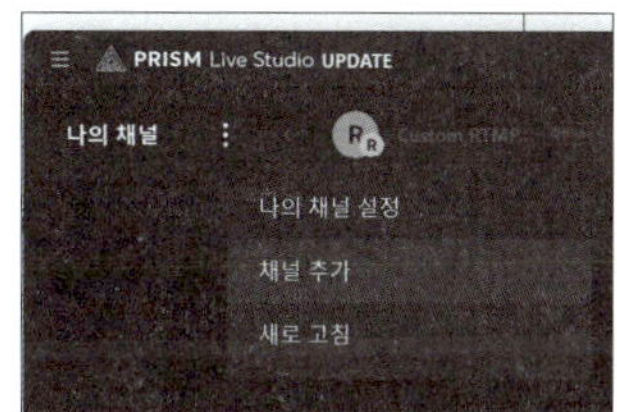

그림 11.36 **채널 추가**

16. 채널 추가 화면에서 하단의 **[+ Custom 채널 추가]** 선택

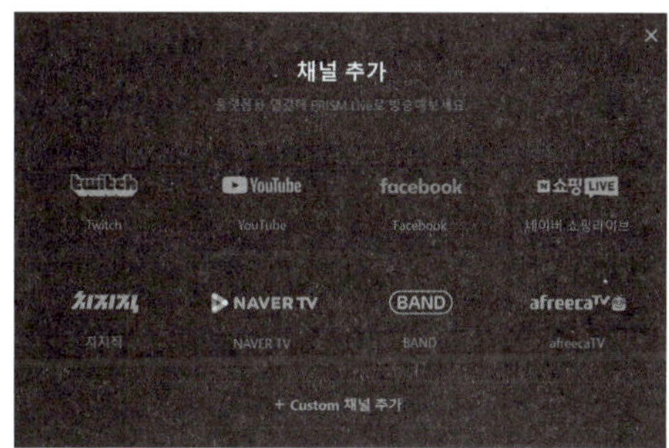

그림 11.37 **채널 종류 및 추가**

17. URL에는 직접 입력(RTMP)을 선택하고 URL에 Live Station의 상세 정보에 있는 'Global 송출 URL'을 입력하고 스트림 키 부분에는 Live Station의 상세 정보에 있는 '스트림 정보 Main' 값을 입력합니다.

그리고 채널명에 적당한 채널 이름을 입력한 후 **[저장]** 버튼을 클릭합니다.

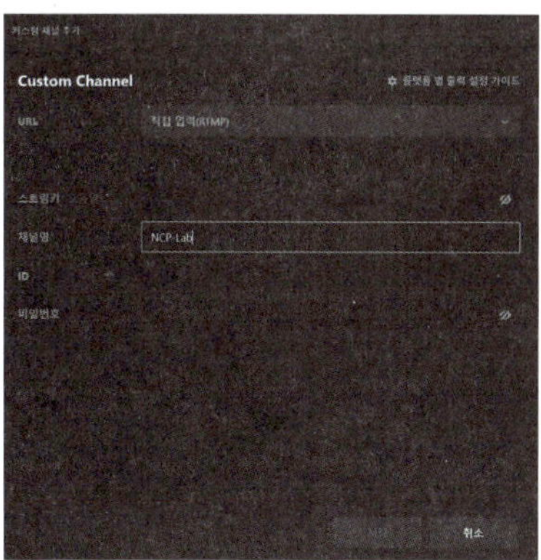

그림 11.38 **커스텀 채널 추가**

18. 채널이 Online으로 되면 카메라, 마이크에 대한 설정을 마치고 하단의 [**방송 시작**] 버튼을 클릭하면 Live Station으로 송출을 시작합니다.

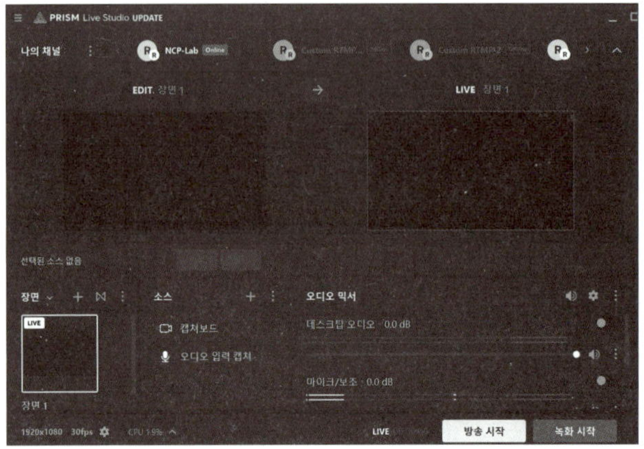

그림 11.39 **라이브 방송 준비**

19. 영상을 시청하기 위해서는 Live Station 채널의 상세 정보에서 Service URL에 있는 링크를 이용하여 웹브라우저나 웹페이지에 임베딩시켜 영상을 시청할 수 있습니다.

그림 11.40 **영상 시청**

테스트 송출 기능을 이용하여 좀 더 편리하게 정보를 확인할 수 있습니다.

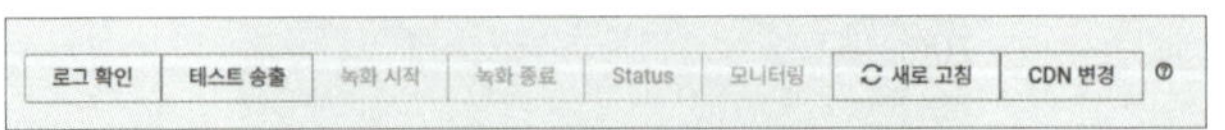

그림 11.41 **테스트 송출**

11.2.8 Live Station Re-Stream 구축

▶ 실습

CAUTION 실습 과정을 통해 생성한 리소스들은 사용한 만큼 과금됩니다.

1. 동시 송출할 채널에 대한 정보를 획득합니다. '치지직(https://chzzk.naver.com/)'을 예시로 설명하자면 치지직 서비스 우측 상단의 '스튜디오'를 선택합니다.

그림 11.42 스트림 키 확인

2. [방송 관리] ➡ [설정] 메뉴로 이동합니다.

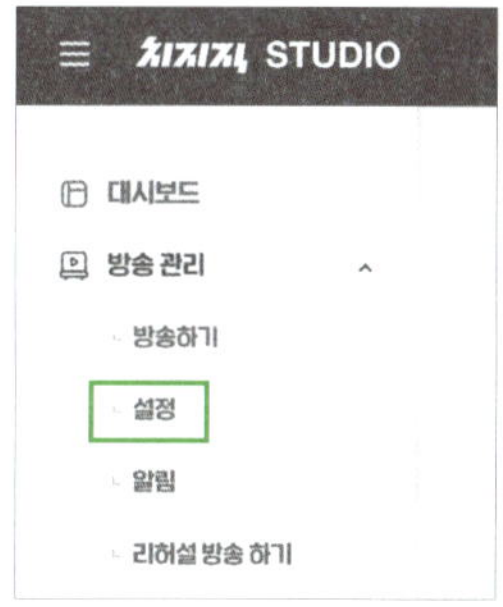

그림 11.43 설정 메뉴

3. 스트림 설정 항목에서 스트림 URL과 스트림 키를 확인합니다.

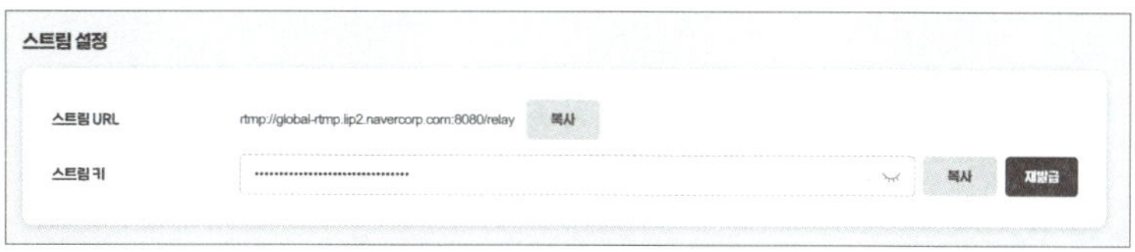

그림 11.44 스트림 키 확인

4. [네이버 클라우드 플랫폼 콘솔] ➡ [Menu] ➡ [Services] ➡ [Media] ➡ [Live Station] ➡ [Re-Stream Management] 선택 후 상단의 [**+ 동시 송출 채널 생성**]을 선택합니다.

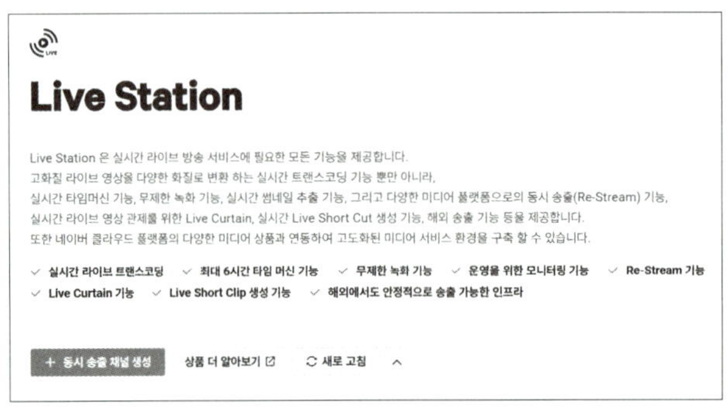

그림 11.45 **동시 송출 채널 생성**

5. 채널명에 적당한 채널 이름을 넣어주고 상품 선택은 몇 개 동시 송출할지에 따라 Standard, Professional을 선택합니다.

   동시 송출 플랫폼 항목에서 치지직을 선택하고 스트림 URL, 스트림 키를 넣어주고 인증 정보 사용은 체크를 해제합니다(아이디와 패스워드로 인증을 하는 동영상 플랫폼의 경우 아이디와 패스워드로 인증을 해야 합니다).

   그리고 우측의 [**+ 추가**]를 선택합니다.

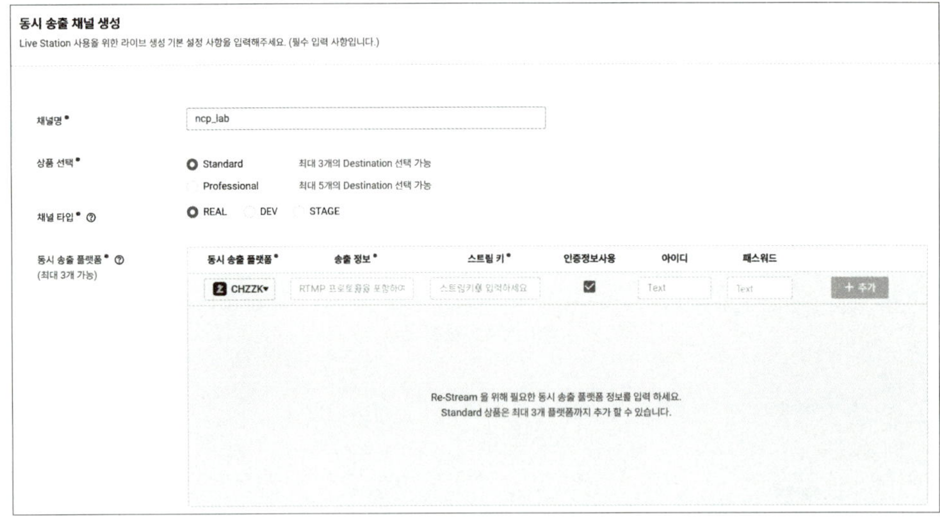

그림 11.46 **동시 송출 채널 생성**

6. 최종 확인에서 'Re-Stream 채널 생성'을 선택합니다.

7. 채널이 생성되면 채널을 선택하여 상세 정보를 확인합니다.

상세 정보에 있는 내용 중 기본 송출 URL과 스트림 정보를 이용하여 Prism Live Studio에 채널 생성 시 URL과 키를 입력합니다.

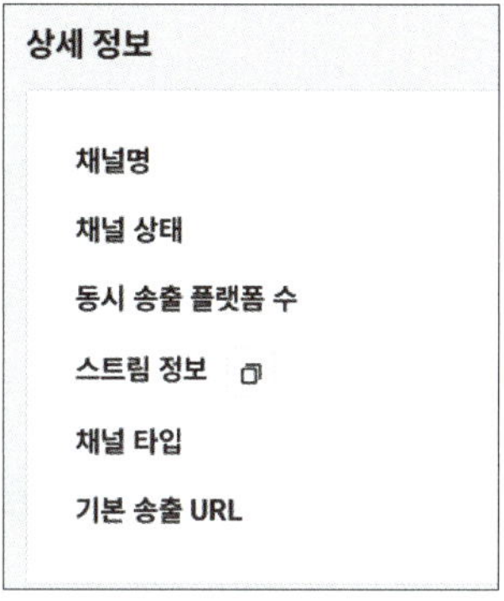

그림 11.47 상세 정보 확인

11.3 VOD Station

VOD Station은 실시간으로 동영상을 받아서 중계하는 Live Station과 다르게 사용자가 원할 때 동영상을 전송하는 서비스입니다. 따라서 효율적으로 스트리밍할 수 있는 다양한 기술들이 필요하고 콘텐츠를 보호할 수 있는 DRM과 CDN도 연동할 수 있습니다. 미디어 데이터는 Object Storage에 저장, 관리, 인코딩하여 시청하는 장치에 적절한 영상을 스트리밍합니다.

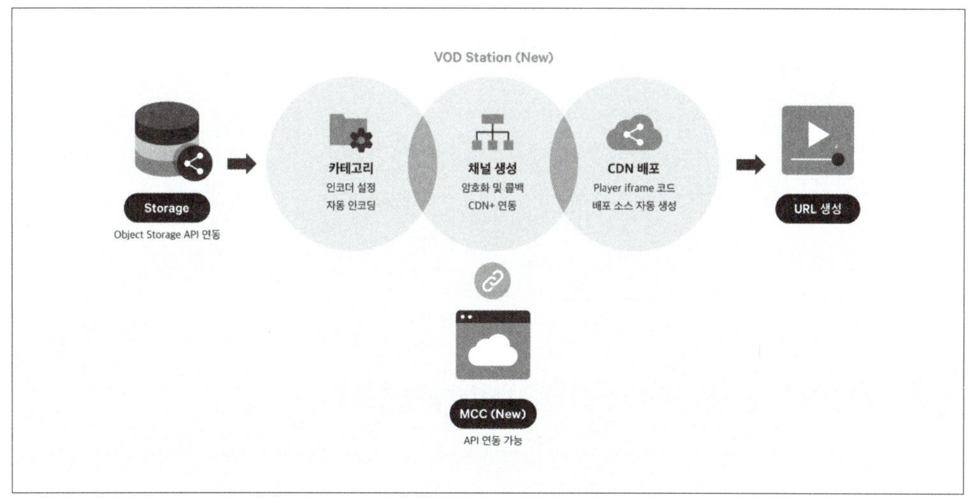

그림 11.48 VOD Station Flow

11.3.1 주요 기능

On the fly 패킷화를 통해 네트워크를 효율적으로 사용하며 네트워크 부하를 줄여줍니다.

또한 One Click Multi DRM 연동을 지원해서 손쉽게 DRM 콘텐츠를 생성하고 콘텐츠를 보호할 수 있습니다.

11.3.2 서비스 스펙

VOD Station은 다양한 기기에 대응하기 위해 다양한 형식과 해상도를 지원합니다.

표 11.4 **VOD Station 서비스 스펙**

구분	Input		Output	
Channel	컨테이너 형식	MP4	스트리밍 프로토콜	HLS, DASH
	비디오 코덱	H.264, H.265	Adaptive 비트레이트 지원	
	오디오 코덱	AAC, MP3, AC-3, E-AC-3	세그먼트 길이(초)	5, 10, 15, 20
	파일 크기 제한	없음	DRM	FairPlay, Widevine, PlayReady Packaging (DoveRunner(구 PallyCon) DRM CPIX v1 API)
	자막	vtt, srt, dfxp, ttml, cap	자막	vtt
인코더	파일 형식	AVI, MOV, MP4, MP3, 3GP, MPG, MPEG, M4V, VOB, WMV, ASF, MKV, FLV, WEBM, Animated GIF, AV1	파일 형식	MP4, M4A
	비디오 코덱	H.264, VP9, VP8, MPEG-2	비디오 코덱	H.264
	오디오 코덱	AAC, MP3, MP2, PCM, FLAC, Vorbis	오디오 코덱	AAC
	파일 크기 제한	없음	해상도	2160p(UHD), 1080p(FHD), 720p(HD), 480p(SD)
			섬네일 이미지	10개
			다중 출력	5개

11.4 Video Player Enhancement

최근 웹서비스에서도 다양한 미디어를 포함하고 있습니다. 그중 하나가 동영상인데 이러한 동영상을 서비스의 일부로 서비스하기도 하지만 동영상을 위한 서비스도 있습니다. 이와 같이 동영상을 웹에서 플레이하기 위해서 가장 많이 사용하는 것이 video.js인데 모든 면에서 video.js가 좋지만 video.js를 원하는 대로 구성하기에는 생각보다 어렵다는 단점이 있습니다.

Video Player Enhancement는 video.js의 어려운 사용법을 직접 보면서 설정하고 스크립트 코드까지 생성할 수 있어 개발 시간을 줄일 수 있습니다.

재생 설정에서는 자동 재생 여부부터 음소거 여부, 반복 재생 여부, 배속 표시, 초저지연 모드 여부를 선택할 수 있습니다.

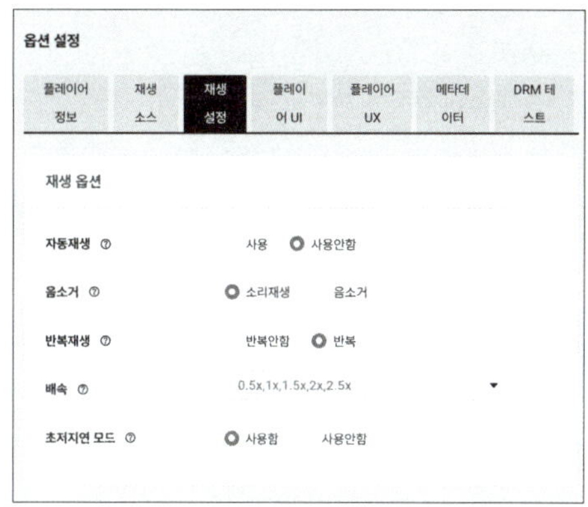

그림 11.49 Video Player Enhancement 재생 설정

플레이어 UI 설정에서는 화면비부터 화면 채움, 컨트롤 바에 대한 세세한 설정을 할 수 있습니다.

그림 11.50 Video Player Enhancement 플레이어 UI 설정

플레이어 UX에서는 음소거 알림창, 워터마크부터 단축키와 제스처까지 설정이 가능합니다.

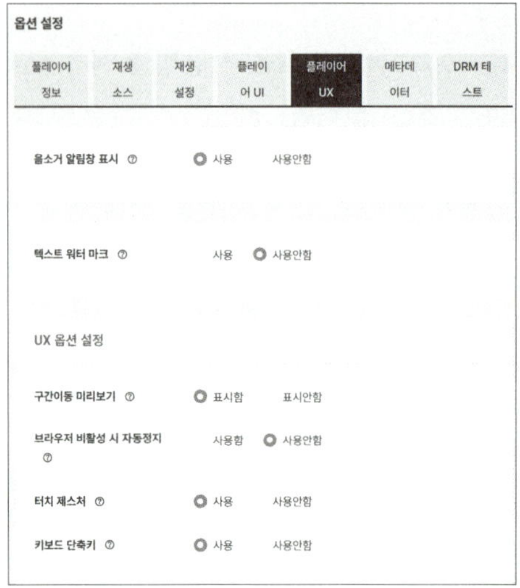

그림 11.51 Video Player Enhancement 플레이어 UX 설정

메타데이터에서는 동영상에 표시할 동영상에 대한 정보를 설정할 수 있습니다.

그림 11.52 Video Player Enhancement 메타데이터 설정

작업이 완료되면 Script 코드에서 만든 스크립트를 복사하고 서비스에 손쉽게 적용할 수 있습니다.

Script 코드

◉ 기본모드　　복사

```
<script type="text/javascript" src="https://player.vpe.naverncp.com/ncplaye

<div id="video"></div>

<script>
    let player = new ncplayer('video',{
        playlist:[
            {
                file:"https://m4qgahqg2249.edge.naverncp.com/hls/a4oif2oF
                poster:"https://2ardrvaj2252.edge.naverncp.com/endpoint/s
                description:{
                    "title":"네이버클라우드 테스트 영상",
                    "created_at":"Wed Jul 13 2022 00:00:00 GMT+0900 (한국
                    "profile_name":"네이버클라우드",
                    "profile_image":"https://nnbkegvqsbcu5297614.cdn.ntr
                },
            },
        ],
        autostart:false,
        muted:false,
        keyboardShortcut:true,
        controls:true,
        ui:"all",
        controlBtn:{
```

그림 11.53 생성된 스크립트 코드

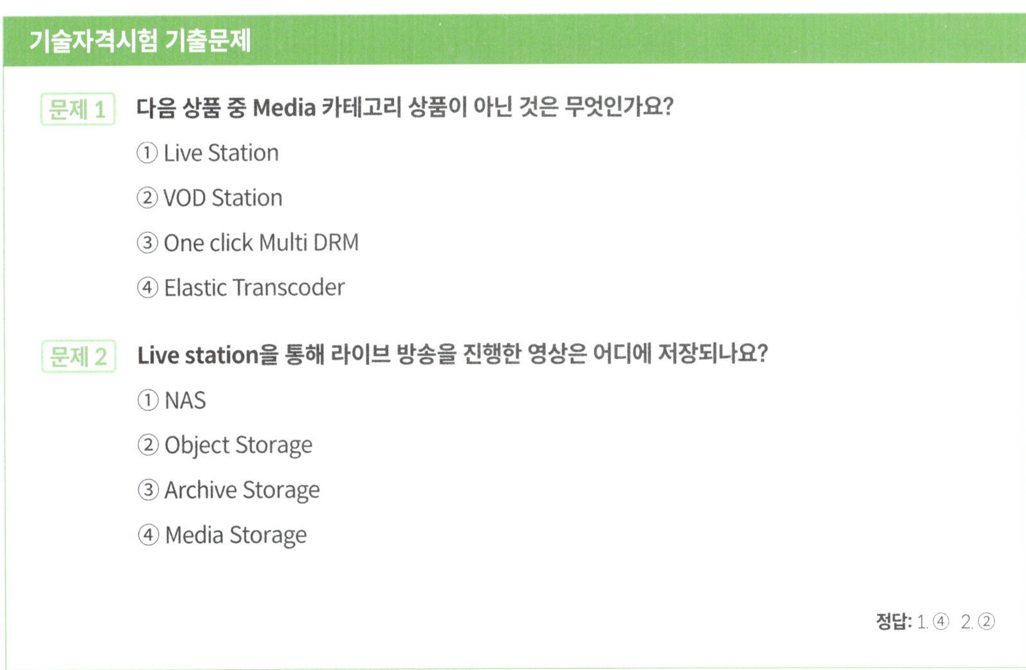

기술자격시험 기출문제

문제 1 **다음 상품 중 Media 카테고리 상품이 아닌 것은 무엇인가요?**

① Live Station

② VOD Station

③ One click Multi DRM

④ Elastic Transcoder

문제 2 **Live station을 통해 라이브 방송을 진행한 영상은 어디에 저장되나요?**

① NAS

② Object Storage

③ Archive Storage

④ Media Storage

정답: 1. ④ 2. ②

CHAPTER 12

네이버 클라우드 플랫폼 데이터 서비스

데이터가 나날이 커지고 데이터 생산이 빨라지면서 데이터를 저장하고 검색하고 데이터를 주고받는 데이터 플랫폼 역시 다양해지고 있습니다. Hadoop으로 대표되는 빅데이터 처리 기술을 비롯해 데이터를 전달하는 카프카Kafka, 데이터 검색을 위한 Open Search, 데이터 조회를 지원하는 Data Query 서비스까지 클라우드를 활용하여 데이터를 쉽게 다룰 수 있도록 지원하고 있습니다.

12.1 Cloud Hadoop

빅 데이터의 대명사인 Hadoop은 대규모 데이터 처리와 저장을 위한 오픈소스 프레임워크로 클러스터를 구성하고 데이터를 클러스터 내에 각 노드에 분산 저장하며 노드를 이용하여 빠르게 데이터 처리를 가능하게 해주는 서비스입니다.

Hadoop Core는 데이터를 분산 저장하는 HDFS와 데이터를 분산 처리하는 Map Reduce, 자원을 관리하는 YARN으로 구성되어 있으며 Hadoop의 부족한 편의성과 인터페이스를 보강하기 위한 Hadoop Eco가 Hadoop을 더욱 쉽고 강력하게 만들었습니다.

다양한 Hadoop Eco에 대해 알아보면 표 12.1과 같습니다.

표 12.1 Hadoop Eco

분류	도구	설명
모니터링	Ambari	Hadoop 클러스터에 최적화된 웹 기반 모니터링 툴
	Prometheus + Grafana	시계열 모니터링 시스템, YARN/HDFS 매트릭 수집 및 시각화
쿼리 엔진	Hive	SQL 기반 데이터 웨어하우징
	Pig	데이터 정제
실시간 처리	Spark	인메모리 기반 고속 처리 엔진
	Flink	실시간 스트리밍 분석
데이터 수집	Sqoop	RDBMS에서 데이터 마이그레이션
	Flume	로그 데이터 수집
데이터 저장	Hbase	분산형 NoSQL DB
	Kudu	열 기반 스토리지 엔진
워크플로	Oozie	워크플로 스케줄러
보안/권한	Ranger	데이터 접근 제어 관리
	Knox	클러스터 보안 게이트웨이
카탈로그	Atlas	메타데이터 관리 및 계보 추적

네이버 클라우드 플랫폼 Cloud Hadoop은 관리형으로 제공되는 Hadoop 클러스터로 기본적인 Core Hadoop뿐만 아니라 다양한 툴, 특히 Spark, Zookeeper, Ranger, HIVE, Hue, Zeppelin Notebook, Pig, Ambari 등등 다양한 툴이 설치됩니다. 또 추가적으로 HBase, Impala, Kudu, TRINO, NIFI 등을 설치할 수 있습니다.

또한 클라우드 환경에서 Hadoop을 이용해야 하는 만큼 터미널로도 접근이 가능하며, 다양한 툴이 웹으로 구성되고 웹을 통해 데이터를 조작할 수 있도록 되어 있습니다. 그리고 데이터 저장은 HDFS도 사용이 가능하지만 클라우드 환경인 만큼 HDFS에 데이터를 전송하는 것은 보안적으로나 프로세스적으로 비효율적이므로 Object Storage를 Hadoop의 저장소로 이용할 수 있습니다.

전체적인 구성은 그림 12.1과 같이 터미널 접속으로 Hadoop을 조작할 수 있도록 Edge 노드를 접속 포인트로 제공하고 있습니다. 클러스터를 관리하는 마스터 노드가 퍼블릭 서브넷에 위치해서 다양한 툴을 웹으로 접근할 수 있도록 하며 데이터 노드는 프라이빗 서브넷에 위치합니다.

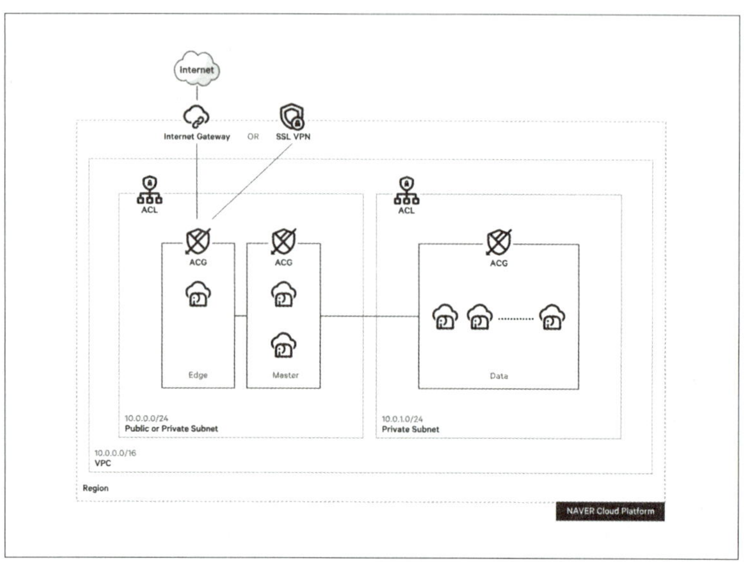

그림 12.1 Cloud Hadoop 구성도

12.1.1 Cloud Hadoop 구축

▶ 실습

CAUTION 실습 과정을 통해 생성한 리소스들은 사용한 만큼 과금됩니다.

1. [네이버 클라우드 플랫폼 포털] ➡ 로그인 후 [네이버 클라우드 플랫폼 콘솔]로 이동합니다.
2. 로그인 후 [Menu] ➡ [Services] ➡ [Networking] ➡ [VPC] 메뉴 내 [VPC Management]를 클릭합니다.

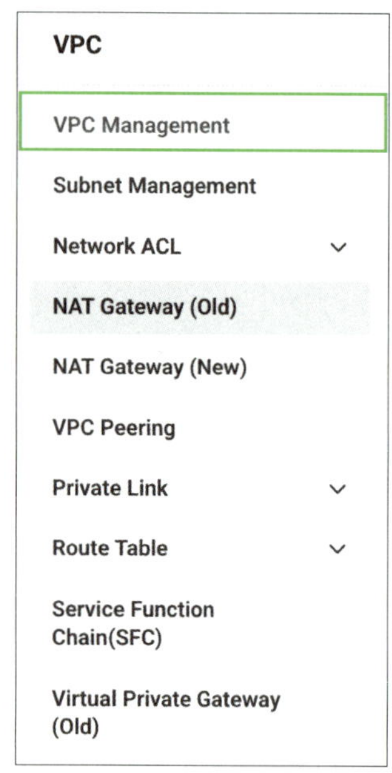

그림 12.2 VPC 관리 메뉴

3. 상단의 [+ VPC 생성]을 클릭합니다.

그림 12.3 네이버 클라우드 플랫폼 VPC 화면

4. VPC 이름: lab1-hadoop-vpc

   IP 주소 범위: 192.168.0.0/16

   유형: Normal을 선택합니다.

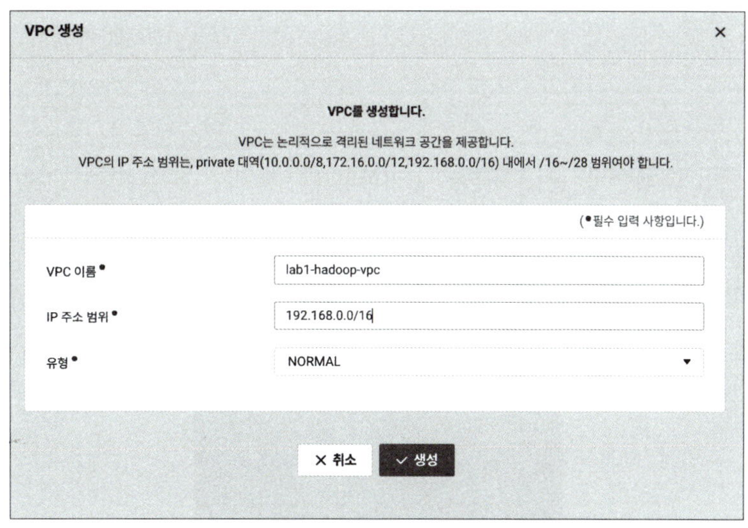

그림 12.4 네이버 클라우드 플랫폼 VPC 생성 화면

5. 서브넷을 생성합니다. Cloud Hadoop에서는 퍼블릭 서브넷과 프라이빗 서브넷이 필요합니다. [Menu] ➡ [Services] ➡ [Networking] ➡ [VPC] ➡ [Subnet Management]로 이동합니다. 상단의 [+ Subnet 생성]을 클릭합니다. 퍼블릭 서브넷과 프라이빗 서브넷을 생성해보고자 합니다. 퍼블릭 서브넷과 프라이빗 서브넷 생성을 위해 다음과 같이 관련 정보를 기입합니다.

   [퍼블릭 서브넷]

   Subnet 이름: lab1-hadoop-public-subnet

   VPC: lab1-hadoop-vpc

   IP 주소 범위: 192.168.1.0/24

   가용 Zone: KR-2

   Internet Gateway 여부: Y

   용도: 일반

   [프라이빗 서브넷]

   Subnet 이름: lab1-hadoop-private-subnet

   VPC: lab1-hadoop-vpc

   IP 주소 범위: 192.168.2.0/24

   가용 Zone: KR-2

   Internet Gateway 여부: N

   용도: 일반

   이와 같이 기입 후 하단의 [생성] 버튼을 클릭합니다.

   서브넷의 상태가 '준비 중'으로 바뀌고 곧 '운영 중' 상태로 변경됩니다.

6. [네이버 클라우드 플랫폼 콘솔] ➡ [Menu] ➡ [Services] ➡ [Storage] ➡ [Object Storage] 선택

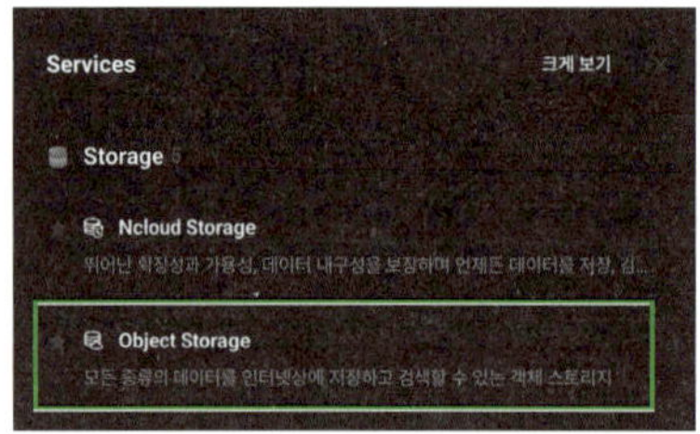

그림 12.5 Object Storage 메뉴

7. 상단의 **[+ 버킷 생성]** 클릭
8. 버킷 이름: lab-hadoop -(숫자나 영문 조합) 입력 후 하단의 **[다음]** 버튼을 클릭합니다. 여기에서 만든 버킷은 Cloud Hadoop에서 데이터를 저장할 HDFS 대체용 스토리지입니다.
9. 잠금 설정과 암호화 관리에 대한 설정이 진행됩니다. 하단의 **[다음]** 버튼을 클릭합니다.

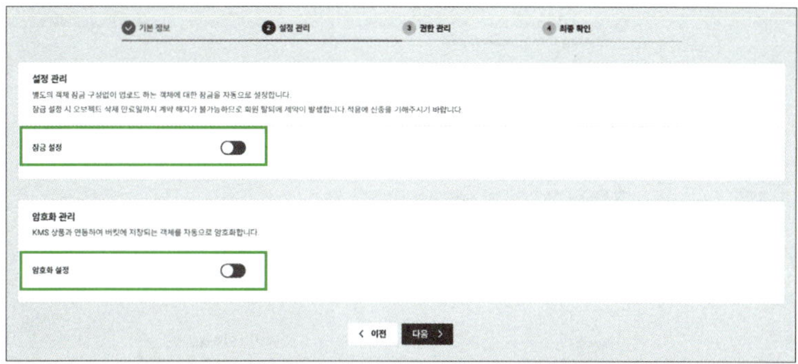

그림 12.6 **Object Storage 잠금 설정과 암호화 설정**

10. 다음으로는 버킷에 대한 권한 관리를 설정하는 부분에서 공개 안 함을 선택합니다.

    하단의 **[다음]** 버튼을 클릭합니다. 마지막 최종 확인 페이지 확인 후 이상이 없다면 하단의 **[버킷 생성]** 버튼을 클릭합니다.
11. [Menu] ➡ [Services] ➡ [Bigdata & analytics] ➡ [Cloud Hadoop]을 선택하고 상단의 **[+ 클러스터 생성]**을 선택합니다.

그림 12.7 **클러스터 생성 버튼**

12. 클러스터 설정에서 필요한 정보를 입력합니다.

    클러스터 이름에는 적당한 클러스터 이름을 입력합니다.

    클러스터 버전은 Cloud Hadoop 2.3을 선택합니다.

    클러스터 Add-on에서 필요로 하는 툴이 있다면 선택합니다.

    Data Catalog 서비스와 연동을 하고자 하는 경우 카탈로그 사용을 체크합니다.

    커버로스Kerberos 인증을 사용하는 경우엔 커버로스 인증을 선택하고 커버로스 정보를 입력합니다.

VPC를 선택하고 Cloud Hadoop의 툴에서 사용할 관리자 ID와 패스워드를 입력합니다.

클러스터 설정
(• 필수 입력 사항입니다)

클러스터 이름 •

클러스터 버전 — Cloud Hadoop 2.3

클러스터 Type — Core Hadoop with Spark : HDFS(3.1.1), YARN(3.1.1), Zookeeper(3.4.9), Ranger(2.0.0), HIVE(3.1.2), Hue(4.8.0), Zeppelin Notebook(0.11.2), Spark (2.4.8)

클러스터 add-on — HBASE (2.2.6) Impala(4.1.0) KUDU(1.16.0) TRINO(405) NIFI(1.23.2)

Data Catalog 서비스의 카탈로그 사용 — Cloud Hadoop 하이브 메타스토어를 Data Catalog 서비스의 카탈로그로 사용하여 제공합니다. Data Catalog 생성

커버로스 인증 구성 — 커버로스 인증 구성 시 Full Secured Cluster를 제공합니다. 데이터 카탈로그 서비스 사용이 제한됩니다.

Realm •

KDC 관리자 계정 패스워드 •

VPC • — - select - VPC 생성
KR-2 리전의 VPC환경에서만 클러스터 생성이 가능합니다.

클러스터 관리자 계정 •

클러스터 관리자 계정 패스워드 •

ACG 설정 — Cloud Hadoop ACG는 자동 생성 됩니다.
(예: ch-hadoop-acg-*)
hadoop 접근을 위한 ACG 설정은 사용자 가이드 > ACG 사용 가이드를 참고하세요.

그림 12.8 **클러스터 설정**

13. 스토리지와 서버에 대한 설정을 마무리합니다.

HDFS를 대체할 Object Storage 버킷을 리스트에서 선택합니다.

엣지노드 Subnet에는 미리 생성한 퍼블릭 서브넷을 선택하고 엣지노드 서버 타입에는 적당한 서버 사양을 선택합니다.

마스터노드 Subnet에는 미리 생성한 퍼블릭 서브넷을 선택하고 마스터노드 서버 타입에는 적당한 서버 사양을 선택합니다.

작업자 노드 Subnet에는 미리 생성한 프라이빗 서브넷을 선택하고 적당한 서버 타입과 노드 개수를 선택합니다.

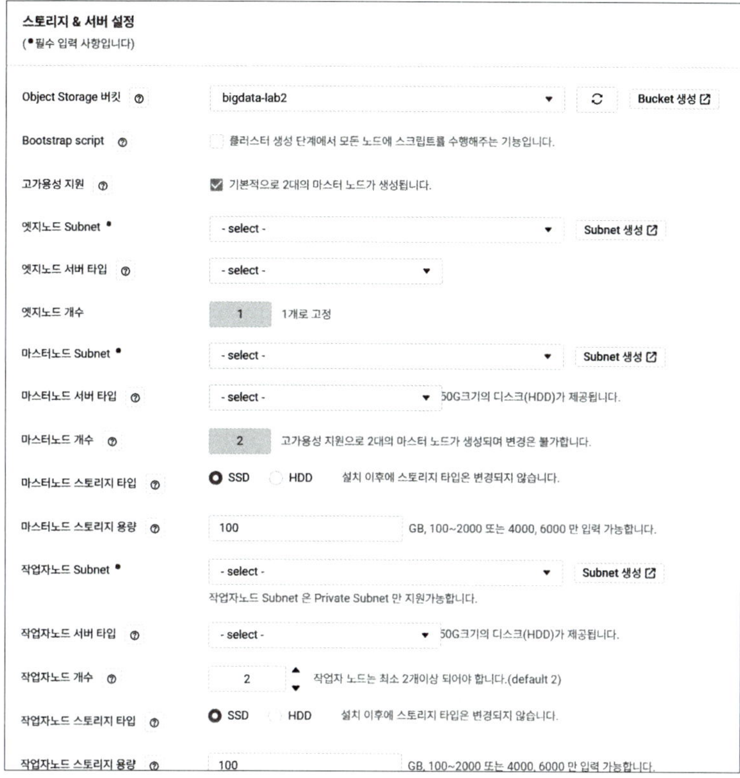

그림 12.9 **스토리지 & 서버 설정**

▶▶ 데이터 저장 공간으로 Object Storage가 아닌 HDFS를 사용하고자 하는 경우 작업자 노드와 마스터 노드의 스토리지를 HDFS로 사용하게 됩니다. 따라서 충분한 용량이 확보되어야 데이터 저장이 가능합니다.

14. 인증키 설정에서는 새로운 인증키 생성을 선택하고 인증키를 저장합니다.

    여기서 만든 인증키는 엣지노드에 터미널로 접속하거나 엣지노드에서 마스터노드로 접속할 때 사용합니다.

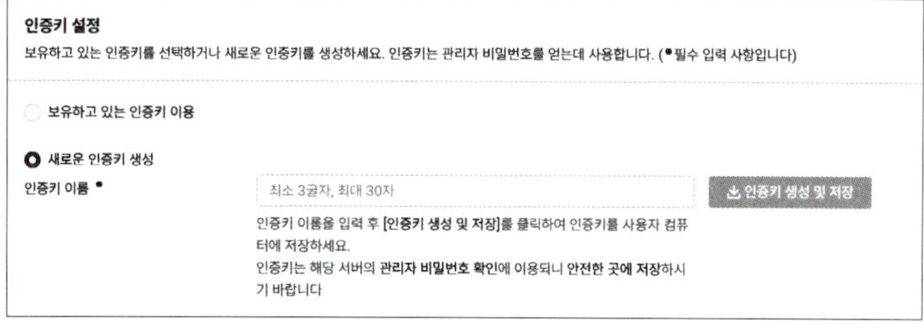

그림 12.10 **인증키 생성**

15. 최종 확인에서 [생성]을 클릭합니다.

12.1.2 Cloud Hadoop 접속

▶ 실습

CAUTION 실습 과정을 통해 생성한 리소스들은 사용한 만큼 과금됩니다.

1. [Menu] ➡ [Services] ➡ [Compute] ➡ [Server]를 클릭합니다.

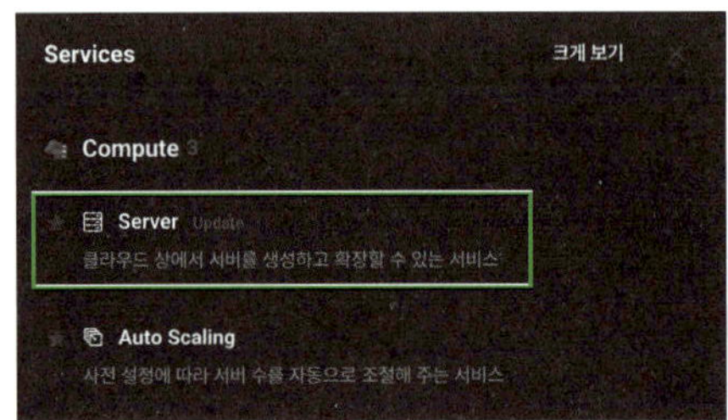

그림 12.11 서버 메뉴

2. Hadoop 클러스터에 접속이 가능하도록 ACG를 허용해야 합니다. [Server]의 하위 메뉴로 제공되는 [ACG]를 선택합니다.

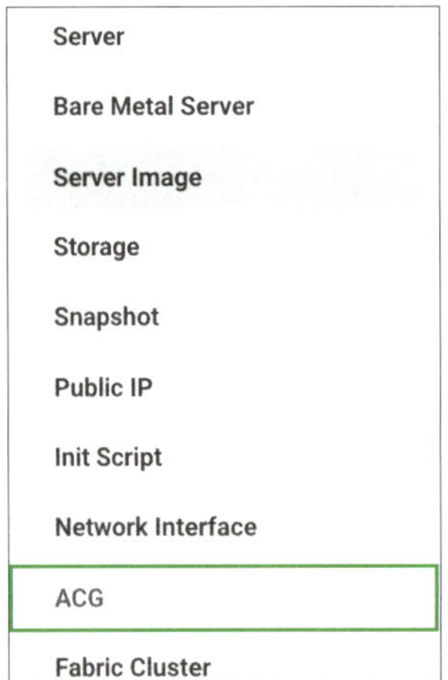

그림 12.12 ACG 메뉴

3. ACG 리스트 중 xx-hadoop-acg-xxxx라고 중간에 Hadoop-acg 문자열이 들어간 ACG가 생성되어 있습니다. 이를 선택하고 상단의 ACG 설정을 선택합니다.

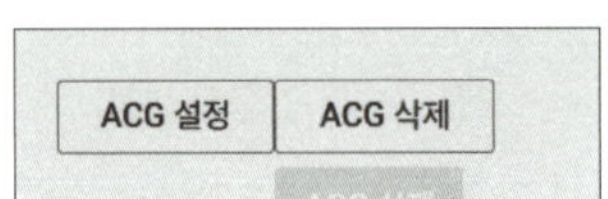

그림 12.13 ACG 설정 버튼

4. 접근하고자 하는 IP에 대해 다음 포트를 허용합니다.

- 프로토콜: TCP
- 접근 소스: myIP 클릭
- 허용 포트: 22
- 입력 후 우측의 [**+추가**] 버튼 클릭
- 프로토콜: TCP
- 접근 소스: myIP 클릭
- 허용 포트: 8443
- 입력 후 우측의 [**+추가**] 버튼 클릭

5. 하단의 [**적용**]을 선택합니다.

6. [Menu] ➡ [Services] ➡ [Bigdata & analytics] ➡ [Cloud Hadoop]을 선택하고 생성된 클러스터를 선택합니다.

   그리고 상단의 [**Application 별 보기**]를 선택합니다.

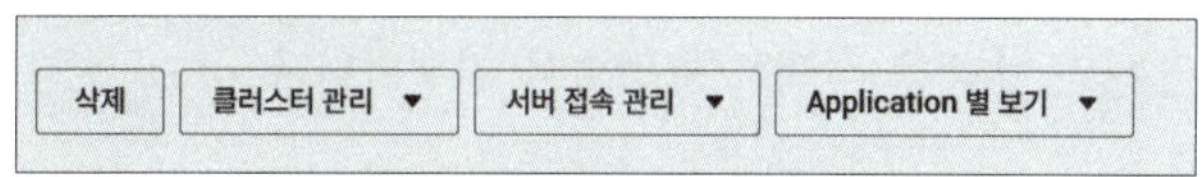

그림 12.14 **클러스터 관리 메뉴**

7. 원하는 서비스를 선택합니다. 여기에서는 Hue에 접속해보겠습니다.

Application web UI 접속을 위한 사전 작업 ×

Application web UI 접속을 위해서는 사전에 아래 모든 규칙이
해당 클러스터의 ACG에 필수로 설정되어 있어야 합니다.
ACG 설정 변경은 콘솔 > 클러스터 상세 정보 > ACG에서 가능합니다.

프로토콜	접근소스	허용포트	비고
TCP	도메인	8443	Ambari Web Console 접속용
TCP	도메인	8443	Hue Admin 접속용
TCP	도메인	8443	Zeppelin Notebook 접속용
TCP	도메인	8443	Ranger 접속용
TCP	도메인	8443	Namenode 접속용 -1
TCP	도메인	8443	Namenode 접속용 -2
TCP	도메인	8443	Yarn Timeline server 접속용
TCP	도메인	8443	Yarn Resource Manager 접속용 -1
TCP	도메인	8443	Yarn Resource Manager 접속용 -2
TCP	도메인	8443	Tez 접속용
TCP	도메인	8443	Oozie 접속용 -1
TCP	도메인	8443	Oozie 접속용 -2
TCP	도메인	8443	Spark History server 접속용
TCP	도메인	8443	Kudu Master 접속용 -1
TCP	도메인	8443	Kudu Master 접속용 -2
TCP	도메인	8443	Kudu Master 접속용 -3
TCP	도메인	8443	TRINO 접속용

다시 보지 않음　　✓ 확인

그림 12.15 **Cloud Hadoop 접속 링크**

8. 다음과 같이 경고창이 나오면 고급을 선택합니다.

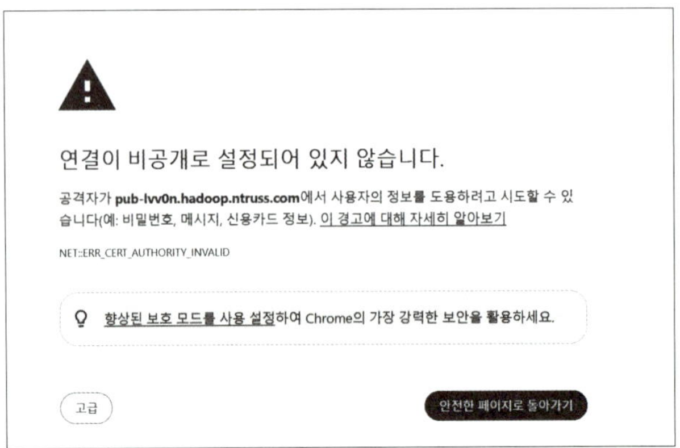

그림 12.16 외부에서 접속

그리고 하단의 '안전하지 않음'을 선택하여 접속을 진행합니다.

9. 접속 화면이 나오면 Cloud Hadoop 생성 시 입력한 관리자 ID와 패스워드를 입력합니다.

그림 12.17 HUE 로그인

10. 정상적으로 접속되는 것을 확인합니다.

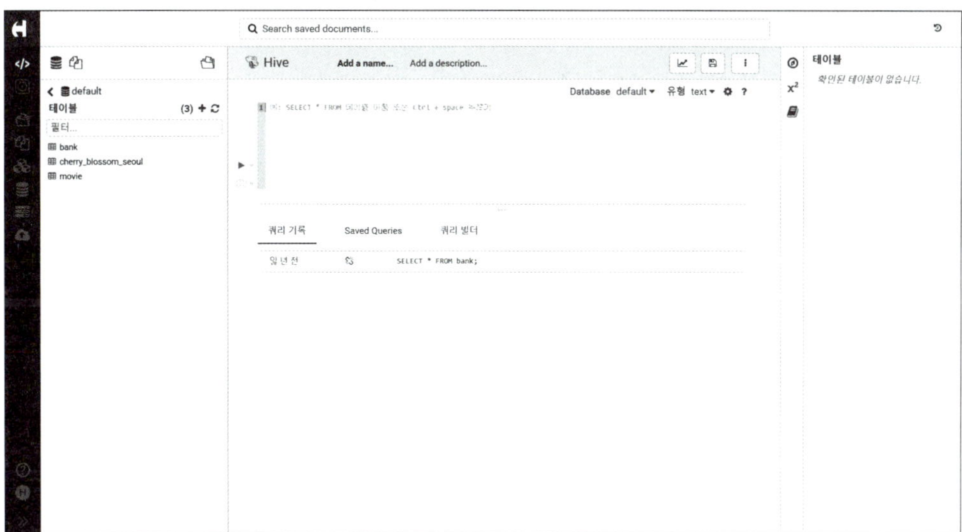

그림 12.18 **HUE 접속**

12.2 Cloud Data Streaming Service

네이버 클라우드 플랫폼에서도 아파치 카프카Apache Kafka를 편리하게 이용할 수 있도록 완전 관리형으로 Cloud Data Streaming Service로 제공하고 있습니다.

아파치 카프카는 대용량의 실시간 데이터 스트리밍을 처리하기 위해 개발되었습니다. 분산형 메시지 전달 플랫폼인 카프카는 메시지를 생산하는 Producer와 메시지를 수신하는 Consumer로 구분하여 메시지를 처리합니다.

분산형 구조인 만큼 확장이 용이하고 대규모 트래픽을 처리하기에도 적합합니다. 그렇기 때문에 카프카는 로그 수집, 실시간 분석, 이벤트 스트리밍을 비롯하여 최근에는 메신저의 대화방에도 이용되고 있습니다.

카프카의 핵심 구성 요소를 보면 표 12.2와 같습니다.

표 12.2 카프카 구성 요소

구성 요소	설명
Producer	메시지 생성 주체
Broker	메시지를 받아서 저장
Topic	메시지의 분류 단위(채팅 대화방)
Partition	Topic을 여러 파티션에 분산 저장
Consumer	메시지 소비 주체
Zookeeper	클러스터 관리

Producer가 메시지를 특정 Topic에 발행하면 Topic은 여러 Partition으로 나뉘어 저장되고, Consumer는 Topic에서 메시지를 읽어들입니다.

Cloud Data Streaming Service에서는 CMAK과 Zookeeper도 구성하여 제공하므로 더욱 편리하게 아파치 카프카를 이용할 수 있습니다.

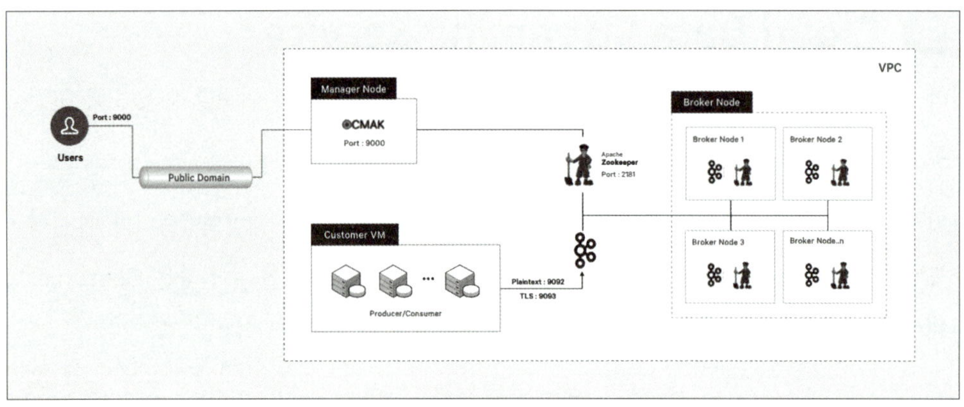

그림 12.19 Cloud Data Streaming Service 구성

매니저 노드는 CMAK가 구성되어 있고 CMAK를 통해 Topic을 생성하거나 삭제하거나 파티션을 추가할 수 있습니다.

브로커 노드는 실제 데이터가 저장되며 최소 3대부터 최대 10대까지 클러스터를 구성할 수 있습니다.

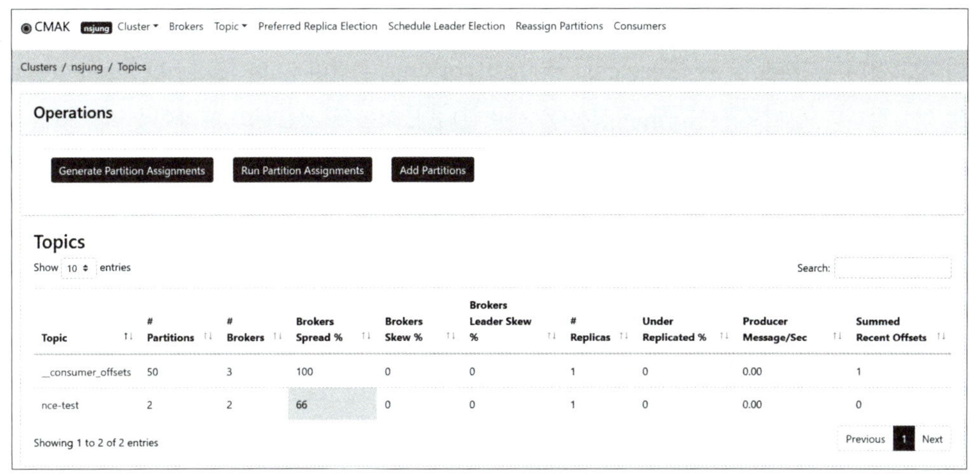

그림 12.20 CMAK 화면

▶ 실습

CAUTION 실습 과정을 통해 생성한 리소스들은 사용한 만큼 과금됩니다.

1. [네이버 클라우드 플랫폼 포털] ➡ 로그인 후 [네이버 클라우드 플랫폼 콘솔]로 이동합니다.
2. 로그인 후 [Menu] ➡ [Services] ➡ [VPC] 메뉴 내 [VPC Management]를 클릭합니다.
3. 상단의 [+ VPC 생성]을 클릭합니다.
4. VPC 이름: labl-kafka-vpc

   IP 주소 범위: 192.168.0.0/16

   유형: Normal을 선택합니다.

VPC 생성 ×

VPC를 생성합니다.

VPC는 논리적으로 격리된 네트워크 공간을 제공합니다.
VPC의 IP 주소 범위는, private 대역(10.0.0.0/8,172.16.0.0/12,192.168.0.0/16) 내에서 /16~/28 범위여야 합니다.

(•필수 입력 사항입니다.)

VPC 이름• lab1-vpc

IP 주소 범위• 10.0.0.0/16

유형• NORMAL

× 취소 ✓ 생성

그림 12.21 네이버 클라우드 플랫폼 VPC 생성 화면

5. 서브넷을 생성합니다. Cloud Data Streaming Service에서는 퍼블릭 서브넷과 프라이빗 서브넷이 필요합니다. [Menu] ➡ [Services] ➡ [Networking] ➡ [VPC] ➡ [Subnet Management]로 이동합니다. 상단의 [+ Subnet 생성]을 클릭합니다. 퍼블릭 서브넷과 프라이빗 서브넷을 생성해보고자 합니다. 퍼블릭 서브넷과 프라이빗 서브넷 생성을 위해 다음과 같이 관련 정보를 기입합니다.

   [퍼블릭 서브넷]

   Subnet 이름: lab1-kafka-public-subnet

   VPC: lab1-vpc

   IP 주소 범위: 192.168.3.0/24

   가용 Zone: KR-2

   Internet Gateway 여부: Y

   용도: 일반

   [프라이빗 서브넷]

   Subnet 이름: lab1-kafka-private-subnet

   VPC: lab1-vpc

   IP 주소 범위: 192.168.4.0/24

   가용 Zone: KR-2

   Internet Gateway 여부: N

   용도: 일반

   이와 같이 기입 후 하단의 [생성] 버튼을 클릭합니다.

   서브넷의 상태가 '준비 중'으로 바뀌고 곧 '운영 중' 상태로 변경됩니다.

6. [Menu] ➡ [Services] ➡ [Bigdata & Analytics] ➡ [Cloud Data Streaming Service] ➡ [Config Group]로 이동하여 [Config Group 생성]을 선택합니다.

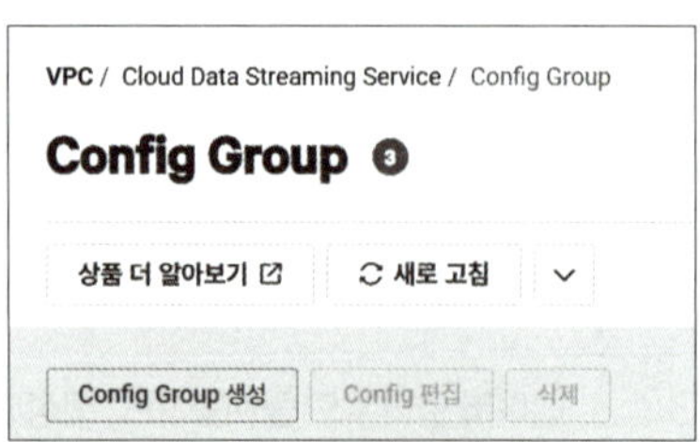

그림 12.22 Config Group

7. Version은 최신 버전을 선택하고 Config Group Name에 적당한 이름을 입력합니다.

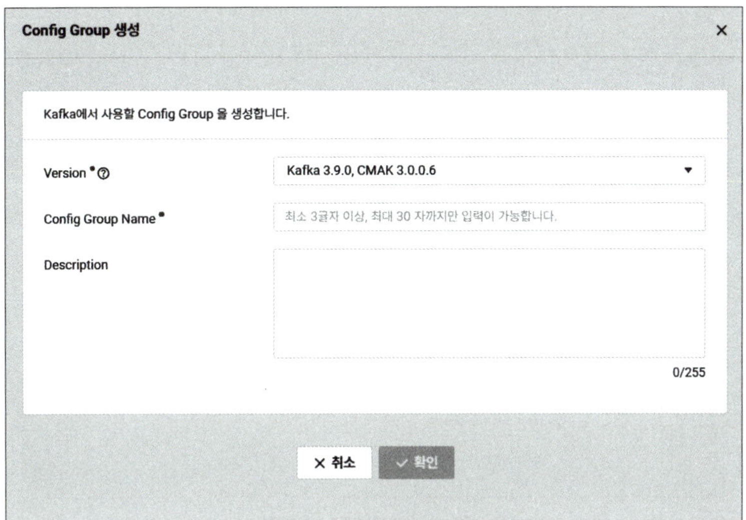

그림 12.23 Config Group 생성

8. 왼쪽 메뉴에서 Cluster를 선택하고 상단의 **[+ Cluster 생성]**을 선택합니다.

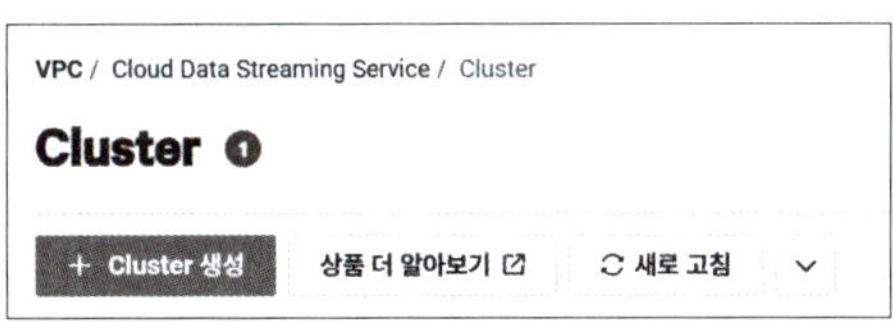

그림 12.24 Cluster 생성

9. 클러스터 설정 화면에서 클러스터 이름에는 적당한 클러스터 이름을 입력합니다.

   Config Group 설정에는 사전에 생성한 Config Group을 선택합니다.

   CMAK 접속 권한에서 관리자 ID와 패스워드를 입력합니다.

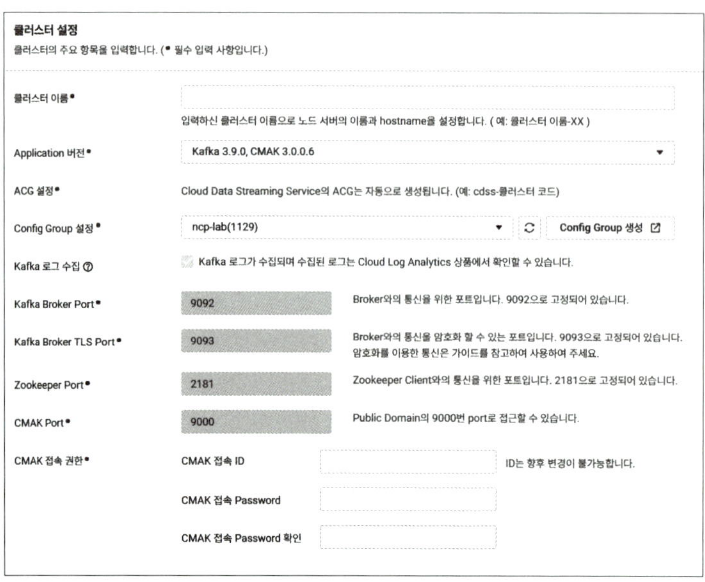

그림 12.25 클러스터 설정

10. 노드 설정에서 서버들의 위치와 서버의 사양을 선택합니다.

매니저 노드는 퍼블릭 서브넷에 위치시키고, 브로커 노드는 프라이빗 서브넷에 위치시킵니다.

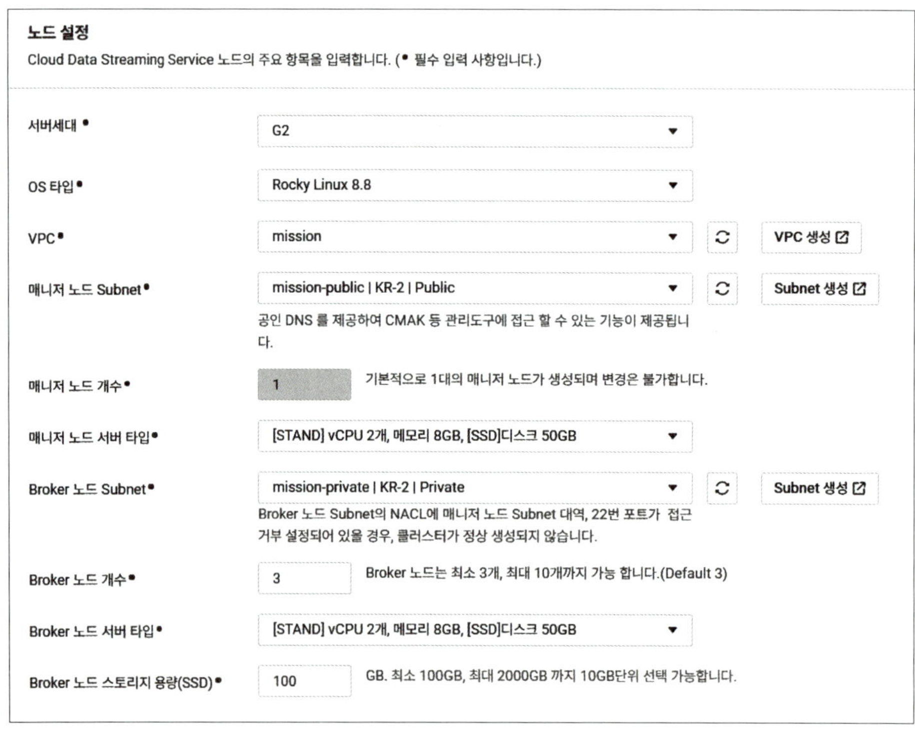

그림 12.26 노드 설정

11. 최종 확인에서 하단의 **[클러스터 생성]**을 선택합니다.

12. 접속을 위해 ACG를 열어야 합니다. 열어야 할 포트는 CMAK 포트 9000번, Zookeeper 포트 2181입니다.

    [Menu] ➡ [Services] ➡ [Compute] ➡ [Server]를 클릭합니다.

    Server의 하위 메뉴로 제공되는 [ACG]를 선택합니다.

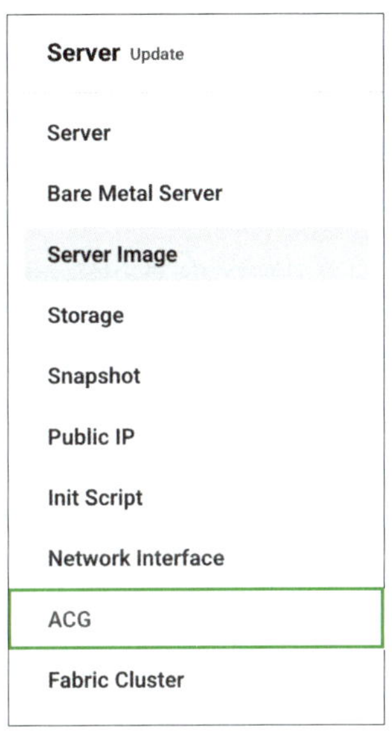

그림 12.27 ACG로 이동

13. ACG 리스트 중 cdss-m-xxxx라고 중간에 cdss-m 문자열이 들어간 ACG가 생성되어 있습니다. 이를 선택하고 상단의 [ACG 설정]을 선택합니다.

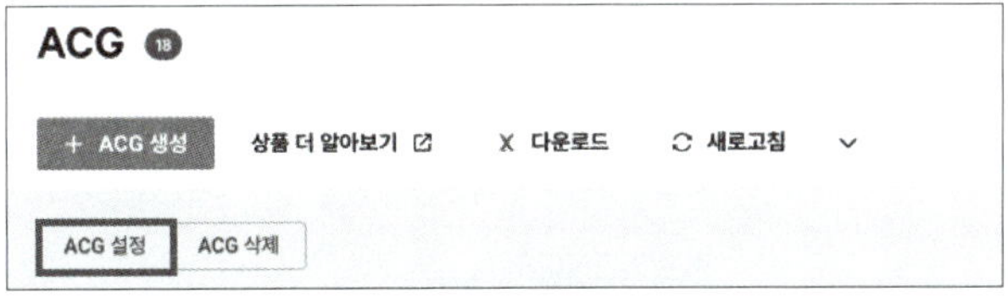

그림 12.28 ACG 설정 버튼

14. 접근하고자 하는 IP에 대해 다음 포트를 허용합니다.

    - 프로토콜: TCP
    - 접근 소스: myIP 클릭
    - 허용 포트: 9000

- 입력 후 우측의 [+ **추가**] 버튼 클릭
- 프로토콜: TCP
- 접근 소스: myIP 클릭
- 허용 포트: 2181
- 입력 후 우측의 [+ **추가**] 버튼 클릭

15. 하단의 [**적용**]을 선택합니다.
16. [Menu] ➡ [Services] ➡ [Bigdata & Analytics] ➡ [Cloud Data Streaming Service] ➡ [Cluster]로 이동합니다.

    생성된 클러스터를 선택하고 상단의 [**클러스터 관리**]를 선택합니다.

그림 12.29 **클러스터 확인**

17. CMAK 접속을 선택한 후 안내창이 뜨면 [**CMAK 바로 가기**]를 선택합니다.

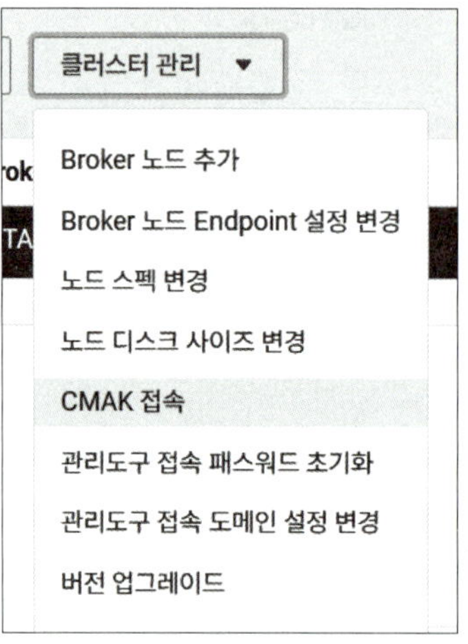

그림 12.30 **CMAK 접속**

18. CMAK에서 필요한 설정 내용을 변경합니다.

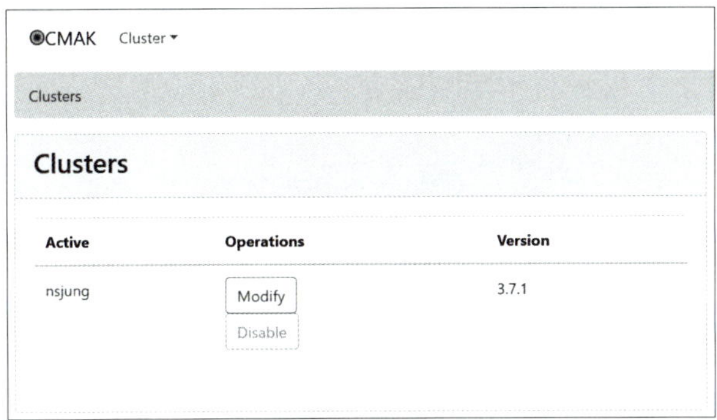

그림 12.31 CMAK 설정

12.3 Search Engine Service

네이버 검색과 같이 문서를 색인화하고 필요한 내용을 검색하고자 할 때 사용하는 것이 검색 엔진입니다. 일반적으로 쇼핑몰이나 일반 사이트에서는 DB에 데이터를 저장하고 DB에서 데이터를 조회하고 검색합니다. 하지만 대량의 문서의 경우 DB에 저장하고 검색하기엔 DBMS가 적합하지 않습니다. 따라서 대량의 문서를 저장하고 검색하기 위해 검색 엔진을 사용해야 합니다.

네이버 클라우드 플랫폼에서는 이러한 검색 엔진을 완전 관리형으로 제공하고 있습니다. 그중에서도 대표적인 검색 엔진인 Elasticsearch와 OpenSearch를 제공하고 있습니다.

또한 관리를 위해 OpenSearch 대시보드 혹은 Elasticsearch Kibana도 제공하고 있습니다.

네이버 클라우드 플랫폼에서는 이러한 검색 엔진을 편리하게 이용할 수 있도록 다음과 같은 기능을 제공하고 있습니다.

- 손쉬운 노드 확장
- 모니터링 및 알림
- API를 통한 데이터와 인덱스 관리

12.4 Data Catalog

Data Catalog(데이터 카탈로그)는 메타데이터를 통합하고 관리하는 서비스로 다양한 형태의 데이터를 탐색하여 메타데이터를 수집하고 다양한 데이터 소스와의 연동과 관리를 통해 데이터에 대한 통합 뷰를 제공합니다. Data Catalog는 Data Flow, Data Query와 함께 클라우드 환경에서 데이터를 강력하게 관리할 수 있는 서비스입니다.

데이터 파이프라인은 그림 12.32와 같은 구조를 갖습니다.

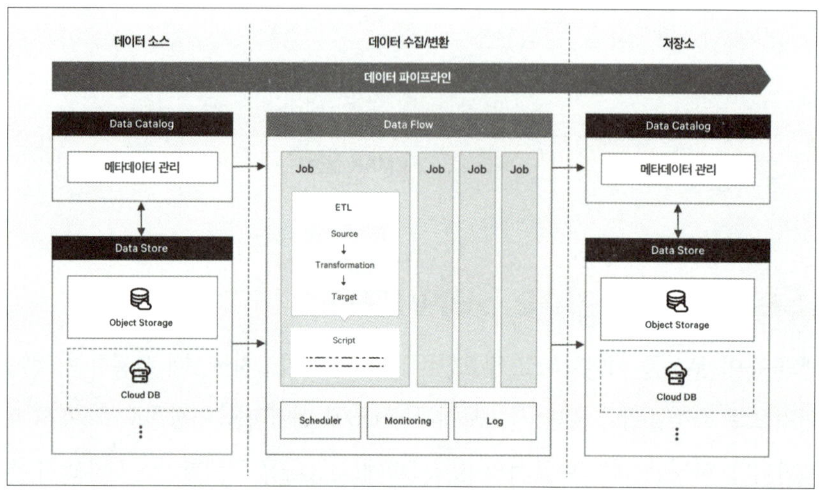

그림 12.32 **데이터 처리 흐름**

Data Catalog는 데이터를 탐색하여 다음과 같이 관리합니다.

- 메타데이터 수집을 자동화하고 수집한 데이터에서 스키마를 추론하여 테이블을 생성합니다.
- Cloud DB, Object Storage와 연동하여 데이터를 활용합니다.
- 테이블 및 스키마 변경 이력을 관리합니다.

12.5 Data Flow

Data Flow(데이터 플로)는 데이터를 추출, 변환, 적재하기 위한 워크플로를 정의하고 실행하며 모니터링하는 완전 관리형 데이터 통합 서비스입니다. Cloud DB, Object Storage, Data Catalog 등 다양한 데이터 소스에서 데이터를 수집하고 목적에 맞게 변환 및 조작하여 원하는 형태로 데이터를 저장합니다.

네이버 클라우드 플랫폼 Data Flow의 특징은 다음과 같습니다.

- 시각적 인터페이스로 코딩 없이 데이터 변환: 시각적인 인터페이스를 통해 코드 작성 없이 ETL(Extract, Transform, Load) 작업 및 데이터 파이프라인을 쉽게 구성하고 편집할 수 있습니다.

- 데이터의 추출, 변환, 적재하는 과정을 자동화하여 데이터 통합 과정을 효율적으로 관리할 수 있으며 데이터 마이닝, 머신 러닝, 데이터 시각화, 애플리케이션 개발 등 다양한 비즈니스 목적에 맞는 통합된 데이터를 생성할 수 있습니다.

12.6 Data Query

Data Query(데이터 쿼리)는 다양한 정형 또는 비정형 데이터를 대상으로 웹 기반 대화형 쿼리 서비스를 제공합니다. 일반적으로 DBMS별 클라이언트 혹은 GUI 전용 클라이언트가 있지만, DBMS별로 서로 다른 클라이언트를 제공하는 데 반해 네이버 클라우드 플랫폼 Data Query는 웹 기반으로 표준 SQL을 이용하여 쉽고 빠르게 쿼리를 실행할 수 있습니다.

또한 대시보드를 통해 쿼리 현황을 한눈에 살펴볼 수 있습니다.

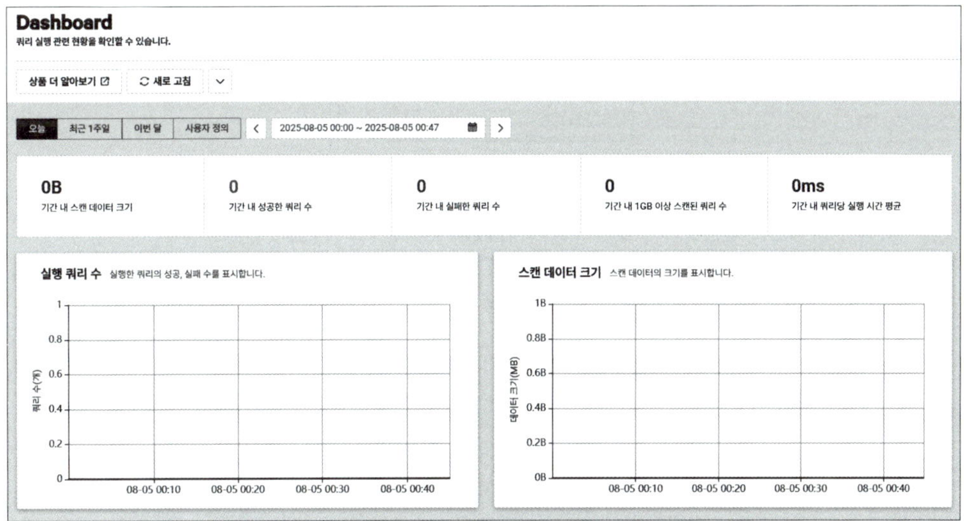

그림 12.33 Data Query 대시보드

12.6.1 Data Query 구성

▶ 실습

CAUTION 실습 과정을 통해 생성한 리소스들은 사용한 만큼 과금됩니다.

1. [네이버 클라우드 플랫폼 포털] ➡ 로그인 후 [네이버 클라우드 플랫폼 콘솔]로 이동합니다.

2. 접속을 위해 ACG를 열어야 합니다. 열어야 할 포트는 DBMS마다 다르기 때문에 예제에서는 이미 설치한 Cloud DB for MySQL을 이용하는 것을 가정하고 3306번 포트를 오픈합니다.

   [Menu] ➡ [Services] ➡ [Compute] ➡ [Server]를 클릭합니다.

   Server의 하위 메뉴로 제공되는 [ACG]를 선택합니다.

그림 12.34 Server의 하위 메뉴

3. ACG 리스트 중 CloudDB for MySQL ACG를 선택하고 상단의 **[ACG 설정]**을 선택합니다.

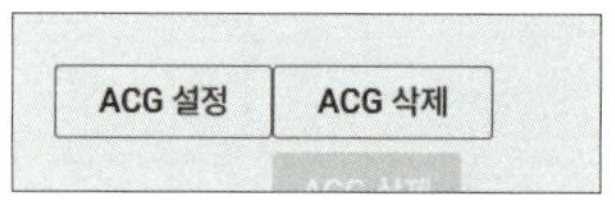

그림 12.35 ACG 설정 버튼

4. Cloud DB for MySQL을 Data Catalog를 통해 Data Query로 연동하므로, Data Query의 접근 IP인 110.165.25.5(Data CatalogIP)에 대한 3306포트를 허용합니다.

   - 프로토콜: TCP
   - 접근 소스: 110.165.25.5
   - 허용 포트: 3306
   - 입력 후 우측의 **[+ 추가]** 버튼 클릭

5. 하단의 **[적용]**을 선택합니다.

6. [Menu] ➡ [Services] ➡ [Big Data & Analytics] ➡ [Data Catalog]를 선택합니다.

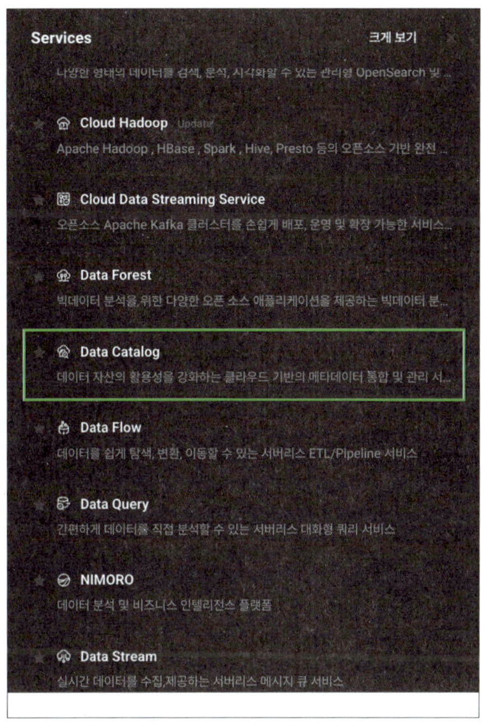

그림 12.36 Data Catalog 선택

7. 좌측 메뉴에서 [Configuration] ➡ [Connection]을 선택합니다.

   상단의 [+ **커넥션 생성**] 버튼을 선택합니다.

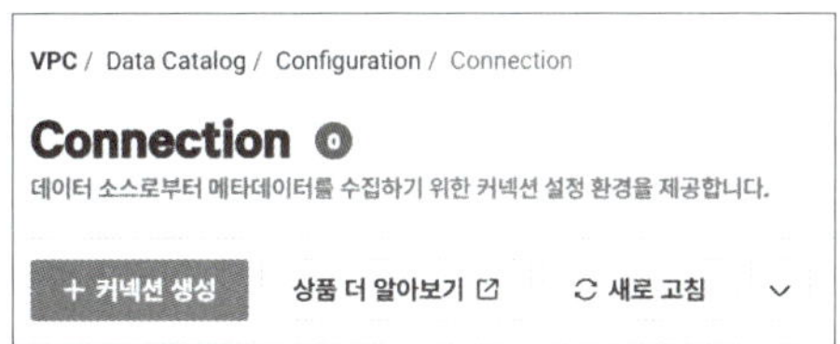

그림 12.37 Data Catalog 커넥션 생성

8. 커넥션 이름에 적당한 이름을 입력하고 데이터 유형은 JDBC를 선택하면 추가적인 정보를 선택하고 입력받을 수 있는 폼이 확장됩니다.

   접근 URL에는 jdbc:mysql://(CDB for mysql Public Domain):3306/DB명?characterEncoding=utf8&autoReconnect=true를 입력하고 계정 정보에 Cloud DB for MySQL의 유저 정보를 입력합니다.

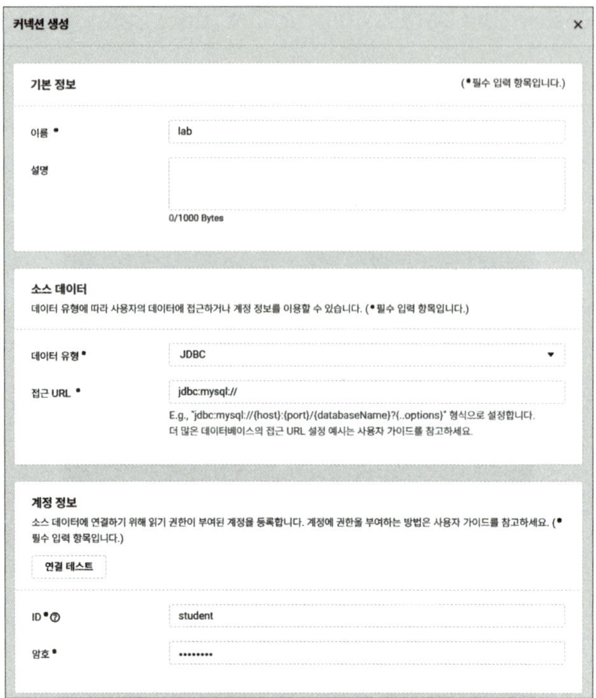

그림 12.38 Data Catalog 커넥션 설정 정보 입력

9. 모든 정보를 입력 후 계정 정보의 [**연결 테스트**] 버튼을 클릭하여 정상적으로 접속이 되는지 확인합니다.

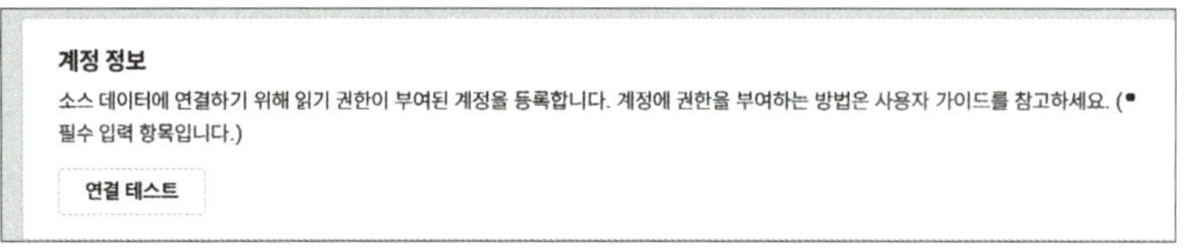

그림 12.39 Data Catalog 커넥션 테스트

확인 후 하단의 [**생성**] 버튼을 선택합니다.

10. [Menu] ➡ [Services] ➡ [Big Data & Analytics] ➡ [Data Query]를 선택합니다.

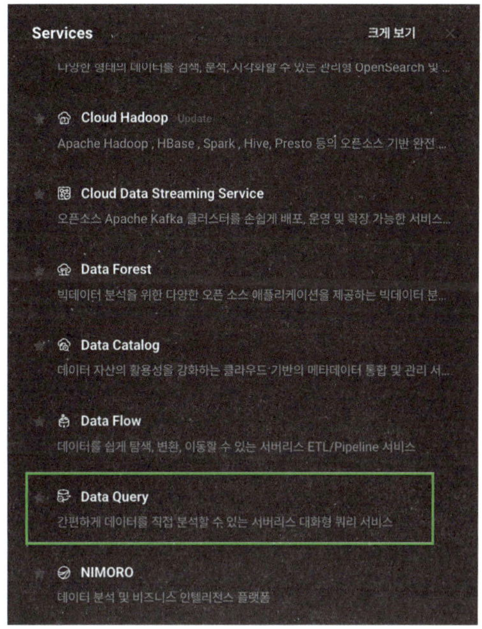

그림 12.40 Data Query 선택

11. 좌측 메뉴에서 [Query Editor]를 선택 후 상단의 [+ 데이터 소스 추가] 버튼을 선택합니다.

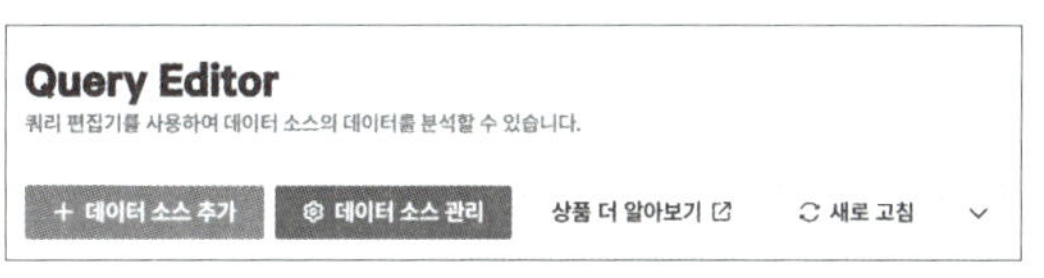

그림 12.41 데이터 소스 추가

12. 데이터 소스 추가 팝업에서 이름은 적당한 이름을 입력하고 소스 타입은 JDBC, 커넥션은 Data Catalog에서 생성한 커넥션을 선택합니다.

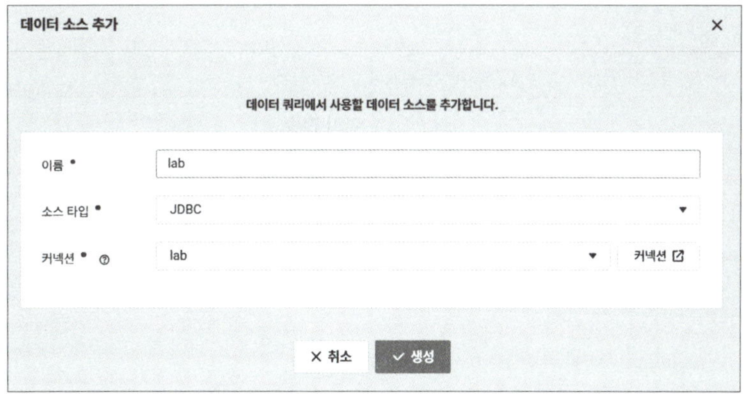

그림 12.42 데이터 소스 설정

13. 데이터 소스에 추가한 커넥션을 선택합니다.

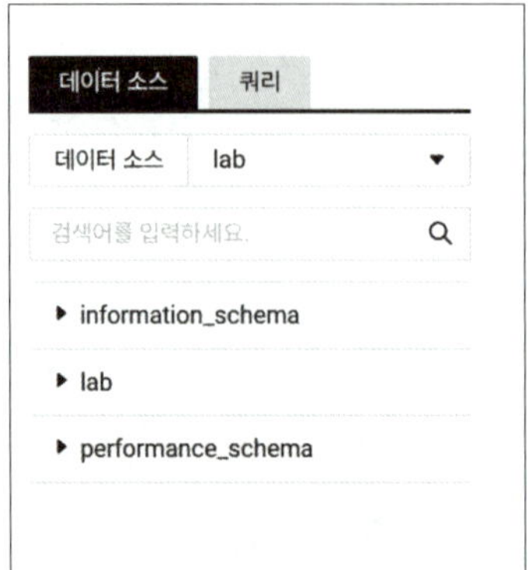

그림 12.43 **데이터 소스 연결 완료**

14. 쿼리창에서 다양한 쿼리를 실행하여 결괏값을 확인합니다.

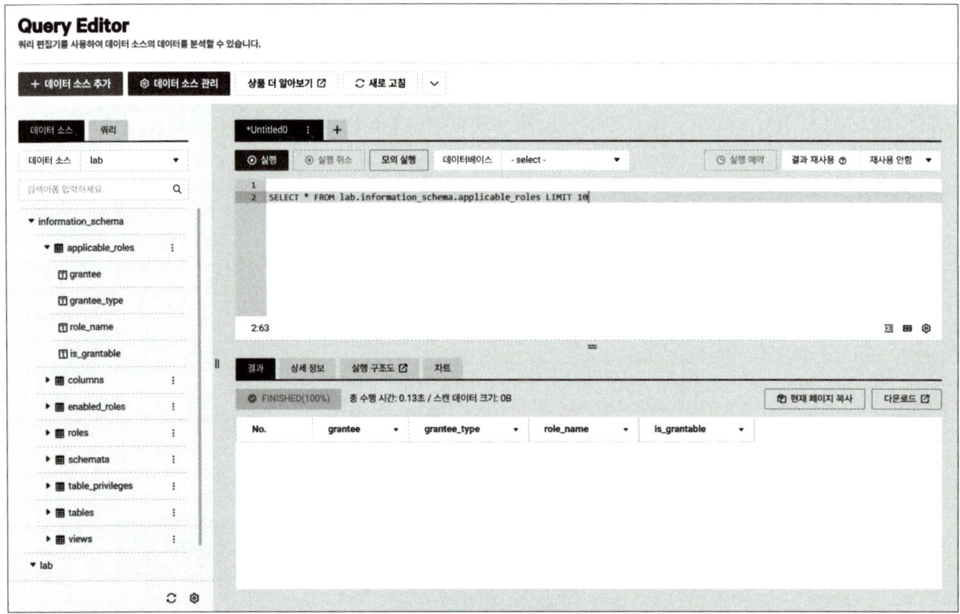

그림 12.44 **쿼리 전송**

기술자격시험 기출문제

다음 중 Cloud Hadoop 상품에 대한 내용으로 올바르지 않은 것은 무엇인가요?

① 보안을 위해 엣지 노드는 Private Subnet에 생성됩니다.

② Cloud Hadoop을 생성하면 ACG도 자동으로 생성됩니다.

③ 클러스터에 대한 정보 및 상태를 관리할 수 있는 UI를 제공합니다.

④ Hbase, Spark 등 다양한 프레임워크를 지원합니다.

정답: ①

해설: Cloud Hadoop의 엣지 노드, 마스터 노드, 작업자 노드를 배치시킬 서브넷이 필요하며 엣지 노드는 Public/Private 서브넷 모두 배치가 가능합니다.

CHAPTER 13

네이버 클라우드 플랫폼 컨테이너 서비스

애자일, MSAmicroservice architecture가 IT 환경을 변화시키면서 이에 맞는 인프라 환경으로 컨테이너 서비스가 새롭게 주목받고 있습니다. 가벼운 컨테이너는 잦은 배포와 잘게 쪼개진 컴포넌트 구조에서 OS나 다른 환경의 영향을 최소화시켜 애자일과 MSA 환경을 뒷받침해주는 인프라 서비스입니다. 컨테이너 서비스를 좀 더 효율적으로 사용하기 위해 필요한 서비스가 Container Registry와 쿠버네티스 서비스입니다. Container Registry는 컨테이너 이미지를 Github와 같이 보관하고 업데이트에 대한 기록을 남겨 이미지에 대한 버전 관리가 가능하도록 합니다. 쿠버네티스 서비스는 컨테이너 서비스를 더욱 잘 관리하고 확장시키는 서비스입니다.

그림 13.1 **도커 허브**

네이버 클라우드 플랫폼은 컨테이너에 필요한 Container Registry 서비스와 서비스에서 컨테이너를 쉽고 강력하게 운영할 수 있는 완전 관리형 쿠버네티스 서비스를 제공하고 있습니다.

13.1 Container Registry

Container Registry(컨테이너 레지스트리)는 컨테이너 이미지를 저장하고 관리하는 저장소입니다. 즉, 컨테이너 기반의 개발 환경에서 코드를 빌드하고 코드를 도커 이미지에 패키징한 후 서버들에 배포하기 위한 도커 전용 공유 스토리지가 Container Registry입니다. 도커의 표준 Container Registry는 Docker Hub이며 나만의 사설 Container Registry가 네이버 클라우드 플랫폼 Container Registry입니다.

13.1.1 Container Registry 세부 기능

1 Public/Private Endpoint 제공

Container Registry 서비스는 Public Endpoint 및 네이버 클라우드 플랫폼 내부 네트워크 환경 내에서만 안전하게 사용할 수 있는 Private Endpoint를 제공합니다. Private Endpoint는 외부망을 통한 사용자 접근을 차단할 수 있어 보안 측면에서 이점을 얻을 수 있습니다.

2 컨테이너 취약점 분석을 통한 보안 강화

Container Registry에 등록된 컨테이너 이미지의 보안 취약점을 분석하여 CVE 체계를 기반으로 취약점을 식별합니다. 식별한 취약점은 심각도에 따라 다섯 단계로 구분하여 표시합니다.

표 13.1 **취약점 심각도**

단계 구분	High-level, Medium-level, Low-level, Negligible-level, Unknown-level

3 타 서비스와의 연동

Container Registry 서비스는 도커뿐만 아니라 네이버 클라우드 플랫폼의 쿠버네티스 서비스, Dev Tools와 연동을 통해 CI/CD를 완벽하게 구현할 수 있도록 합니다.

4 Object Storage와 연동

Container Registry의 저장 공간은 물리적으로 Object Storage를 이용하고 있습니다. 그렇기 때문에 저장 공간에 대한 별도 관리가 필요 없습니다.

13.1.2 Container Registry 구축

▶ 실습

CAUTION 실습 과정을 통해 생성한 리소스들은 사용한 만큼 과금됩니다.

1. [네이버 클라우드 플랫폼 포털] ➡ 로그인 후 [네이버 클라우드 플랫폼 콘솔]로 이동합니다.
2. [네이버 클라우드 플랫폼 콘솔] ➡ [Menu] ➡ [Services] ➡ [Storage] ➡ [Object Storage]를 선택합니다.

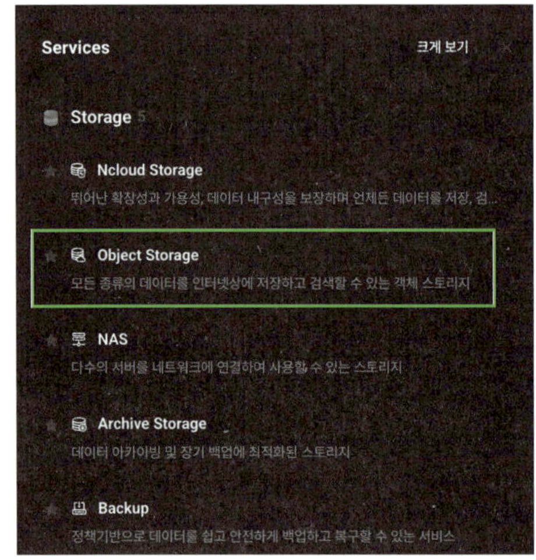

그림 13.2 Object Storage 메뉴

3. 상단의 [**+ 버킷 생성**] 버튼을 클릭합니다.
4. 버킷 이름: lab-cr-(숫자나 영문 조합) 입력 후 하단의 [**다음**] 버튼을 클릭합니다. 여기에서 만든 버킷은 Container Registry에서 이미지 저장용 버킷입니다.
5. 다음으로 버킷에 대한 권한 관리를 설정하는 부분에서 공개 안 함을 선택합니다.

   하단의 [**다음**] 버튼을 클릭합니다. 마지막 최종 확인 페이지 확인 후 이상이 없다면 하단의 [**버킷 생성**] 버튼을 클릭합니다.
6. [Menu] ➡ [Services] ➡ [Containers] ➡ [Container Registry] ➡ [레지스트리 생성]을 선택합니다.

그림 13.3 Container Registry

7. 레지스트리 이름에 적절한 이름을 입력합니다. 버킷은 Container Registry용으로 만든 버킷을 선택한 후 [생성] 버튼을 클릭합니다.

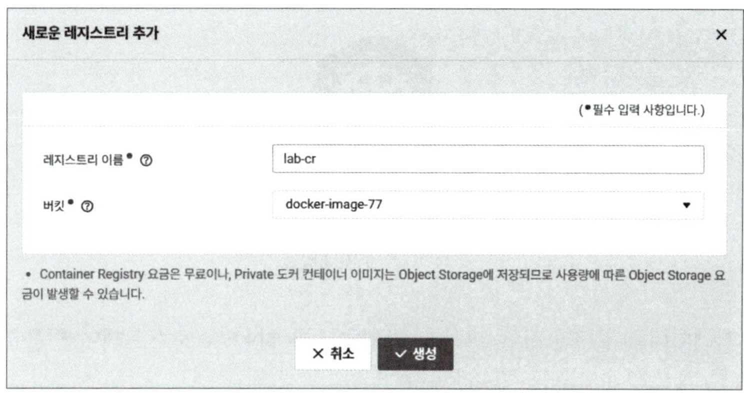

그림 13.4 **레지스트리 이름 입력**

8. Container Registry가 생성되면 상세 정보에서 Public Endpoint와 Private Endpoint를 확인하고 도커 명령어를 이용하여 컨테이너 이미지를 업로드 또는 다운로드할 수 있습니다.

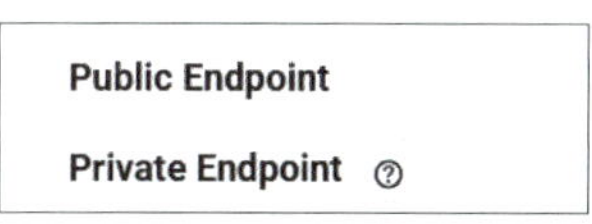

그림 13.5 **Endpoint 확인**

9. 도커 이미지를 네이버 클라우드 플랫폼 Container Registry에 업로드하기 위해서는 먼저 방금 생성한 네이버 클라우드 플랫폼 Container Registry에 로그인을 해야 합니다. 로그인은 다음과 같이 도커 명령어와 Access Key, Secret Key로 로그인할 수 있습니다.

도커 로그인

```
# docker login <Container Registry의 Public Endpoint>
User: <access-key-id>
Password: <secret-key>
Login Succeeded
```

13.2 Ncloud Kubernetes Service

쿠버네티스Kubernetes, K8s는 컨테이너화된 애플리케이션을 자동으로 배포하고, 스케일링하고, 관리하기 위한 오픈소스 플랫폼으로 원래 구글에서 개발되어 현재는 CNCFCloud Native Computing Foundation

의 프로젝트로 운영되며, 클라우드 네이티브 생태계의 핵심 기술로 자리 잡고 있습니다. 이름의 어원은 그리스어로 '조타수'를 뜻하며, 로고는 방향타를 형상화한 것입니다.

그림 13.6 쿠버네티스

쿠버네티스는 컨테이너를 좀 더 쉽고 편하게 관리하도록 하는 오케스트레이션 툴로서 도커가 가진 운영 한계(수백 개 이상의 컨테이너가 작동하는 대규모 환경에서는 효과적으로 관리하기가 매우 어려움)를 해결하여 복잡한 컨테이너 기반 시스템을 손쉽게 운영할 수 있도록 합니다.

그뿐만 아니라 자동화된 배포, 자가 복구self-healing, 서비스 디스커버리, 스케일링horizontal scaling, 롤링 업데이트rolling update 등의 기능을 통해 운영 효율성을 높입니다.

네이버 클라우드 플랫폼 쿠버네티스 서비스(이하 NKS)는 완전 관리형으로 쿠버네티스를 구축하고 쿠버네티스 운영에 필요한 다양한 컴포넌트를 구성하고 네이버 클라우드 플랫폼 내 CI/CD 상품들과 연동하여 쿠버네티스 기능을 클라우드에서 손쉽게 확장할 수 있도록 되어 있습니다.

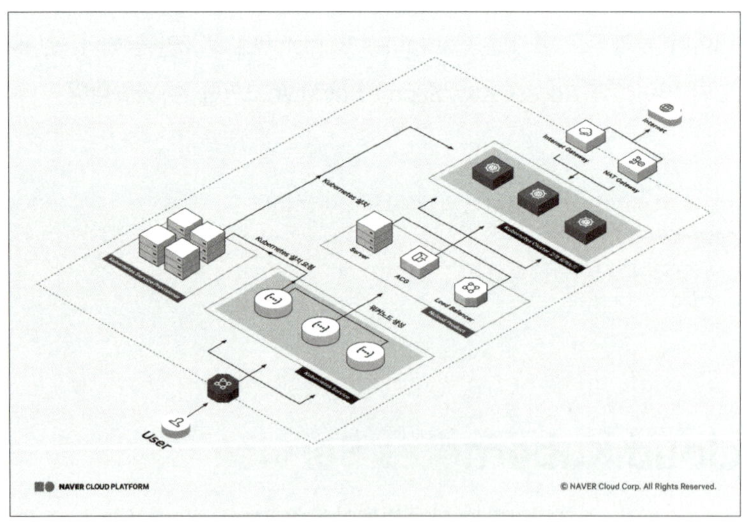

그림 13.7 네이버 클라우드 플랫폼 쿠버네티스 클러스터 구조

13.2.1 쿠버네티스 구성 요소

쿠버네티스는 다양한 컴포넌트로 구성되어 있으며, 각 구성 요소는 마치 오케스트라의 악기들처럼 조화를 이루어 작동합니다.

① Control Plane(마스터 노드)

쿠버네티스 클러스터의 상태를 관리하고, 워커 노드에 작업을 지시합니다. 마스터 노드의 주요 구성 요소는 다음과 같습니다.

- kube-apiserver: 모든 요청을 받아들이는 프런트엔드로, 클러스터의 상태를 관리합니다.
- etcd: 클러스터의 상태 정보를 저장하는 고가용성 키-값 저장소입니다.
- kube-scheduler: 파드pod를 어떤 노드에 배치할지를 결정합니다.
- kube-controller-manager: 노드 상태, 레플리카 수, 엔드포인트 등을 지속적으로 관리합니다.

② 워커 노드

워커노드는 실제 파드가 운영되는 서버이며, 주요 컴포넌트는 다음과 같습니다.

- kubelet: 각 노드node에서 실행되며, 컨테이너 상태를 관리하고 마스터 노드의 명령을 수행합니다.
- kube-proxy: 서비스 간의 네트워크 트래픽을 라우팅하며, 클러스터 내 서비스 디스커버리를 담당합니다.
- 컨테이너 런타임: 도커, 컨테이너드containerd 등 실제 컨테이너를 실행시키는 역할을 합니다.

③ 파드

쿠버네티스의 가장 작은 배포 단위로, 일반적으로 하나의 파드에는 하나의 애플리케이션 컨테이너가 올라가지만 하나 이상의 컨테이너를 포함할 수도 있습니다. 같은 파드 내의 컨테이너들은 네트워크와 스토리지를 공유합니다.

④ 서비스

파드는 수시로 생성되고 소멸되기 때문에 외부 또는 내부에서 안정적으로 접근하려면 논리적 접근점을 제공하는 서비스가 필요합니다. 서비스는 특정 레이블을 가진 파드 집합에 대한 안정적인 엔드포인트를 제공합니다.

5 디플로이먼트(deployment)

애플리케이션의 배포 및 롤링 업데이트를 관리합니다. 사용자가 원하는 상태를 정의하면 쿠버네티스가 이를 유지하도록 자동 조정합니다.

13.2.2 NKS의 특징

1 두 가지 유형의 클러스터 제공

- Standard 유형
  - 클러스터 노드 구성, 컨테이너 생성 및 배포를 사용자가 진행
  - 목적에 따라 클러스터의 유연한 구성이 가능한 유형

- Managed 유형
  - 컨테이너 생성 및 배포만 사용자가 진행

2 클러스터 파드의 자동 확장 제공

CPU 사용률 또는 사용자가 정한 측정 항목에 기반한 파드 자동 확장, 노드 풀별로 실행되는 클러스터 자동 확장, 클러스터 자동 확장 등 워크로드에 대응해 파드, 노드, 클러스터를 자동으로 확장시켜 서비스 연속성을 확보할 수 있도록 합니다.

3 고성능 워커 노드 지원

GPU가 탑재된 워커 노드를 지원하여 대량의 연산 작업을 수행할 수 있습니다.

4 Ingress와 네이버 클라우드 플랫폼 Load Balancer와 연동

네이버 클라우드 플랫폼의 ALBApplication LB, NLBNetwork LB와 NPLBNetwork Proxy LB(6.1절 참고)와 연동이 가능합니다.

5 데이터 시각화 및 관리가 용이한 모니터링

그라파나Grafana를 활용한 모니터링 기능을 제공하여 노드 및 파드의 상태와 자원 현황을 쉽고 빠르게 모니터링할 수 있습니다.

13.2.3 NKS 구성

▶ 실습

CAUTION 실습 과정을 통해 생성한 리소스들은 사용한 만큼 과금됩니다.

1. [네이버 클라우드 플랫폼 포털] ➡ 로그인 후 [네이버 클라우드 플랫폼 콘솔]로 이동합니다.
2. 로그인 후 [Menu] ➡ [Services] ➡ [VPC] 메뉴 내 [VPC Management]를 클릭합니다.

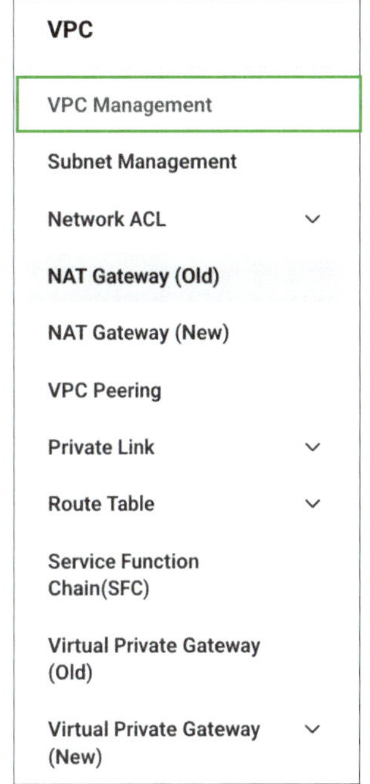

그림 13.8 VPC 관리 메뉴

3. 상단의 [+ VPC 생성] 버튼을 클릭합니다.

그림 13.9 네이버 클라우드 플랫폼 VPC 화면

4. 다음과 같이 선택합니다.

- VPC 이름: lab1-nks-vpc
- IP 주소 범위: 10.0.0.0/16
- 유형: Normal

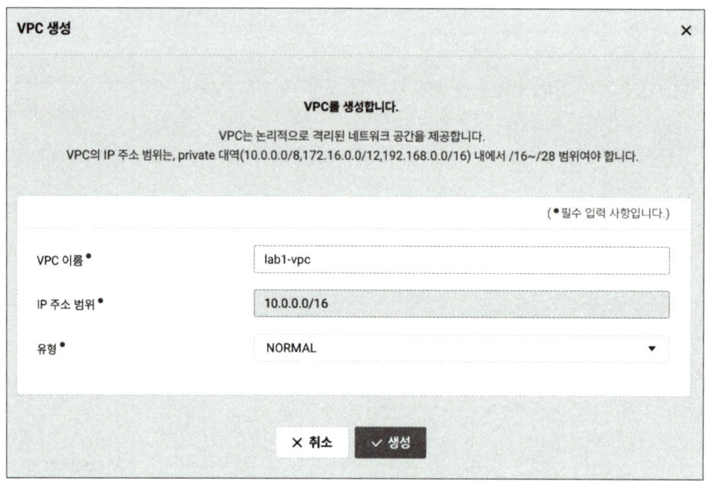

그림 13.10 **네이버 클라우드 플랫폼 VPC 생성 화면**

5. 서브넷을 생성합니다. NKS에서는 퍼블릭 서브넷과 프라이빗 서브넷이 필요합니다. **[Menu] ➡ [Services] ➡ [Networking] ➡ [VPC] ➡ [Subnet Management]**로 이동합니다. 상단의 **[+ Subnet 생성]**을 클릭합니다. 퍼블릭 서브넷과 프라이빗 서브넷을 생성해보고자 합니다. 퍼블릭 서브넷과 프라이빗 서브넷 생성을 위해 다음과 같이 관련 정보를 기입합니다.

   NKS는 Load Balancer에 대한 서브넷도 필요하여 Load Balancer용 서브넷도 생성해야 합니다.

   [퍼블릭 서브넷]

- Subnet 이름: lab1-nks-public-subnet
- VPC: lab1-nks-vpc
- IP 주소 범위: 10.0.5.0/24
- 가용 Zone: KR-2
- Internet Gateway 여부: Y
- 용도: 일반

   [프라이빗 서브넷]

- Subnet 이름: lab1-nks-private-subnet

- VPC: labl–nks–vpc
- IP 주소 범위: 10.0.6.0/24
- 가용 Zone: KR–2
- Internet Gateway 여부: N
- 용도: 일반

[퍼블릭 서브넷]

- Subnet 이름: labl–nks–lb–public–subnet
- VPC: labl–nks–vpc
- IP 주소 범위: 10.0.7.0/24
- 가용 Zone: KR–2
- Internet Gateway 여부: Y
- 용도: Load Balancer

[프라이빗 서브넷]

- Subnet 이름: labl–nks–lb–private–subnet
- VPC: labl–nks–vpc
- IP 주소 범위: 10.0.8.0/24
- 가용 Zone: KR–2
- Internet Gateway 여부: N
- 용도: Load Balancer

이와 같이 기입 후 하단의 **[생성]** 버튼을 클릭합니다.

서브넷의 상태가 '준비 중'으로 바뀌고 곧 '운영 중' 상태로 변경됩니다.

6. **[Menu] ➡ [Services] ➡ [Containers] ➡ [Kubernetes Service] ➡ [생성하기]**를 선택합니다.
7. 클러스터 설정에서 다음과 같이 값을 입력하고 하단의 **[다음]** 버튼을 선택합니다.
   - 클러스터 이름: 적당한 이름 입력
   - 하이퍼바이저: KVM
   - 클러스터 버전: 가장 최신 버전

- CNI Plugin: cilium
- VPC: lab1-nks-vpc
- 가용 zone: KR-2
- 네트워크 타입: Public
- Subnet: lab1-nks-public-subnet (public)
- LB Private subnet: lab1-nks-lb-private-subnet
- LB Public subnet: lab1-nks-lb-public-subnet
- Audit Log: 미설정
- 반납 보호: 미설정
- 클러스터 관리자 엑세스: 설정
- 클러스터 인증 모드: API
- 시크릿 암호화: 미설정

그림 13.11 클러스터 설정

8. 노드풀 설정에서 하나의 노드풀만 생성합니다.

   설정 부분에서 다음과 같이 설정합니다.

   - 노드풀 이름: 적당한 노드풀 이름을 입력
   - 서버 이미지 이름: Ubuntu 24.04-nksw
   - 서버 타입: [Standard] s2-g3
   - 노드 수: 1
   - Subnet: 자동 할당
   - Storage Size: 100

   Node IAM Role, Kubernetes label 및 taint는 설정 안 함으로 하고 **[+ 추가]** 버튼을 클릭합니다.

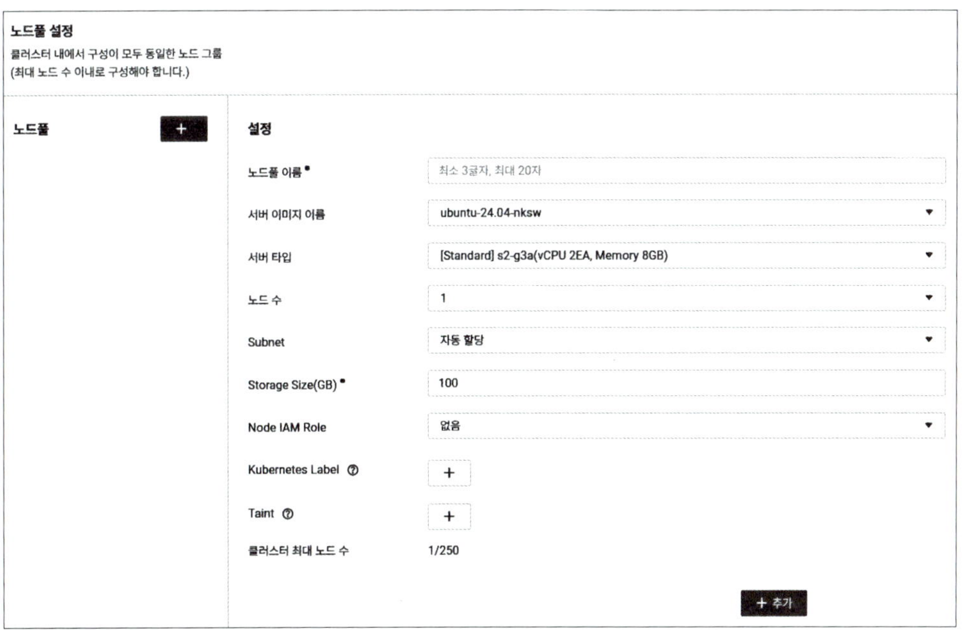

그림 13.12 **노드풀 설정**

9. 하단의 **[다음]** 버튼을 클릭합니다.

10. 기존에 생성한 인증키가 있다면 기존 인증키를 선택하고 없으면 신규 생성합니다.

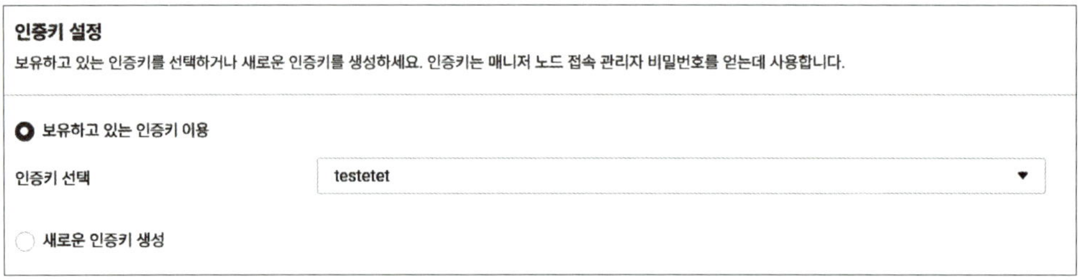

인증키 설정

보유하고 있는 인증키를 선택하거나 새로운 인증키를 생성하세요. 인증키는 매니저 노드 접속 관리자 비밀번호를 얻는데 사용합니다.

◉ 보유하고 있는 인증키 이용

인증키 선택 testetet ▾

○ 새로운 인증키 생성

그림 13.13 **인증키 입력**

11. 최종 확인에서 하단의 [**생성하기**] 버튼을 클릭합니다.

13.2.4 NKS 인증

▶ 실습

CAUTION 실습 과정을 통해 생성한 리소스들은 사용한 만큼 과금됩니다.

1. Kubernetes Service는 ncp–iam–authenticator를 통해 IAM 인증을 제공합니다. IAM 인증을 통해 kubectl 명령을 사용하려면 ncp–iam–authenticator를 설치하고 이를 인증에 사용하도록 kubectl 설정 파일을 수정해야 합니다.

Ncp-iam-authenticator 설치

MacOS에 설치(Homebrew로 설치)

MacOS에 ncp-iam-authenticator 설치

```
brew tap NaverCloudPlatform/tap
brew install ncp-iam-authenticator
```

리눅스에 설치

리눅스에 ncp-iam-authenticator 설치

```
curl -o ncp-iam-authenticator -L https://github.com/NaverCloudPlatform/ncp-iam-
authenticator/releases/latest/download/ncp-iam-authenticator_linux_amd64
```

실행 권한 추가 및 파일 이동, PATH에 추가

추가 설정

```
chmod +x ./ncp-iam-authenticator
mkdir -p $HOME/bin && cp ./ncp-iam-authenticator $HOME/bin/ncp-iam-authenticator &&
export PATH=$PATH:$HOME/bin
echo 'export PATH=$PATH:$HOME/bin' >> ~/.bash_profile
```

윈도우에 설치(Power Shell로 설치)

윈도우에 ncp-iam-authenticator 설치

```
curl -o ncp-iam-authenticator.exe -L https://github.com/NaverCloudPlatform/ncp-iam-authenticator/releases/latest/download/ncp-iam-authenticator_windows_amd64.exe
```

2. IAM 인증을 위해 Kubeconfig를 생성합니다. Access key와 Secret Key값은 **[네이버 클라우드 플랫폼 포털]** ➡ **[로그인]** ➡ **[마이 페이지]** ➡ **[인증키 관리]** 메뉴에서 확인이 가능합니다.

OS 환경변수 설정

```
$ export NCLOUD_ACCESS_KEY=ACCESSKEYIDACCESSKEY
$ export NCLOUD_SECRET_KEY=SECRETACCESSKEYSECRETACCESSKEYSECRETACCE
$ export NCLOUD_API_GW=https://ncloud.apigw.ntruss.com
```

환경변수 설정 파일 생성

```
$ cat ~/.ncloud/configure
[DEFAULT]
ncloud_access_key_id = ACCESSKEYACCESSKEYAC
ncloud_secret_access_key = SECRETKEYSECRETKEYSECRETKEYSECRETKEYSECR
ncloud_api_url = https://ncloud.apigw.ntruss.com
[project]
ncloud_access_key_id = ACCESSKEYACCESSKEYAC
ncloud_secret_access_key = SECRETKEYSECRETKEYSECRETKEYSECRETKEYSECR
ncloud_api_url = https://ncloud.apigw.ntruss.com
```

3. `ncp-iam-authenticator create-kubeconfig` 명령을 사용하여 kubeconfig를 생성합니다. Cluster UUID를 NKS 상세 정보에서 획득합니다.

그림 13.14 클러스터 UUID 확인

다음 명령어로 `kubeconfig.yml` 파일을 생성합니다.

설정 파일 생성

```
ncp-iam-authenticator create-kubeconfig --region KR --clusterUuid (cluster-uuid) > kubeconfig.yml
```

4. 명령어 테스트

```
kubectl get namespaces --kubeconfig kubeconfig.yml
```

```
[root@lnxsvr1 ~]# kubectl get namespaces --kubeconfig kubeconfig.yml
NAME              STATUS   AGE
default           Active   86m
kube-node-lease   Active   86m
kube-public       Active   86m
kube-system       Active   86m
```

그림 13.15 **테스트**

13.2.5 NKS 대시보드 접속

▶ 실습

CAUTION 실습 과정을 통해 생성한 리소스들은 사용한 만큼 과금됩니다.

1. NKS 상세 정보에서 대시보드 우측의 대시보드 아이콘을 선택합니다.

그림 13.16 **대시보드 접속 링크 확인**

2. 대시보드를 확인합니다.

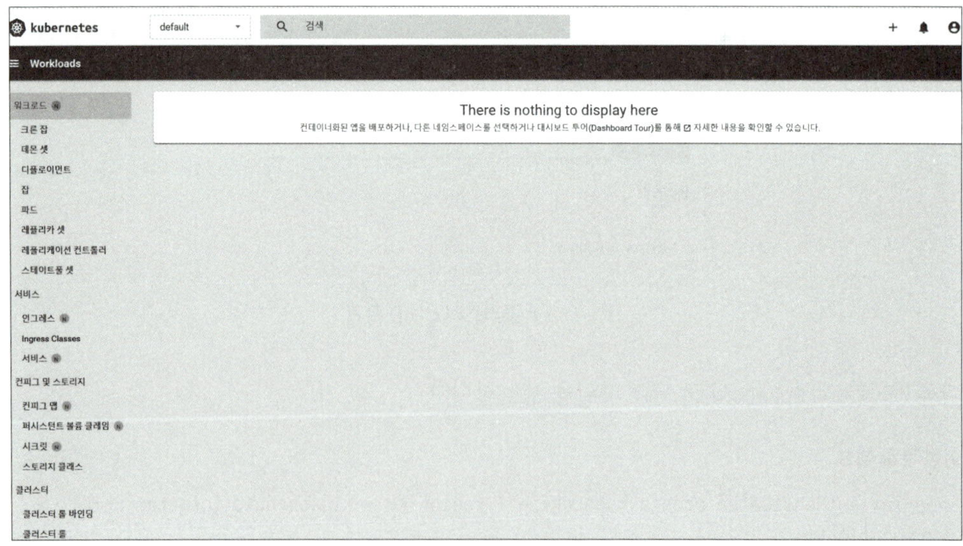

그림 13.17 **대시보드 접속**

기술자격시험 기출문제

문제 1 **Container Registry 상품에 대한 설명으로 틀린 것은 무엇인가요?**

① 도커 CLI를 이용하여 조작할 수 있습니다.

② Public, Private Endpoint가 제공됩니다.

③ 컨테이너 취약점 분석 기능을 제공합니다.

④ 실제 Container 이미지는 Block Storage에 보관됩니다.

문제 2 **네이버 클라우드 플랫폼 쿠버네티스 생성 시, 자동으로 생성되는 항목은 무엇인가요?**

① Load balancer

② service

③ monitoring

④ ACG

정답: 1. ④ 2. ④

해설: 1. Container Registry의 근간 스토리지는 Object Storage입니다.

2. 네이버 클라우드 플랫폼 Kubernetes Service는 스스로 ACG를 생성합니다.

CHAPTER 14

네이버 클라우드 플랫폼 애플리케이션 서비스

애플리케이션 서비스는 서비스에 필요한 다양한 애플리케이션을 플랫폼 형태로 제공하는 서비스들의 모음입니다.

실제 서비스에 많이 사용되는 지도, SMS 문자 전송과 같은 서비스가 대표적인 애플리케이션 서비스입니다.

네이버 클라우드 플랫폼의 애플리케이션 서비스는 API로만 작동하는 서비스와 API, 웹 인터페이스로 설정하고 작동하는 서비스로 구분되는데 GeoLocation, Maps는 API로만 작동합니다. 웹 인터페이스로도 작동이 가능한 서비스는 Simple & Easy Notification Service, Cloud Outbound Mailer가 있습니다.

그리고 인프라의 일부로 작동하는 서비스로 API Gateway, Ncloud Simple RabbitMQ가 있습니다.

14.1 GeoLocation

GeoLocation은 IP 주소를 기반으로 위치 정보를 알려주는 서비스입니다.

API로만 작동하며 Input값으로 IP를 전달하면 응답값으로 국가, 행정구역 코드, 동, 면, 읍까지의 주소, 위도, 경도, 통신사 이름까지 응답을 하게 됩니다.

주요 활용 사례를 보면 다음과 같습니다.

- 네이버 검색 광고: 검색 결과가 현재 위치와 관련된 경우, 지역 관련 광고 노출
- 네이버 날씨: 사용자의 현재 위치에 대한 날씨를 관심 지역으로 제안
- 네이버 지도: 네이버 지도의 초기 화면을 사용자의 현재 위치로 설정
- 네이버 동영상: 특정 국가에 따라 제한된 콘텐츠의 제공 여부를 사용자 위치를 기반으로 판단

요청 예시

코드 예제 14.1 **Geolocation 호출**

```
curl --location --request GET 'https://geolocation.apigw.ntruss.com/geolocation/v2/geoLocation
?ip=**.**.**.**
&ext=t
&enc=utf8
&responseFormatType=json'
--header 'x-ncp-apigw-timestamp: {Timestamp}'
--header 'x-ncp-iam-access-key: {Access Key}'
--header 'x-ncp-apigw-signature-v2: {API Gateway Signature}'
```

요청에 필요한 내용으로는 IP가 있으며 인증을 위한 요청 헤더로 TimeStamp, access-key와 Access Key와 Secret Key로 암호화한 서명값을 통해 인증을 하게 됩니다.

TimeStamp의 경우 1970년 1월 1일로부터 경과 시간을 밀리초로 나타내며 API Gateway 서버와 시간 차이가 5분 이내여야만 유효한 값으로 처리합니다.

응답 예시

코드 예제 14.2 **Geolocation 응답 예시**

```
{
    "returnCode": 0,
    "requestId": "c4e52003-****-****-****-66c93acfd0d2",
    "geoLocation": {
        "country": "KR",
        "code": "41135*****",
        "r1": "경기도",
        "r2": "성남시 분당구",
    }
}
```

14.2 Maps

모바일 애플리케이션 중 수많은 애플리케이션이 위치 기반 정보를 다루고 있으며, 위치 기반 정보를 지도 위에 표현하고자 할 때 대표적으로 사용 가능한 지도 플랫폼이 네이버 클라우드 플랫폼 지도입니다.

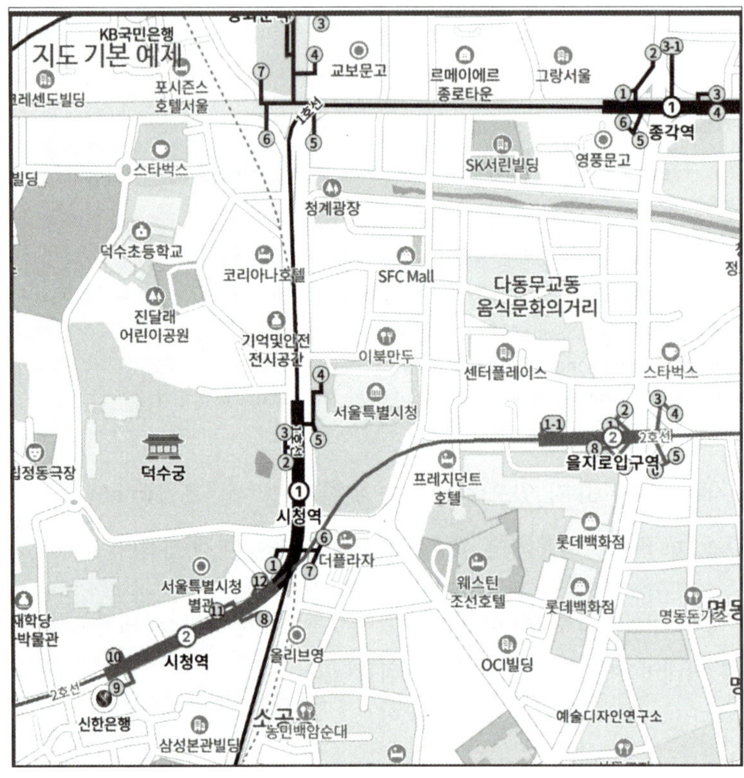

그림 14.1 네이버 지도

네이버 클라우드 플랫폼 Maps는 API와 SDK를 제공합니다. 각각 제공하는 형태는 다음과 같습니다.

Map

- Web Dynamic Map API
- Mobile Dynamic Map SDK
- Static Map API
- Map Style Editor

Directions

- Directions 5 API
- Directions 15 API

Place

- Geocoding API
- Reverse Geocoding API

네이버 지도 앱 연동 URL Scheme

Maps는 동적 지도Web Dynamic Map와 정적 지도, 벡터 지도Mobile Dynamic Map를 제공하며 모바일, 태블릿 환경이라면 다양한 사용자 인터랙션을 제공하는 동적 지도나 벡터 지도를, PC와 같은 환경에서는 정적 지도를 사용할 수 있습니다.

동적 지도 제공 기능

표 14.1 **동적 지도 스펙**

제공 기능	설명
지도 옵션	지도 인터랙션, 관성 드래깅, 타일 fadeIn 효과, 지도 컨트롤, 최소/최대 줌 레벨 설정 및 해제
지도 유형	일반 지도, 지형도, 위성 지도, 사용자 정의 지도 유형 등
지도 레이어	자전거 레이어, 지적 편집도 레이어, 실시간 교통 상황 레이어, 네이버 거리뷰 레이어, 겹쳐 보기 레이어, 데이터 레이어(GeoJSON, KML, GPX), 사용자 정의 레이어 등
지도 이동	중심 좌표로 이동, 줌 레벨 설정 및 이동, 좌표 경계 이동, 지정한 픽셀만큼 이동, 현위치 좌표로 이동 등
지도 이벤트	KVO(Key-Value Observing) 방식의 이벤트 처리, 오버레이 객체의 이벤트 처리
지도 컨트롤	줌 컨트롤, 축척 컨트롤, 지도 유형 컨트롤, 지도 데이터 저작권, NAVER 로고 컨트롤, 사용자 정의 컨트롤
지도 오버레이	마커, 마커 아이콘 변경, 마커 아이콘 레티나 대응, 마커 애니메이션, 마커 겹침 처리, 마커 클러스터화, 정보 창, 도형 그리기, 지상 오버레이, 사용자 정의 오버레이
지도 데이터 시각화	열지도, 점지도(visualization 서브 모듈 제공)
파노라마	거리뷰/항공뷰 제공(panorama 서브 모듈 제공)
주소와 좌표 변환	주소 -> 좌푯값 변환, 좌푯값 -> 주소 변환 API 제공(geocoder 서브 모듈 제공)
그리기 도구	폴리곤, 사각형, 폴리라인, 원, 마커를 그릴 수 있는 GUI 제공(drawing 서브 모듈 제공)

벡터 지도 제공 기능

표 14.2 **벡터 지도 스펙**

제공 기능	설명
지도 옵션	야간 모드, 라이트 모드, 디스플레이 옵션(지도 밝기, 건물 높이, 심볼 크기, 원근 효과) 등
지도 유형	일반 지도, 위성 지도, 위성 겹쳐 보기 지도, 지형도, 내비게이션 지도, 실내 지도 등
지도 레이어	건물 레이어, 실시간 교통 정보 레이어, 대중교통 레이어, 자전거 레이어, 등산로 레이어, 지적편집도 레이어
카메라 이동(지도 이동)	카메라 이동/줌/기울임/회전에 따라 자유자재로 반응하는 지도 움직임, 카메라 이동 애니메이션 제공
사용자 인터페이스	지도 컨트롤, 사용자 제스처, 클릭 이벤트 등 다양한 사용자 인터랙션 제공
지도 오버레이	마커, 정보 창, 셰이프, 지상 오버레이, 위치 오버레이, 경로선과 화살표, 오버레이 제어(겹침 우선순위, 노출 제어, 이벤트 처리)

14.3 Simple & Easy Notification Service

Simple & Easy Notification Service는 문자 전송 플랫폼으로 문자를 전송하고자 할 때 웹 혹은 API를 이용하여 대량 문자 발송이 가능한 서비스입니다.

Simple & Easy Notification Service는 사업자 등록증을 네이버 클라우드 플랫폼에 제출한 비즈니스 회원에 한하여 사용이 가능합니다.

주요 기능을 살펴보면 다음과 같습니다.

- 문자 전송: 짧은 문자 메시지 서비스인 SMSshort message service와 긴 문자 메시지 서비스인 LMSlong message service, 멀티미디어 파일(이미지, 사진, 그림 등)을 첨부하여 메시지를 보낼 수 있는 멀티미디어 메시지 서비스multimedia messaging service, MMS를 사용하여 알림 메시지 발송 및 발송 이력 조회가 가능합니다.
- 국제 SMS: 대한민국 외 아시아(대만, 일본, 중국, 싱가포르), 아메리카(미국, 캐나다) 등 다양한 국가로 SMS를 발송할 수 있습니다.
- 080 수신 거부 번호: 광고 메시지에 반드시 표기해야 하는 수신 거부 번호에 대해 신청 및 사용 가능합니다.
- KakaoTalk Biz Message: 정보성 메시지를 카카오톡으로 전달하는 알림톡과 카카오톡 채널 친구로 추가한 고객에게만 메시지를 발송할 수 있는 친구톡을 통해 광고성 내용을 발송할 수 있습니다.

- Development API: 메시지 발송, 발송 이력 조회 등의 기능을 사용할 수 있는 API 가이드를 제공합니다.

Simple & Easy Notification Service는 프로젝트 단위로 관리되며 현재 비즈니스 계정만 사용이 가능합니다.

14.3.1 Simple & Easy Notification Service 프로젝트 화면 구성

프로젝트 화면 구성은 프로젝트에서 사용하고 있는 서비스에 대한 개략적인 내용을 확인할 수 있습니다.

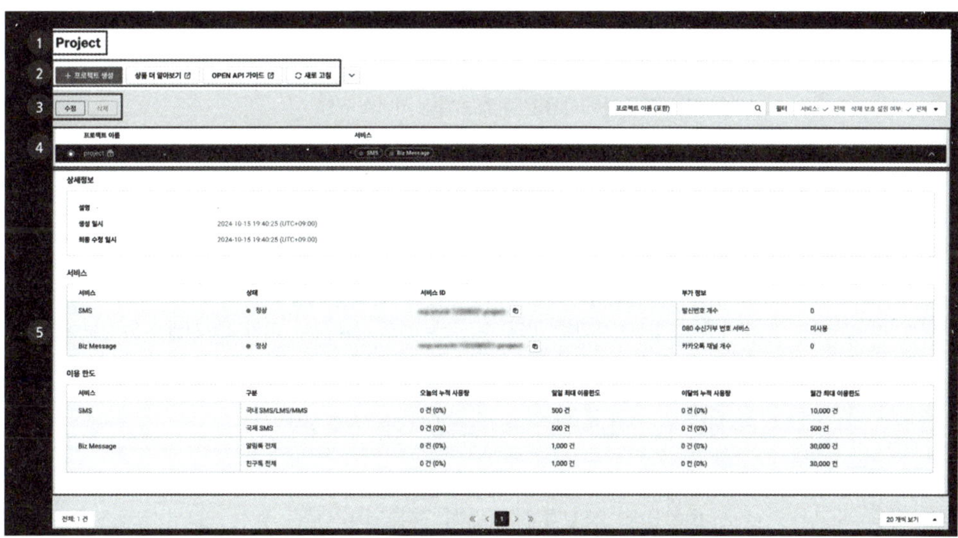

그림 14.2 Simple & Easy Notification Service 화면

표 14.3 화면 설명

영역	설명
① 메뉴명	현재 작업 메뉴
② 기본 기능	Project 메뉴 최초 진입 시 표시되는 기능 [프로젝트 생성] 버튼: 클릭하여 프로젝트 생성 [상품 더 알아보기] 버튼: 클릭 시 Simple & Easy Notification Service 소개 페이지로 이동 [OPEN API 가이드] 버튼: 클릭 시 Simple & Easy Notification Service API 가이드로 이동 [새로고침] 버튼: 클릭하여 프로젝트 목록 새로 고침

표 14.3 화면 설명(표 계속)

영역	설명
③ 생성 후 기능	프로젝트 생성 후 제공되는 기능 [수정] 버튼: 클릭 시 프로젝트 수정 [삭제] 버튼: 클릭 시 프로젝트 삭제
④ 프로젝트 목록	생성한 프로젝트의 목록 상세정보: 프로젝트 설명 서비스: 프로젝트에서 사용할 수 있는 발송 서비스 유형 상태: 발송 서비스 유형의 상태 정상: 정상적으로 서비스를 이용할 수 있는 상태 차단: 서비스를 이용할 수 없는 상태 정지: 서비스를 이용할 수 없지만, 고객 판단에 따라 해제 가능한 상태 서비스 ID: OPEN API를 통한 메시지 발송 시 필요한 서비스 ID [복사] 버튼을 클릭하여 해당 정보를 클립보드에 복사 가능 이용 한도: 발송 서비스 유형 별 사용량 및 이용 한도
⑤ 프로젝트 상세 정보	선택된 프로젝트의 상세 정보 서비스: 프로젝트에서 사용할 수 있는 발송 서비스 유형 상태: 발송 서비스 유형의 상태 정상: 정상적으로 서비스를 이용할 수 있는 상태 차단: 서비스를 이용할 수 없는 상태 정지: 서비스를 이용할 수 없지만, 고객 판단에 따라 해제 가능한 상태 서비스 ID: OPEN API를 통한 메시지 발송 시 필요한 서비스 ID [복사] 버튼을 클릭하여 해당 정보를 클립보드에 복사 가능 부가 정보: '발신번호 개수', '080 수신거부 번호' 사용 유무, '카카오톡 채널 수'의 정보 이용 한도: 발송 서비스 유형별 사용량 및 이용 한도 SMS: 국내, 국제 SMS에 대한 일/월 이용 한도 정보 Biz Message: 알림톡, 친구톡에 대한 일/월 이용 한도 정보

SMS의 경우 광고용으로 사용하려면 정보통신망법이 적용되며 080 수신 거부 서비스가 등록되어 있어야 합니다. 또한, 수신 거부 처리된 번호에 대해서는 발송이 자동으로 실패합니다.

14.4 Cloud Outbound Mailer

Cloud Outbound Mailer는 메일 대량 발송 서비스로 대량의 메일을 빠르고 안정적으로 전송할 수 있습니다. 웹 콘솔을 통해서 메일을 보낼 수도 있으며 CRM이나 HR과 연동 시 API를 이용해서 메일을 발송할 수 있습니다.

주요 기능을 살펴보면 다음과 같습니다.

- 대용량 및 예약 메일 전송: 대량의 메일을 한 번에 전송할 수 있으며, 원하는 시간을 설정하여 예약 메일도 전송할 수 있습니다.
- 개인화된 콘텐츠 메일 전송: 다양한 치환 태그가 포함된 메일 템플릿을 생성 및 관리하고, 메일 발송 시 치환 태그를 이용하여 개인화된 콘텐츠로 메일을 전송할 수 있습니다.
- 주소록 관리 및 조합 발송: 수신자 그룹을 관리하고, 여러 그룹을 논리곱(and)과 논리합(or) 조건으로 조합하여 수신자를 선택할 수 있습니다.
- 광고 메일 수신 거부 링크 제공: 광고 메일의 경우 수신 거부 또는 수신 동의 철회 의사를 표시할 수 있는 링크를 포함할 수 있습니다.
- 광고 메일 수신 거부 관리: 수신 거부가 설정된 메일 주소를 확인하고 수신 거부 목록을 관리할 수 있습니다.
- 실시간 통계 조회: 실시간 통계를 이용해 메일 전송 건별 상세 결과를 분석할 수 있습니다.
- 발송 이력 조회: 최대 2개월의 메시지 발송 이력이 보관되어 검색할 수 있습니다.
- Open API 사용: HTTP Open API를 통해 메일을 발송하고 그 결과를 조회할 수 있습니다.

Simple & Easy Notification Service와 유사하게 서비스를 이용하기 위해서는 개인정보 처리에 대한 합의서를 제출해야 합니다.

14.4.1 Cloud Outbound Mailer 화면 구성

Mailing List는 가장 기본적인 화면으로 발송 메일 목록을 확인할 수 있습니다.

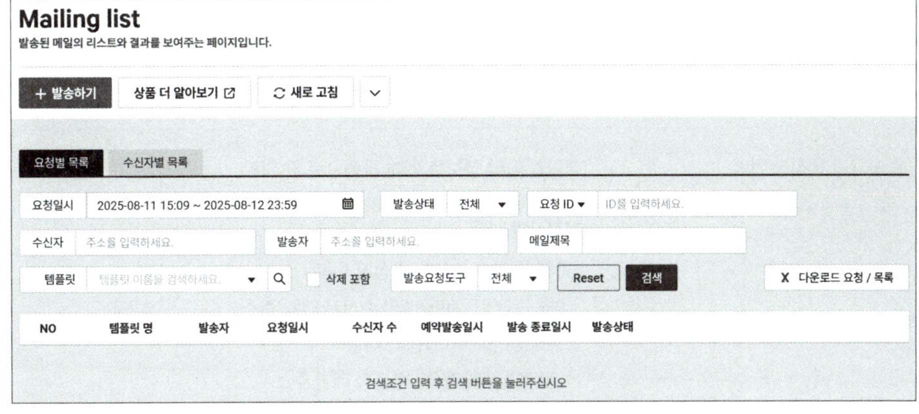

그림 14.3 Cloud Outbound Mailer 화면

Address Book에서는 수신인에 대한 목록을 관리합니다.

주소 등록 시에는 파일로 업로드하거나 웹에서 직접 다수의 메일 주소를 입력할 수 있으며, 메일 주소를 입력하는 경우 한 번에 최대 1000개의 주소를 입력할 수 있습니다.

그림 14.4 Cloud Outbound Mailer 주소록

메일 주소를 파일로 업로드하는 경우 치환 태그를 사용할 수 있습니다. 치환 태그를 사용하면 업로드할 파일의 컬럼에 치환 태그명이 있어야 하고 템플릿에서는 치환 태그를 불러서 사용하면 됩니다.

치환 태그는 사용자가 정의하는 사용자 정의 치환 태그와 Cloud Outbound Mailer가 사전 정의한 메타 정보 태그로 구분됩니다.

표 14.4 치환 태그와 메타 정보 태그

사용자 정의 치환 태그	메타 정보 태그
${태그명} 형태	#{태그명} 형태
치환값을 사용자가 직접 입력	메일별 메타 정보를 통해 자동으로 값 치환
입력 개수와 태그명에 제한 없음	지정값만 사용 • RECIPIENT_NAME: 수신자 이름 • RECIPIENT_ADDRESS: 수신자 메일 주소 • SENDER_NAME: 발송자 이름 • SENDER_ADDRESS: 발송자 메일 주소 • UNSUBSCRIBE_URL: 수신 거부 링크 URL

표 14.4 치환 태그와 메타 정보 태그(표 계속)

사용자 정의 치환 태그	메타 정보 태그
태그값을 모두 사용자가 입력해야 메일 발송 가능	• 태그값을 자동으로 수집 후 치환하여 메일 발송(RECIPIENT_NAME, SENDER_NAME은 값이 지정되지 않을 수 있으며, 이 경우 빈 값으로 치환)
대량 발송 구분의 모든 유형에서 사용 가능	대량 발송 구분을 일반으로 선택 시 사용 불가

Manage templates에서는 메일 본문에 대한 템플릿을 관리합니다. 템플릿에 대해 카테고리로 분류하고 관리할 수 있으며 작성된 템플릿은 JSON 포맷으로 변환 가능합니다. 그리고 템플릿은 네이버 사용자에게 익숙한 스마트 에디터를 이용해서 작성 가능합니다.

다수의 사용자에게 보내는 경우 메일 제목이나 본문에 치환 태그를 사용하여 템플릿을 작성할 수 있습니다.

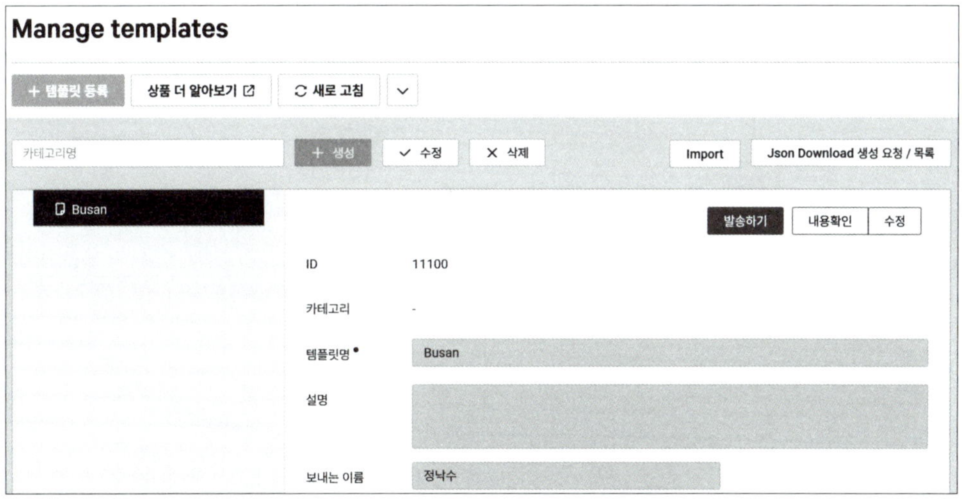

그림 14.5 Cloud Outbound Mailer 템플릿

메일 발송에서는 템플릿을 불러오거나 직접 메일을 작성하여 발송할 수 있으며 발송 시 일반 메일과 광고 메일 중 하나를 선택하여 발송해야 합니다.

광고 메일을 선택하게 되면 필수적으로 제목 앞에 '(광고)'라는 문구가 붙고 메일 본문 하단에는 수신 거부 안내문이 붙게 됩니다.

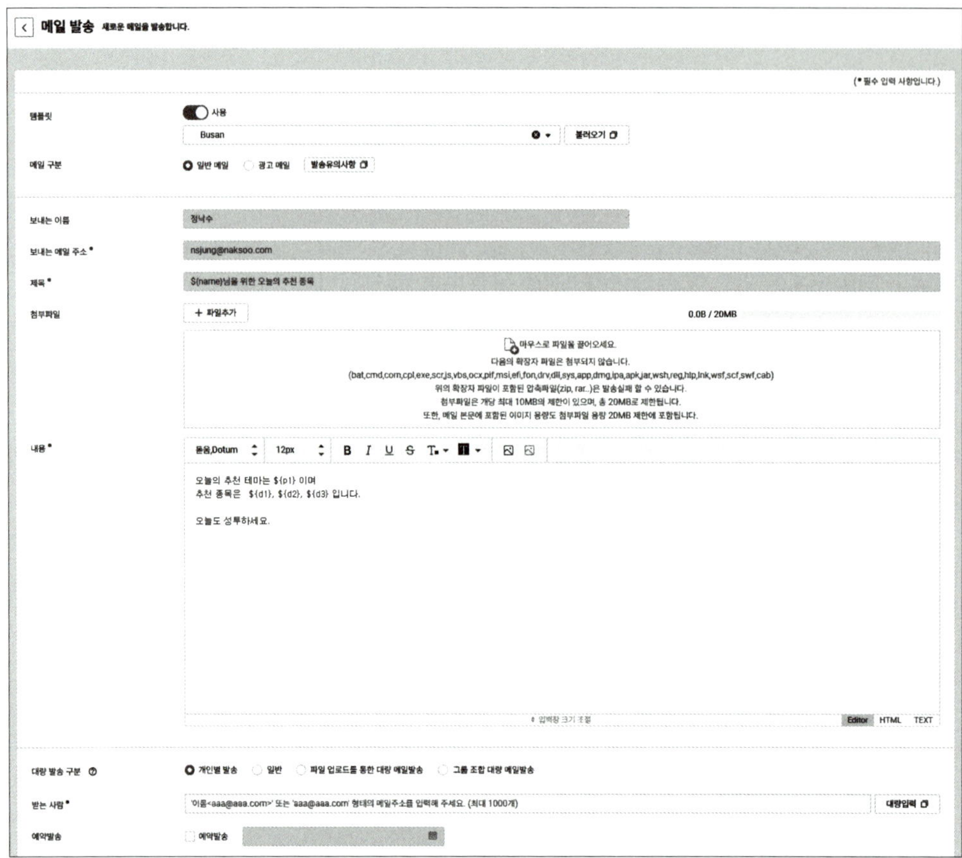

그림 14.6 일반 메일 발송

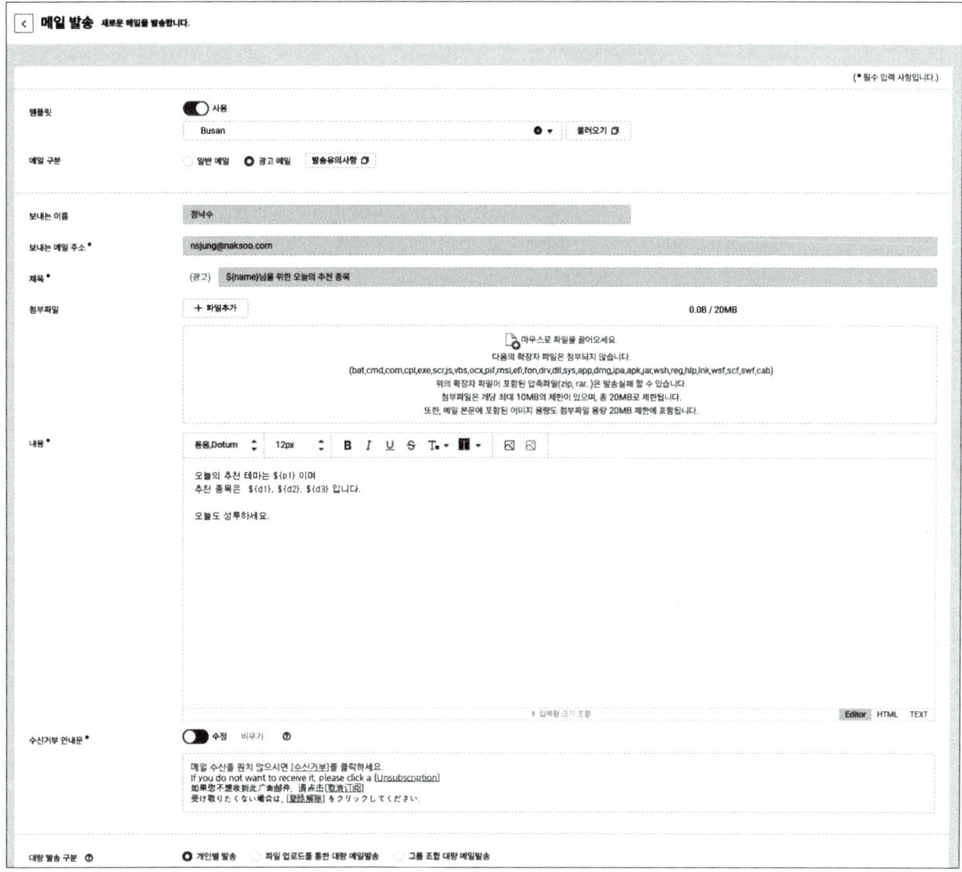

그림 14.7 광고 메일 발송

기술자격시험 기출문제

김초록 씨는 네이버 클라우드 플랫폼의 SENS 서비스를 통해 SMS를 발송하고자 합니다. 이에 대한 설명 중 옳은 것은 무엇인가요?

① 웹 콘솔을 통한 전송과 API를 통한 전송이 가능합니다.

② 건당 10원의 요금이 발생합니다.

③ 수신자 목록(txt, csv) 파일 import가 가능합니다.

④ 예약 발송 기능은 추후 제공될 예정이라, 현재는 사용이 불가능합니다.

정답: ①

CHAPTER 15

네이버 클라우드 플랫폼 AI API 서비스

AI의 서비스 중 일부 서비스는 별도의 추가 학습이나 복잡한 인터페이스가 필요 없이 단순하게 이용할 수 있는 AI 서비스가 필요합니다. 특히 어느 정도 완성도가 확보되어 추가적인 튜닝이 필요 없는 음성 인식이나 음성 합성과 같은 서비스는 멀티모달 LLM보다 간편하게 이용할 수 있는 AI API 서비스가 더 간단하고 편리하게 이용할 수 있습니다.

AI API 서비스는 별도의 웹 인터페이스가 없고 이용 신청을 한 후 AI API용 API Key와 Secret Key가 발급되면 해당 키를 이용하여 API를 이용할 수 있습니다.

Application 이름 설정

AI · Naver Service 를 이용할 Application 을 등록하세요

Application 이름 •

Service 선택

Application에서 이용할 Service 를 선택하세요

CLOVA	CLOVA Speech Recognition (CSR)	서비스 설명/요금안내	개발 가이드
	CLOVA Voice - Premium	서비스 설명/요금안내	개발 가이드
NAVER	CAPTCHA (Image)	서비스 설명/요금안내	개발 가이드
	CAPTCHA (Audio)	서비스 설명/요금안내	개발 가이드
	Search Trend	서비스 설명/요금안내	개발 가이드

그림 15.1 API Key 발급을 위한 애플리케이션 등록

15.1 CLOVA Speech Recognition(CSR)

CSR은 음성을 보내면 음성을 인식하여 텍스트로 변환하여 텍스트를 결괏값으로 보내주는 API 서비스입니다. 네이버 클라우드 플랫폼의 CSR은 다음과 같은 특징을 가지고 있습니다.

- 다양한 언어 지원: 수년간 지속해온 연구를 바탕으로 가장 뛰어난 인식률을 자랑하는 한국어 외에 영어, 중국어, 일본어를 지원합니다.
- 지속적인 성능 개선: 네이버에 축적되는 풍부한 데이터를 스스로 학습하고 성능을 자동으로 개선하는 머신러닝machine learning 방법을 적용하여 서비스 성능을 지속적으로 개선하고 있습니다.
- 안전한 개인정보 관리: 개인정보보호법, 정보통신망 이용 촉진 및 정보 보호 등에 관한 법률 등 국내 개인 정보보호법령을 준수하여 음성 인식 과정에서 입력하는 정보를 안전하게 보호하고 있습니다.

CSR을 사용하기 위해서는 API에 대한 기본 정보를 확인해야 합니다.

- API URL: https://naveropenapi.apigw.ntruss.com/recog/v1/stt
- 요청 형식: POST

요청 헤더

표 15.1 **API 요청 헤더**

필드	필수 여부	설명
`x-ncp-apigw-api-key-id`	Required	네이버 클라우드 플랫폼 콘솔에서 Application 등록 후 발급받은 Client ID
`x-ncp-apigw-api-key`	Required	네이버 클라우드 플랫폼 콘솔에서 Application 등록 후 발급받은 Client Secret
`Content-Type`	Required	요청 데이터의 형식 • `application/octet-stream`

요청 파라미터

표 15.2 **CSR 요청 파라미터**

필드	타입	필수 여부	설명
`lang`	String	Required	변환될 텍스트의 언어 • Kor | Eng | Jpn | Chn – Kor: 한국어 – Eng: 영어 – Jpn: 일본어 – Chn: 중국어(간체)

요청 바디

표 15.3 CSR 요청 바디

필드	타입	필수 여부	설명
변환할 음성 데이터	Binary	Required	MP3, AAC, AC3, OGG, FLAC 또는 WAV 형식의 바이너리 음성 데이터 • 재생 시간 최대 60초

요청 예시(curl을 이용한 요청)

```
curl --location --request POST 'https://naveropenapi.apigw.ntruss.com/recog/v1/stt
?lang=Kor' \
--header 'X-NCP-APIGW-API-KEY-ID: {앱 등록 시 발급받은 Client ID}' \
--header 'X-NCP-APIGW-API-KEY: {앱 등록 시 발급받은 Client Secret}' \
--header 'Content-Type: application/octet-stream' \
--data '@{file}'
```

응답 바디

표 15.4 CSR 응답 바디

필드	타입	필수 여부	설명
text	String	-	음성 파일에서 변환된 텍스트

응답 예시

```
{
    "text": "안녕하세요"
}
```

15.2 CLOVA Voice

CSR이 음성을 보내면 텍스트로 변환해준다면, CLOVA Voice는 텍스트를 보내면 텍스트를 음성으로 변환해주는 음성 합성 서비스입니다. 네이버 클라우드 플랫폼의 CLOVA Voice는 다음과 같은 특징을 가지고 있습니다.

- 자연스러운 음성: CLOVA의 NES Natural End-to-End Speech Synthesis 기술을 통해 짧은 녹음 시간만으로도 특정 분야에 대한 제약 없이 실제 사람에 가까운 자연스러운 음성을 표현합니다.
- 다양한 스타일: 입력받은 텍스트를 단순히 음성으로 변환하는 것에 그치지 않고 볼륨, 속도, 높

낮이, 감정 등의 세세한 조정을 통해 사용 목적에 가장 적합한 목소리를 생성합니다.

- 넓은 언어 커버리지: 한국어, 영어, 일본어 외에도 중국어, 스페인어 등 다양한 언어를 지원하여 음성 기능이 필요한 다양한 글로벌 서비스에 적용 가능합니다.

CLOVA Voice를 사용하기 위해서는 API에 대한 기본 정보를 확인해야 합니다.

- API URL: https://naveropenapi.apigw.ntruss.com/tts-premium/v1/tts
- 요청 형식: POST

요청 헤더

표 15.5 API 요청 헤더

필드	필수 여부	설명
`x-ncp-apigw-api-key-id`	Required	네이버 클라우드 플랫폼 콘솔에서 Application 등록 후 발급받은 Client ID
`x-ncp-apigw-api-key`	Required	네이버 클라우드 플랫폼 콘솔에서 Application 등록 후 발급받은 Client Secret
`Content-Type`	Required	요청 데이터의 형식 • `Application/x-www-form-urlencoded`

요청 바디

표 15.6 CLOVA Voice 요청 바디

필드	타입	필수 여부	설명
`speaker`	String	Required	음성 합성 시 사용할 목소리 종류
`text`	String	Required	음성으로 변환할 텍스트 • UTF-8 인코딩된 텍스트만 지원 • 기호나 괄호 안의 텍스트는 미변환 • 언어별 최대 글자 수 제한 – 한국어, 일본어, 중국어(북경어, 민남어): 2,000자 – 영어, 스페인어: 3,000자
`volume`	Integer	Optional	음성 크기 • -5~5 (기본값: 0) – -5: 0.5배 작게 합성 – 0: 정상 크기로 합성 – 5: 1.5배 크게 합성

표 15.6 CLOVA Voice 요청 바디(표 계속)

필드	타입	필수 여부	설명
speed	Integer	Optional	음성 속도 • -5~10(기본값: 0) – -5: 2.0배 속도(duration: 0.5배/빠르게) – 0: 원음의 속도 – 10: 0.5배 속도(duration: 2.0배/느리게)
pitch	Integer	Optional	음성 높낮이 • -5~5(기본값: 0) – -5: 1.2배 높게 합성 – 0: 정상 높낮이로 합성 – 5: 0.8배 낮게 합성
emotion	Integer	Optional	음성의 감정 • 지원 목소리: nara | vara | vmikyung | vdain | vyuna | vgoeun | vdaeseong • 0~3(기본값: 0) – 0: 중립 – 1: 슬픔 – 2: 기쁨 – 3: 분노(nara 미지원)
emotion-strength	Integer	Optional	음성의 감정 강도 • 지원 목소리: vara | vmikyung | vdain | vyuna | vgoeun | vdaeseong • 0~2(기본값: 1) – 0: 약함 – 1: 보통 – 2: 강함
format	String	Optional	음성 파일 형식 • mp3(기본값) | wav
sampling-rate	Integer	Optional	음성의 샘플링 레이트 • wav 형식만 지원 • 8000 | 16000 | 24000(기본값)| 48000 – 예외적으로 mijin은 16000 레이트만 지원
alpha	Integer	Optional	음색 • -5~5(기본값: 0) – 0보다 클 경우: 높은 음색 – 0보다 작을 경우: 낮은 음색

표 15.6 CLOVA Voice 요청 바디(표 계속)

필드	타입	필수 여부	설명
end-pitch	Integer	Optional	음성의 끝음 처리 • 지원 목소리: clara | matt | meimei | liangliang | chiahua | kuanlin | carmen | jose | d-로 시작하는 목소리 전체(<예시> dara) • -5~5(기본값: 0) — 0보다 클 경우: 높은 끝음 — 0보다 작을 경우: 낮은 끝음

요청 예시

```
curl --location --request POST 'https://naveropenapi.apigw.ntruss.com/tts-premium/v1/tts' \
--header 'X-NCP-APIGW-API-KEY-ID: {앱 등록 시 발급받은 Client ID}' \
--header 'X-NCP-APIGW-API-KEY: {앱 등록 시 발급받은 Client Secret}' \
--header 'Content-Type: application/x-www-form-urlencoded' \
--data-urlencode 'speaker=nara' \
--data-urlencode 'text=안녕하세요 ' \
--data-urlencode 'volume=0' \
--data-urlencode 'speed=-1' \
--data-urlencode 'pitch=1' \
--data-urlencode 'emotion=2' \
--data-urlencode 'emotion-strength=1' \
--data-urlencode 'format=wav' \
--data-urlencode 'sampling-rate=8000' \
--data-urlencode 'alpha=0' \
--data-urlencode 'end-pitch=0'
```

응답 바디

표 15.7 응답 바디

필드	타입	필수 여부	설명
응답받은 TTS 오디오	Binary	-	MP3 또는 WAV 형식의 바이너리 음성 데이터

CHAPTER 16

네이버 클라우드 플랫폼 AI 서비스

네이버 클라우드 플랫폼의 AI 서비스는 서비스를 비즈니스에 잘 적용할 수 있는 빌더, 튜닝, 학습을 가능하게 합니다. 고객의 구매 데이터를 학습하여 상품을 추천하기도 하고 ARS와 같이 정해진 상황을 학습시켜 AI ARS를 구성할 수도 있습니다. 또한 네이버의 AI 검색 서비스인 CUE와 검색 결과를 요약해서 알려주는 AI 브리핑, LLM 기반 생성형 AI인 CLOVA-X의 엔진인 Hyper CLOVA를 B2B 비즈니스에 적용할 수 있는 CLOVA Studio까지 다양하고 강력한 AI 서비스를 제공하고 있습니다. 최근에 많은 AI 요구사항을 LLM으로 처리하고 있지만 상황과 목적에 맞게 적절한 AI 서비스를 선택하고 사용하는 것이 중요합니다.

AI 서비스도 비즈니스에 적용하려면 AI API와 마찬가지로 API 호출을 통해 사용해야 합니다. 학습이나 튜닝은 별도의 웹 인터페이스에서 가능하지만 서비스에 적용하기 위해서는 정해진 API로 호출해야 합니다.

16.1 네이버 AI

LLM 이외에도 네이버 서비스에는 다양한 AI 기술이 여러 가지 서비스에 적용되어 있습니다. 모바일 네이버 앱 그린닷에는 음악 검색, 스마트 렌즈, 음성 검색 등의 음성 인식과 이미지 인식 등의 AI 기술이 들어가 있으며 AI 번역 서비스인 네이버 파파고, 음성을 인식하여 회의록을 만들어주는 클로바 노트, 키보드의 오타를 줄여주는 네이버 키보드까지 다양한 분야에 AI 기술이 들어가 있습니다.

그림 16.1 네이버 앱 그린닷

16.1.1 네이버 AI – AI 브리핑

AI 브리핑은 네이버(https://www.naver.com)에서 검색 시 검색 결과를 요약 정리하여 보여주는 서비스로, 검색 내용을 AI로 분석하고 요약해서 결과를 보여주는 네이버 검색과 AI를 접목시킨 서비스입니다.

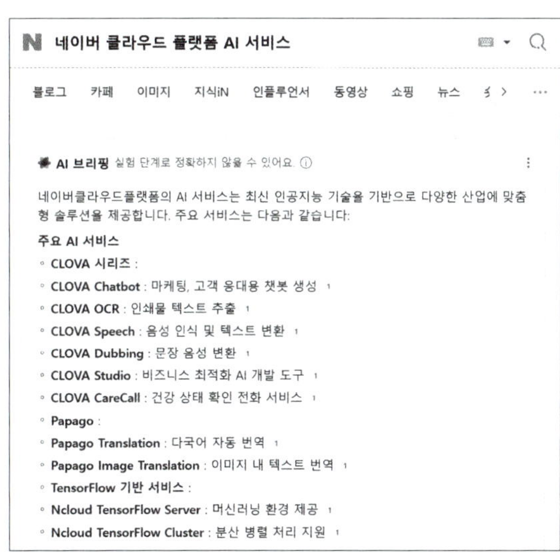

그림 16.2 네이버 검색 AI 브리핑

16.1.2 네이버 AI – Cue

Cue(https://cue.search.naver.com)는 검색 AI로 대화형으로 검색 결과를 찾아가는 서비스입니다. Cue의 주요 성능은 다음과 같습니다.

- AI가 다양한 콘텐츠에서 수집하여 검색 결과를 만들어줍니다.
- 대화형으로 검색 결과를 정교하게 만들어갈 수 있습니다.

Cue는 검색에 최적화된 AI인 만큼 일반적인 코딩이나 프로젝트를 수행하는 것보다는 수많은 네이버의 콘텐츠와 인터넷 콘텐츠에서 적절한 답을 찾아서 알려주는 데 도움을 줍니다.

Cue가 만든 답변이 어떤 콘텐츠를 참고했는지 하단에서 랜딩 페이지를 확인할 수 있습니다.

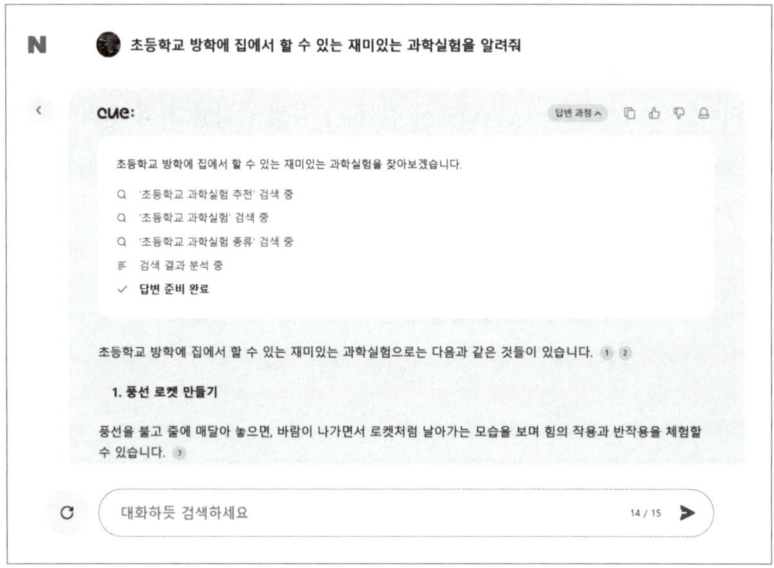

그림 16.3 네이버 CUE 검색

16.1.3 네이버 AI – CLOVAX

CLOVAX(https://CLOVA-x.naver.com)는 생성형 AI, LLM으로 대화하듯 AI에게 질문하고 도움을 받을 수 있습니다. 또한 단순히 텍스트뿐만 아니라 멀티모달을 지원하기 때문에 AI가 다양한 콘텐츠에서 정보를 수집하여 검색 결과를 만들어줍니다. CLOVAX는 HyperCLOVAX를 활용하여 개발되었으며 대규모 데이터를 학습하여 다양한 주제에 대한 좋은 답변을 만들어냅니다.

또한 더욱 다양한 서비스와 연동이 되도록 Agent나 스킬을 활용할 수 있습니다. 스킬을 활용하면 실시간 데이터를 조회할 수 있습니다.

그림 16.4 CLOVA-X 스킬

특히 생성형 AI의 특성을 활용하여 창작이 필요한 업무뿐만 아니라 코딩이나 프로젝트에도 활용할 수 있으며 업무에 다양한 형태로 도움을 받을 수 있습니다.

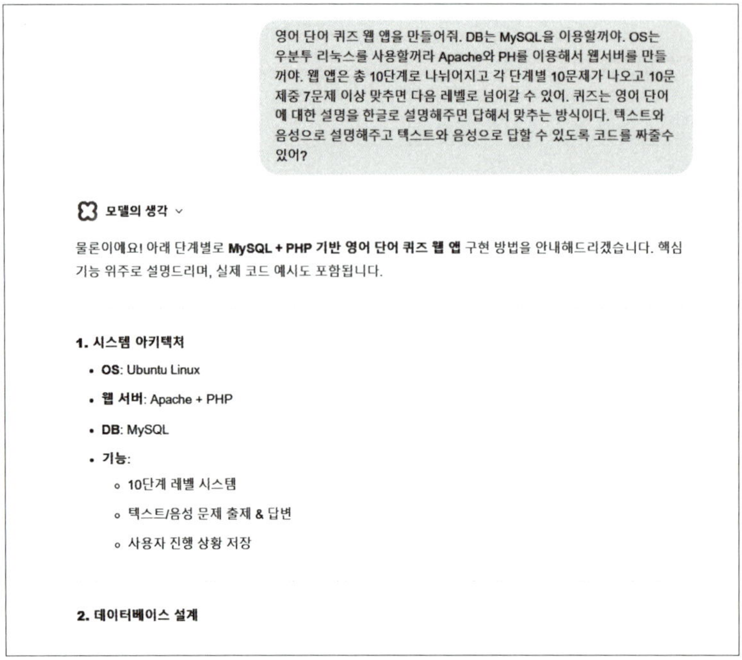

영어 단어 퀴즈 웹 앱을 만들어줘. DB는 MySQL을 이용할꺼야. OS는 우분투 리눅스를 사용할꺼라 Apache와 PH를 이용해서 웹서버를 만들꺼야. 웹 앱은 총 10단계로 나뉘어지고 각 단계별 10문제가 나오고 10문제중 7문제 이상 맞추면 다음 레벨로 넘어갈 수 있어. 퀴즈는 영어 단어에 대한 설명을 한글로 설명해주면 답해서 맞추는 방식이다. 텍스트와 음성으로 설명해주고 텍스트와 음성으로 답할 수 있도록 코드를 짜줄수 있어?

모델의 생각

물론이에요! 아래 단계별로 **MySQL + PHP 기반 영어 단어 퀴즈 웹 앱** 구현 방법을 안내해드리겠습니다. 핵심 기능 위주로 설명드리며, 실제 코드 예시도 포함됩니다.

1. 시스템 아키텍처

- **OS**: Ubuntu Linux
- **웹 서버**: Apache + PHP
- **DB**: MySQL
- **기능**:
  - 10단계 레벨 시스템
  - 텍스트/음성 문제 출제 & 답변
  - 사용자 진행 상황 저장

2. 데이터베이스 설계

그림 16.5 CLOVA-X 사용

16.2 Papago Translation

AI 번역 서비스인 Papago는 이미 모바일 앱으로 사랑받은 파파고의 B2B 서비스로, 한국어에 최적화된 기능과 성능을 보여줍니다. Papago Translation은 AI 서비스 카테고리에 속해 있지만 웹을 통한 학습이나 튜닝을 제공하고 있지는 않습니다. 더불어 별도의 Papago Translation용 API Key와 Secret Key를 발급받아 API 형태로 서비스를 이용할 수 있습니다.

Papago Translation은 크게 6개의 기능을 가지고 있습니다.

단순 텍스트 번역부터 웹사이트 번역, 문서 번역, 언어 감지를 할 수 있으며, 이미지 중 텍스트를 추출하여 번역하기도 하고 이미지 중 텍스트를 번역된 문자로 치환할 수도 있습니다. 이때 각 기능별 API URL도 다르므로 기능에 맞는 API를 호출해야 합니다.

기능별 API URL

표 16.1 Papago API URL

기능	URL
텍스트 번역	https://papago.apigw.ntruss.com/nmt/v1/translation
문서 번역	https://papago.apigw.ntruss.com/doc-trans/v1/translate
웹사이트 번역	https://papago.apigw.ntruss.com/web-trans/v1/translate
언어 감지	https://papago.apigw.ntruss.com/langs/v1/dect
용어집	https://papago.apigw.ntruss.com/glossary
이미지 to 텍스트	https://papago.apigw.ntruss.com/image-to-text/v1/translate
이미지 to 이미지	https://papago.apigw.ntruss.com/image-to-image/v1/translate

16.2.1 Papago Text Translation

인풋으로 텍스트와 원본 언어, 번역할 언어를 보내면 아웃풋으로 번역한 텍스트를 보냅니다.

한국어를 다른 언어로 변역하는 것 외에도 외국어를 다른 외국어로 번역할 수 있습니다.

Papago의 실제 API는 다음과 같은 구조를 갖습니다.

요청 방식: POST

요청 헤더

표 16.2 Papago API 요청 헤더

필드	필수 여부	설명
`x-ncp-apigw-api-key-id`	Required	네이버 클라우드 플랫폼 콘솔에서 Application 등록 후 발급받은 Client ID
`x-ncp-apigw-api-key`	Required	네이버 클라우드 플랫폼 콘솔에서 Application 등록 후 발급받은 Client Secret

`Content-Type`	Conditional	`application/x-www-form-urlencoded`
		혹은
		`application/json`

요청 바디

표 16.3 Papago API 요청 바디

필드	타입	필수 여부	설명
source	String	Required	원본 텍스트(Source)의 언어 코드 • auto(자동 언어 감지) | ko(한국어) | en(영어) | ja(일본어) | zh-CN(중국어(간체)) | zh-TW(중국어(번체)) | vi(베트남어) | th(태국어) | id(인도네시아어) | fr(프랑스어) | es(스페인어) | ru(러시아어) | de(독일어) | it(이탈리아어)
target	String	Required	번역할 텍스트(Target)의 언어 코드 • ko(한국어) | en(영어) | ja(일본어) | zh-CN(중국어(간체)) | zh-TW(중국어(번체)) | vi(베트남어) | th(태국어) | id(인도네시아어) | fr(프랑스어) | es(스페인어) | ru(러시아어) | de(독일어) | it(이탈리아어) • 번역이 지원되는 언어쌍에 대한 정보는 '번역 지원 언어' 참조
text	String	Required	번역할 텍스트 • 1회 호출 시 최대 5,000자 번역 가능
glossaryKey	String	Optional	용어집 아이디 • 용어집 데이터를 기반으로 치환 번역 적용 • 한국어⇔영어, 일본어, 중국어(간/번체), 프랑스어 | 영어⇔일본어, 중국어(간/번체), 베트남어, 태국어, 인도네시아어, 프랑스어| 일본어⇔중국어(간/번체) • replaceInfo와 동시 사용 시 replaceInfo가 우선 • 용어집 내 용어에는 honorific(높임말) 미적용
replaceInfo	String	Optional	치환 번역 인덱스 • 특정 인덱스(str)를 원하는 텍스트로 일괄 번역 • str이 미설정된 경우 원문 반환 • 한국어⇔영어, 일본어, 중국어(간/번체), 프랑스어 | 영어⇔일본어, 중국어(간/번체), 베트남어, 태국어, 인도네시아어, 프랑스어 | 일본어⇔중국어(간/번체)
honorific	Boolean	Optional	높임말 적용 여부 • true | false (기본값) – true: 높임말 적용 – false: 높임말 미적용 • 영어⇒한국어, 일본어⇒한국어, 중국어(간/번체)⇒한국어, 한국어⇒일본어, 영어⇒일본어, 중국어(간/번체)⇒일본어

요청 예제(Content-Type: application/x-www-form-urlencoded인 경우)

코드 예제 16.1 Papago API 요청

```
curl --location --request POST
'https://papago.apigw.ntruss.com/nmt/v1/translation' \
--header 'X-NCP-APIGW-API-KEY-ID: {앱 등록 시 발급받은 Client ID}' \
```

```
--header 'X-NCP-APIGW-API-KEY: {앱 등록 시 발급받은 Client Secret}' \
--header 'Content-Type: application/x-www-form-urlencoded' \
--data-urlencode 'source=auto' \
--data-urlencode 'target=en' \
--data-urlencode 'text=안녕하세요, 저는 자전거를 타면서 사과를 먹는 것을 좋아합니다.'
```

요청 예제(Content-Type: application/json 인 경우)

코드 예제 16.2 **Papago API 요청**

```
curl --location --request POST
'https://papago.apigw.ntruss.com/nmt/v1/translation' \
--header 'X-NCP-APIGW-API-KEY-ID: {앱 등록 시 발급받은 Client ID}' \
--header 'X-NCP-APIGW-API-KEY: {앱 등록 시 발급 받은 Client Secret}' \
--header 'Content-Type: application/json' \
--data '{
    "source": "auto",
    "target": "ko",
    "text": "Advanced technology requires numerous beta tests and feedbacks. This process
takes up a lot of time, but it must be done for development.",
    "glossaryKey": "{glossaryKey}",
    "replaceInfo": " ",
    "honorific": "true"
}'
```

16.2.2 Papago Doc Translation

Papago Doc Translation은 다양한 문서 파일을 번역하고자 할 때 사용할 수 있습니다.

일반적으로 많이 사용하는 Microsoft Office 문서와 PDF, HWP까지 문서 내용을 번역하는 서비스이며, 인풋으로 문서와 번역할 언어를 지정하면 아웃풋으로 번역된 문서를 받아볼 수 있습니다.

현재 지원하는 문서 포맷은 표 16.4와 같습니다.

표 16.4 **Papago DOC Translation 변환 문서**

문서 종류	참고사항
Microsoft Office 문서	• 지원 포맷: .docx, .pptx, .xlsx
PDF 문서	• 지원 포맷: .pdf • 레이아웃, 문단 간격, 디자인 서식, 사용자 지정 글꼴 및 이미지 크기 등이 번역 품질에 영향을 미칠 수 있으므로 가능한 한 시각적 요소가 적게 포함된 문서 사용 권장 • 최적의 결과를 얻을 수 있도록 기본 PDF 파일 사용 권장 • 스캔한 문서를 번역할 경우, 스캔 품질이 번역 품질에 영향을 미칠 수 있으며 원본 문서의 방향대로 스캔이 되어야 함

표 16.4 Papago DOC Translation 변환 문서(표 계속)

문서 종류	참고사항
PDF 문서	• 번역 파일의 용량이 원본 문서 대비 커질 수 있음 • 번역 시 PDF 파일보다 DOCX, PPTX 파일의 문서 레이아웃 및 스타일 유지 결과가 더 양호하므로 이를 고려하여 진행 • 2개 이상의 언어가 포함된 문서는 출발(소스) 언어 설정에 따라 번역 결과가 달라질 수 있음
한글 문서	• 지원 포맷: .hwp • 한컴 오피스 2002부터 사용되는 HWP 5.0 이상 버전 지원 • 배포용 파일 미지원 • 한컴 오피스에서 생성되지 않은 HWP 파일 미지원 <예시> 확장자만 변경한 파일 • 번역 후 문장이 길어지면 텍스트 겹침 현상이 발생할 수 있으며, 텍스트 영역을 늘려주면 정상적으로 확인 가능 • 한글과 컴퓨터의 HWP 공개 문서를 참고하여 개발

API는 다음 형식으로 구성됩니다.

요청 방식: POST

요청 헤더

표 16.5 Papago DOC Translation API 헤더

필드	필수 여부	설명
`x-ncp-apigw-api-key-id`	Required	네이버 클라우드 플랫폼 콘솔에서 Application 등록 후 발급받은 Client ID
`x-ncp-apigw-api-key`	Required	네이버 클라우드 플랫폼 콘솔에서 Application 등록 후 발급받은 Client Secret
`Content-Type`	Conditional	multipart/form-data

요청 바디

표 16.6 Papago DOC Translation API 요청 바디

필드	타입	필수 여부	설명
`source`	String	Required	원본 텍스트(Source)의 언어 코드 • `auto`(자동 언어 감지) | `ko`(한국어) | `en`(영어) | `ja`(일본어)| `zh-CN`(중국어(간체)) | `zh-TW`(중국어(번체)) | `vi`(베트남어) | `th`(태국어) | `id`(인도네시아어) | `fr`(프랑스어) | `es`(스페인어) | `ru`(러시아어)
`target`	String	Required	번역할 텍스트(Target)의 언어 코드 • `ko`(한국어) | `en`(영어) | `ja`(일본어)| `zh-CN`(중국어(간체)) | `zh-TW`(중국어(번체)) | `vi`(베트남어) | `th`(태국어) | `id`(인도네시아어) | `fr`(프랑스어) | `es`(스페인어) | `ru`(러시아어)

표 16.6 Papago DOC Translation API 요청 바디(표 계속)

필드	타입	필수 여부	설명
file	File	Required	번역할 문서 파일 • 최대 100 MB, 글자 수 30만 자 미만 • 지원 파일 형식: `.docx` | `.pptx` | `.xlsx` | `.pdf` | `.hwp` – `.docx`: 워드 파일 – `.pptx`: 파워포인트 파일 – `.xlsx`: 엑셀 파일 – `.pdf`: PDF 파일 – `.hwp`: 한글 파일
glossaryKey	String	Optional	용어집 아이디 • 용어집 데이터를 기반으로 치환 번역 적용 • 한국어⇔영어, 한국어⇔일본어, 한국어⇔중국어(간체), 한국어⇔중국어(번체), 한국어⇔프랑스어, 영어⇔일본어, 영어⇔중국어(간체), 영어⇔중국어(번체), 영어⇔베트남어, 영어⇔태국어, 영어⇔인도네시아어, 영어⇔프랑스어, 일본어⇔중국어(간체), 일본어⇔중국어(번체)

요청 예제

코드 예제 16.3 Papago DOC Translation API 요청

```
curl --location --request POST 'https://papago.apigw.ntruss.com/doc-trans/v1/translate' \
--header 'X-NCP-APIGW-API-KEY-ID: {앱 등록 시 발급받은 Client ID}' \
--header 'X-NCP-APIGW-API-KEY: {앱 등록 시 발급받은 Client Secret}' \
--header 'Content-Type: multipart/form-data' \
--form 'source="auto"' \
--form 'target="ko"' \
--form 'glossaryKey="{glossaryKey}"' \
--form 'file=@"{file}"'
```

응답 바디

표 16.7 Papago DOC Translation API 응답

필드	타입	필수 여부	설명
data	Object	-	응답 결과
data.requestId	String	-	번역 요청으로 발급된 아이디(Request ID) • 각 문서 번역 요청에 대한 고유한 식별값

16.2.3 Papago Website Translation

Papago Website Translation은 웹사이트를 다양한 언어로 제공하고자 할 때 각 언어별 html을 생성하는 서비스입니다. Papago Doc Translation과 유사하게 html 파일과 번역할 언어를 인풋으로 하면, 번역된 html이 아웃풋으로 출력됩니다. Papago Website Translation은 html 태그를 인식하고 번역할 내용만 찾아서 번역하기 때문에 번역된 내용은 바로 웹사이트에 사용이 가능합니다. 특히 특정 영역의 엘리먼트만 지정해서 번역도 가능합니다.

요청 바디

표 16.8 **Papago Website Translation API 요청 바디**

필드	타입	필수 여부	설명
source	String	Required	원본 텍스트(Source)의 언어 코드 • auto(자동 언어 감지) | ko(한국어) | en(영어) | ja(일본어)| zh-CN(중국어(간체)) | zh-TW(중국어(번체)) | vi(베트남어) | th(태국어) | id(인도네시아어) | fr(프랑스어) | es(스페인어) | ru(러시아어)
target	String	Required	번역할 텍스트(Target)의 언어 코드 • ko(한국어) | en(영어) | ja(일본어)| zh-CN(중국어(간체)) | zh-TW(중국어(번체)) | vi(베트남어) | th(태국어) | id(인도네시아어) | fr(프랑스어) | es(스페인어) | ru(러시아어)
glossaryKey	String	Optional	용어집 아이디 • 용어집 데이터를 기반으로 치환 번역 적용 • 한국어⇔영어, 한국어⇔일본어, 한국어⇔중국어(간체), 한국어⇔중국어(번체), 한국어⇔프랑스어, 영어⇔일본어, 영어⇔중국어(간체), 영어⇔중국어(번체), 영어⇔베트남어, 영어⇔태국어, 영어⇔인도네시아어, 영어⇔프랑스어, 일본어⇔중국어(간체), 일본어⇔중국어(번체)
html	String	Required	번역할 HTML 문서 전체 또는 특정 영역의 엘리먼트(Element) • 최대 200,000 Bytes 입력 가능(UTF-8 기준 태그, 공백 포함)

16.2.4 Papago Language Detection

Papago Language Detection은 입력된 문장이 어떤 언어인지 감지하는 서비스입니다.

총 15개의 언어를 감지할 수 있으며 인풋값으로 언어를 감지할 텍스트를 전송하면 응답값으로 언어명이 나옵니다.

요청 바디

표 16.9 Papago Language Detection API 요청 바디

필드	타입	필수 여부	설명
query	String	Required	언어를 감지할 텍스트

16.2.5 Papago Image Translation(Text)

Papago Image Translation은 이미지에 들어 있는 다양한 문구를 OCR로 인식하고 해당 문구를 원하는 언어로 번역하는 서비스입니다. Text 기반 서비스는 이미지에 있는 문구들의 좌표와 해당 문구를 번역한 내용을 제공합니다.

- 요청 방식: POST

요청 바디

표 16.10 Papago Image Translation API 요청 바디

필드	타입	필수 여부	설명
source	String	Required	원본 텍스트(Source)의 언어 코드 • auto(자동 언어 감지) | ko(한국어) | en(영어) | ja(일본어) | zh-CN(중국어(간체)) | zh-TW(중국어(번체)) | vi(베트남어) | th(태국어) | id(인도네시아어) | fr(프랑스어) | es(스페인어) | ru(러시아어)
target	String	Required	번역할 텍스트(Target)의 언어 코드 • ko(한국어) | en(영어) | ja(일본어) | zh-CN(중국어(간체)) | zh-TW(중국어(번체)) | vi(베트남어) | th(태국어) | id(인도네시아어) | fr(프랑스어) | es(스페인어) | ru(러시아어) | de(독일어) | it(이탈리아어)
image	JPG, JPEG, PNG, TIFF	Required	원본 이미지 파일

요청 예제

코드 예제 16.4 Papago Image Translation API 요청

```
curl --location --request POST 'https://papago.apigw.ntruss.com/image-to-text/v1/translate' \
--header 'X-NCP-APIGW-API-KEY-ID: {앱 등록 시 발급받은 Client ID}' \
--header 'X-NCP-APIGW-API-KEY: {앱 등록 시 발급 받은 Client Secret}' \
--header 'Content-Type: multipart/form-data' \
--form 'source="auto"' \
--form 'target="ko"' \
--form 'image=@"{image}"'
```

응답 예제

코드 예제 16.5 Papago Image Translation API 응답


```
{
    "data": {
        "sourceLang": "en",
        "targetLang": "ko",
        "sourceText": "U.S. Department of State Office of Language Services Translating
Division\nEnglish=>
Foreign Lang, Set 1\nGeneral Category (231 words)\nPlease translate everything below:\n",
        "targetText": "미국 국무부 언어 서비스 번역 부서\n영어=> 외국어, 세트 1\n일반범주
(231단어)\n아래의 모든
것을 번역해주세요:\n",
        "blocks": [
            {
                "sourceLang": "en",
                "sourceText": "The two houses of Congress are much alike in their concern
with local and special-interest legislation, their intricate legislative and parliamentary
procedure, their tendency toward voting by blocks and interest groups in defiance of
party ties. Yet the upper chamber has a character all its own.",
                "targetText": "두 의회는 지역 및 특수 이익 입법, 복잡한 입법 및 의회 절차,
정당 관계를 무시하고
블록 및 이익 집단에 의해 투표하는 경향에 관한 관심사가 매우 비슷합니다. 그러나 상부 방은
모두 고유의 특성을 가지고 있습니다.",
                "lines": [
                    {
                        "LB": {
                            "x": 156,
                            "y": 238
                        }
                        "words": [
                            {
                                "sourceText": "houses",
                                "LB": {
                                    "x": 213,
                                    "y": 235
                                }
                            },
                        ]
                    },
                ]
            }
        ],
        "LB": {
            "x": 108,
            "y": 141
        }
}
```

16.2.6 Papago Image Translation(Image)

Papago Image Translation(Image)은 이미지에 들어 있는 다양한 문구를 OCR로 인식하고 해당 문구를 원하는 언어로 번역하면서 번역한 문구를 이미지로 다시 합성하여 번역된 문구가 들어간 이미지를 제공하는 서비스입니다. Text 기반 서비스와 마찬가지로 이미지에 있는 문구들의 좌표와 해당 문구를 번역한 내용을 제공하면서 추가로 이미지도 제공합니다.

요청 방식은 동일하지만 응답에서 번역된 문구가 들어간 이미지 파일이 나오는 형태입니다.

16.3 CLOVA Chatbot

챗봇Chatbot은 대화형으로 정보를 제공하는 서비스로서 질문을 분석하고 정확한 답변이 필요한 ARS와 같은 서비스에 사용됩니다. 네이버 클라우드 플랫폼 홈페이지에도 제품 문의에 대한 응대를 위해 CLOVA Chatbot을 이용한 N클라우드봇이 있습니다.

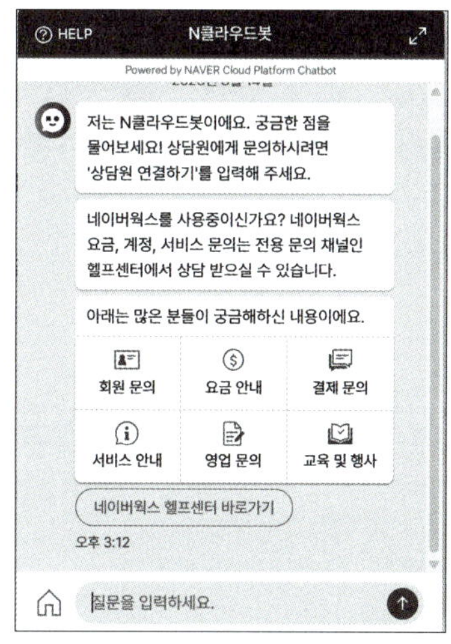

그림 16.6 네이버 클라우드 플랫폼 N클라우드봇

AI 챗봇인 CLOVA Chatbot이 일반적인 생성형 AI 챗봇과 다른 점은 사전 학습한 질문과 답변을 바탕으로 사용자가 질문을 하면 어떤 의도인지 AI가 파악하고 답변을 생성하는 것이 아니라, 사전에 정의된 답변을 그대로 내보낸다는 것입니다. 생성형 AI에게 할루시네이션이 발생하는 것과 비교하여 CLOVA Chatbot은 사전 정의된 답변을 그대로 내보내기 때문에 할루시네이션이 발생하지 않는다는 특성을 가지고 있습니다.

CLOVA Chatbot은 한국어, 일본어, 영어, 중국어를 비롯한 다양한 언어에 대응하고 답변 컴포지트를 제공하여 다양한 형태로 가독성 높은 답변 형식을 만들 수 있습니다.

CLOVA Chatbot을 사용하기 위해서는 챗봇이 답변할 수 있도록 질문과 답변을 학습시키는 과정이 필요하고, 체계적으로 답변할 수 있도록 서비스 연동 및 컴포넌트 구성도 필요합니다.

또한 CLOVA Chatbot은 웹사이트뿐만 아니라 LINE, TalkTalk, Facebook, NAVER Works, CLOVA Extension에 연동이 가능해서 각 플랫폼별 연동을 위한 개발이 필요합니다.

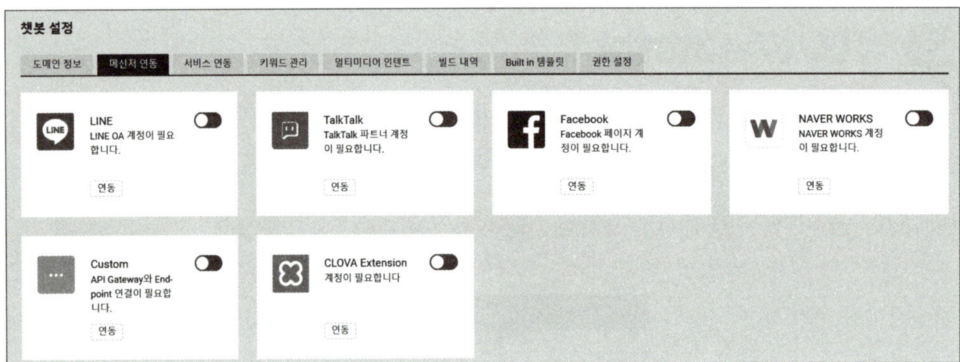

그림 16.7 **CLOVA Chatbot 외부 연동**

챗봇을 사용하면 기대되는 장점으로는 다음과 같은 점을 들 수 있습니다.

1. 24시간 언제든지 답변 가능
2. 대화 기록을 저장하고 이력 관리를 통해 새로운 질문과 답변을 생성할 때 기반 데이터로 사용 가능
3. 비용 절감 효과
4. 즉각적이고 일관된 답변 가능
5. 다국어 지원으로 글로벌 서비스 가능

16.3.1 CLOVA Chatbot 제작

CLOVA Chat으로 챗봇을 만들 때 다음과 같이 챗봇을 설계하고 설계에 맞는 다양한 대화를 생성하며 대화 내용을 학습시키고 서비스와 연동을 하게 되면 CLOVA Chatbot을 서비스에 적용할 수 있습니다.

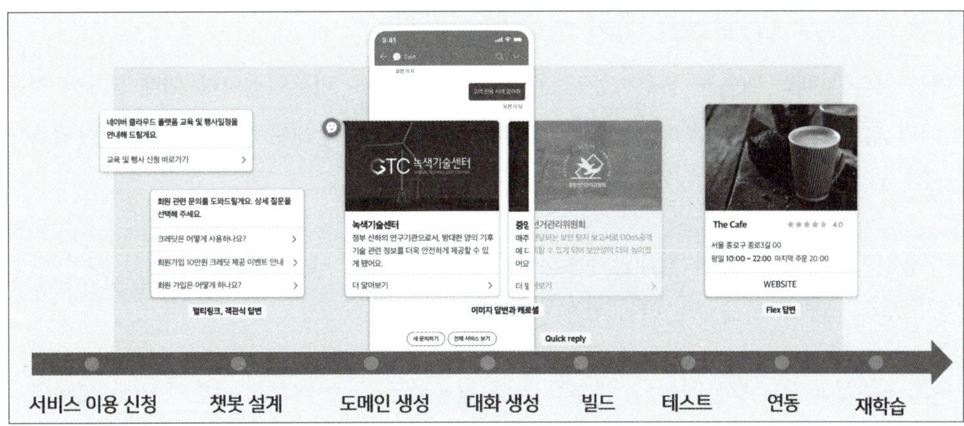

그림 16.8 CLOVA Chatbot 제작 순서

16.3.2 CLOVA Chatbot 도메인 생성

챗봇을 서비스에 연동하는 기준이 되는 단위로 한 개의 챗봇당 한 개의 도메인을 생성해야 합니다. 대화 생성부터 채널 연동, 통계 정보까지 하나의 도메인을 기준으로 작동하고 관리하게 됩니다.

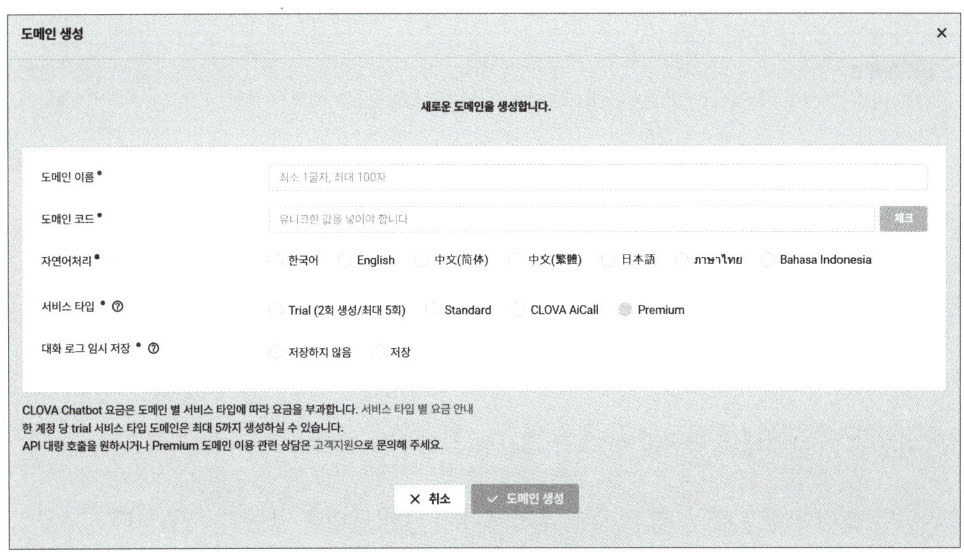

그림 16.9 CLOVA Chatbot 도메인 생성

도메인 코드는 네이버 클라우드 플랫폼 내 CLOVA Chatbot이 가지는 고유한 코드로, 중복을 허용하지 않습니다.

서비스 타입은 서비스에서 이용하는 방식에 따라 적절히 선택을 해야 합니다.

16.3.3 CLOVA Chatbot 대화 생성

챗봇에서 처리할 대화 내용을 생성하는 것은 질문과 답변으로 이루어집니다. 이때 중요한 것은 질문에 대해 AI가 분석하고 기존에 생성했던 질문이라고 판단되면 해당 질문에 매칭된 답변을 그대로 내보낸다는 점입니다.

따라서 동일한 의미의 질문을 형태만 바꿔서 중복으로 질문과 답변을 생성할 필요 없이 한 가지 의미의 질문에 대해서 하나의 답변의 쌍을 만들면 됩니다.

시나리오 기반으로 폼, 액션 메서드, 태스크 등을 활용하면 단순 텍스트 답변이 아닌 선택형 답변을 만들 수도 있는데, 메뉴판이나 ARS에서 빠르게 답변을 찾아갈 수 있도록 합니다.

질문에는 일반적인 질문뿐만 아니라 정규식 문법을 이용한 질문, 챗봇에 연동된 인텐트 분류기를 활용하여 분석하는 인텐트 질문이 있습니다.

Call 이벤트는 AiCall 서비스에서 음성 인식이 시작되는 타이밍에 전달되는 이벤트를 트리거로 하여 대화를 매칭시키는 기능으로 AiCall 도메인인 경우에만 활성화가 됩니다.

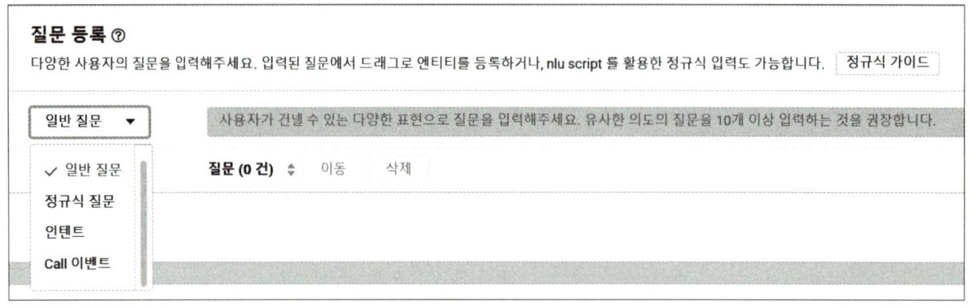

그림 16.10 CLOVA Chatbot 대화 중 질문 생성

답변은 질문에 어떤 형태로 답변을 할지 각 질문별로 답변을 입력해야 합니다.

이때 다양한 조건과 변수, 후속 작동 등을 추가하여 풍성한 답변을 만들 수 있습니다.

그림 16.11 CLOVA Chatbot 대화 중 답변 생성

답변에 대한 조건으로 시간/일자부터 엔티티, 시스템 엔티티, 폼, 사용자 변수까지 넣어서 답변을 보기 좋게 만들 수 있습니다.

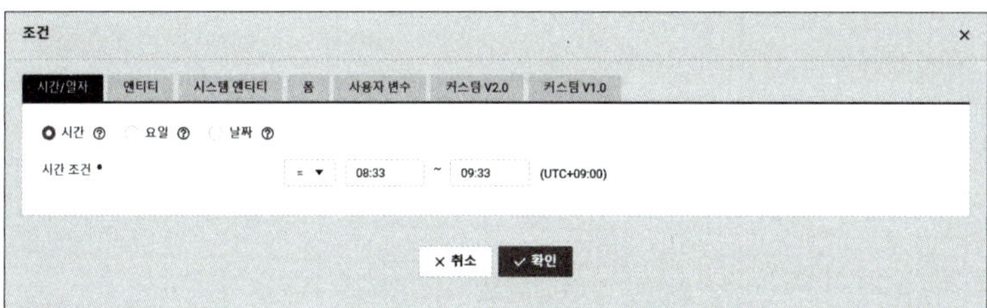

그림 16.12 CLOVA Chatbot 대화 중 답변 조건

또한 답변에는 정해진 텍스트를 답하는 기본 답변 이외에도 멀티링크, 이미지 등 다양한 형식으로 답변을 만들 수 있습니다.

그림 16.13 CLOVA Chatbot 대화 중 답변 유형

챗봇 시작, 종료, 답변을 찾지 못했을 때 등 다양한 상황에 대해 답변을 할 수 있도록 공통 메시지에서 정의할 수 있습니다.

그림 16.14 CLOVA Chatbot 대화 중 공통 메시지

16.3.4 CLOVA Chatbot 빌드

시나리오대로 챗봇 구성이 완료되고 질문과 답변도 완성했다면 대화 모델을 빌드하여 학습시킬 차례입니다.

대화 모델 빌드를 통해 대화 내용을 학습시키고 최종적으로 서비스에 반영하게 되면 나만의 챗봇을 완성할 수 있습니다.

그림 16.15 CLOVA Chatbot 대화 모델 빌드

16.4 CLOVA OCR

OCR(광학 문자 인식)optical character recognition은 이미지에 있는 문자를 판독하여 텍스트를 추출하는 서비스입니다. 일반적인 OCR의 경우 문자를 인식하고 단순한 텍스트로 변환하지만 CLOVA OCR은 학습을 통해 이미지가 어떤 이미지인지를 판별하고 해당 이미지에서 사전에 필요한 내용만 추출하고 DB화하여 더욱 스마트하게 OCR을 서비스에 활용하도록 합니다.

예를 들어 영수증이나 공공 문서, 명함 등과 같이 정해진 포맷이 있고 해당 문서에서 필요한 내용만 추출하여 DB화하고자 할 때 CLOVA OCR이 좀 더 편리하게 데이터를 추출할 수 있도록 합니다.

CLOVA OCR은 사전 학습된 Document OCR을 통해 영수증이나 명함과 같은 형태가 다양한 문서를 빠르고 정확하게 인식할 수 있도록 하고 있으며, 사용자가 직접 학습과 인식을 시키는 Template OCR에는 텍스트 이외에도 멀티박스, 체크박스 등을 인식할 수 있도록 했습니다.

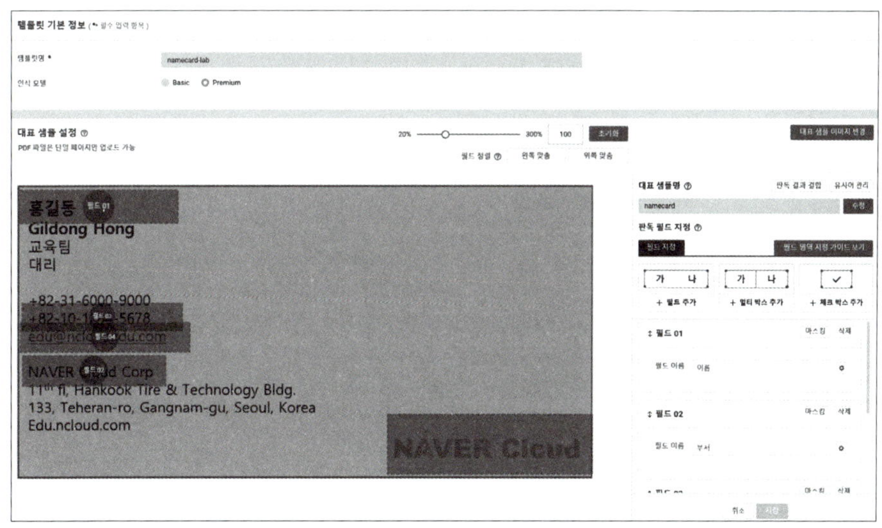

그림 16.16 CLOVA OCR 템플릿 생성

16.5 CLOVA Studio

CLOVA Studio는 하이퍼클로바를 기반으로 AI 기능을 비즈니스에 적용시킬 수 있는 툴입니다. B2C 서비스가 학습이나 에이전트, 답변 파라미터에 제한이 있는 데 반해 B2B 서비스인 CLOVA Studio는 학습부터 에이전트 구성, 답변 내용을 사용자가 조정할 수 있습니다.

참고로 하이퍼클로바와 CLOVA Studio는 네이버 클라우드 플랫폼에서도 가장 빠르게 업데이트되는 서비스이기 때문에 지속적으로 업데이트 내용을 확인할 필요가 있습니다.

그림 16.17 CLOVA Studio 초기 화면

다른 AI 서비스와 마찬가지로 별도의 빌더를 제공하고 있으며 이 책을 쓰고 있는 시점에 에이전트 기능을 제공하는 라우터 서비스를 업데이트했습니다.

16.5.1 CLOVA Studio 플레이그라운드

CLOVA Studio도 프롬프트를 통해 다양한 질의 응답을 할 수 있습니다. 시스템에는 환경을 설정하고 메시지창에 질문을 하고 답변을 받을 수 있습니다. 또한 파라미터 조정을 통해 답변의 결을 조정할 수 있습니다.

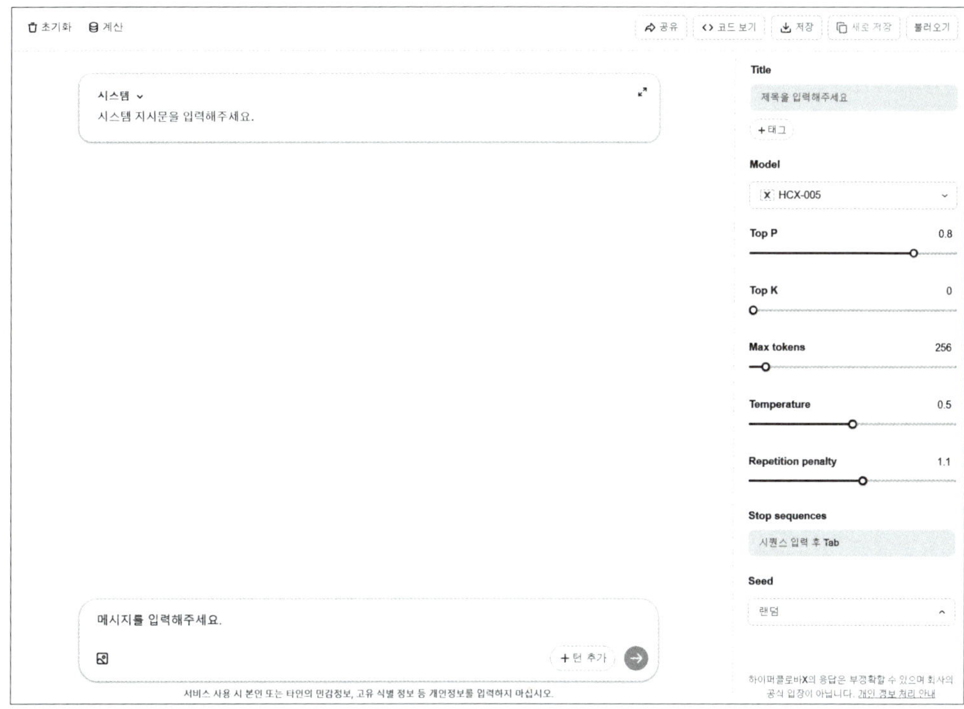

그림 16.18 CLOVA Studio 플레이 그라운드 화면

- 타이틀: 프롬프트를 저장하기 위한 이름
- 시스템: AI에 지시할 환경 내용
- Engine: 하이퍼클로바 모델 선택
- Top P: 결괏값 후보 중 설정한 확률값 이외의 값은 컷오프. 0.8로 설정할 경우 답변 가능한 내용 중 누적 확률값이 상위 80% 이내의 값에서 선택
- Top K: 결괏값 후보 중 설정한 개수 내에서 결과를 선택. 5로 설정할 경우 답변 가능한 내용 중 상위 5개 내에서 선택
- Maximum tokens: AI가 생성하는 결괏값의 최대 토큰 수 설정
- Temperature: 결괏값 후보 중 확률값에 가중치를 부여. 높게 설정하면 다양한 결괏값을 생성
- Repetition penalty: 반복적인 결괏값을 생성하지 않도록 설정. 높게 설정하면 결괏값을 반복적으로 생성할 확률 감소
- Stop sequences: 결괏값 생성을 중단시키는 문구
- Seed: 결괏값을 고정시키고자 할 때 결괏값에 대한 Seed값 설정

16.5.2 CLOVA Studio를 이용한 간단한 AI 테스트 서비스 구성

▶ 실습

CAUTION 실습 과정을 통해 생성한 리소스들은 사용한 만큼 과금됩니다.

1. [네이버 클라우드 플랫폼 포털] ➡ 로그인 후 [네이버 클라우드 플랫폼 콘솔]로 이동합니다.
2. 로그인 후 [Services] ➡ [AI Services] ➡ [CLOVA Studio]를 클릭합니다.

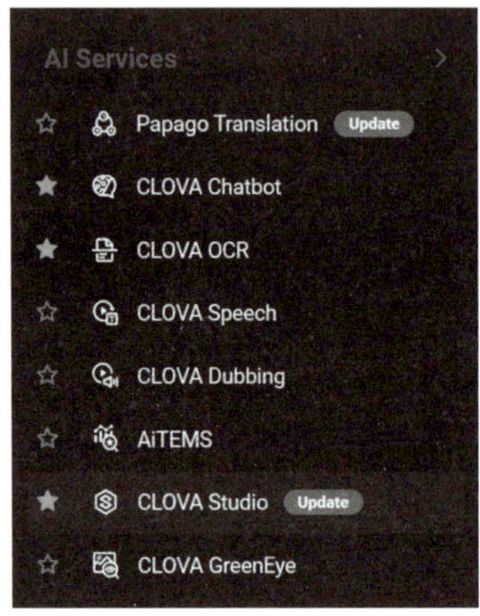

그림 16.19 CLOVA Studio 메뉴

3. 상단의 [CLOVA Studio 바로가기]를 클릭합니다.

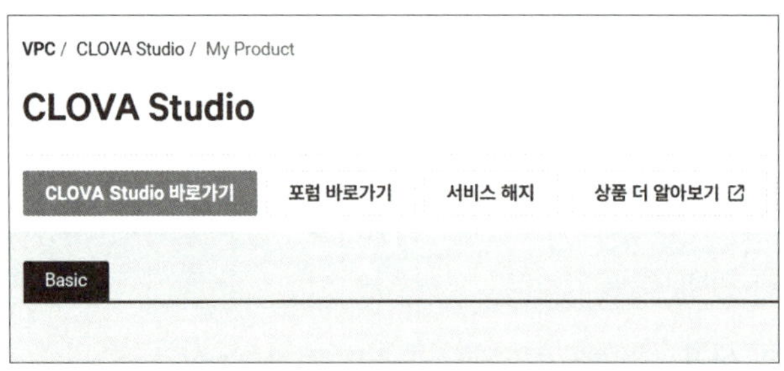

그림 16.20 네이버 클라우드 플랫폼 CLOVAt Studio 화면

4. CLOVA Studio로 이동합니다. 왼쪽 메뉴에서 '플레이그라운드'를 선택합니다.

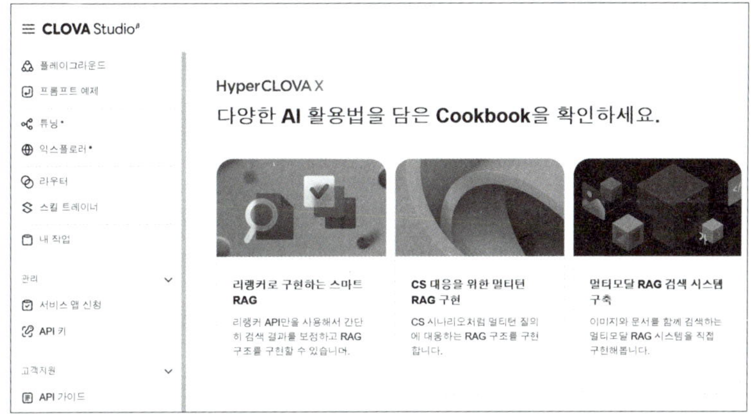

그림 16.21 **CLOVA Studio 화면**

5. Title에 '사자성어봇'이라고 입력하고 시스템에 다음과 같은 지시문을 입력합니다.

   "너는 사자성어 해석기야. 사자성어를 입력하면 한자의 뜻과 유래, 쓰임새를 알려줘."

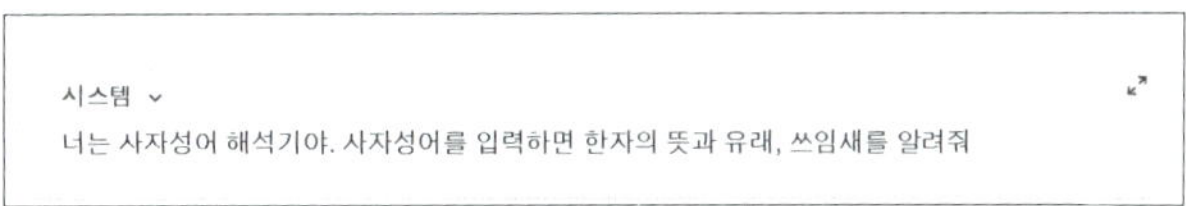

그림 16.22 **시스템에 지시어 입력**

6. 메시지에 '완벽'이라고 입력하고 'Shift + Enter' 키를 클릭 후 내용을 확인합니다.

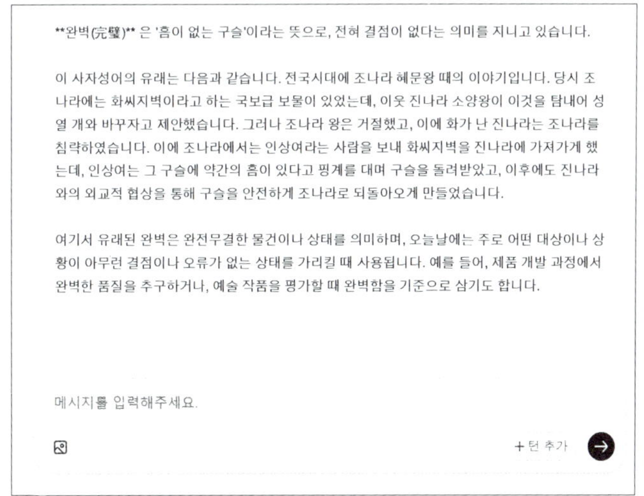

그림 16.23 **메시지 입력**

7. 상단의 [저장] 버튼을 클릭합니다.

그림 16.24 상단 메뉴

8. [코드 보기]를 클릭하여 예제 코드를 확인하고 메모장에 복사합니다.

그림 16.25 코드 보기

9. 왼쪽 메뉴에서 'API 키'를 클릭하고 우측 상단의 '테스트 API 키 발급'을 클릭합니다.

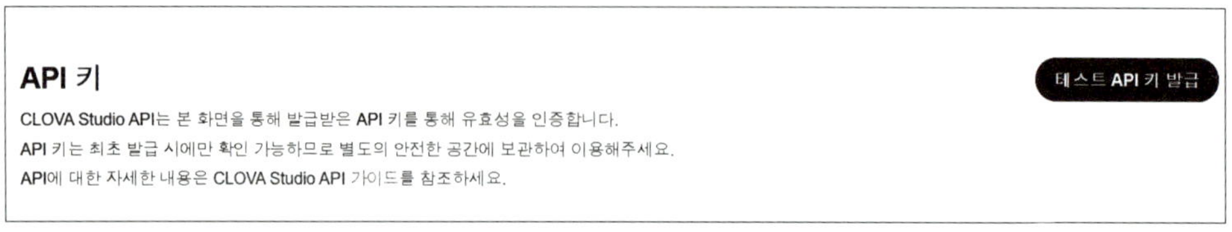

그림 16.26 API 발급

▶▶ API 키는 발급 시점에만 보이며 발급 이후에 조회는 불가능하니 반드시 저장이 필요합니다.

10. [발급] 버튼을 클릭하여 키를 발급합니다.

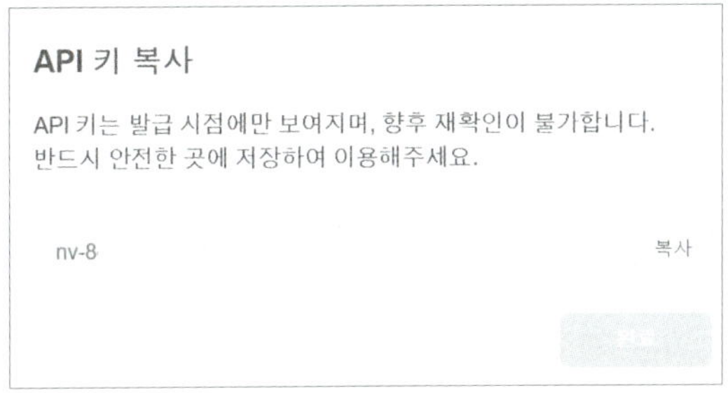

그림 16.27 API 키 확인

11. 8에서 복사한 코드에서 <api-key> 부분에 발급받은 키값을 넣어줍니다.

    그리고 답변 부분은 삭제합니다.

    전체 코드는 다음과 같습니다.

코드 예제 16.6 작성한 프롬프트를 서비스로 사용

```
curl --location --request POST 'https://CLOVAstudio.stream.ntruss.com/v3/chat-completions/
HCX-005' \
--header 'Authorization: Bearer API키' \
--header 'X-NCP-CLOVASTUDIO-REQUEST-ID: 만들어진 리퀘스트 아이디' \
--header 'Content-Type: application/json' \
--header 'Accept: text/event-stream' \
--data '{
  "messages" : [ {
    "role" : "system",
    "content" : [ {
      "type" : "text",
      "text" : "너는 사자성어 해석기야. 사자성어를 입력하면 한자의 뜻과 유래, 쓰임새를 알려줘"
    } ]
  }, {
    "role" : "user",
    "content" : [ {
      "type" : "text",
      "text" : "이 부분에 질문하고 싶은 사자성어를 입력"
    } ]
  } ],
  "topP" : 0.8,
  "topK" : 0,
  "maxTokens" : 256,
  "temperature" : 0.5,
  "repetitionPenalty" : 1.1,
  "stop" : [ ],
```

```
  "seed" : 0,
  "includeAiFilters" : true
}'
```

기술자격시험 기출문제

문제 1 **다음 중 플레이그라운드의 파라미터로 적절하지 않은 것을 고르시오.**

① Start sequences

② TOP K

③ TOP P

④ Repetition penalty

문제 2 **플레이그라운드의 파라미터 중 다음 설명에 알맞은 파라미터는 무엇인가요?**

확률 분포에 가중치 변화를 주어 문장의 다양성을 조절하는 값

① TOP P

② TOP K

③ Repetition Penalty

④ Temperature

정답: 1. ① 2. ④

CHAPTER 17

네이버 클라우드 플랫폼 구성 방식

지금까지 네이버 클라우드 플랫폼에서 제공하는 서비스들과 해당 서비스들을 활용하는 방법에 대해 살펴보았습니다. 이제 마지막으로, 네이버 클라우드 플랫폼 서비스를 구성하고 운영하는 방식에 대해서 살펴보겠습니다.

네이버 클라우드 플랫폼에서는 콘솔, API, CLI를 제공하여 여러분이 원하는 형식으로 인프라를 구성할 수 있도록 지원하고 있습니다. 또한 테라폼Terraform을 이용한 네이버 클라우드 플랫폼 인프라 구성을 지원합니다. 그렇다면 테라폼이라는 것은 무엇일까요? 테라폼은 스크립트 정의를 통해 컴퓨팅 리소스, 스토리지, 네트워크 서비스부터 SaaS 레벨까지 프로비저닝할 수 있는 서비스입니다. 스크립트를 정의하여 한 번에 인프라를 구성할 수 있기 때문에 빠른 배포를 지원합니다. 테라폼은 현재 네이버 클라우드 플랫폼을 포함한 수천 개의 프로바이더들과 연계되어 있습니다.

실제 테라폼을 활용하여 네이버 클라우드 플랫폼 인프라를 구성해보겠습니다. 이에 앞서 테라폼이 어떤 방식으로 작동하는지를 먼저 살펴보겠습니다.

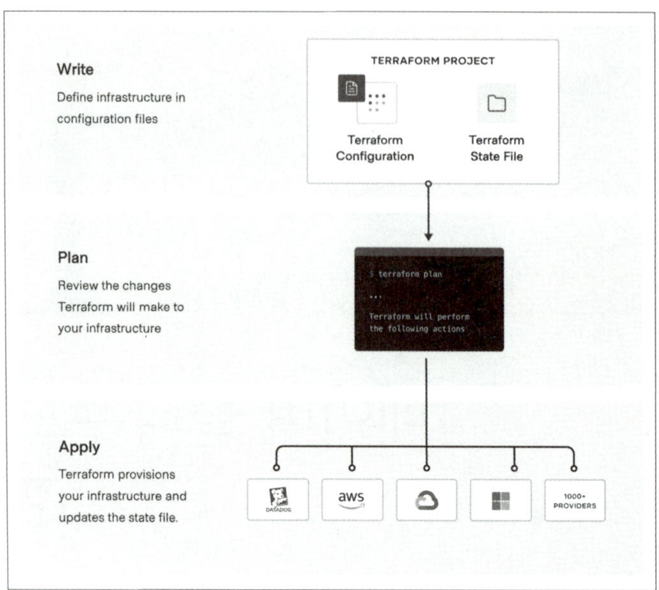

그림 17.1 테라폼의 작동 구조

Plan 단계에서는 생성할 리소스에 대한 정의 파일을 작성합니다. 앞서 설명한 대로 테라폼은 스크립트를 기반으로 인프라를 정의하는 방식이므로 생성할 리소스에 대한 정의를 스크립트 형식으로 작성해야 합니다. 이때 파일은 HCLHashicorp Configuration Language로 작성하며 파일 형식은 .tf 파일로 작성합니다.

스크립트에 생성할 리소스에 대한 정의를 하고 난 이후 Plan이라는 단계로 넘어갑니다. Plan 단계에서는 스크립트에 정의된 리소스의 생성, 수정, 삭제사항에 대한 실행 계획을 수립합니다. 이 단계를 통해서 실제 인프라에 변경사항이 적용되기 전에 그 결과를 미리 살펴봄으로써 오류를 수정하거나 계획하지 않았던 변경사항들을 확인할 수 있습니다.

Plan 단계 이후 실제 인프라에 적용하는 Apply 단계로 넘어갑니다. 네이버 클라우드 플랫폼 인프라를 테라폼을 통해 구성할 때도 Write ➡ Plan ➡ Apply 단계로 진행하게 됩니다.

테라폼을 통해 다음과 같은 구성을 진행해보겠습니다.

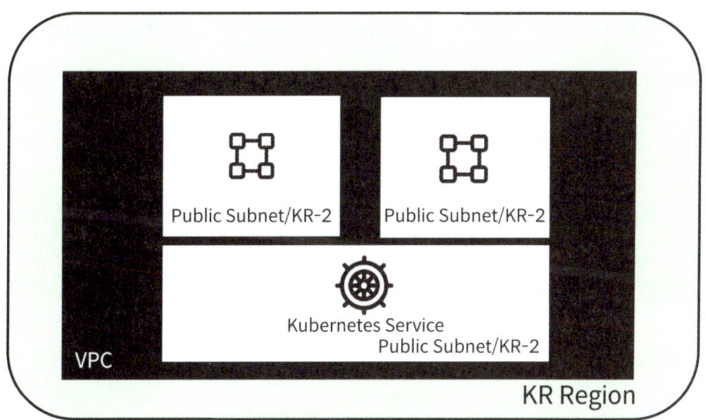

그림 17.2 테라폼 구성

▶ 실습

1. **[네이버 클라우드 플랫폼 포털]** ➡ 로그인 후 **[네이버 클라우드 플랫폼 콘솔]**로 이동합니다.
2. [Menu] ➡ [Services] ➡ [Compute]로 이동하여 생성된 서버를 확인하고 접속합니다.
   - 서버를 생성하기 전 VPC 및 서브넷 설정은 3.3절 'VPC와 서브넷 생성' 부분을 참고해주세요.
   - 서버 생성은 4.2.1절의 '서버 생성' 부분을 참고해주세요.
   - 본 실습은 VPC/Subnet/서버 생성이 사전 구성되었다는 가정 하에 진행됩니다.
3. 서버에 접속 후 테라폼을 설치합니다.
   - 본 코드는 로키 리눅스를 기준으로 작성되었습니다.
   - 그 외 OS에 대한 테라폼 설치는 테라폼 공식 홈페이지(https://developer.hashicorp.com/terraform/install)에서 확인 가능합니다.

```
# yum install -y yum-utils
# yum-config-manager --add-repo https://rpm.releases.hashicorp.com/RHEL/hashicorp.repo
# yum -y install terraform
```

4. 테라폼이 잘 설치되었는지 확인합니다.

```
# terraform -help
```

5. API 키값 설정을 통한 인증 절차를 진행합니다. 이를 통해 네이버 클라우드 플랫폼 API를 사용할 수 있게 됩니다.

- 각자의 Access Key와 Secret Key값은 [네이버 클라우드 플랫폼 포털] ➡ [로그인] ➡ [콘솔] ➡ [My Account] ➡ [계정 및 보안 관리] ➡ [보안 관리] ➡ [접근 관리]➡ [API 인증키]에서 확인이 가능하며, 신규 발급도 가능합니다.

```
# export NCLOUD_ACCESS_KEY=ACCESSKEY
# export NCLOUD_SECRET_KEY=SECRETKEY
# export NCLOUD_API_GW=https://ncloud.apigw.ntruss.com
```

6. 서버에 테라폼 프로젝트 디렉터리를 만들고 해당 디렉터리에서 작업하도록 하겠습니다.

```
# mkdir terraform-project
# cd terraform-project
```

7. 프로바이더 설정을 진행해보겠습니다. 이로써 테라폼을 통해 네이버 클라우드 플랫폼 인프라에 대한 생성/조정/삭제가 가능합니다. 환경은 한국 리전을 사용하겠습니다.

```
# vi provider.tf

terraform {
  required_providers {
    ncloud = {
      source = "NaverCloudPlatform/ncloud"
      version = "4.0.2"
    }
  }
}

provider "ncloud" {
  region      = "KR"
  site        = "pub" # 실습 환경은 퍼블릭 클라우드 환경
  support_vpc = "true" # VPC를 사용하기에 true 옵션을 설정합니다.
}
```

8. 테라폼 초기화 및 프로바이더 플러그인이 정상적으로 설치되는지 확인해보겠습니다.

```
# terraform init

Initializing the backend...
Initializing provider plugins...
- Finding navercloudplatform/ncloud versions matching "4.0.2"...
- Installing navercloudplatform/ncloud v4.0.2...
- Installed navercloudplatform/ncloud v4.0.2 (self-signed, key ID C87A7F3A647411EB)
Partner and community providers are signed by their developers.
```

```
If you'd like to know more about provider signing, you can read about it here:
https://developer.hashicorp.com/terraform/cli/plugins/signing
Terraform has created a lock file .terraform.lock.hcl to record the provider
selections it made above. Include this file in your version control repository
so that Terraform can guarantee to make the same selections by default when
you run "terraform init" in the future.

Terraform has been successfully initialized!

You may now begin working with Terraform. Try running "terraform plan" to see
any changes that are required for your infrastructure. All Terraform commands
should now work.

If you ever set or change modules or backend configuration for Terraform,
rerun this command to reinitialize your working directory. If you forget, other
commands will detect it and remind you to do so if necessary.
```

9. 이제 테라폼에서 구성할 인프라에 대한 정의 파일을 작성하겠습니다. 테라폼 파일의 이름은 `infra.tf`로 지정했습니다. 해당 인프라에서는 쿠버네티스 클러스터를 생성하기 위한 VPC, Subnet(쿠버네티스를 배치할 서브넷, Load Balancer 서브넷)을 구성하고 쿠버네티스 클러스터를 배포하는 내용으로 구성했습니다.

```
# vi infra.tf

resource "ncloud_vpc" "vpc" {
  name            = "vpc"
  ipv4_cidr_block = "10.0.0.0/16"
}

resource "ncloud_subnet" "subnet" {
  vpc_no         = ncloud_vpc.vpc.id
  subnet         = "10.0.1.0/24"
  zone           = "KR-2"
  network_acl_no = ncloud_vpc.vpc.default_network_acl_no
  subnet_type    = "PUBLIC"
  name           = "subnet-01"
  usage_type     = "GEN"
}

resource "ncloud_subnet" "subnet_lb" {
  vpc_no         = ncloud_vpc.vpc.id
  subnet         = "10.0.100.0/24"
  zone           = "KR-2"
  network_acl_no = ncloud_vpc.vpc.default_network_acl_no
  subnet_type    = "PRIVATE"
```

```
  name           = "subnet-lb"
  usage_type     = "LOADB"
}

resource "ncloud_subnet" "subnet_lb_pub" {
  vpc_no         = ncloud_vpc.vpc.id
  subnet         = "10.0.101.0/24"
  zone           = "KR-2"
  network_acl_no = ncloud_vpc.vpc.default_network_acl_no
  subnet_type    = "PUBLIC"
  name           = "subnet-lb-pub"
  usage_type     = "LOADB"
}

data "ncloud_nks_versions" "version" {
  hypervisor_code = "KVM"
  filter {
    name = "value"
    values = ["1.32"]
    regex = true
  }
}

resource "ncloud_login_key" "loginkey" {
  key_name = "sample-login-key"
}

resource "ncloud_nks_cluster" "cluster" {
  hypervisor_code        = "KVM"
  cluster_type           = "SVR.VNKS.STAND.C002.M008.G003"
  login_key_name         = ncloud_login_key.loginkey.key_name
  name                   = "sample-cluster"
  lb_private_subnet_no   = ncloud_subnet.subnet_lb.id
  lb_public_subnet_no    = ncloud_subnet.subnet_lb_pub.id
  kube_network_plugin    = "cilium"
  subnet_no_list         = [ ncloud_subnet.subnet.id ]
  vpc_no                 = ncloud_vpc.vpc.id
  public_network         = true
  zone                   = "KR-2"
  return_protection      = false
  auth_type              = "API"

  access_entries {
    entry = "nrn:PUB:IAM::2526455:SubAccount/2e21a850-XXX" #서브 계정의 NRN으로 변경

    policies {
      type = "NKSClusterAdminPolicy"
```

```
      scope = "cluster"
    }
  }

  log {
    audit = true
  }
}
```

실제 쿠버네티스 외 네이버 클라우드 플랫폼 인프라를 구성하기 위한 테라폼 구성 코드는 다음 링크를 통해서 확인이 가능합니다.

https://registry.terraform.io/providers/NaverCloudPlatform/ncloud/latest/docs

여기서 잠깐! NRN이란 무엇인가요? 네이버 클라우드 플랫폼의 모든 리소스를 표현하기 위한 네이밍 규칙으로, 각 리소스마다 고유하게 부여되는 ID값이라고 생각하면 됩니다.

10. 실제 `infra.tf`에 정의된 파일대로 인프라를 구성하기 전에 `terraform plan` 명령어를 통해 추가되는 인프라 확인과 더불어 오류가 발생하지는 않는지 확인합니다.

```
# terraform plan
```

11. `terraform plan`을 통해 오류가 발생하는 부분이 없다면 `terraform apply` 명령어로 인프라를 배포합니다.

```
# terraform apply
```

`terraform apply` 명령어가 실행되기 전, 실제 인프라를 배포할 것인지 물으면 'yes'라고 입력해 주면 됩니다.

실제 배포되는 과정은 다음과 같이 서버의 콘솔창에서 확인이 가능합니다.

```
ncloud_vpc.vpc: Creation complete after 12s [id=121240]
ncloud_subnet.subnet_lb: Creating...
ncloud_subnet.subnet_lb_pub: Creating...
ncloud_subnet.subnet: Creating...
ncloud_subnet.subnet: Still creating... [00m10s elapsed]
ncloud_subnet.subnet_lb: Still creating... [00m10s elapsed]
ncloud_subnet.subnet_lb_pub: Still creating... [00m10s elapsed]
ncloud_subnet.subnet_lb_pub: Creation complete after 12s [id=255829]
ncloud_subnet.subnet: Creation complete after 12s [id=255830]
ncloud_subnet.subnet_lb: Creation complete after 12s [id=255831]
ncloud_nks_cluster.cluster: Creating...
ncloud_nks_cluster.cluster: Still creating... [00m10s elapsed]
ncloud_nks_cluster.cluster: Still creating... [00m20s elapsed]
ncloud_nks_cluster.cluster: Still creating... [00m30s elapsed]
ncloud_nks_cluster.cluster: Still creating... [00m40s elapsed]
ncloud_nks_cluster.cluster: Still creating... [00m50s elapsed]
ncloud_nks_cluster.cluster: Still creating... [01m00s elapsed]
ncloud_nks_cluster.cluster: Still creating... [01m10s elapsed]
ncloud_nks_cluster.cluster: Still creating... [01m20s elapsed]
```

12. 만약 테라폼으로 생성한 인프라를 삭제하고 싶다면 `terraform destroy` 명령어를 통해 한 번에 삭제가 가능합니다.

마치며

클라우드는 하루가 다르게 빠르게 업데이트가 일어나다 보니 책으로 클라우드를 설명하게 되면 금방 예전 기술이 되기 쉽습니다. 더군다나 최근 AI와 관련되어 너무나 빠르게 바뀌고 있어서 책으로 설명하기에 어려움이 있습니다. 그럼에도 도서를 만드는 것이 중요한 이유는 네이버 클라우드 플랫폼에 대한 전체적인 구성과 맥락을 이해하는 데 다른 매체보다 책이 주는 장점이 분명하기 때문입니다. 따라서 책을 통해 기본을 익히고 좀 더 응용이 필요한 경우 다양한 매체를 통해 전달되는 콘텐츠로 부족함을 메우는 방법이 클라우드를 익히는 데 효과적일 것입니다.

아무쪼록 네이버 클라우드 플랫폼을 시작하는 엔지니어분들이 클라우드에 대한 이해도를 높이고 네이버 클라우드 플랫폼을 더 잘 활용하는 데 이 책이 조금이나마 밑거름이 되었으면 합니다.

찾아보기